기독교문서선교회 (Christian Literature Center: 약칭 CLC)는 1941년 영국 콜체스터에서 켄 아담스에 의해 시작되었으며 국제 본부는 미국 필라델피아에 있습니다.
국제 CLC는 59개 나라에서 180개의 본부를 두고, 약 650여 명의 선교사들이 이동 도서차량 40대를 이용하여 문서 보급에 힘쓰고 있으며 이메일 주문을 통해 130여 국으로 책을 공급하고 있습니다. 한국 CLC는 청교도적 복음주의 신학과 신앙 서적을 출판하는 문서선교기관으로서, 한 영혼이라도 구원되길 소망하면서 주님이 오시는 그날까지 최선을 다할 것입니다.

추천사 1

박 찬 호 박사
백석신학대학원 조직신학 교수

    이 책의 원제는 『복음주의의 분열: 토레이, 모트, 맥퍼슨 그리고 해먼드의 시대』(*The Disruption of Evangelicalism: The Age of Torrey, Mott, McPherson and Hammond*)이다. 토레이는 미국의 19세기 후반 부흥 운동을 주도하였던 D. L. 무디(D. L. Moody)의 후계자이자 우리나라 예수원의 설립자인 토레이 신부의 조부이다. 존 모트는 20세기 초 세계 선교에 수많은 사람을 동원한 선교 운동가로 알려져 있다. 조금 관심 있는 사람들이라면 알 수 있는 사람들이다. 하지만 맥퍼슨과 해먼드는 상대적으로 잘 알려지지 않았다. 맥퍼슨은 여성 오순절주의자이다. 20세기에 이루어진 가장 중요한 세계 기독교의 변화 가운데 하나는 오순절주의의 출현이라고 할 수 있다. 오순절주의의 출현과 관련하여 가장 중요한 사람은 아프리카계 미국인 윌리엄 시모어일 것이다.
    저자가 시모어가 아니라 맥퍼슨을 택한 이유는 무엇일까?
    실제로 미국에서는 여성이 참정권을 가진 것이 흑인 남성보다 시대적으로 후대의 일이다. 그런 면에서 사회의 주변부 인물로 선택이 되었을 수 있다. 해먼드는 아일랜드 사람으로 오스트레일리아에 정착하여 무어신학교 학장을 한 사람이다. 해먼드가 선택된 이유는 저자가 오스트레일리아 사람인 것과 무관하지 않아 보인다.
    일단 이 책이 다루는 시대는 20세기 초라고 할 수 있다. 그리고 이 시대에 대한 저자의 관심을 하나로 엮어 주는 것은 다양한 의견의 분출을 통한 복음주의권의 분열이라고 할 수 있다. 우리는 일상적으로 우리 주변에서 교회의 분열과 다툼을 경험한다. 하지만 정직하게 그 문제를 직면하려 하지는 않는다. 불편한 마음이 있기 때문이다. 그런 면에서 보면 이 책은 사람들이 별로 관심 갖지 않는 문제를 테이블 위에 올려놓고 있다.

우리 한국교회는 미국교회로부터 복음의 씨앗을 받아 성장한 교회이다. 그런 면에서 보면 좋든 싫든 우리는 미국교회에 대한 나름의 이해가 있어야 한다. 미국은 19세기 세계교회 역사에 유례가 없을 정도의 엄청난 개신교 부흥을 경험하였다. 10배가 늘어난 인구에 비해 기독교 인구는 20배가 증가하였다. 그것이 기초가 되어 미국 개신교는 20세기에 세계 선교의 중차대한 일을 힘 있게 감당할 수 있었다. 그러나 이런 미국교회 특별히 개신교회에 대한 묘사는 조금만 더 다가가서 보면 여러 가지 많은 영욕으로 점철되어 있음을 쉽사리 확인하게 된다.

미국의 19세기 교회 역사는 '부흥의 시대'라고 이야기할 수 있다. 이 시대는 회중교회와 장로교회라고 하는 기성 교단들이 퇴조하고 감리교회와 침례교회가 각기 엄청난 약진을 이룬 시기였다. 또한, 19세기 미국은 수많은 이단의 발흥이 있었던 세기라고 할 수 있다. 이 책은 이런 배경하에 20세기 초반의 복음주의의 시대상을 다루고 있다.

지금 한국교회 개신교는 위기를 만나고 있다. 하지만 이 위기를 다른 시각에서 보자면 숨 가쁘게 달려오다가 이제 멈추어 그 호흡을 고르고 있는 것이라고 할 수도 있다. 조금은 관심을 우리에게서 돌려 우리의 뿌리와 우리의 주변을 돌아보고 교훈을 얻는 것은 매우 필요한 일이라고 할 수 있다. 개인의 경건에 유익이 되고 교회 성장에 필요한 것들에만 관심을 기울이는 것은 우리의 영적인 관심을 매우 편향되게 할 수 있다. 깊은 영성을 위해서 우리는 넓게 파야 한다.

우리가 가지고 있는 복음주의의 유산은 매우 광범위하다고 할 수 있다. 그 가운데 이 책이 제시하는 이야기 또한 한 자리가 있고 그 이야기를 통해 배울 부분이 있다고 할 수 있다. 이 책은 우리가 잘 모르는 이야기이기에 더한 기대를 가지게 하는 책이다. 귀한 책의 번역에 애쓴 역자의 노고에 감사하며 관심 있는 독자들의 일독을 권하는 바이다.

추천사 2

이 승 진 박사
합동신학대학원 설교학 교수

　20세기 전반기의 복음주의 운동을 한마디로 정리하기란 어려운 일이다. 흔히들 복음주의 운동을 성경을 하나님의 말씀으로 믿는 기독교인들이 예수 그리스도의 복음 전도를 중시하고 그렇게 영혼 구령 사역을 통해서 회심한 신자들의 거룩한 삶과 교회를 통해서 세상을 하나님 나라로 바꾸는 전진 운동으로 이해한다.
　그러나 20세기에 북미권과 유럽 그리고 아시아의 여러 대륙으로 확산한 복음주의는 현대화와 제2차 세계대전, 물질만능주의, 다원주의의 파고에 맞서는 입장이나 그 대응 방식은 이전 세대와 같을 수는 없었다. 이 책에서 저자는 20세기 복음주의 운동이 예수 그리스도의 복음의 통일성을 견지하면서도 제2차 세계대전과 현대화, 다원주의 앞에서 다양한 모습으로 확산하는 과정을 객관적으로 추적해 내고 있다.
　인류 문명의 역사적 과정은 간단하게 정리할 수 없는 것처럼, 예수 그리스도 복음의 우위성을 강조하는 복음주의 역시 20세기에 들어서 제2차 세계대전의 파고를 넘는 과정 속 급변하는 현대 사회에서 다양한 방식으로 발전해왔다. 그 과정을 간단히 정리할 수 없기에 저자는 20세기 전반부 복음주의 운동의 발전 과정을 추적하면서 역동적이면서도 무정형적인 발전 과정을 『복음주의 분열』이라는 제목의 연구 결과에 담았다.
　간단하게 읽고 넘어가기 쉽지 않겠지만 20세기 복음주의 운동의 발전 과정을 객관적이고 사실적으로 추적하려는 신학생들과 목회자들에게 일독을 권한다.

추천사 3

최 상 준 박사
한세대학교 역사신학 교수

이 책은 역사의 시곗바늘을 백 년 전으로 돌린다. 백 년 전의 앞과 뒤는 한국 근대사로서는 암흑의 터널로 들어가던 때였고, 그 터널 앞에서 복음의 횃불이 어른거리기도 했던(평양대부흥 운동같은) 때였다. 조선이 없어진 황무지에 십자가가 드문드문 세워지던 그때 영미권은 "우리 당대에 온 세계에 복음을 전하겠다"라는 깃발이 올려졌던 때였다. 저무는 대영제국과 떠오르던 신흥 제국 미국이 바톤을 주고 받으며 복음 전선의 지평선을 확장하던 때였다. 그 확장선의 출발선에 4명의 기수(토레이, 모트, 맥퍼슨, 해먼드)가 배치되었다. 이들은 같은 방향을 보고 달린 것이 아니라, 동서남북처럼 전혀 다른 목표를 향해 달렸다.

이 책의 제목은 '분열'이나 그 '분열'이 다양성과 창조성의 깃발을 들고 달려나가던 때였음을 보여준다. 알리스터 맥그라스의 책 『기독교 그 위험한 사상의 역사』(Christianity's dangerous idea)도 프로테스탄트적 기독교는 DNA 자체가 아메바적 분열, 개체수 증식을 말한다. 20세기 전반부도 '파괴적 분열'이 아니라 '창조적 분열'이었음을 촘촘히 보여준다. 토레이(20세기형 부흥 원조), 모트(최초의 글로벌 선교 대회 주인공), 맥퍼슨(오순절적 상업주의), 해먼드(지구를 종횡으로 엮는 아일랜드에서부터 호주까지의 복음 전선 확장)를 중심한 칼라풀한 맵핑(mapping)은 구글 어스(Google Earth)처럼 백 년 전의 복음주의 현장으로 안내해 준다.

그때 당시의 '분열' 덕분에 지도에서 없어진 나라에도 선교사들이 상륙했고 '고요한 아침의 나라'는 조용히 깨어나고 있었다. 우리에겐 '세기말적 퇴폐'와 빈칸 같았던 시기였으나 그 빈칸을 복음의 '분열'로 채워나간 수많은 인물과 운동과 사건들이 21세기 코로나 전쟁 상황 속에서 더 새롭게 다가오는 것은 분명하다. 특히 제1차 세계대전의 포화 속에서 파편처럼 '분열'해 나갔던 복음주의의 위대한 전통은 20세기 전반부의 후반에 터진 제2차 세계대전과 20세기 후반부의 비복음적 '분열상'(더 많은 전쟁과 문화전쟁들)에 대한 충분한 대비로 보여진다. 백 년 전 이들은 이렇게 복음을 위해 '분열'했는데, 코로나19 바이러스의 '분열'로 부흥 한국, 선교 한국의 야성을 잃어간다면 이 책은 정신이 번쩍 들게 한다.

추천사를 쓰는 필자가 번역한 데이비드 햄튼의 『복음주의 환멸』(CLC, 2018)의 이복형제 같은 이 놀라운 책을 쓴 저자와 우리 말로 잘 옮겨준 역자에 감사드린다.

추천사 4

김 영 한 박사
기독교학술원장, 숭실대 명예교수

본서는 1900년경 에딘버러 선교 대회를 기점으로 하는 복음주의 에큐메니칼 운동에서 출발하여 1940년에 이르는 복음주의 운동의 부흥과 전개와 분열에 관한 연구서다. 본서는 근본주의 지도자 토레이(Reuben Archer Torrey, 1856-1928), 선교 에큐메니스트 모트(John Raleigh Mott, 1865-1955), 중도우파 신학자 해먼드(Thomas Chatterton Hammond, 1877-1961), 오순절 교단 창설자 맥퍼슨(Aimee Semple McPherson, 1890년-1944년) 등 네 분(세 남성, 한 여성) 복음주의자들이 주역으로 활동한 20세기 전반기에 있었던 복음주의의 전개와 분열에 관하여 섬세한 설명을 하고 있다.

본서는 신학적 논의보다는 선교적 차원을 중요하게 다루면서 양차 세계대전이 있었던 20세기 초중엽(1900년-1940년) 복음주의 부흥, 연합, 분열을 설명해주고 있다. 토레이와 모트는 초기 한국교회 선교와 관련이 있다.

20세기 초기 선교적 정통복음주의가 제1, 2차 세계대전이라는 시대적 상황에 적응하기 위하여 팽창하는 중도파(주로 대개 보수적 복음주의자/신복음주의자 그룹) 양쪽 끝에 자리 잡은 진보적 복음주의자들과 근본주의자들로 분열되는 과정을 잘 추적하고 있다. 복음주의 전개와 분열 과정에서 20세기 전반(1895년경-1914년)에는 회심주의-행동주의 축이, 후반(1919년경-1940년)에는 성경주의-십자가주의 축이 결정적이었음을 분석하고 있다. 역자는 이 저서에 관하여 깊은 애정을 가지고 번역한 만큼 그의 번역은 매우 세련되고 저자의 의도를 잘 전달해준다.

추천사 5

마이클 S. 해밀턴(Michael S. Hamilton) 박사
시애틀퍼시픽대학교(Seattle Pacific University) 역사학과 교수 및 학과장

제프리 트렐로어는 20세기 초 복음주의가 '산산이 부서지던' 시기를 박식하게 재건한다. 대다수 학자가 그 시기를 복음주의 내부의 양극화로 다뤄 왔지만, 트렐로어는 그 시기의 복잡성을 눈에 띄게 하는 스펙트럼 구조를 제시하고, 그 시기의 긴장들을 더 잘 이해하게 한다. 그가 그 시대를 상징하는 인물들로 루벤 토레이(Reuben Torrey), 존 R. 모트(John R. Mott), 에이미 셈플 맥퍼슨(Aimee Semple McPherson), 토마스 채터턴 해먼드(Thomas Chatterton Hammond)를 선택한 것은 일반 독자와 전문가 모두가 복음주의를 참신한 시각과 깊은 이해를 가지고 볼 수 있게 돕는 매우 적절한 조치이다.

The Disruption of Evangelicalism

복음주의 분열

토레이, 모트, 맥퍼슨, 해먼드의 시대

The Disruption of Evangelicalism:
The Age of Torrey, Mott, McPherson and Hammond
Written by Geoffrey R. Treloar
Translated by Dongsu Han

Copyright ⓒ 2017 by Geoffrey R. Treloar
Originally published in English under the title
The Disruption of Evangelicalism:
The Age of Torrey, Mott, McPherson and Hammond
by Inter Varsity Press, 36 Causton Street, London SW1P 4ST, England.
All rights reserved.

Translated and printed by permission of Inter-Varsity Press U.K
License arranged through rMaeng2, Seoul, Korea.
This Korean Edition Copyright ⓒ 2021 by Christian Literature Center, Seoul, Korea.

이 한국어판 저작권은 알맹2 에이전시를 통해 Inter Varsity Press U.K.(와) 독점 계약한 (사)기독교문서선교회가 소유합니다. 신저작권법에 의하여 한국 내에서 보호를 받는 저작물이므로 무단 전재와 무단 복제를 금합니다.

복음주의 분열
토레이, 모트, 맥퍼슨, 해먼드의 시대

2021년 1월 10일 초판 발행

지은이 | 제프리 R. 트렐로어
옮긴이 | 한동수

편   집 | 송민규
디 자 인 | 김현진, 한다정
펴 낸 곳 | (사)기독교문서선교회
등   록 | 제16-25호(1980.1.18.)
주   소 | 서울특별시 서초구 방배로 68
전   화 | 02-586-8761~3(본사) 031-942-8761(영업부)
팩   스 | 02-523-0131(본사) 031-942-8763(영업부)
이 메 일 | clckor@gmail.com
홈페이지 | www.clcbook.com
송금계좌 | 기업은행 073-000308-04-020 (사)기독교문서선교회

ISBN 978-89-341-2232-6(94230)
ISBN 978-89-341-1854-1(세트)

이 도서의 국립중앙도서관 출판예정도서목록(CIP)은 서지정보유통지원시스템 홈페이지(http://seoji.nl.go.kr)와 국가자료공동목록시스템(http://www.nl.go.kr/kolisnet)에서 이용하실 수 있습니다. (CIP제어번호: CIP2020052028)

복음주의 시리즈 4

토레이, 모트, 맥퍼슨, 해먼드의 시대

The Disruption of Evangelicalism

복음주의 분열

제프리 R. 트렐로어 지음
한동수 옮김

CLC

목차
Contents

추천사   1

    박 찬 호 박사 | 백석신학대학원 조직신학 교수
    이 승 진 박사 | 합동신학대학원 교수
    최 상 준 박사 | 한세대학교 역사신학 교수
    김 영 한 박사 | 기독교학술원장, 숭실대 명예교수
    마이클 S. 해밀턴 박사 | 시애틀퍼시픽대학교 역사학과 교수 및 학과장

저자 서문   14
역자 서문   19
약어표   21

제1부 세기말(FIN DE SIÈCLE, 1900년경-1914년)   25
    제1장 복음주의 세계(1900년경)   26
    제2장 부흥, 부흥주의, 선교   48
    제3장 신앙생활   79
    제4장 신학적으로 좁아짐과 넓어짐   112
    제5장 사회 복음?   144

The Disruption of Evangelicalism

The Age of Torrey, Mott, McPherson and Hammond

제2부 전쟁기간(1914년-1918년)의 복음주의자들   **177**

   제6장 전쟁에 맞춰 나아가다   178
   제7장 포화 속의 신앙   200
   제8장 내부의 전쟁   227

제3부 기로에 선 복음주의(1919년 – 1940년경)   **253**

   제9장 모더니즘, 자유복음주의, 근본주의   254
   제10장 종교개혁을 기억함   293
   제11장 현대 세계에서 복음주의와 선교   325
   제12장 대반전?   360

저자 후기   **394**

저자 서문

제프리 R. 트렐로어 박사
뉴사우스웨일즈대학교 인문언어학부 교환교수

20세기 초 영어권 [세계] 복음주의에 대한 이 개관은 필요한 경우 독립적으로 읽어도 되긴 하지만, 18세기 초부터 21세기 벽두인 현재까지 복음주의 운동의 역사를 다루는 시리즈에 들어 있다.

비록 이 책이 '복음주의 역사 시리즈' 중에서 제4권에 해당하지만, 시기적으로는 마지막으로 출판되었다. 따라서 이 책은 시리즈의 다른 책들과 마크 허친슨(Mark Hutchinson)과 존 울프(John Wolffe)의 세계 복음주의 역사에 접근할 수 있게 해주는 중요한 이점을 가지고 있다. 이 시리즈는 20세기 초 복음주의자들의 집단적 경험을 복음주의 운동의 전체 역사를 배경으로 조망할 수 있게 했다.

얼핏 보면 '분열'(disruption)이라는 주제는 이 시리즈의 이전 책들에 표현된 '발흥', '확장', '전성기' 그리고 마지막에 붙여진 '세계화'와 어울리지 않는 말로 보인다. 그러나 사실 이 주제는 이 시대 복음주의자들의 곤경과 성취를 바르게 평가할 수 있게 해 준다.

어쩌면 당연하게도 20세기 초는 복음주의 역사를 배우는 학생들에게 인기가 없었다. 분명히 거기에는 복음주의자들이 소중히 여기는 부흥, 영웅적 선교사의 노력, 강력한 신학적 진술, 성공적인 사회 개혁 운동 같은 특징들이 결여된 것처럼 보인다. 그래서 20세기 초는 신학적 불확실성, 내부적 갈등, 복음주의적 추진력 상실, 정치적 무력에 시달린 쇠락과 실패의 시기로 간주되었다.

이 시기에 관한 연구는 거의 예외 없이 근본주의, 특이한 전천년주의 추론 그리고 현대 오순절주의의 발생에 집중되었다. 보편적 해석 패턴과 달리, 이 책의 서술은 거대한 세계적 사건들과 그들이 싸워야 했던 사회 구조들에 비추어 그 난세의 복음주의자들이 성취한 것을 인정함으로써 20세기 초 복음주의자들의 경험에 대해 보다 더 긍정적인 평가를 내놓는다.

한 가지 귀결은 이 시기에 대한 연구를 지배했던 양극화 모델에서 벗어나 '발흥', '확장', '전성기'를 소중히 여겼던 것과는 매우 다른 세계 환경에 적응해오면서 공유된 전통 내부에 생기는 공통성과 동향을 강조하는 것이다. 혼란스럽게 보이는 복음주의의 다양성은 명확성과 정확성을 좋아하는 학자들에게 좌절감을 안겨주었다.

그러나 그것은 복음주의의 특징이며 그 운동에 대한 학문적 고찰에 마땅히 수용되어야 한다. 이어지는 설명에서 되도록이면 공유된 책임과 과제를 둘러싼 다양화와 파생 관계에 주의하면서 그 역사의 이런 측면을 존중하고자 한다.

이렇게 접근하면 복음주의 현상에 대한 명확한 이해는 늘 그렇듯 손에 잘 잡히지 않는다. 그러나 이것은 아마도 그 운동의 무정형적이고 역동적인 본질을 받아들이는 것이다. 스스로를 복음주의자라고 부르는 사람들은 다양한 방식으로 이해할 수 있고 여러 수준으로 헌신할 수 있는 신학적 요소뿐 아니라 사회적 요소로 구성된 실체와 일체감을 가진다. 그들은 일정하게 명시된 회원 자격이나 운영 규칙을 가지고 단체에 가입하지 않는다(적어도 20세기 초에, 많은 복음주의자가 두 가지 모두를 확립하려고 시도했지만).

이 연구에 사용된 스펙트럼 모델은 복음주의자들의 견해와 행동의 범위를 수용하려고 시도하면서 그 가변성과 심지어 불안정성을 인식하려고 한다. 만일 그것이 20세기 초 복음주의자 대열에 어떤 의외의 이름들이 나타난다는 의미라면 그것은 이 시기의 복음주의가 그렇게 되기를 바랐던 나중 사람들보다 더 광범위하고 우발적이었기 때문일 것이다. 사실 그것을 더 한정하려는 시도는 복음주의 분열의 중요한 결과였다.

20세기 초 복음주의 역사를 쓰는 데 필요한 자료는 끝이 없어 보이고 확실히 연구자 한 사람의 역량을 넘어선다. 아래의 '정선된 참고 문헌'은 본 연구가 명시적으로 근거를 둔 자료들이다. 이것이 완전한 목록이 될 수는 없더라도, 대표적인 것이 되기를 바란다. 또한, 복음주의의 위대한 성취를 이루었던 다른 시대 못지않게 이 시기도 현대 보수적 개신교 상황에 큰 영향을 미쳤다는 점을 사람들이 주목하는 계기다 되기 바란다.

필자가 사용할 몇 가지 용어를 미리 정의해 둘 필요가 있다.

제1부에서 다룬 '세기말'(Fin de siècle)은 다룬 기간을 줄여 쓴 용어로서 '장기(長期) 19세기'(1815년-1914년) 개념을 가리키고, 20세기 초의 유산이 빅토리아 중기의 '지배'에서 비롯되었다는 인식을 담고 있다. '사회 복음'(social gospel)이라는 용어는 그 명칭이 주어진 미국의 운동을 언급할 때만 사용한다.

제2부에서 '제1차 세계대전'(the Great War)에 해당하는 것은 모두 '전쟁'(the war)이라고 언급한다.

제3부에서 '전쟁'이라는 용어는 기억 과정에서 경험을 구체화할 때 사용한다.

이 책 전체에서 '에큐메니스트'(ecumenist)는 복음주의자들의 실질적 참여와 더불어 1910년부터 형성된 '세계교회주의'(ecumenicalism)와의 혼동을 피하기 위해 복음주의적 연대 본능을 가리키는 데 사용되었다. 제10장에서 언급한 존 트렐로어(John Treloar)는 내 증조부다. 나는 그를 만난 적이 없지만, 그가 메소디스트교회에 헌신적이었다는 것은 자신의 아버지의 일기(Anzac Diary)를 편집한 앨런(Alan)을 통해 직접 알게 되었다. 나는 205쪽에 인용한 G. H. 에드워즈 파머(G. H. Edwards Palmer)의 감동적인 시의 저작권 허가를 얻기 위해 모든 노력을 기울였다.

이 프로젝트를 끝내기까지 나는 많은 신세를 졌다. IVP출판사(그리고 수석 편집자 필립 듀스[Philip Duce])는 나를 기다려 주고 지원해 주었다. 사내 편집자 리마 데브로(Rima Devereaux)와 원고 교정 편집자 엘도 바쿠이젠(Eldo Barkhuizen)의 도움으로 이 프로젝트는 생각한 것보다 더 완성도가 높아졌다.

이 시리즈의 총편집자 데이비드 베빙턴(David Bebbington)과 마크 놀(Mark Noll)은 각 장의 초안에 대해 유익한 비평과 격려를 보내주었다. 이 책의 장점에 대해서는 그들의 공로가 크지만, 나머지 단점에 대해서는 그들을 탓할 것이 전혀 없다. 호주신학대학(Australian College of Theology)의 동료 그래미 챗필드(Graeme Chatfield)는 최종 원고를 냉정하게 읽고 숙련된 독자로서 정말 필요한 격려를 해 주었다. 로버트멘지스대학과 맥쿼리대학교(Robert Menzies College, Macquarie University)의 스튜어트 피긴(Stuart Piggin), 켄싱턴대학(Kensington Colleges, UNSW)의 이안 워커(Ian Walker), 호주신학대학의 마크 하딩(Mark Harding)은 소속 기관에서 활동하면서 이 프로젝트를 지속해 왔다. 많은 친구와 동료(그들 중 몇몇은 개인적으로 알지 못하지만)는 20세기 초 복음주의가 성취한 것에 자료들을 제공하거나 빌려주어 내 이해를 넓혀주었다. 비록 그들의 수가 너무 많아 이름을 모두 열거하지 못하지만, 결코 그들의 사랑을 잊지 않을 것이다.

시드니 무어대학(Moore College)의 훌륭한 도서관을 이용하지 않았다면 이 책은 완성될 수 없었을 것이다. 줄리 올스텐(Julie Olsten)과 그녀의 팀원들은 기대 이상의 도움으로 이 프로젝트를 확실히 지원해 주었다. 잉그램-무어부동산(Ingram Moore Estate)의 재정 지원으로 두 번에 걸쳐 영국 도서관들을 돌며 연구할 수 있었고, '캐나다위원회'(Canada Council)의 후원으로 토론토대학교(University of Toronto) 주변 도서관들의 귀중한 자료들도 살펴볼 수 있었다. 이 책이 준비되는 기간 동안, 나는 복음주의 역사에 대한 이해를 풍부하게 해 준 세 개의 박사 논문 준비에 공동으로 참여하는 행운을 누렸다. 이와 관련해 존 캐스코인(John Gascoigne), 휴 칠턴(Hugh Chilton),

데이비드 펄스 로버트(David Furse Roberts), 존 매킨토쉬(John McIntosh)에게 감사의 말을 할 수 있어 매우 기쁘다.

  호주의 '복음주의역사협회'(Evangelical History Association)는 여러 해 동안 학문적 자양분 친교의 원천이 되었다. 나는 거기서 피터 벤틀리(Peter Bentley), 케이스 스웰(Keith Sewell), 스티븐 초브라(Stephen Chavura), 메리데스 레이크(Meredith Lake), 로라 라데마커(Laura Rademaker)를 만나 학문과 교제를 나누었다. 말할 것도 없이 변함없는 사랑과 관대함으로 학문적 프로젝트의 '기회 비용'을 부담한 아내 린다에게 가장 큰 빚을 졌다. 아내는 이 책이 내가 살아오고 일해 온 전통에 어떤 빚을 지고 있는지 나와 함께 충분히 공감하고 헌신적으로 도와주었다.

역자 서문

한 동 수 박사
한국성서대학교 신학대학원 역사신학 외래교수

매우 어려울 것 같지만 선명하고 매우 지루할 것 같지만 흥미로운 책 한 권을 만났다. 『복음주의 분열』은 저자가 말한 대로 보통의 독자들이 별로 흥미를 갖지 않는 19세기 말과 20세기 초의 이야기다. 교회 역사를 공부하는 신학생들과 목회자들이 주로 관심을 갖는 시기는 초대교회와 종교개혁시대이며, 그것도 팔레스타인 지역과 서유럽 대륙의 이야기다.

그에 비해 근현대교회 역사와 특히 영미권의 역사는 상당히 소홀히 여겨져 왔다. 그러나 CLC에서 시리즈로 묶어 출판하는 복음주의 시리즈는 이러한 우리의 독서 편애에 도전했고, 점차 우리의 지식과 지평을 넓혀주고 있다. 『복음주의 분열』도 분명히 그 도전에 한몫을 한다.

이 책이 다루는 시기에 대해 우리가 아는 것이라고는 복음주의 세계가 양극화되었다는 것 정도다. 그러나 그러한 단순화가 얼마나 무모하고 무익한지 『복음주의 분열』은 일깨워 준다. 저자가 이 시기를 분석하고 서술하는 데 사용하는 펜은 몹시 날카롭다. 펜이 아니라 칼이라 여겨질 만큼 예리하여 이 시대의 복음주의를 거의 해부해 놓는다. 그러나 늘어놓기만 하지 않고 잘 정리해 길을 만들어 준다.

이 책이 주는 가장 큰 유익은 '복음주의의 양극화'라는 잣대를 뒤로 감추고 '다양성과 통일성'이라는 안경을 통해 복음주의의 다면적인 풍성함을 즐길 수 있게 해 준다는 것이다. 19세기 말과 20세기 초, 특히 제1차 세계대전을 전후로 영미 복음주의 세계에 찾아온 큰 변동은 한편에서는 드라마틱했고, 다른 한편에서는 예측 가능했으며, 또 한편에서는 잔인할 정도로 아팠다. 저자는 이 복잡 미묘한 역사를 매우 담담하게 서술하면서 우리로 이해하고 공감하게 하고 또는 비평하게 한다.

처음 번역을 시작하면서 글의 방향을 찾기가 몹시 어려웠다. 또한, 저자의 논의가 너무 치밀해서 길을 잃을까 염려가 되기도 했다. 그러나 번역을 마친 후 교정을 위해 몇 차례 다시 읽어 보는 동안 밝은 빛으로 안개를 물리는 것 같은 느낌을 받았다. 몇 갈래 나 있는 하이웨이를 따라 질주하는 느낌은 아니다. 치밀하게 계획된 도로망을 따라 구석구석 찾아가는 느낌이다. 하지만 이정표가 확실하여 내가 어디로 가야 하고 어디쯤 가고 있는지 명확히 알 수 있는 것 같이 읽어 내려갈 수 있었다.

유감스럽게도 역자가 이 서문에서 이 책의 로드맵을 그려주기가 벅차다. 독자들이 직접 읽어가는 동안 역자의 감정들을 공유하기를 바란다. 비록 이 책의 배경이 영미권이지만, 한국교회가 그 영향을 받았고, 우리 사회도 지난 100년 동안 다양한 분화를 겪어왔다는 점에서 우리에게도 통찰을 안겨 준다고 생각한다.

애정이 가는 책이어서 몇 차례 수정에 수정을 거듭했다. 역자의 까다로운 요구를 기꺼이 들어준 편집팀에 진심으로 감사하다. 그러나 이렇게 애를 썼음에도 불구하고 여러 곳에서 미흡한 번역이 발견된다. 영어와 한글의 차이에서 오는 한계도 있고, 역자의 문장력의 한계도 있다. 독자들이 이를 널리 양해해 주기를 간곡히 당부드린다. 좋은 책 한 권이 한국교회의 목회자들과 신학생에게 질 좋은 자양분이 되기를 간절히 기도한다.

2020년 11월
겨울의 문턱에서

약어표

ABQ	*American Baptist Quarterly*
ACW	*Australian Christian World*
AEGM	Anglican Evangelical Group Movement
AHR	*American Historical Review*
AHSDSJ	*The Anglican Historical Society Diocese of Sydney Journal*
AP	*Aldersgate Papers*
AQ	*American Quarterly*
BDE	*Biographical Dictionary of Evangelicals*, ed. Timothy Larsen, David Bebbington and Mark A. Noll (Downers Grove: IVP Academic, 2003)
BHH	*Baptist History and Heritage*
BJRULM	*Bulletin of the John Rylands University Library of Manchester*
BQ	*Baptist Quarterly*
BR	*Biblical Review*
BRQ	*Biblical Review Quarterly*
BS	*Bibliotheca sacra*
BST	*Bible Student and Teacher*
BW	*Biblical World*
BWC	*Baptist World Congress*
C	*The Christian*
CH	*Church History*
Ch	*The Churchman*
CHC8	Sheridan Gilley and Brian Stanley (eds.), *Cambridge History of Christianity. Vol. 8: World Christianities c.1815–c.1914* (Cambridge: Cambridge University Press, 2006)
CHC9	Hugh McLeod (ed.), *Cambridge History of Christianity*. Vol. 9: *World Christianities c.1914–c.2000* (Cambridge: Cambridge University Press, 2006)

CHR	*Canadian Historical Review*
CMS	Church Missionary Society
ConsQ	*Constructive Quarterly*
CQ	*Congregational Quarterly*
CWP	*Christian World Pulpit*
EAQ	*Evangelical Alliance Quarterly*
EC	*Evangelical Christendom*
EcMC	*Ecumenical Missionary Conference* (London: Religious Tract Society/American Tract Society, 1900)
EMC	*Ecumenical Methodist Conference*
EvQ	*Evangelical Quarterly*
FCC	*Free Church Chronicle*
FH	*Fides et Historia*
HJ	*Historical Journal*
HomR	*Homiletic Review*
HTR	*Harvard Theological Review*
IBMR	*International Bulletin of Missionary Research*
ICC	*International Congregational Council*
ICM	*Islington Clerical Meeting*
IMC	International Missionary Council
IRM	*International Review of Missions*
JAH	*Journal of American History*
JAS	*Journal of Anglican Studies*
JBEM	*Journal of Broadcasting and Electronic Media*
JEH	*Journal of Ecclesiastical History*
JES	*Journal of Ecumenical Studies*
JPH	*Journal of Presbyterian History*
JRH	*Journal of Religious History*
JSH	*Journal of Social History*
JSS	*Jewish Social Studies*
L	*Lucas: An Evangelical History Review*
LQHR	*London Quarterly and Holborn Review*

LQR	*London Quarterly Review*
MBC	*Mundesley Bible Conference*
MC	*Modern Churchman*
MRW	*Missionary Review of the World*
NZJBR	*New Zealand Journal of Baptist Research*
NZJH	*New Zealand Journal of History*
ODNB	*Oxford Dictionary of National Biography* (Oxford: Oxford University Press, 2004–16)
	OH *Ontario History*
Pn	*Pneuma: The Journal for the Society of Pentecostal Studies*
PTR	*Presbyterian Theological Review*
RAC	*Religion and American Culture*
RCW	*Record of Christian Work*
RE	*Review and Expositor*
RPC	*Proceedings of the . . . General Council of the Alliance of the Reformed Churches Holding the Presbyterian System*
RSCHS	*Records of the Scottish Church Historical Society*
SC	*Southern Cross*
SCH	*Studies in Church History*
SCM	Student Christian Movement
SVM	Student Volunteer Movement
TCBH	*Twentieth Century British History*
VC	*Victorian Churchman*
VE	*Vox Evangelica*
WBC	*World Baptist Congress*
WD	*World Dominion*
WMM	*Wesleyan Methodist Magazine*
WS	*War and Society*
WSCF	World's Student Christian Federation
WTJ	*Wesleyan Theological Journal*
YMCA	Young Men's Christian Association
YWCA	Young Women's Christian Association

제1부
세기말(FIN DE SIÈCLE, 1900년경–1914년)

제1장 복음주의 세계(1900년경)
제2장 부흥, 부흥주의, 선교
제3장 신앙생활
제4장 신학적으로 좁아짐과 넓어짐
제5장 사회 복음?

제1장

복음주의 세계(1900년경)

The Evangelical World

1900년 '에큐메니칼선교 대회'(Ecumenical Missionary Conference)에서 미국 대통령 윌리엄 맥킨리(William McKinley)는 독실한 감리교인으로서 기독교 선교에 관해 의례적 물음을 던졌다.

"국가 발전에 공헌한 그들의 가치를 과연 누가 평가할 수 있겠는가?"

이 물음에 대한 그의 대답은 뻔한 것이었다.

> 인류의 진보와 향상에 이바지한 그들의 노력은 이루 헤아릴 수 없다. 그들은 산업을 심어 주었고 다양한 무역을 가르쳐 주었다. 우호와 존중을 두텁게 했고, 민족과 인종을 더 가깝게 했다. 그들은 인간을 더 향상했다.[1]

선교의 영향에 대한 맥킨리의 축사는 19세기 복음주의가 세계를 향상하는 세력으로서 남긴 업적에 대한 많은 찬사와 또 다가올 신세기에 대한 열렬한 기대의 일환이었다.[2] 세기가 바뀔 무렵, 주석가들은 전례 없는 과학과 기

---

1 *Ecumenical Missionary Conference New York 1900*, 2 vols. (London: Religious Tract Society, 1900), I, 40.
2 예를 들어 W. Douglas Mackenzie, *Christianity and the Progress of Man As Illustrated by*

술의 발전, 거대한 물질적 향상, 부의 증대의 시기를 회고했다. 그들은 이런 세상의 진보에 자신들이 만족스럽게 여기는 이유들, 즉 국내외 복음 전도의 진척, 성결 운동의 확산, 자선 활동과 사회 봉사 활동의 성공을 추가했다.

복음주의자들은 세기말(fin de siècle)의 열정에 휩쓸려 세상을 기독교 복음의 변혁적 영향력을 위한 장으로 바라보면서 이제 막 접어든 새로운 세기가 최근 역사에서 발견한 '전진 운동'(forward movement)을 확장하는 '가장 신앙적이고 기독교적인 세기'가 되리라 확신했다.³

1. 세계적 운동으로서 복음주의

세기말 전환기에 들떠 있던 비평가들이 이 시리즈의 이전 세 권에서 다룬 것 같은 복음주의 운동의 확장과 '전성기'를 기대했다. 복음주의는 시작된 이래 한 세기 반 동안 영국연방의 확장과 미국의 서부 개척 운동과 함께 영어권 문명의 특징이 될 만큼 확산되었다. 1790년대 복음주의자들이 대위임령을 재발견함에 따라, 그들의 선교 활동도 아시아, 태평양, 서아프리카와 남아프리카에서 복음주의적 영향력을 행사했다.⁴

1900년경에는 적어도 약 8천만 명(모든 프로테스탄트의 약 60퍼센트)의 명목상 복음주의 그리스도인이 세계의 모든 주요 지역에 분포되어 있었다.⁵

Modern Missions (Edinburgh: Oliphant, Anderson & Ferrier, 1898); A. T. Pierson, *Forward Movements of the Last Half Century* (London: Garland Publishing, 1984 [1905]).

3 예를 들어 'The New Century's Religion,' *SC* (8 Feb. 1901), 157. *Exchange*에서 재간행되었음.

4 Martin I. Klauber and Scott M. Manetsch (eds.), *The Great Commission: Evangelicals and the History of World Missions* (Nashville: B&H Academic, 2008).

5 Todd M. Johnson et. al., 'Status of Global Christianity, 2015, in the Context of 1900–2050,' *IBMR* 39.1 (Jan. 2015), 29.

신자들의 수와 확산으로 보면 복음주의는 1900년경 진정한 세계 종교였다.[6] 하지만 복음주의자들은 영어권 지역에 크게 집중되어 있었다. 유럽에 있는 약 3,500만 명의 복음주의자들 중, 약 2,000만 명이 영국과 아일랜드에 살면서 활동했다. 마찬가지로 오세아니아의 복음주의자 250만 명 중에, 약 200만 명이 호주와 뉴질랜드에 있었다.

미국에서는 약 3,200만 명의 복음주의자들이 전체 인구의 42퍼센트를 차지했으며, 캐나다에서는 150만 명의 복음주의자들이 전체의 25퍼센트를 차지했다. 수치적으로 그리고 비율적으로 복음주의자들은 영어권 세계에서 중요한 존재였다.

이 복음주의자들 대다수는 공인된 프로테스탄트 교회들에 속해 있었다. 1900년 무렵 이 현상은 두 가지 주된 패턴으로 나타났다.[7] 처음부터 복음주의자들은 교파 내에 존재하고 있었다. 따라서 국교회 교파 도처에 복음주의 국교회 교인들이 있었고, 스코틀랜드 교회 내에 장로교 복음주의자들이 있었다.

17세기에 시작된 '옛 국교 반대파'(old dissent) 교회들, 즉 침례교인들, 회중교인들, 퀘이커교도들도 점차 복음주의를 지향하게 되었다. 루터파 교인들은 다소 구별되게 남았지만 종교개혁의 발흥을 공유한 복음주의자들과 공통점이 많았다. 탄력이 붙자 복음주의는 독자적인 교파들도 만들었다. 메소디스트들이 먼저 시작했다. 그들은 차례차례 '원시메소디스트교회'(Primitives),

---

6 Mark Hutchinson and John Wolffe, *A Short History of Global Evangelicalism* (Cambridge: Cambridge University Press, 2012); Donald M. Lewis and Richard V. Pierard (eds.), *Global Evangelicalism: Theology, History and Culture in Regional Perspective* (Downers Grove: IVP Academic, 2014). 이 단락의 수치는 다음 책의 통계에 기초한다. David Barrett et al. (eds.), *World Christian Encyclopedia: A Comparative Survey of Churches and Religions in the Modern World*, 2nd ed., 2 vols. (Oxford: Oxford University Press, 2001), I, 4, 12–15, 81, 139, 170, 386, 540, 675, 772, 이는 세계 복음주의자들의 총계(7,500만명)을 약간 더 낮게 계산한데서 나온 것이다.

7 David W. Bebbington, *The Dominance of Evangelicalism: The Age of Spurgeon and Moody* (Leicester: Inter-Varsity Press, 2005), 51–62.

성서메소디스트교회(Bible Christians) 그리고 더 많은 하위 집단으로 나뉘었다. 19세기에는 형제교회(the Brethren), 그리스도의교회(the Churches of Christ), 홀리니스교회(holiness churches), 구세군(the Salvation Army)이 생겼다. 남아프리카와 아메리카에는 흑인교회들(Black churches)이 등장했다.

또한, 대부분의 복음주의자는 자신들의 교회를 넘어 다른 복음주의자들과 더 넓게 관계를 맺을 수 있었다. 복음주의는 그 자체로 기성교회가 아니라 18세기 교회 역사의 새로운 발전으로서 다른 교회들과 기독교 단체들을 기꺼이 받아들이는 '에클레시아 의식'(ecclesial consciousness)을 낳았다.[8] 복음주의자들에게 교회는 어디에 있더라도 공통된 은혜 체험과 구주 그리스도에 대한 헌신으로 하나 된 참 신자들의 몸이었다. 연합은 성경과 그 교훈에 대한 개방성, 영적인 친교, 공동 목표(특히 선교)에 대한 협력 안에서 이루어졌다. 이런 교회론은 그 운동의 특징인 '에큐메니즘'(ecumenism)의 토대였다. 복음주의는 초국가적일 뿐만 아니라 초교파적이었다.

복음주의의 이런 폭넓은 포용성은 중요한 조직적 결과들을 낳았다. 서로 공감하는 것 외에도, 흩어진 복음주의 형제자매들은 '파라처치'(para-church) 조직들에 모여들었고, 그것은 그 운동의 특징이 되었다. 그 첫 사례는 성경을 인쇄해 국내외로 배포하는 '영국성서공회'(British and Foreign Bible Society, 1804)였다.

영국교회선교회(Church Missionary Society, CMS) 같은 선교 조직들은 주요 영어권 전 지역에 지부를 설립했다. '복음주의연맹'(The Evangelical Alliance), YMCA, YWCA는 19세기 중반 20-30년 동안에 시작되어 세계적 네트워크로 급성장했다. 19세기 후반에는 기독교여자절제회(Woman's Christian Temperance Union)와 프랜시스 E. 클라크(Francis E. Clark)의 기독교면려회(Christian Endeavour)가 뒤를 이었다. 복음주의 교회들 역시 국제적 조직화

---

[8] Bruce Hindmarsh, 'Is Evangelical Ecclesiology an Oxymoron? A Historical Perspective,' in John G. Stackhouse (ed.), *Evangelical Ecclesiology: Reality or Illusion?* (Grand Rapids: Baker Academic, 2003), 15-37.

를 원했으므로 이런 노력의 세계적 파급력은 강화되었다.[9]

1900년 무렵에 문서 보급을 촉진하고, 경건의 패턴을 재생하고, 민족적 자연적 경계를 넘어 공통 목적에 진력하는 복음주의 교회들과 단체들이 전 세계에 세워졌다.

복음주의 문화가 이렇게 확산되면서 지금은 세크리스케이프(sacriscape, 민족적 경계를 가로질러 파급되는 거룩한 운동의 흐름 또는 그 세계적 동경)라 부를 수 있는 단체가 자연스럽게 생겨났다.[10] 그것의 발전과 운영이 촉진된 것은 교통과 통신 기술이 급속히 향상되었기 때문이다. 주목할 만한 예가 『제국을 얻는 일』(Deeds That Won the Empire, 1897)의 작가로 유명한 메소디스트 W. H 피체트(W. H. Fitchett)가 멜버른(Melbourne, 대부분 주요 도심에서 멀리 떨어진 곳)에서 펴낸 주간지 「서던 크로스」(Southern Cross)다.[11] 이 범복음주의 신문의 우선적인 초점은 빅토리아주였지만, 그것은 호주 전역과 복음주의 세계 너머까지도 광범위하게 전해졌다. 그 주간지의 실제 내용은 상당 부분 「더 그리스도인」(The Christian), 「더 선데이 스쿨 타임즈」(The Sunday School Times), 「더 아웃룩」(The Outlook) 같은 광범위한 북반구의 정기 간행물을 재활용한 것이었다.

---

9 이런 전개에 대해서는 다음을 보라. Alan P. F. Sell, A Reformed, Evangelical, *Catholic Theology: The Contribution of the World Alliance of Reformed Churches, 1875–1982* (Grand Rapids: Eerdmans, 1991); David Hempton, *Methodism: Empire of the Spirit* (New Haven: Yale University Press, 2005); Richard V. Pierard (ed.), *Baptists Together in Christ 1905–2005: A Hundred Year History of the Baptist World Alliance* (Falls Church: Baptist World Alliance, 2005).

10 David Lyon, 'Wheels Within Wheels: Glocalization and Contemporary Religion,' in Mark Hutchinson and Ogbu Kalu (eds.), *A Global Faith: Essays on Evangelicalism and Globalization* (Sydney: Centre for the Study of Australian Christianity, 1998), 47–68.

11 Robert D. Linder, 'William Henry Fitchett (1841–1928): Forgotten Methodist "Tall Poppy",' in Geoffrey R. Treloar and Robert D. Linder (eds.), *Making History for God: Essays on Evangelicalism, Revival and Mission in Honour of Stuart Piggin* (Sydney: Robert Menzies College, 2004), 197–238.

피체트가 복음주의 세계의 문서와 사건에 친숙하여 지구 반대편 복음주의자들의 경험을 세계적 복음주의 문화의 일부로 제공할 수 있었던 것은 주로 전보 덕택이었다. 피체트는 또한 주기적으로 호주와 영국을 왕래했다. 그렇게 함으로써 그는 다른 복음주의 지도자들처럼 늘어나는 구독자층 지역을 돌며 더 빠르고 더 편하게 다닐 수 있었다. 점점 더 많은 복음주의자들이 활동반경을 넓히게 되자 그들은 마치 서로 긴밀한 한 덩어리처럼 활동했다.

다국적이고 초교파적인 면은 복음주의 본질 중에서 으뜸 되는 지표다. 복음주의는 주로 점점 더 연결되고 통합되어 가는 운동이었지만, 여전히 사람들과 단체들과 교파들의 느슨한 모임이었다.[12] 이런 충동은 교리적 확신의 결합, 공통의 유산, 비슷한 열망과 성향, 유사한 관습에서 비롯되었다. 인간의 죄성, 그리스도의 대속적 죽음을 믿음으로 얻는 구원, 성경의 권위가 필수적인 신앙의 공통분모였다.

그 유산은 종교개혁, 청교도주의, 경건주의와 1900년까지 150년의 복음주의 역사 자체를 통합했다. 그들의 열망과 성향에는 거룩한 삶을 이끌고 그리스도를 위해 세상을 얻으려는 열정이 들어 있었다. 그들의 관습에는 회중 찬송, 개인 성경 공부, 비슷한 스타일의 예배가 들어 있었다. 복음주의자들이 국경을 넘어 한 지역에서 다른 지역으로 쉽게 이동할 수 있었던 이런 공통점은 열망을 실현하기 위한 초교파적 조직을 만드는 역량을 불러일으켰다. 그런 조직들은 차례로 사회 봉사, 복음 전도, 선교에 헌신하는 공동체에 대한 소속감을 키웠다.

미국의 맥락에서 그 운동은 '복음주의교파'(the evangelical denomination)로 묘사되어 왔다.[13] 하지만 그것은 유사한 책무에 의해 세계적으로 느슨하게 연결된 연합체이므로 복음주의 연합(the evangelical coalition)이라 부르는 것

---

12 Cf. Stuart Piggin, 'Towards a Bicentennial History of Australian Evangelicalism,' *JRH* 15.1 (1988), 20–37.

13 George Marsden, 'Introduction: The Evangelical Denomination,' in George Marsden (ed.), *Evangelicalism in Modern America* (Grand Rapids: Eerdmans, 1984), vii–xix.

이 더 적합하다.¹⁴

2. 신앙 전통으로서의 복음주의

고정된 형태가 없는 이 운동의 성격 때문에 1900년에 존재했던 복음주의는 18세기의 '열렬한 충동'에서 이어져 내려온 개신교의 폭넓고 매우 영향력 있는 전통으로 이해될 수 있다.¹⁵

'전통'은 복음주의에 대한 논의에서 많이 거론되지 않았는데, 아마도 그 모호성과 '전통'을 교회의 가르침으로 보는(성경의 가르침과 대립하는) 로마 가톨릭의 어법과 혼동할 가능성 때문일 것이다. 하지만 그것은 과거에서 현재로 전해 내려오는 인간의 사상과 행동의 산물을 가리키는 폭넓은 사회학적 개념이기도 하다. 이런 산물들은 세월이 흐르며 바뀌기도 하지만 본질적인 요소들은 그대로 남는다.

그래서 전통은 "받아서 전하는 과정에서 잇달아 변동이 일어나는 시간적 사슬이다. 그러한 변동의 연속성은 아마도 공통된 주제, 또는 거듭된 출현과 소멸 그리고 공통된 기원으로부터의 유래 등에 있을 것이다."¹⁶ 이런 개념은 복음주의에도 쉽게 적용될 수 있다. 즉 기독교 신앙과 실천의 양태는 여러 세대에 걸친 추종자들에 의해 의도적으로 재현된다.

이 운동 전체를 조망하는 렌즈를 통해 보면, '복음주의 전통'의 주된 특징은, 학자들을 가장 놀라게 하는(때로는 당황스럽게 하는) 것으로서, 복음주의 내에 끝없이 다양성이 존재하는 것처럼 보이면서도 일관성이 있다는 것이다. '전통 내에서 유래했고 수용자들에 의해 이루어지는 변화'라는

---

14 베빙턴에 따른 것. Bebbington, *Dominance of Evangelicalism*, 57.
15 Frank M. Turner, *John Henry Newman: The Challenge to Evangelical Religion* (New Haven: Yale University Press, 2002), ch. 1.
16 Edward Shils, *Tradition* (London: Faber & Faber, 1981), ch. 1, with quotation on 13.

내생적 요인과 '변화된 상황에 대응하는 변화'[17]라는 외생적 요인을 인정하면 전통은 복음주의 자체의 내부적 역학이 다른 환경과 변화하는 상황과 상호 작용한 결과로서 이 다양성을 설명하는 방법을 제공한다. 아마도 가장 중요한 것은 전통이 18세기의 뿌리에서 나온 가지를 추적하는 틀을 제공한다는 사실인데, 그것은 세기말 수년 동안 심화된 과정이다.

복음주의 전통에 대한 개념적 내용 곧 그 '내생적 요인'을 규명하려는 시도가 많았지만, 이 시리즈에 채택된 특성들의 집합은 현재 널리 알려진 '베빙턴 4대 요소'(Bebbington quadrilateral)이다. 데이비드 베빙턴(David Bebbington)은 거의 300년 가까운 복음주의 역사의 연속적인 특성으로 서로 맞물린 네 가지 결정적 특징을 가정했다.[18]

> **첫째**, 회심주의(Conversionism, 구원을 위해 그리스도를 믿어 삶이 변화되어야 한다는 믿음)
> **둘째**, 성경주의(biblicism, 하나님과 구원과 세계의 본질에 대한 지식을 얻기 위해 성경에 의존함)
> **셋째**, 십자가주의(crucicentrism, 세상과 인간의 구속을 위해 십자가에 못 박힌 그리스도의 희생적 죽음을 신뢰함)
> **넷째**, 행동주의(activism, 헌신은 당연히 행동으로 표현된다는 주장)

이 네 요소는 복음주의 주류 교파들뿐만 아니라 더 작고 지역적이고 심지어 분파적인 기독교 그룹까지 포용한다. 이 다른 그룹들은 이미 다양한 현상에 색깔, 다양성과 복잡성을 더한다.

---

[17] Ibid. 213, 240.
[18] 먼저 다음을 보라. David W. Bebbington, *Evangelicalism in Modern Britain: A History from the 1730s to the 1980s* (London: Unwin Hyman, 1989), esp. 1–17.

티모시 스미스(Timothy Smith)는 이 운동을 '만화경'(kaleidoscope)에 비유했고, 베빙턴은 '복음주의 모자이크'(the evangelical mosaic)라고 불렀다.[19] 두 비유 모두 세기말 영어권 세계에서 신앙과 태도와 행동의 근본 양식에 의해 연결된 복음주의 단체와 교파와 교회와 개인의 잡다한 집합을 적절히 묘사한다.

베빙턴의 테제에[20] 대한 많은 반응 중에 아마도 가장 가치 있는 것은 캐나다 역사가 그레고리 로릭(George Rawlyk)에게서 나왔을 것이다. 그에게는 네 가지 요소가 상호 작용하는 방식이 그 요소들 자체보다 더 중요했다.[21] 항존하는 네 요소가 복음주의 문화에 늘 동일하게 결정적인 것은 아니었다. 그 요소들의 변동은 복음주의가 오랜 시간 동안 한편에서는 늘 동일하면서도 다른 한편에서는 다른 관점에서 어떻게 변화되는지 설명하는 데에 큰 도움이 된다.

어느 정도에 있어서 로릭의 생각은 조지 마즈던(George Marsden)이 말한 미국의 '범 복음주의 내 대립적 우선순위'라는 개념에서 발전된 것이었다. 네 요소는 '경쟁하는 우선순위'로서, "다듬어지고, 강조되고, 다양한 복음주의 집단화에 의한 적지 않은 변형과 결합되어 상당한 내적 경쟁을 일으킨다."[22] 미국의 운동 내에서 사실인 것은 전체 운동 내에서도 사실이다. 서로 다른 요소들의 지배적 균형은 어느 한 시점에서든 운동의 성격을 크게 결정한다.[23] 베빙턴 테제는 복음주의 현상을 묘사할 뿐만 아니라 그 역

---

19 Bebbington, *Dominance of Evangelicalism*, 52, 57.
20 예를 들어 Michael A. G. Haykin and Kenneth J. Stewart (eds.), *The Emergence of Evangelicalism: Exploring Historical Continuities* (Nottingham: Apollos, 2008), esp. the chapters by G. J. Williams and Timothy Larsen; and Charlie Phillips et al., 'Roundtable: Re-examining David Bebbington's "Quadrilateral Thesis",' *FH* 47.1 (2015), 44-96.
21 George Rawlyk, 'Introduction,' in George Rawlyk (ed.), *Aspects of Canadian Evangelicalism* (Montreal: McGill-Queen's University Press, 1997), xiii-xxv.
22 Rob Warner, *Reinventing English Evangelicalism, 1966-2001: A Theological and Sociological Study* (Milton Keynes: Paternoster Press, 2007), 19-20.
23 스튜어트 피긴이 유사한 접근법을 가지고 '성령'과 '말씀'과 '세계'의 상호 작용으로서 호주 복음주의를 설명했다. Stuart Piggin, *Spirit, Word and World: Evangelical Christianity*

사의 변동을 이해하는 경험적 '지침'(heuristic)이 되었다.

로릭과 마스던의 제안(The Rawlyk-Marsden proposal)은 복음주의가 어떻게 그 내부의 힘으로 진행되었는지에 대한 사회학자 롭 워너(Rob Warner)의 제안을 돋보이게 한다. 1966년에서 2001년까지 영국에서 그는 '성경주의-십자가주의 축'과 '회심주의-행동주의 축'이 '복음주의적 경쟁과 시도와 발전의 역동성에 활력을 불어넣는 한 쌍의 라이벌 축'이라고 가정한다.[24]

워너의 제안은 그것이 적용되는 상황의 장점이 무엇이든 간에, 복음주의 요소들이 어떻게 흥하고 쇠하는지 뿐만 아니라 서로 결합하여 운동 내에서 다양한 강조와 순서의 변화가 일어나게 하는지도 보여 준다. 다른 조합도 가능하지만, 개인과 집단으로,[25] 이 두 축의 식별은 20세기 초 복음주의 안에 일어난 일에 대한 해석에 큰 도움이 된다.

워너의 축의 해석적 가치는 복음주의 역사를 이해하는 또 다른 접근과 만나게 되었을 때 나타난다.

18세기 초부터 복음주의적 삶의 넓은 흐름에서 두 가지 큰 경향이 확인되었다.[26] 종교개혁 개신교의 정통성을 벗어나 신학적 일치를 추진하며 계속해서 자신이 '성경 원리'에 충실하다고 주장하는 교리주의 성향, 조직신학과 신앙고백서의 법전화 그리고 복음주의 에큐메니즘에 반하는 분리주의를 부추기는 논쟁이 나왔다. 정통주의 약화에 대한 반작용으로는 주로 체험적 경건에 관심을 갖는 부흥사들, 고도로 도덕적이고 경건한 삶 그리고 사랑과 봉사와 선교적 활동의 협력이 나왔다.

---

in Australia, rev. ed. (Brunswick East: Acorn Press, 2012).

24 Warner, *Reinventing English Evangelicalism*, 19-20.

25 David Furse-Roberts, 'The Making of an Evangelical Tory: The Seventh Earl of Shaftesbury (1801-1885) and the Evolving Character of Victorian Evangelicalism,' PhD thesis, University of New South Wales, 2015. 이 논문은 상원의원 섀프츠베리(Lord Shaftesbury)의 삶과 작품에 나타난 성경주의-행동주의 축의 작용을 살핀다.

26 W. R. Ward, *The Protestant Evangelical Awakening* (Cambridge: Cambridge University Press, 1992); Stuart Piggin, 'Historical Streams of Influence on Evangelical Piety,' *L* 18 (1994), 5-19.

합리주의적 교리주의는 성경주의-십자가주의 축과 어울린다. 경건한 부흥주의는 회심주의-행동주의 축과 어울린다. 복음주의는 조나단 에드워즈(Jonathan Edwards)와 존 웨슬리(John Wesley) 같은 '중도 인사들'(middle men)에 의해서 그랬듯이 두 성향이 함께 할 때 최고가 되었다. 그러나 복음주의자들이 다른 한쪽을 배제하려는 경향에 흔들리는 경우는 드물지만, 신학과 경건에 대한 선호는 종종 바른 믿음과 실천의 중요성과 내용 사이에 논쟁이 벌어지면서 긴장과 심지어 공개적인 갈등의 원인이 되었다. 이 갈등은 20세기 초에도 계속되었다.

1914년 이전 선교 운동과 동시에 일어나는 복음주의 에큐메니즘이 크게 번성한 것은 부흥주의 경향에 힘입은 바가 크다. 그것은 1920년대와 1930년대에 복음주의의 교리주의적 경향의 표출로서 근본주의 급증에 의해 전복되었다. 대체로 이것은 그 시대 전반(1895년경-1914년)에는 회심주의-행동주의 축이, 후반(1919년경-1940년)에는 성경주의-십자가주의 축이 결정적이었던 이유였다.

3. 정치적, 사회적, 문화적 상황

대부분의 베빙턴 4대 요소 논의는 베빙턴 자신이 지적했듯이 복음주의 전통의 역사를 움직인 내재적 요인에 초점을 맞추었지만, 이 역사는 또한 외적 조건에 의해 형성되었다. 복음주의자들이 완전히 '세상 밖에' 있는 것이 아니라면 그들은 '세상 안에서' 지역과 국가와 더 넓게는 국제 사회의 일원으로서 당면한 정치적, 사회적, 문화적 상황에서 자신들의 신앙을 지키며 사는 것이다.

복음주의 운동이 나타나게 된 다양한 세계 환경에 대한 검토는 20세기 초반 수십 년간 그 운동의 역사적 상황을 설명하고 또한 그 시대의 복음주의자들이 주체였던 더 큰 영향력 곧 '외적 요인'을 보여 준다.

복음주의 세계 내에서 점차 증가하는 상호 연관성과 통합성은 1815년 경부터, 특히 1870년 이후에 등장한, 새로운 국제주의 패턴을 그대로 반영했다.[27] 19세기 마지막 수십 년 동안 유럽 정부들과 아메리카의 떠오르는 민족 국가는 제국주의를 국위 선양과 경제적 전략적 이익 확보의 수단으로 보았다.

그중에서 16세기 이후 스페인, 포르투갈, 프랑스를 능가하게 된 영연방은 1900년경에도 여전히 세계 최고의 강대국이었다. 잉글랜드, 스코틀랜드, 웨일스, 아일랜드 연합은 최초의 산업 국가로서 신흥 세계 경제에 엄청난 부를 창출하고 막강한 영향력을 행사했다. 그 연합은 또한 세계 인구의 5분의 1을 아우르는 인류 역사상 가장 큰 제국을 지배했다. 해양 지배력은 형식적인 영역 경계를 넘어 그 세력을 쉽게 뻗칠 수 있게 했다.

작은 네 나라가 그렇게 큰 영토와 인구에 지배권을 행사했다는 사실은 다윈의 시대에 앵글로-켈트(Anglo-Celtic) 민족의 우수성에 대한 신념을 낳은 기이한 원인이었다. 그것과 더불어 다양한 수준의 확고함과 열렬함으로 국가적 선교와 섭리적 목적이라는 쌍둥이 신념이 동반되었다. 1914년 전쟁 발발에 대한 반응이 보여주듯이 복음주의자들은 이런 인식을 흔쾌히 흡수해 자신의 것으로 통합했다.

1900년 무렵 영연방은 네 개의 추가적인 영어권 사회, 즉 캐나다, 호주, 뉴질랜드, 남아프리카를 포함했다. 모두가 영연방 프로젝트 성공의 기념비였다. 광범위한 영어 사용이 입증하듯이, 이들 지역에서 영국 문명 강요와 황무지 지배는 거의 끝마쳤다. 1880년대와 1890년대의 후퇴에도, 지역 경제는 번창했고 발전하는 세계 경제에 편승하게 되었다. 안정적인 정치 사회 질서가 확립되어 있었다.

---

27 C. A. Bayly, *The Birth of the Modern World 1780–1914* (Malden, MA: Blackwell Publishing, 2004).

모두가 정치적으로 자유 민주제인 자치 정부를 갖게 된 것은 어떤 면에서 영국 체제보다 앞선 것이었다. 영국과 아일랜드로부터 많은 이민자가 계속 이주해 왔기 때문에 영국, 스코틀랜드, 웨일스, 아일랜드 전통은 계속 이어졌다. 학교, 대학, 다른 기관들은 영국의 규범과 절차를 모방했다. '영연방'(Greater Britain)의 폭넓은 문화적 정치적 동질성은 같은 형태의 기독교가 번성할 수 있는 환경을 제공했다. 반면 '자유(로운) 국가의 자유(로운) 교회'라는 통념이 내재된 자발적' 행동주의'(voluntarism)는 복음주의에 들어 맞았다.[28]

18세기에 영국에서 떨어져 나온 미국은 문화적으로 다소 다르지만, 정치적 경제적 전개의 주된 방향에서 다르지 않았다. 19세기에 16개 주에서 45개 주로, 약 8백만 명에서 1억 명으로 성장한 미국은 세기말에 신흥 강국이었다. 남북전쟁(1861년-1865년)이라는 동족상잔의 고통에 이어 급속한 산업화는 대규모의 도시화와 이주를 가져와 나라를 탈바꿈했다.

1898년 스페인과의 전쟁으로 미국은 더 넓은 세계정세에 말려들기 시작했다. 동시에 미국적 가치와 제도의 확산에서 비롯된 성장하는 '비공식 제국'(informal empire)은 세계를 향한 도덕적 리더십의 책임감을 배양하고 있었다.[29] 미국에 널리 퍼진 복음주의 신앙은 이런 영향력을 발휘하는 세력 중 하나였다. 영국 비국교도 언론인 W. T. 스테드(W. T. Stead)는 이런 전개의 중요성을 인정하고 20세기는 미국의 세기가 될 것이라고 통찰력 있게 예측했다.[30]

---

[28] Hilary Carey, *God's Empire: Religion and Colonialism in the British World, c. 1801–1908* (Cambridge: Cambridge University Press, 2011).
[29] Ian Tyrrell, *Reforming the World: The Creation of America's Moral Empire* (Princeton: Princeton University Press, 2010).
[30] W. T. Stead, *The Americanization of the World, or, the Trend of the Twentieth Century* (New York: Garland Publishing, 1972 [1902]).

초교파적 운동이 거대하게 뒤따랐기 때문에 복음주의는 세기 전환기를 맞은 이들 사회에서 종교적 지배력을 가지게 되었다.[31] 공적 종교의 지위는 다른 사람들의 신념과 행위를 빚으려는 의도를 불러일으킨 복음주의 신조인 회심주의와 행동주의에서 비롯되었다. 모든 복음주의자가 적극적인 공적 참여를 높은 수준으로 열망한 것은 아니지만, 시민으로서 그들 모두는 사람들을 구원하고 향상하게 하려고 노력할 뿐만 아니라 자신들의 사회를 지지하는 '스며든 존재'(embedded presence)였다.

그들은 주요 기관(교회를 포함해)을 운영했고, 다양한 목적을 위해 인력과 자원을 동원했고, 공적인 문제들에 관해 발언했고, 사회 개량을 위해 수고했고, 정치에 참여했다. 그 결과 그들은 직간접적으로 상당한 영향력을 행사하게 되었다. 데이비드 베빙턴이 '지배'(dominance)라고 묘사한 이 '문화적 권위'는 1900년경에 그 전성기가 지났어도 여전히 중요했고 20세기 초 복음주의자들은 그것이 계속되리라 기대했다. 문화적 권위의 유지와 방어는 그들의 공적 활동의 주된 추진력 중 하나였다.[32]

4. 근대화와 복음주의의 분열

주류 사회들의 정치적, 사회적, 경제적 구조 외에도, 영어권 세계의 주된 문화 세력들도 복음주의에 입각해 행동하며 그들의 역사를 형성했다. 그 첫째가 이제는 잘 확립된 계몽주의였다.[33] 18세기 복음주의 태동과 성

---

31 다음에서 예증된다. Stuart Piggin and Robert D. Linder, 'The Fountain of Public Prosperity': *Evangelical Christians in Australian History*. Vol. 1: 1740–1914. 근간.
32 다음을 보라. Frank M. Turner, *Contesting Cultural Authority: Essays in Victorian Intellectual Life* (Cambridge: Cambridge University Press, 1993). 이것은 문화적 권위의 개념에 대한 것이다.
33 예를 들어 Mark A. Noll, *The Rise of Evangelicalism: The Age of Edwards, Whitefield and the Wesleys* (Leicester: Apollos, 2004), 140–141; Bebbington, *Dominance of Evangelicalism*,

장은 개신교의 합리적이고 낙관적인 표현으로서 그 신조와 가치관에 대한 반응이었다. 19세기 초 수십 년간 복음주의 운동에 나타난 새로운 경향은 낭만주의의 영향에 의해 계몽주의 유산이 중첩되었기 때문이다.

성경 영감에 대한 높은 관점, 거룩에 대한 헌신, 신앙의 원리, 열렬한 종말론적 추론으로 나타난 강한 초자연주의 등은 이 원인에 기인한다. 합리성에 몰두하던 계몽주의와 감정과 상상에 이끌리던 낭만주의가 항상 잘 어울리지는 않았다. 시간이 지나면서 복음주의 신앙 체계를 구성하는 요소들은 새로운 강조점들로 밀려 들어갔고, 매우 다른 문화적 세력과 공존하면서 새로운 관심과 함께 종합되었다. 1900년경 복음주의자들은 세계의 주된 문화적 흐름 사이에서 긴장을 놓지 못하고 있었다.

세기 전환기에 복음주의는 현대 세계의 환경에서 발생하는 새로운 주요 영향에 적응하면서 다시 변화하고 있었다. 1870년경부터 이 운동은 역사학자들과 사회학자들이 '근대화'(modernization)라 부르는 세력권의 영향을 점점 더 많이 받게 되었다. 이 세력들은 주로 자본주의, 산업화, 도시화, 민족주의였다. 이것들로부터 소비주의, 대중 매체, 구세계에서 신세계로의 대규모 인구 이동 그리고 그 결과로 생긴 문화 다원주의가 파생되었다. 이것들은 16세기부터 생성되어, 19세기의 마지막 수십 년간 함께 상승 작용을 해 세기말 복음주의의 활동 무대인 자유 민주주의 국가와 대중 사회를 새롭게 창출했다.

여러 면에서 이런 전개는 복음주의 운동에 좋지 않았다. 새롭고 어려운 사회적 인구 통계학적 상황 외에도, 주로 종교적으로 뒤따르는 것은 세속화, 경험적 조사와 이성적 계산에 의해서만 세상을 이해하려는 경향, 복음주의 견해에 기초가 되는 초자연주의와 반목하는 태도였다.[34] 1900년이 되자 빅토리아 시대 중반 최고조에 달했던 복음주의의 사회문화적 영향력

---

chs. 4–5.
34 Robert B. Mullin, *Miracles and the Modern Religious Imagination* (New Haven: Yale University Press, 1996).

의 흐름이 뒤바뀐 것이 그 결과였다.

  삶에 대한 자연주의적이고 물질주의적인 접근의 영향력이 증가하면서, 복음주의자들이 얼마나 현대적인 사람들인지에 대한 물음이 제기되었다. 독일의 사회학자 막스 베버(Max Weber)에 의해 그 당시에 시작된 현대성 담론의 '양자택일' 논리는 모든 복음주의자를 현대 세계에 맞서 초자연주의적 세계관(Weltanschauung)을 고수하는 사람들로 평가했다.

  그러나 세상으로부터 물러난 사람들은 거의 없었고, 모두가 어느 정도 세상에 참여했다. 그들은 과학 지식과 기술 혁신을 활용했고, 자신들의 조직에서 합리적 계획의 중요성을 인정했고, 자신들의 견해를 설명하고 보급하기 위해 이성을 사용했다. 겉보기에 일관성이 없는 이런 태도와 행동의 조합은 최근에 확인된 '다중적' 또는 '대안적 현대성' 현상으로 설명된다.[35]

  복음주의자들은 이상한 '마법에 걸린 현대성'을 나타내지 않았다. 세기 전환기에 종교적 혹은 유사 종교적 경험에서 만족을 찾으려는 것과 동시에 과학과 교류하는 것은 꽤 흔한 일이었다. 복음주의자들은 종교적이면서 과학적일 수 있었다. 하지만 떠오르는 현대성에 대한 그들 내부의 반응은 서로 달랐다.[36]

  어떤 그룹에게는 현대 세계와의 상호 작용이 대부분 도구적이고 실용적이었다. 그들은 복음을 전하고 기반을 쌓기 위해 노력하면서 그 범위와 효과를 극대화하기 위해 교통과 통신 기술을 환영하고 잘 활용했다. 그러나 그들은 현대 세계를 형성하는 새로운 사상 흐름을 거의 전적으로 거부했다. 그들의 신앙에서는 비평적 성경 연구 방법론에 강하게 반대하는 아

---

35 Michael Saler, 'Modernity and Enchantment: A Historiographic Review,' *AHR* 111.3 (2006), 692–716.

36 J. D. Hunter, *American Evangelicalism: Conservative Evangelicalism and the Quandary of Modernity* (New Brunswick: Rutgers University Press, 1983). 그 후로 30년 동안 이것은 사회학적 노선에 따른 가장 근원적인 연구로 남아 있다.

일랜드 경찰관 로버트 앤더슨(Robert Anderson)과 미국 변호사 필립 마우로(Phillip Mauro) 같은 사람들은 반 현대적 복음주의자들이었다. 그들의 계층을 주도했던 것은 낭만주의에 의해 길러진 강렬한 초자연주의에 깊이 영향을 받은 사람들이었다. 아주 분명하게 그들 중에는 19세기 중에 등장한 많은 전천년주의자가 포함되어 있었다. 새로운 세기에 '반 현대적' 복음주의자들은 대체로 근본주의자들이 되었다.

다른 복음주의자들은 현대 세계를 형성한 지적인 힘에 열려 있었다. 그들에게 그 힘은 [적어도 그들 자신의 마음에서] 복음주의적 정체성을 유지하면서 당대의 확정된 진리의 빛 안에서 자신들의 사고를 조정하기 위해 기독교적 충실성과 개인적 성실성만큼이나 중요한 문제였다. 그 당시 (그리고 그 이후) 다른 사람들은 자신을 복음주의자라고 부를 만한 준비가 잘 되어 있지 않았다. 확실히 그들은 종종 복음주의의 경계를 넓혀갔고, 그 때문에 많이 낭패를 보았다. 캐나다 감독교회의 헨리 코디(Henry Cody)와 호주 장로교의 앤드류 하퍼(Andrew Harper) 같은 사람은 '현대적' 복음주의자들이었다. 양차 대전 사이(戰間期, interwar) 수년 동안 그들은 '진보적 복음주의자'(liberal evangelicals) 혹은 '복음주의적 자유주의자'(evangelical liberals)였다.[37]

틀림없이 대부분의 복음주의자는 어느 범주에도 들어맞지 않았다. 그들은 반동주의자도 아니었고 혁신가도 아니었다. 그들은 표준적인 신앙을 유지하기 바라면서 또한 시대에 따라 필요한 만큼 움직일 준비가 되어 있었다. 그들은 논쟁을 피하면서 다양성을 묵인했고, 관용과 타협으로 서로 다름을 이야기했다. 그들은 분명히 질서 안에 머무는 것을 선호했다. 이 폭넓은 지대를 차지한 것은 '현대화' 복음주의자들이었다.

---

[37] Kenneth Cauthen, *The Impact of American Religious Liberalism*, 2nd ed. (Lanham, MD: University Press of America, 1983); William H. Katerberg, *Modernity and the Dilemma of North American Anglican Identities, 1880–1950* (Montreal: McGill-Queen's University Press, 2001); Matthew Bowman, *The Urban Pulpit: New York City and the Fate of Liberal Evangelicalism* (Oxford: Oxford University Press, 2014).

스코틀랜드 장로교의 제임스 오르(James Orr)와 남침례교 E. Y. 멀린스(E. Y. Mullins)가 저명한 대표들이었다. 거의 연구되지 않았지만,[38] 그들의 집단적 중요성은 유일하게 잘 알려진 사례인 미국 장로교주의(Presbyterianism)에 의해 입증되었다.[39] 이 교파에서 반 현대파와 현대파의 충돌은 중도적인 다수의 '충성파' 그룹의 지지를 얻기 위한 경쟁을 유발했다. 중도파 복음주의자들의 충성을 얻기 위한 유사한 경쟁이 20세기 초 수십 년간 이 운동 전반에 걸친 특징이었다.

이런 입장의 출현은 현대화가 세기말 복음주의 운동을 다양화하여 끊임없이 증가하는 다원주의를 만들어 냈음을 의미한다. 중요한 예외들이 있지만, 이전의 역사 서술은 세기 전환기 개신교인들의 입장을 실제보다 더 고정되고 확정된 것으로 표현해 왔다. 이것은 이 시기 동안 복음주의의 과도기적 성격이 그 유동성과 복잡성을 간과함으로써 제대로 평가되지 못했다는 것을 의미했다. 중도파 복음주의자들이 무시되면서 다른 그룹(특히 반 현대파)이 부당하게 주목을 받았고, 양극화를 그 시대의 결정적 동력으로 받아들이게 되었다.

세기말 복음주의의 다양한 변화와 과도기적 성격을 모두 수용하는 방식은 복음주의 전통 내에서 연속된 견해를 인정하는 스펙트럼 모델이다. 그 운동에는 분명히 보수적 우파와 혁신적 좌파가 당면한 문제에 따라 다소 변할 수 있는 폭넓은 중도파와 함께 포함되어 있다. 다양한 조합이 각각의 입장의 성향과 범위를 명확히 하기 위해 '중도 우파' 혹은 '중도 좌파'로

---

38 Douglas Jacobsen and William V. Trollinger, Jr. (eds.), *Re-forming the Center: American Protestantism, 1900 to the Present* (Grand Rapids: Eerdmans, 1998). 이것은 중도적 입장의 회복을 위한 주장이다.

39 Bradley J. Longfield, The Presbyterian Controversy: Fundamentalists, Modernists, and Moderates (New York: Oxford University Press, 1991); William J. Weston, Presbyterian Pluralism: Competition in a Protestant House (Knoxville: University of Tennessee Press, 1997); Leading from the Center: Strengthening the Pillars of the Church (Louisville: Geneva Press, 2003).

표현될 수 있다. 그 스펙트럼은 또한 각각의 폭넓은 범주 내에서 서로 다름을 허용한다. 모든 근본주의자가 다 같지는 않았고, 진보주의자들은 관용의 정도에 따라 달랐고, 중도파는 폭이 넓었다. '제삼자'에 대한 인식조차도 그 연구가 '양자'(two party) 접근법에 지배되어 온 한 시대의 복잡성을 수용하기에 충분하지 않다.

스펙트럼 모델의 유동성은 또한 거의 다루어지지 않았던 복음주의 정체성에 관한 물음을 용이하게 한다.

어느 시점에 비 복음주의자가 복음주의자로 변하는가(영국 회중교회의 P. T. 포사이스[P. T. Forsyth]의 경우처럼), 또는 더 긴박하게, 진보적 복음주의자가 어느 시점에 그렇게 복음주의적이기를 포기하고 '진보적' 혹은 '현대주의자'가 되는가(영국 회중교회의 C. J. 카도[C. J. Cadoux]의 경우처럼)?[40]

종교적 정체성에 대한 이런 물음에 누가, 어떤 근거로 해답을 정하는가? 현대 변증학이 그렇게 하도록 허용해야 하는가?

사실 그 스펙트럼은 미국의 해리 E. 포스딕(Harry E. Fosdick)의 경우와 같은 곤란한 사례를 다룰 수 있게 한다. 그의 평생 다른 복음주의자들은 그를 '현대주의의 모세'(the Moses of modernism)로 여겼다.[41]

그러나 포스딕은 비록 의도적으로 현대적인 유형을 따르긴 했으나 사실상 명배한 복음주의자였다. 마찬가지로 E. W. 반즈(E. W. Barnes)는 1930년대와 1940년대 악명 높은 '현대주의자' 국교회 주교로서 그의 이력 초반에 드러내 놓고 진보적 복음주의와 견해를 같이했다.[42] 그의 사례는 그들이 다 함께 복음주의를 떠났기 때문에 일부 사람들에게는 이것이 그만두는 지점이 될 수 있음을 보여 준다.

---

[40] Elaine Kaye, *C. J. Cadoux: Theologian, Scholar, Pacifist* (Edinburgh: Cadoux Family and Edinburgh University Press, 1988).

[41] Robert M. Miller, *Harry Emerson Fosdick: Preacher, Pastor, Prophet* (New York: Oxford University Press, 1985), vii.

[42] John Barnes, *Ahead of His Age: Bishop Barnes of Birmingham* (London: Collins, 1979), 132–134.

복음주의자들이 특정 이슈에 대한 스펙트럼에 따라 움직일 수 있었기 때문에 복잡성은 더 커진다. 캐나다 감리교의 앨버트 카르맨(Albert Carman)은 성경 문제에서는 보수적이었지만 사회 문제에서는 급진적이었다.[43] 다른 사람들 역시 자신의 견해를 바꾸었다. W. H. 그리피스 토마스(W. H. Griffith Thomas)는 처음에 중도파 복음주의자였다가 근본주의자가 되었지만, 그 후에 다시 중도파로 돌아왔다.[44] 일부는 스펙트럼을 완전히 벗어났다. 우파와 분리된 극단적 분리주의자들은 노골적인 분파주의자가 되었고, 좌파에서 분리된 사람들은 진보적 현대주의자가 되었다. 적어도 한 사람(웨일스인 D. R 데이비스[D. R. Davies])은 벗어났다가 돌아왔다.[45]

1900년경 복음주의 전통이 아우르던 광범위한 범위를 보면 세기말 복음주의가 현대 세계 질서에 이미 어느 정도 영향을 받았는지 알 수 있다. 그 정치적, 사회적, 지적 조건들은 복음주의가 빅토리아 시대에 그 문화적 영향력의 전성기에 올랐던 조건들에 대해 심각하게 분열적이었다. 이 맥락에서 '분열성'(disruptiveness)은 세기말 복음주의자들이 미래에 직면하면서 자신들의 세계를 구성했던 기대와 구조와 과정에 도전했던 사건과 발전의 영향으로 이해된다.[46] 그들은 서로 밀접하게 연관된 세 가지 방식으로 이 분열성을 경험했다.

가장 명백한 것은 '놀라운' 사건들의 연속이었다. 그 영향으로부터 아무도 벗어나지 못했다. 20세기 초는 세계적으로 큰 위기의 시대였다. 대표적인 사건은 두 번의 세계대전과 대공황이었다. 그것들이 남긴 정치적, 사회

---

43 Nancy Christie and Michael Gauvreau, *A Full-orbed Christianity: The Protestant Churches and Social Welfare in Canada 1900-1940* (Montreal: McGill-Queen's University Press, 1996), 21-22.
44 Katerberg, *Modernity*, ch. 5.
45 D. R. Davies, *In Search of Myself: The Autobiography of D. R. Davies* (London: Geoffrey Bles, 1961).
46 Hendrik Vollmer, *The Sociology of Disruption, Disaster and Social Change* (Cambridge: Cambridge University Press, 2013).

문화적, 경제적 유산은 1900년-1950년까지 여러 해에 걸쳐 복음주의자들이 대응해야 했던 사나운 외부 환경에 지속적으로 영향을 미쳤다. 프랑스혁명 이후로 어떤 복음주의 세대도 이 정도의 충격적인 세계적 사건에 직면하지 않았다.

또한, 분열은 문화적 권위가 줄어들지 않는 데서도 일어났다. 현대 사회에서 입지를 잃게 되자, 복음주의는 현대 세계에서 대중의 지지를 얻기 위해 나타난 새로운 주장들에 직면하게 되었다. 개신교 내부에서는 '새로운 신학'과 '새로운 복음주의'가 나타났다. 더 넓은 세계에서는 '새로운 민족주의' 같은 세력, '새로운 여가'와 '새로운 심리학' 같은 세력들이 나타났다. 서서히 커지는 그 영향력은 주일 성수와 교육 같은 문제에 관한 논쟁이 인기를 잃었다는 데서 느낄 수 있었다. 그것은 사회와 문화에 관련된 문제에 결정적으로 말할 수 있는 권리인 지배권 상실을 의미했다.[47]

20세기 초 복음주의 지도자들은 할아버지와 아버지와 같은 영향력을 갖게 되기를 기대했다. 그리고 종종 그것이 보류될 때 당황했고, 실망했고, 저항했다. 문화적 권위의 회복은 20세기 초 수십 년 동안 복음주의자들 사이에서 동기를 부여하는 강력한 힘으로 남아있었다.

분열을 초래하는 다른 '보통의' 사건은 그 운동 내에서 끊임없이 심화하는 다원주의를 만들어냈던 다원화였다. 20세기 초 복음주의자들은 공동의 신념과 기대 속에서 '복음주의 연합' 형태로 협력의 토대를 꾸준히 제공했던 질서의 수혜자들이었다. 이 질서는 1900년 이후 반세기 동안 혼란스러운 복음주의 정체성 내부로부터 나오는 세력들에 의해 파괴되었으며, 분리주의에 더 호의적인 운동에 내재되어 있던 분리주의 경향과 에큐메니즘 경향 사이의 균형을 깨뜨렸다. 복음주의자들은 세계적 큰 사건들을 직면하고 문화적 권위 회복을 위해 씨름하면서 종종 갈등을 악화하는 다양성

---

[47] 다음을 보라. Owen Chadwick, *The Secularization of the European Mind in the Nineteenth Century* (Cambridge: Cambridge University Press, 1975). 이것은 지배권 개념에 대한 것이다.

의 분열을 고려해야 했다.

이 '비범'하고 '평범'한 사건에 대한 복음주의적 반응의 범위와 다양성은 그 시기의 변동을 대표하는 네 인물(세 남성과 한 여성)의 삶에서 분명히 드러난다. 분열 시대의 시작을 예고하듯, 이전의 '지배' 시대를 주도한 인물들이 각각 새로운 세기 직전 수년 내에 죽었다. 즉 C. H. 스펄전(C. H. Spurgeon)은 1892년에, D. L. 무디(D. L. Moody)는 1899년에 죽었다. 빌리 그래함(Billy Graham)과 존 스토트(John Stott)가 등장한 1945년까지 그런 인물은 나타나지 않았다. 하지만 20세기 초 복음주의에 훌륭한 지도자들이 다 사라진 것은 아니었다.

르우벤 아처 토레이(Reuben Archer Torrey, 1856-1928)는 국제적 부흥사였고 초기 근본주의 지도자였다. 존 롤리 모트(John Raleigh Mott, 1865-1955)는 중요한 선교적 정치가였고 당시의 복음주의적 에큐메니스트였다. 에이미 셈플 맥퍼슨(Aimee Semple McPherson, 1890-1944)은 오순절 교단의 창설자였고 영화 스타 같은 명성을 얻었던 종교적 사업가였다. 토마스 채터튼 해먼드(Thomas Chatterton Hammond, 1877-1961)는 중도우파 신학자였고 시사평론가였다. 네 사람 모두가 1900년경에 존재했던 복음주의 전통의 수혜자들이었으나, 각자가 그것을 다르게 받아들이고 전했다. J. 그레샴 메이첸(J. Gresham Machen)이나 포사이스 같은 지도자들을 선택할 수도 있다.

그러나 이 네 사람을 나란히 놓고 보면 새로운 도전과 난관의 시대에 복음주의 운동이 주류 사회에서 밀려나지만, 여전히 기독교 내에서 활발한 세력으로 살아남으면서 겪어야 했던 복음주의의 다양화, 문화적 권위 상실, 복음주의 에큐메니즘의 약화 그리고 복음주의적 정체성의 혼란이 무엇이었는지 잘 보인다. 그들의 이야기를 통해 우리는 20세기 첫 수십 년간의 복음주의 분열을 서술하고 분석할 수 있다.

제2장

부흥, 부흥주의, 선교
Revival, Revivalism and Missons

복음주의 운동 초기부터 복음주의자의 삶은 개인의 회심, 즉 그리스도를 믿음으로 주어지는 구원을 그 모든 결과와 함께 받아들이는 결정적 시점과 더불어 시작되는 것으로 여겨졌다.[1] 1730년대와 1740년대 대각성의 성과와 수단에 대해 알게 되자 복음주의자들 사이에서는 회심 설교가 한 지역공동체에서 많은 사람이 거의 동시에 회심하는 부흥이 지속되기를 계속 기대하며 실행하는 표준적인 수단으로 널리 인식되었다.

18세기 초에 '하나님의 놀라운 일', 즉 신적 섭리의 결과로 여겨졌던 회심은 19세기 초가 되자 찰스 G. 피니(Charles G. Finney)에 의해 '사람의 일', 즉 인간의 노력으로 대규모 회심을 일으키려는 계획적인 시도인 부흥주의의 산물로 재인식되었다. 19세기 말(마지막 25년간) 더욱 발전한 부흥의 기술은 영어권 세계 전역에서 무디와 그를 모방한 많은 사람에 의해 현대 도시의 조건에 맞게 수정되었다.

---

1   Editors' 'Introduction' in Mark A. Noll, David W. Bebbington and George A. Rawlyk (eds.), *Evangelicalism: Comparative Studies of Popular Protestantism in North America, the British Isles, and Beyond, 1790–1990* (New York: Oxford University Press, 1994), 3–5.

이런 발전과 동시에 현대 선교 운동은 논란이 될만한 슬로건 '이 세대 내에 세계복음화'(the evangelization of the world in this generation) 등과 같은 헌신의 목표를 향해 돌진했다. 그러나 국내외에서 회심을 겨냥한 활동은 세기말 복음주의의 특징이었을 뿐만 아니라, 그 당시 복음주의를 전도 활동에 매진하는 종교로 여겨지게 했다.

비록 일반적으로 그 운동에 참여한 사람들은 여전히 회심을 주요 수단으로 받아들였지만, 1900년경 복음주의자들 사이에서는 회심에 관해 많은 논의가 있었다. 한편에서는 회심 설교가 소강 상태에 접어든 것에 대해 깊은 우려가 퍼져 있었고, 회심자 수가 감소하고 있었으며, 교회 출석률도 떨어지고 있었다. 많은 사람이 마음으로 영적이고 복음주의적인 뚜렷한 초점을 가진 '위대한전진 운동'(a great forward movement)의 형태의 지역적이면서 세계적인 회심주의 활동이 강화되기를 바라고 있었다.

이런 요청의 이면에는 늘 부흥에 대한 기대가 있었다. 다른 한편으로는, 회심의 실체와 본질은 '새로운 지식', 주로 회심을 자연적인 과정으로 간주하고 경험적 관찰과 합리적 분석 및 개선의 대상으로 삼았던 초기의 종교 심리학의 파괴적 조사의 대상이 되었다.[2] 이런 비평을 심각하게 받았던 복음주의자들에게, 그것은 그들이 받아들인(특히 현대 도시 부흥주의에서 행해지고 있는) 회심 이해가 실행 가능한지에 대해 의문을 제기했다.

아마도 현대 세계에서는 다른 보강 전략(특히 종교 교육)이 더 건전하고 생산적일 것이다. '회심주의'(conversionism)의 발생과 수단에 대한 견해차는 새로운 세기에 교회와 기독교 세계의 미래를 숙고하던 복음주의자들이 직면한 주요 이슈 중 하나였다.

---

2   Ann Taves, Fits, *Trances, and Visions: Experiencing Religion and Explaining Experience from Wesley to James* (Princeton: Princeton University Press, 1999), pt. 3.

1. 부흥과 부흥주의

현대 회심주의의 상태에 대한 이런 우려의 결과 중에는 위대한 전진 운동으로 새로운 세기를 시작하려는 광범위한 결의가 있었다. 이 전진 운동은 어느 열성가의 표현에 따르면 '그 전에 세상을 휩쓸 강력하고 세계적이고 영속적인 운동'이었을 것이었다.[3] 이 열망을 실현하기 위한 첫 시도는 1901년 1월에 영국 '자유교회협의회'(Free Church Council) 모든 주요 도시를 위해 공동선교회를 조직한 것이었다.[4]

영국에서 큰 지지를 얻어 성공을 거둔 이 사례는 같은 해에 시드니 같은 먼 곳까지 영향을 주었다. 그 사이에 뉴욕에서는 '20세기복음 운동'(Twentieth Century Gospel Campaign)이 조직되었다. 그 결과 중에는 '미국장로교회'(Presbyterian Church of the United States)가 교회의 복음 전도사역을 북돋기 위해 임명한 특별 위원회도 들어 있었다. 그런 노력이 전국에서 지속적이고 조직적인 복음 전도를 일으키자, 다른 복음주의 교회들도 영감을 받아 뒤지지 않으려고 다양한 수준으로 모방했다.[5]

특별 선교 외에도, 지역교회들 스스로 문화의 한 부분으로 복음화 사역을 지속할 것을 강권했다. 『기독교 사역 보고』(Record of Christian Work)는 그렇게 한 교회들을 '훌륭한 교회들'이라고 인정했다. 회심을 위한 조직과 설교를 새롭게 강조한 것은 20세기 초 복음주의의 특징이었다.

---

3 D. S. Gregory, 'The Forward Movement – How to Be Brought About,' *HomR* 40.6 (1900), 560–565 (quotation on 562).

4 1900년과 1901년 자유 교회 연대기(*Free Church Chronicle*)의 이어지는 호에 기록되었다. 그 배경에 대해서는 다음을 보라. David W. Bebbington, 'Evangelism and Spirituality in Twentieth-Century Protestant Nonconformity,' in Alan P. F. Sell and Anthony R. Cross (eds.), *Protestant Nonconformity in the Twentieth Century* (Carlisle: Paternoster Press, 2003), 184–215.

5 Ford C. Ottman, *J. Wilbur Chapman: A Biography* (New York: Doubleday, Page, 1920), 120–126.

새로운 부흥을 위한 복음주의자들의 기도는 1902년 초반에 예상치 않게 응답했다. 무디의 계승자로 애비뉴교회(Avenue Church)의 목사이자 시카고성경학교(Bible Institute) 교장이었던 토레이(Torrey)는 빅토리아(Victoria)에서 선교 사역을 지휘해 달라는 '호주복음화협회'(Evangelisation Society of Australasia)의 초청을 받았다.[6] 그 초청을 세계적 부흥을 이끌라는 하나님의 부르심으로 해석한 토레이는 호주로 가는 도중에 하와이, 일본, 중국에서 복음주의 집회를 인도하며 태평양을 건넜다. 그는 순회 가수 찰리 알렉산더(songster Charlie Alexander)와 멜버른(Melbourne)에서 합류했고, 그들의 선교가 연이어 성공하자 복음주의 세계 전역에서 환영을 받았다.[7] 비슷한 선교 지휘 요청이 쇄도했다.

그 결과로 토레이와 알렉산더는 뉴질랜드로 건너가서 최북단 웰링턴(Wellington)에서 최남단 인버카길(Invercargill)까지 선교를 수행했다. 그들은 거기서 배를 타고 영국으로 가는 도중에 인도(India)와 실론(Ceylon, 스리랑카의 옛 이름-역자주)에 6주 동안 머물며 전도했다. 1903년에서 1905년까지 토레이와 알렉산더는 잉글랜드, 스코틀랜드, 웨일스, 아일랜드의 주요 도시에서 선교를 수행했으며, 1905년 2월에서 6월까지 5개월간을 끝으로 이 전도 운동을 마쳤다. 지금까지도 '새 무디'로 갈채를 받는 토레이는 1906년 북아메리카로 돌아가서 시카고, 토론토, 필라델피아, 애틀랜타, 오타와에서 선교를 수행했다. 자신들의 사명을 다할 때까지 토레이와 알렉산더는 세계를 일주했다. 그들은 기독교 역사에서 단번에 세계를 돌며 선교를 수행한 첫 번째 복음주의자들이었다. 그 과정에서 그들은 복음주의 세계를 부흥주의 부활로 이끌었다.[8]

---

6   Roger Martin, *R. A. Torrey: Apostle of Certainty* (Murfreesboro: Sword of the Lord Publishers, 1976); Kermit L. Staggers, 'Reuben A. Torrey: American Fundamentalist, 1856–1928,' PhD thesis, Claremont Graduate School, 1986.

7   Extensively reported in *The Christian* from June to Nov., 1902. See also 'The Revival in Australia,' *MRW* (Nov. 1902), 861.

8   George T. B. Davis, *Torrey and Alexander: The Story of a World-Wide Revival* (New York:

영국, 미국, 캐나다에서 사역하던 토레이와 알렉산더는 1904년 말부터 1905년 내내 웨일스를 휩쓸었던 놀라운 부흥의 수혜자였다.[9] 1904년 10월 카디프(Cardiff, 웨일스 남부 도시)에서 선교가 대성공을 거두자, 그들의 홍보담당자들은 그 성공의 시작이 그들 덕분이라고 주장했다. 사실 첫 동요는 그해 초에 일어났다. 그것을 이끈 정체불명의 에반 로버츠(Evan Roberts)는 환상을 경험하고 그해 봄과 여름에 하나님이 웨일스와 '세계 전역에서' 일하신 것을 확신했다.

또한, 웨일스 부흥은 전혀 다른 양상의 사건이었다. 직접적인 지도력과 조직화는 미미했고, 웨일스 전역에서 사람들이 모여든 부흥회는 동시적인 기도와 찬송과 간증이 특징으로 나타났다. 1905년 말까지 십만 명의 남녀가 웨일스 지역의 교회에 가입했고, 금주라는 도덕적 변화의 물결이 나라를 휩쓸면서 사회는 고양되었다. 이것이 참된 부흥으로 인정되면서 국제적으로 유명한 사건이 되었다.

그 소식이 일찍이 '호주 부흥'(the Australian revival)을 선언했던 인쇄망을 통해 전파되었고, 호기심 많은 사람이 직접 그 광경을 목격하기 위해 원근에서 모여들었다. 그 후 몇년 간 웨일스의 복음주의자들과 선교사들과 망명한 사역자들은 부흥 사역을 추진했다. 동시에 웨일스 부흥 현상은 복음주의 세계 전역에서 추구되고 경험되었고 부흥주의가 더 나아가는 데 큰 자극을 주었다.[10]

웨일스 부흥이 촉발한 배경으로, 토레이와 알렉산더는 대서양 양쪽에서 2년 더 사역했다. 그러나 1906년 중반, 표면상으로는 알렉산더의 새 아내

Fleming H. Revell, 1905). 다음도 보라. J. Kennedy Maclean, *Triumphant Evangelism: The Three Years' Mission of Dr Torrey and Mr Alexander in Great Britain and Ireland* (London: Marshall Bros, n.d.).

[9] R. Tudur Jones, *Faith and the Crisis of a Nation: Wales 1890–1914*, ed. Robert Pope, trans. Sylvia Prys Jones (Cardiff: University of Wales Press, 2004), chs. 12–13.

[10] Noel Gibbard, *On the Wings of the Dove: The International Effects of the 1904–5 Revival* (Bridgend: Bryntirion Press, 2002).

헬렌 캘드베리(Helen Cadbury)에게 병이 생기는 바람에(아마도 알렉산더의 경제 활동으로 인한 긴장 때문에) 그들의 동역은 끝이 났다.

토레이는 시카고 애비뉴교회의 목회직에서 사임한 후 비록 다시는 이전과 같은 수준은 아니었지만 몇 년 간 복음 전도자로 독자적인 길을 걸었다. 알렉산더 역시 1907년 '포켓성경연맹'(Pocket Testament League)을 출범하는 일들을 하면서 사역을 계속했다. 그러나 그가 이듬해 초 존 윌버 채프먼(John Wilbur Chapman, 1859-1918)과 팀을 이루면서 20세기 초 국제적 부흥주의의 급성장은 또 다른 동력을 얻게 되었다.

이제 세계적인 부흥사의 책임을 물려받은 채프먼은 무디의 또 다른 제자였다. 그는 몇 번의 목회 임기와 '미국 장로교총회 복음위원회'(American Presbyterian General Assembly Committee on Evangelism) 의장 임기를 마친 후 전임 전도자가 되었다.[11] 1909년 위대한 보스턴 동시 선교(Boston Simultaneous Mission)에서 정점을 이룬 미국과 캐나다에서 전도 운동에 이어, 채프먼과 알렉산더는 4개월 간의 호주 선교로 더 넓은 국제 무대에 갑자기 나타났다.

호주를 기점으로 그들은 필리핀, 홍콩, 한국, 일본의 선교 기지를 둘러보았다. 1910년 그들은 주요 여름 사역을 위해 영국으로 건너가기 전 북아메리카에서 집회를 시작했는데, 이듬해에 이 패턴은 반복되었다. 1912년-1913년 사이 채프먼과 알렉산더는 호주와 뉴질랜드에 18개월 동안 머물렀다. 여름휴가를 고향에서 보낸 후, 그들은 1913년-1914년 겨울을 스코틀랜드에서 지내며 전도 운동을 했다. 1914년 8월에 전쟁이 발발했기 때문에 그해 10월 런던 선교는 채프먼과 알렉산더가 미국 밖에서 진행한 마지막 전도 운동이 되었다. 그럼에도 그들이 부흥사로 활동한 기간과 범위와 영향은 토레이를 능가했고, 전쟁 전 국제 부흥주의를 최고의 열정과 성취로 이끌었다.

---

11 John C. Ramsey, *John Wilbur Chapman: The Man, His Methods and His Message* (Boston: The Christopher Publishing House, 1962).

복음 전도 분야에서 그들은 가장 눈부신 예들이었지만, 토레이와 채프먼과 알렉산더의 복음주의적 사업은 매주 「그리스도인과 기독교 사역 보고」(The Christian and Record of Christian Work)에서 충실히 보고된 다른 수많은 복음주의자에 의해 확대되었다. 국경을 넘어 복음주의 사업에 힘썼던 많은 이 중에 가장 주목할 만한 사람은 복음주의자유교회총회(National Council of the Evangelical Free Churches)가 임명한 선교사 '집시' 스미스('Gipsy' Smith)였다. 그는 자신의 모국인 영국을 비롯해 북아메리카, 남아프리카, 오스트랄라시아(Australasia, 오세아니아 서남부 역자 주)에서 많은 선교 사역을 수행했다.[12] 어떤 여성들 그중에 회심한 유태인 여성 에밀리아 베이어츠(Emilia Baeyertz)[13]도 그 국제적인 연맹의 일원이었다. 국내에서 활동하는 많은 이은 국제적 방문객들에 대한 전도 활동을 보완했다.

미국에서 가장 주목할 만한 것은 빌리 선데이(Billy Sunday)의 활동인데, 그는 1896년 이후 독립 전도자로서 전쟁 전에 잘 활약하고 있었다.[14] 비록 몇몇 대륙의 여러 나라에서 집회를 개최하자는 초청을 거부했음에도, 선데이는 그때까지 그 누구보다 더 많은 도시에서 더 많은 사람에게 설교를 했다. 국내외에서 부흥사의 활동은 20세기 초 복음주의에서 회심주의가 얼마나 중요한지 증명해 주었다.

---

12 [Gipsy Smith], *Gipsy Smith: His Life and Work by Himself* (London: National Council of the Evangelical Free Churches, 1906).

13 Robert Evans, *Emilia Baeyertz Evangelist* (Hazelbrook, NSW: Research in Evangelical Revivals, 2007).

14 Lyle W. Dorsett, *Billy Sunday and the Redemption of Urban America* (Grand Rapids: Eerdmans, 1991).

2. 부흥주의: 목적과 기술

전체적으로 보면 부흥주의는 이질적 요소로 이루어져 있었고 통합되어 있지 않았다. 동시에 그것은 몇 가지 공통된 목표와 목적에 의해 연결되어 있었다.[15] 물론 부흥주의는 복음을 전파하라는 복음서의 항구적인 명령에 대한 현대인들의 반응을 대표한다. 무엇보다 부흥주의는 새로운 세기 초에 길게 울려 퍼진 더 많은 회심 요청에 대한 응답이었다.

그러나 복음주의에 긴급성과 사회적 중요성을 부여한 것은 복음주의자들이 당대의 교회와 사회에서 발견한 결핍이었다. 즉 영적인 관심이 현저히 약해지고, 교회생활이 세속화되고 기계화되고, 죄와 구원에 대한 설교가 줄어들고, 등록교인이 감소하는 것 등이었다. 새로운 이민자들의 '캐나다화'와 '미국화' 같은 부차적 목적들은 현대의 생활 조건에 대한 추가적인 반응이었으며, 사회의 기독교화가 필요하다고 여긴 복음주의의 인식을 보여 준다.

위기의 순간에 고안해 낸 부흥집회는 매우 질서 있고 규칙적이어서 의식에 비유될 정도였다.[16] 사실 당대 사람들이 실감했듯이 토레이와 채프먼의 집회는 미국 '대기업'의 합리적 방식에 더 가깝다. 그들의 집회는 항상 현지에서 구성된 큰 합창단이 참여하는 감동적인 노래 시간으로 시작되었다. 그리고 가능한 한 지역 목회자들이 동원된 기도, 경비 모금, 성경 읽기 그리고 몇 가지 광고가 이어졌다. 공동체의 관심은 기도 요청을 받고, 질문함에 든 물음에 답하고, 집회에서 감동받은 사람들의 간증을 들을 때 더 깊어졌다.

---

15 Much scholarship is summed up in Michael J. McClymond, 'Issues and Explanations in the Study of North American Revivalism,' in Michael J. McClymond (ed.), *Embodying the Spirit: New Perspectives on North American Revivalism* (Baltimore: Johns Hopkins University Press, 2004), 1–46.

16 One of the features identified by Russell E. Richey, 'Revivalism: In Search of a Definition,' *WTJ* 28.1–2 (1993), 165–175.

집회의 절정은 그리스도께 '나오라'는 요청으로 끝맺는 설교였다. 관심자들은 남아서 '집회 후 모임'에 참석하도록 초청되었고, 거기서 결심해야 한다는 압박이 더 강하게 가해졌다. 전용 공간이든 아니든 상담실이 거의 준비되어 있었고, 개인 봉사자들이 중간에서 상담을 해주고, 상담 카드에 서명하고 지역교회에 등록하도록 독려했다. 현대 세계에 복음을 전할 때, 그들은 그리스도를 향한 항구적인 결심들을 확실히 하고자 그 어떤 것도 우연에 맡기지 않았다.

부흥주의가 지금까지 어떻게 발전해왔는지 보여 주는 다른 특징도 있었다. 무대 뒤에서 부흥사들과 지지자들은 당대의 자원들을 최대한 활용했다. 통신 기술은 부흥의 소식을 퍼뜨리는 연락망을 가능하게 했고, 부흥 운동을 지리적으로 확장했다. 증기선은 바다를 가로지르며 여행을 수월하게 했고, 증기기관차는 한 집회 장소에서 다음 장소로 빠른 이동이 가능하게 했다. 집회들은 홍보가 잘되었으며, 또한 집회들의 중요성을 강조하고 그 범위를 확장하는 일반 언론에 광범위한 보도를 요구하기도 했고 요구받기도 했다.

멜버른의 전시관(Exhibition Building), 런던의 공연장(Albert Hall), 토론토의 극장(Massey Hall)같이 인구 밀집 지역이나 그 부근에 최고의 시설을 갖춘 주요 공공 건물들이 교회를 대신해 사용되었다. 적당한 장소를 찾지 못한 경우에 현대 건축 기술 덕분에 런던 남부와 스트랜드가(the Strand)에 임시 천막 같은 임시 건물을 세울 수 있었다.

학술 단체의 성장이 두드러짐에 따라, 부흥주의의 초점은 현대의 인구 통계학적 부산물인 도시에 맞춰졌다.[17] 비록 이것이 무디가 1870년대에 시작한 활동의 확장이었지만, 토레이와 특히 채프먼은 그들의 지속적

---

17 Janice Holmes, *Religious Revivals in Britain and Ireland 1859–1905* (Dublin: Irish Academic Press, 2000); Margaret L. Bendroth, *Fundamentalists in the City: Conflict and Division in Boston's Churches, 1885–1920* (New York: Oxford University Press, 2005); Eric R. Crouse, *Revival in the City: The Impact of American Evangelists in Canada, 1884–1914* (Montreal: McGill-Queen's University Press, 2005); Thekla E. Joiner, *Sin in the City: Chicago and Revivalism 1880–1920* (Columbia: University of Missouri Press, 2007).

인 사역 효과를 위해 받아들인 기술들을 적용하는 데에 많은 생각을 기울였다.[18] 이런 동시 선교가 주요 혁신이었다. 이 선교 방법은, 최대 결과를 산출하기 위해 포화 범위를 계산하고, 한 도시를 여러 구역으로 나누어 각 구역에서 동시에 부흥 집회를 진행하는 것이었다.

런던과 멜버른에서 처음 시도된 이 선교 방법은 1910년 시카고에서 채프먼이 최고로 발전시켰다. 그는 이 구상을 따라 6주 동안 60명도 더 되는 복음 전도자들을 동원해 약 1,500개의 집회를 개최하며 도시를 옮겨 다녔다. 모든 사람이 들을 기회를 확실히 얻게 하려고 몇 주에서 몇 달까지 장기간에 걸쳐 선교가 지속했다. 그런 광범위한 방법으로 현대 도시 곳곳에서 복음이 선포되었다.

최일선의 부흥 운동가들에게 이목을 집중하지 않게 하려는 적극적인 노력에도, 토레이와 채프먼은 그 활동의 특징적 인물로 주목 받았다. 두 사람과 무디의 연속성을 인정하지 않을 수 없지만, 사실 그들은 새로운 스타일의 부흥사를 대표했다. 대학 교육을 받은 그들의 품행은 차분하고 합리적이었다. 또한, 그들은 부흥주의가 선동적이고 지성적이지 않다는 비판에 맞서는 방식을 구축했다.

토레이는 뻣뻣하고 형식적이어서 오만하다는 인상을 줄 정도였다. 자기를 내세우지 않던 에반 로버츠와 달리, 그는 자기의 권위를 높였고 자기의 견해가 옳고 바르다고 고집했다. 채프먼은 공인으로서 과장이 덜했지만, 똑같이 명령조로 말했고 성격은 불같았다. 소박한 무디와 대조적으로, 그들은 기독교 신앙의 이미지를 합리적이고 당시에 배운 사람들에게 어울리게 내보였다.

토레이와 채프먼에게 부흥주의는 대중 연설에서 중요한 부분을 차지했다. 영어권 세계의 민주적인 정치를 반영하여, 그들은 미래를 결정하는 데

---

18 R. A. Torrey (ed.), *How to Promote and Conduct a Successful Revival* (London: Andrew Melrose, 1898); J. Wilbur Chapman, *Present-Day Evangelism* (New York: Baker & Taylor, 1903).

있어서 개인의 선택권을 인정했다. 집회의 중심축이었던 그들의 설교는 당시의 과학적 경향에 맞춰 무지비한 논리로 조직화된 논증을 사용했다. 그런 설교는 형식뿐 아니라 내용에서도 무디의 설교와 달랐다.[19] 평화적인 무디는 천국에 관한 달콤한 설교가 사람들을 하나님 나라로 이끄는 데에 더 나은 유인책이 된다고 생각했던 반면 토레이는 지옥과 지옥불을 새롭게 강조했다.

그 중요성을 경시하거나 의심하는 사람들에 맞서 그는 예수와 성경의 명백한 교훈으로 지옥과 영원한 형벌(저주)의 무서운 실체를 강조했다. 토레이보다 신학적으로 덜 전투적이었던 채프먼도 그리스도께 나오지 못한 사람들에게는 아무 희망이 없다고 주장했다.[20] 현대 세계에 유행하는 경험주의에 맞추어, 토레이와 채프먼은 이성적인 사람들에게 그들이 직면해야 할 사실들을 제시했다.

이런 가혹함에도, 멜버른에서 몬트리올까지 그리고 론서스턴(Launceston, 태즈매니아 섬)에서 런던까지, 큰 군중이 밤마다 큰 집회장에 몰려들었다. 예를 들어 1906년 1월 토론토에서는 25만 명의 인구 중 약 22만 명(그중에 얼마는 집회에 한 번 이상 나왔을 것이다)이 25일간의 전도행사에 참석했다. 당시에는 이 군중을 가리켜 주로 '교회 다니는 사람들'(churchgoers)이라고 평가절하하는 것은 드문 일이 아니었다. 그러나 집회에 참석한 사람들을 모두 교회를 지지하는 전문가층과 자영업자들로 보기에는 참석자 수가 너무 많았다. 그래서 논평가들은 서둘러 그 대부분을 노동자층이라고 지적했다.

영어권 사회에서 복음주의 기독교의 위치를 고려할 때, 부흥주의가 그토록 확실한 인기를 얻을 수 있었던 이유 중 하나는 친숙하고 안심이 되는

---

[19] 다음을 보라. Jonathan M. Butler, *Softly and Tenderly Jesus Is Calling: Heaven and Hell in American Revivalism, 1870–1920* (Brooklyn, NY: Carlson Publishing, 1991), esp. ch. 3.

[20] R. A. Torrey, *Revival Addresses* (London: James Nisbet, 1903); J. Wilbur Chapman, *Evangelistic Sermons* (New York: Fleming H. Revell, 1922), esp. 'Eternity' and 'Prepare to Meet Thy God'.

사람들의 호소였다. 많은 군중도 집회를 가리켜 입장료 없이 들어갈 수 있는 마을의 가장 큰 '행사'라고 생각했다. 태즈매니아의 권투 챔피언 짐 버크(Jim Burke), 캐나다의 알프레드 알렌(Alfred Allen) 같은 다채로운 인물들이 포함된 회심 사건은 부흥주의의 흡인력에 힘을 더했다. 복음주의 메시지에 대한 계속된 지지와 함께, 호기심과 대중적 경건의 매력과 큰 공동체 행사의 흥분은 영어권 세계의 도시 사람들에게 걸친 국제적 부흥주의의 성공에 기여했다.

그러나 알렉산더가 가장 큰 인기를 끌었다.[21] 1870년대에 이라 D. 생키(Ira D. Sankey)가 무디와 동행했던 이후로, 설교자의 말을 도드라지게 해주는 노랫말을 가진 가수가 부흥사 공연의 일부로 확실히 자리잡게 된 것이었다. 하지만 토레이와 채프먼처럼, 알렉산더는 혁신가였다.[22] 그는 검증된 '가수들'(Sankeys)에게 의존하지 않고 자신만의 부흥가집(collection of Revival Songs)을 만들었다. 그 곡들은 부르기 쉽고 배우기 쉬웠으며, 음악을 즐길 수도 있게 만들어졌다. 음악 교육을 받은 사람들에게는 저속하게 보일 수 있겠지만, 대중에게는 대단한 매력을 가지고 있었다.

음악에서 알렉산더는 전통적인 오르간보다 피아노를 더 좋아했다. 운 좋게도 그의 변덕스러운 요구를 척척 맞춰줄 수 있는 훌륭한 호주인 피아니스트 로버트 하크네스(Robert Harkness)가 그와 동행했다. 알렉산더는 노래하는 리더의 역할도 바꾸었다. 대 합창단과 청중 참여를 모두 유도한 다음, 그는 아메리칸 오르간 뒤에서 나와 팔을 힘차게 휘저으며 지휘했다. 종종 청중의 일부를 다른 사람들과 비교해서 창피를 주기도 하고 신통치 않은 연주를 꾸짖기도 하는 그의 악의 없는 언행이 불쾌감을 줄 수 있었다. 그러나 그는 청중을 훈련해 복음 메시지 안에 내재된 결속을 이끌어냈다. 알렉산더의 공연을 음악당과 비교하는 것이 드문 일은 아니었지만, 알

---

21 Helen C. Alexander, *Charles M. Alexander: A Romance of Song and Soul-Winning* (London: Marshall Brothers, 1920).
22 Mel R. Wilhoit, 'Alexander the Great: Or, Just Plain Charlie,' *Hymn* 46.2 (1995), 20–28.

렉산더는 대중의 관심 속에서 회심주의자의 의도를 훼손하지 않고 부흥주의를 현대적인 흥밋거리에 발맞추게 했다.

현대 복음주의자들 간의 광범위한 협력은 부흥주의 성공의 또 다른 이유였다. 멜버른에서 모든 복음주의 단체가 하나가 되어 동시 선교를 전개했고, 연합된 행동으로 이룰 수 있는 바를 보여 주었다. 다른 곳에서는 침례교, 감리교, 회중교, 구세군 등이 자기들의 독특한 교파적 차이를 제쳐두고 대중 복음 전도의 영향을 극대화하기 위해 협력했다. 국교회 복음주의자들은 그들의 교회가 대중적 부흥주의를 지지하지 않으려 하는 바람에 어려움에 직면했다. 하지만 벤딩고(Bendigo)에서 선교를 이끌었던 호주의 주교 E. A. 랭글리(E. A. Langley) 같은 인사들은 교파적 반대를 무릅쓰고 그 일에 헌신했다. 20세기 초 부흥주의는 19세기에서 물려받은 복음주의 '연합'을 이뤄낸 유일한 산물이었다.

3. 도전 받는 회심주의

그러나 회심주의라는 이름으로 행해지던 일에 모든 복음주의자가 동참한 것은 아니었다. 그 어느 때보다 광범위하게 회심주의 방법이 사용되고 있었던 것과 동시에, 부흥주의는 점점 더 많은 비판을 받았다. 세기가 바뀔 무렵에는 그 주요 목적인 회심 자체가 의심 거리가 되었다. 한때 전통적으로 성령의 예측할 수 없고 예견할 수 없는 역사로 여겨졌던 '신생'(new birth)은 현대의 모든 것이 과학적으로 탐구될 수 있다는 신념에 자리를 내주었다.

윌리엄 제임스(William James)가 제창한 종교적 경험의 심리학적 분석에서, '거듭남'(regeneration)은 다른 정신적인 현상처럼 식별 가능한 이유로 일정한 방식으로 일어난다는 견해가 나왔다.[23] 이런 주장의 '초자연화'(supernaturalizing) 효과는, 그동안 기독교의 경험이 과거의 의식과 단절된 신적 생명의 주입으로 시작되어야 한다고 여기던 전통적인 인식에 도전했다. 이제 경험적 연구의 대상이 되어버린 회심은 자연적인 현상으로 재인식되고 있었는데, 그것은 개종을 위한 새로운 가능성을 창출하는 일종의 변화였다.[24]

'새 심리학'이 회심주의에 준 영향을 가장 민감하게 느낀 사람들은 부흥주의 운동의 진보 진영이었다. 이 진영에 속한 미국의 감리교인 조지 A. 코우(George A. Coe)는 복음주의 모집에 대안적인 접근법을 개발하는 데에 앞장섰다.[25] 코우는 자신처럼 회심을 통한 전통적 변화 경험에 이를 수 없다는 것을 알게 된 사람들을 대변했다. 1890년대를 지나는 동안 깊은 성찰과 연구를 한 후에, 그는 종교라는 것이 그 신조와 관습을 받아들이는 의식적 결심으로 학습되고 수용될 수 있다고 판단했다.

이 새 접근법은 1840년대 후반 호레이스 부쉬넬(Horace Bushnell)이 처음 주창한 견해를 발전시킨 것이었다. 그는 직접적 가르침과 인간적 모범을 특징으로 하는 양육 환경에서 종교적 성장이 자연스럽다고 주장했다.[26] 이것으로 코우는 종교교육 운동을 일으켜, 그 후 20년간 아이들이 그리스도인으로 자랄 수 있게 하려는 목적을 가지고 그 운동을 추진했다. 회심과 종교적 경험에 맞춰진 이 운동은 그와 동료에 의해 새롭고 더 나은 부흥의 틀로 선전되었다.

---

23 예를 들어 O. C. Helming, 'Modern Evangelism in the Light of Modern Psychology,' *BW* 36.5 (1910), 296–306; Theodore Gerald Soares, 'Some Psychological Aspects of Regeneration,' *BW* 37.2 (1911), 78–88.
24 예를 들어 Frederick Morgan Davenport, *Primitive Traits in Religious Revivals: A Study in Mental and Social Evolution* (New York: Negro Universities Press, 1968 [1905]).
25 Matthew Bowman, *The Urban Pulpit: New York City and the Fate of Liberal Evangelicalism* (New York: Oxford University Press, 2014), ch. 6.
26 예를 들어 'Education vs. Revivals, or Education and Revivals?,' *BW* 25.5 (1905), 323–326.

비록 그 위치가 분명하진 않지만, 이 새로운 관점들은 복음주의 운동의 진보 진영에서 크게 공감을 얻었다.²⁷ 이 진영에서는, 현대 사상의 방향과 보조를 맞추기 위해 '회심'이 심리학적 선례와 삶의 법칙의 용어로 완전히 설명할 수 있는 지극히 정상적인 사건이라는 것을 인식할 필요가 있다는 주장이 제기되었다. 목회자 후보생들은 점차 커지는 계몽주의의 중요성과 자기 경험에 대한 확신을 증명함으로써 이런 생각의 근거를 설명했다.²⁸ 이 노선에 따른 변화는 개인이 구원을 받기 위해 회개하는 것이 아니라 이상을 수용하고 모범을 따르는 것이었다.

이런 관점의 변화는 실제로 중요한 결과를 가져왔다. 목회자들 안에 회심주의적 열의가 약화되자 설교의 초점은 윤리와 선행에 모아졌다. 세례교인이 줄어든 배경에 대해 한결 더 전통적인 복음주의자들은 위기를 느꼈다. 그들은 성경이 분명히 가르치고 시대가 절실히 필요로 하는 회개와 삶의 교정을 명확히 요구하는 근대 부흥주의로 단련된 공격적 복음 전도를 거듭 주장했다.²⁹

그러나 전통적 접근을 주장하는 곳에서조차 회심에 대한 새 관점에 어느 정도 동화가 있었다. 심지어 보수적인 『근본주의자들』(The Fundamentals)에서도 "하나님은 과학적이다"라는 말을 할 수 있었으므로, 복음주의 사역은 하나님이 세운 방법을 따를 때 가장 효과적으로 이루어졌다.³⁰ '하나님의 놀라운 역사'로서의 회심은 더 이상 예전처럼 복음주의만의 특징

---

27 예를 들어 George Jackson, *The Fact of Conversion* (New York: Fleming H. Revell, 1908); Newton H. Marshall, *Conversion, or the New Birth* (London: National Council of Evangelical Free Churches, 1909).
28 Kenneth D. Brown, *A Social History of Nonconformist Ministry in England and Wales, 1800-1930* (Oxford: Clarendon Press, 1988), 49-55.
29 예를 들어 Arnold R. Whately, 'Conversion and Modern Thought,' *Ch* 20.7 (1906), 413-422; 'Conversion and Modern Needs,' *Ch* 24.6 (1910), 436-445; James H. Hodson, 'Living Questions. Is the Methodist Pulpit Evangelistic?,' *WMM* 136.2 (1913), 99-100.
30 H. M. Sydenstrecker, 'The Science of Conversion,' in George Marsden (ed.), *The Fundamentals: A Testimony to the Truth*, 12 vols. in 4 (New York: Garland Publishing, 1988 [1912-15]), III (VIII: 64-73).

(shibboleth)이 아니었다.

회심에 대한 새로운 사고방식은 그 메시지에도 영향을 미쳤다. 세기가 바뀔 무렵 '새 복음주의'가 일어났다. 이것은 스코틀랜드인 헨리 드럼몬드(Henry Drummond) 유산의 일부였다. 무디의 또 다른 제자이자 매우 성공한 학생 부흥사였던 드럼몬드는 결코 무시될 수 없는 인물이었다. 그는 젊은 시절에 전통적 복음주의를 따랐지만, 나중에는 성경과 신조의 권위보다 과학적 사고와 방법에 의존하는 현대적인 입장으로 옮겨갔다.[31]

다른 현대적 혁신과 함께(제3, 4장에서 검토해야 할), 그 변화는 몇 가지 중요한 신학적 변동을 수반했다. 드럼몬드는 하나님을 심판자보다 아버지로, 그리스도를 중보자와 구세주보다 친구와 모범으로 그리고 죄를 타락한 상태보다 특정한 행위의 일탈로 보았다. 그의 '새 신학'이 복음주의 사역에 대한 자신의 열정을 줄어들게 하지는 않았지만, 시대의 필요에 부응하는 '새 복음주의'를 필요로 했다.[32] 방법에는 논리보다 상상에 더 의존했고, 내용에는 속죄보다 그리스도의 삶에 집중했다. 또한, 구원은 상태의 변화가 아니라 성품의 변화를 요구했다. 구원을 거부하는 사람들은 지옥에 떨어질 운명이라기보다는 살 기회를 잃어버린 것으로 간주했다.

'새 복음주의'는 여전히 결단을 요구했지만 정해진 방법은 없었다. 그리스도의 생명에 들어가는 것이 필요했지만, 각 개인이 다른 방법으로 그렇게 할 수 있었다. 다소 모호하긴 해도, 드럼몬드의 인기는 이런 접근이 폭넓은 호소력을 갖고 있음을 보여 주었다.[33]

---

31 Mark J. Toone, '*Evangelicalism in Transition: A Comparative Analysis of the Work and Theology of D. L. Moody and His Protégés, Henry Drummond and R. A. Torrey*,' PhD thesis, University of St Andrews, 1988, ch. 5.
32 Henry Drummond, *The New Evangelism and Other Papers*, 2nd ed. (London: Hodder & Stoughton, 1899), ch. 1; George Adam Smith, *The Life of Henry Drummond* (London: Hodder & Stoughton, 1899), app. 1, esp. 486-488.
33 예를 들어 Silvester Horne, 'The New Evangelism,' *FCC* (Feb. 1900), 63-64; Walter Rauschenbusch, 'The New Evangelism,' in William R. Hutchison (ed.), *American Protestant Thought in the Liberal Era* (Lanham, MD: University Press of America, 1968), 108-116.

'새 복음주의'에 대한 지지는 옛것을 지지하는 강력한 세력과 충돌했다. 1905년, 곧 시카고 무디교회의 목사가 될 미국 침례교인 A. C. 딕슨(A. C. Dixon)은 계획을 발표했는데, 그것은 부분적으로 최근에 일어난 웨일스, 호주, 영국, 미국의 부흥에서 영감을 받은 것이었고, 대서양 양쪽에서 자신의 사역으로 뒷받침된 것이었다.[34] 그는 인간의 사상에 의존할 것이 아니라 계시에 의존할 것을 촉구했다.

'새 복음주의'에 맞서 그는 '신생'의 필요성을 다시 주장했다. 시대정신과 환경 개선, 박애주의, 도덕성, 아동 사역에 대한 의존 등 새롭게 논의되던 대안 중에는 적절하고 유효한 것이 전혀 없었다. 그중에서도 사람들이 교육으로 그리스도인이 될 수 있다고 믿는 것이 오판이었다. 이런 접근을 가리켜 딕슨은 '이교도의 아래로부터의 진화론'이라고 일축했다. 이 견해는 행동에 영향을 미쳤다. 그는 "복음주의자가 되려면 그것으로 충분치 않다. 우리는 복음주의적이어야 한다"라고 주장했다. 그는 계속해서 말했다.

"오늘날 정말 필요한 것은 성장 과정을 지켜보는 위험과 갑작스럽고 즉각적인 회심을 다시 강조하는 것이다. 회심으로 성장해갈 수는 없지만, 회심 속에는 엄청난 성장이 있다."

그는 부흥에 관한 이런 전망을 가지고 다음과 같이 말했다.

"속죄와 개인적 회심의 교리에 대한 설교 없이는, 그 이름에 합당한 부흥은 지금까지 없었고 앞으로도 있을 수 없다."

사람들을 믿음으로 이끄는 최선의 방법 문제는 복음주의 운동 내에 깊은 불일치의 원인이 되었다.

하지만 대체로 복음주의자들은 오래된 관점들을 집요하게 반복하는 것에 꼭 만족하지는 않았다. 이것은 1905년경부터 생긴 최근의 부흥주의 물결에 대한 반작용이었다. 물론 비평이 새롭지는 않았지만, 새로운 비평들

---

[34] A. C. Dixon, *Evangelism Old and New: God's Search for Man in All Ages* (New York: Garland Publishing, 1988 [1905]). 이어지는 인용문에 대해서는 이 책의 여러 곳과 *168, 154-155, 168, 39*을 보라.

은 있었다. 처음에 그 반응의 일부는 개인적이었다. 토레이의 무례한 태도와 교조주의가 거슬렸다.[35]

영국에서는 그가 합당한 권위가 없이 나선다는, 말하자면 "사도적 권위가 없다"라는 주장도 있었다. 이런 관점은 영국 사회의 위계적 성격을 반영할 뿐 다른 곳에서는 그런 비판이 있지 않았다. 다만 이보다 더 일반적이었던 것은, 그가 방법에 의존하는 것에 대한 반대였다. 이 때문에 부흥사의 일은 영적이기보다 더 물질적으로 보이게 되었고 사람들의 다양한 반응을 허용하지 못했다. 토레이의 부흥 운동의 공격성과 외관상 상업주의는 예외로 하더라도, 특히 성경에 대한 문자주의와 지옥에 대한 강조에서 그의 메시지는 시대에 역행하는 구시대적인 관점이라고 비난받았다. 또한, 그의 메시지의 효과도 논쟁적이고 분열적이라고 평가되었다. 비록 많은 사람이 집회에 왔지만, 진짜 이방인을 끌어들이지는 못했다. 반대자들은 토레이의 새 부흥주의를 무익하고 비생산적이라 여겼다.

눈부신 결과를 낳은 웨일스 부흥마저도 비평가들의 입에 오르내렸다. 1905년 초, 다우레스(Dowlais)의 베다니회중교회(Bethania Congregational Church) 목사 피터 프라이스(Peter Price)는 웨일스에 두 개의 부흥이 일어났다고 주장해 논란을 일으켰다.[36] 진짜 부흥은 수년간 예수 그리스도를 세상의 구주로 전파하고 성령의 인격과 역사를 나타낸 결과였다. 동시에 가짜 부흥은 에반 로버츠에 의해 주도되고 있었는데, 그는 마치 자기에게 신적 속성이 부여된 것처럼 속이는 말을 쏟아냈다.

그해 말, 부흥을 주도하는 것처럼 여겨졌던 로버츠는 심리적으로 불안정하고 자신의 재능을 오용한다는 소리를 들었다. 다른 심리적 난폭함이 주의를 끌었고, 감정적 흥분에 대한 우려도 많았다. 부흥이 지나가자 환멸

---

[35] 이 단락은 다음의 자료들에 기반하고 있다. T. Rhondda Williams, *The True Revival Versus Torreyism* (London, 1905); Crouse, *Revival in the City*, 90–96, 100; Holmes, *Religious Revivals*, 184–195.

[36] Tudur Jones, *Faith of a Nation*, 312–314, 333, 361.

이 찾아왔다. 부흥이 교회마다 등록교인 숫자를 늘리기는 했지만, 많은 회심자가 떨어져 나가기도 했다. 부흥의 결과가 오래 가지 못했다.[37]

웨일스에서 일어난 사건에 대한 말들은 전쟁 직전에 형성된 부흥주의에 대한 반론의 결정체라고 할 수 있다.[38] 채프먼이 여러 지역으로 다시 돌아왔을 때, 더 이상의 부흥 운동이 과연 필요할지에 대한 의문이 제기되었다. 특히 부흥 운동의 효과가 점점 더 줄어드는 것처럼 보였기 때문이다. 결심 카드(decision cards)의 숫자만 보아도 교회에 들어오는 새신자가 적어졌다는 것을 알 수 있었고, 따라서 부흥 집회의 효과가 점점 의문시되었다. 동원된 비용과 시간의 가치가 더 의심스럽게 되자 그들을 지원하려는 목사는 거의 없었다. 집회 자체가 지루하고 고무적이지 않다고 했고, 이제는 '래그타임'(ragtime)으로 여겨지게 된 음악조차도 매력을 잃어가고 있었다.

도시들은 이전과 다름없이 악하게 보였고, 부흥주의의 사회적 영향도 미미하게 보였다. 대중을 설득하기 위한 기술 사용을 여전히 거슬리게 생각하던 진보적인 복음주의자들도 부흥사의 가르침과 강조가 시대에 뒤떨어졌고 심지어 야만적이기까지 하다고 우려했다.[39] 그리고 물론 대각성은 오지 않았다. 교회들이 이미 소유하고 있던 생명을 소생시키는 데에 더 관심을 기울이다 보니, 다른 방법(개인적이고 목회적인 복음 전도 등)이 더 나은 접근법인 것처럼 보였다.[40]

---

[37] J. Vyrnwy Morgan, *The Welsh Religious Revival 1904-5: A Retrospect and a Criticism* (London: Chapman & Hall, 1909), 45-46, chs. 3 and 4.
[38] Richard James Anderson, 'The Urban Revivalists, 1880-1910,' PhD thesis, University of Chicago, 1974, chs. 6-7.
[39] 'The Next Revival,' *FCC* 10.115 (1908), 133-134; John Humphry, 'Our Attitude Toward Revivalism,' *HomR* 64 (1912), 455.
[40] 예를 들어 'Evangelists and Their Critics,' *ACW* (27 Nov. 1908), 7; Charles W. Andrews, 'Living Questions. Evangelism: One by One,' *WMM* 136.11 (1913), 815-817.

어쨌든 좋은 결과를 서둘러 만들어낼 수는 없다고 했고, 부흥주의는 영혼의 영적인 운명을 걸기에는 불안정한 토대로 보였다.[41] 비록 부흥주의가 전쟁 발발과 그 이후까지 계속되긴 했지만, 그에 대한 신뢰는 시들해졌다.

이런 비판에도 복음주의자들은 부흥과 부흥주의를 포기하지 않았다. 그들은 거대한 대중의 무관심과 씨름하면서, 부흥주의는 최근의 역사 때문에 여전히 사람들에게 다가가는 주된 방법이었다. 더욱이 10년이 넘는 새로운 활동 후에 군중이 몰려들었고 회심이 일어났다. 실제로 미국 북동부 주요 도시에서 빌리 선데이가 세기말 도시 부흥주의의 매력과 충격을 최고로 끌어올린 것이 이 무렵이었다. 게다가 토론토에서 가장 유명한 오스왈드 스미스 같은 회심자 중 일부가 다른 이들의 회심을 위해 뛰어들면서 그 과업은 새로운 활력과 헌신을 가져왔다. 어쨌든, 부흥의 희망은 남아 있었으며, 1904년-1905년 웨일스 부흥으로 고양되었으며, 1859년-1860년 부흥의 50주년 기념으로 더 활력을 얻었다.[42] 더욱이 부흥주의는 직접적인 회심주의 이외의 목적도 수행했는데, 특히 활발한 이주와 도시화가 진행되던 시기에 북아메리카에서, 귀화의 수단처럼 보이기도 했고, 급속히 팽창하는 도시의 도덕적이고 사회적인 문제에 대한 해법으로 여겨지기도 했다. 다른 곳에서는 공적 생활에 유익하다는 평가도 있었다.

영국 웨슬리안 메소디스트 목사 C. 엔소 월터스(C. Ensor Walters)가 선언했듯이, 부흥은 단지 기독교를 가장 힘차게 진보하게 하는 수단만은 아니었다.[43] 그 사회적 영향은 어떤 문제라도 해결할 것이었다. 부흥의 희망은 많은 사람이 회심하는 수단일 뿐만 아니라 또한 복음주의자들이 사회에 영향력을 행사하는 수단으로도 지속했다.

---

41 W. H. Wynn, 'Rhapsodic Conversion,' *HomR* 56 (1908), 58.
42 예를 들어 'Revival Reminiscences,' *C* (31 Dec. 1908), 16; Archibald G. Brown, 'Prayer and True Revival,' *EC* (Jan.-Feb. 1909), 19-21; 'The Passing Year,' *C* (30 Dec. 1909), 11.
43 C. Ensor Walters, 'How to Reach the Masses,' *FCC* 11.22 (1909), 36-37.

4. 선교

18세기 후반 '확장'의 시대 이후, 복음주의 내에서 회심주의자들이 만들어낸 또 다른 충격은 해외 선교에 대한 헌신이었다. 그 과업을 추진하기 위해 복음주의자들은 일반적으로 CMS같은 자발적인 단체를 창설하거나 교회 내에 선교부를 설립했다. 19세기를 지나면서 이 패턴은 영국에서 수입된 선교적 세계관을 흡수하면서 한때 선교지였던 '영연방'(Greater Britain) 식민지 사회에서 재현되었다.

새로운 파송 단체로서 그들은 기독교 세계(Christendom)가 이교도들의 비기독교 세계(non-Christendom)를 복음화해야 한다는 책무를 강조하던 이원론에 바탕을 둔 영미권 선교 문화의 일부가 되었다.⁴⁴ 비록 이런 항구적인 복음주의적 동기부여 덕분에 명맥을 유지하긴 했지만, 선교에 대한 열심은 19세기를 지나는 동안 흥했다가 시들었다.⁴⁵

그러나 19세기 마지막 몇십 년 동안 선교적 열광은 극적인 중흥을 맛보았다. 대표적으로는 '학생자원 운동'(Student Volunteer Movement for Foreign Missions)과 '기독학생연맹'(World's Student Christian Federation)같은 새로운 단체들이 창설되었다. 그 어느 때보다 더 많은 선교사가 파송되었고, 대체로 그들은 고위층 또는 고학력층에서 모집되었다. 선교가 새로운 지역으로 확대됨에 따라 숫자적, 사회적 변화에 지리적 확장이 수반되었다. 비록 변함없이 헌신된 소수에 의해 추진되긴 했지만, 세기가 바뀔 무렵 선교는 복음주의의 회심주의 이상과 사업의 중심이었다.

---

44 뉴질랜드에 대해서는 다음을 보라. Hugh Morrison, '"It Is Our Bounden Duty": Theological Contours of New Zealand's Missionary Movement, 1890–1930,' *IBMR* 29.3 (2005), 123–128; '"A Great Australasian Scheme": Australian Influences on New Zealand's Emerging Protestant Missionary Movement, 1885–1922,' *FH* 38.2 (2006), 87–102.

45 Brian Stanley, *The Bible and the Flag* (Leicester: Apollos, 1990).

선교에 대한 복음주의자들의 헌신은 1900년 초 뉴욕에서 개최된 '에큐메니칼선교사대회'(Ecumenical Missionary Conference)에서 강하게 재확인되었다. "그 대회가 제안한 선교 운동 계획이 사람이 살고 있는 전 지역을 포함하기 때문에" '에큐메니컬'(ecumenical)이라는 증표가 붙었고, 복음주의자들은 그 과정에서 그런 각인을 남겼다.[46]

마치 19세기 후반에 일어났던 '믿음 선교회'들이 그랬던 것처럼, 주요 선교 단체들도 조직되었다. 가장 중요한 것은 복음주의자들이 '일반 원칙' 논의를 주도했다는 점이다. 강사 중에는 미국 침례교 신학자 아우구스투스 스트롱(Augustus Strong), CMS의 유진 스톡(Eugene Stock), CIM(China Inland Mission)의 허드슨 테일러(Hudson Taylor)가 포함되어 있었다. 그들은 저마다의 방식으로 '감리교회'(Methodist Episcopal Church)의 E. R. 헨드릭스(E. R. Hendrix) 감독을 떠올리게 했다. 헨드릭스는 선교의 근거는 모든 피조물에 복음을 전하라는 그리스도의 명령이며, "교회는 다른 존재 목적이 없다 … 세계에 복음을 전하는 위대한 목적 말고는 섬겨야 할 다른 목적이 없다"라고 말한 바 있다.[47]

미국 장로교인 J. I. 밴스(J. I. Vance)는 역사에 호소하면서, 이런 목적으로 착수된 19세기 선교의 진척이 '하나님의 최고의 보증'이었다고 보았다.[48] 사회 봉사의 당위성이 주창되던 시기에, 세기말 복음주의자들은 개신교 선교 운동의 제일 목적으로 세계 복음화를 주장했다.

세계 복음화 시간표는 '일반 원칙'에 관한 논의를 마무리지었던 강사들에 의해 정해졌다. 기독학생연맹의 사무총장 모트는 "이 세대 내에(in this generation) 세계를 복음화하는 것이 교회의 의무일 뿐만 아니라 그 임무를 완수하는 것이 가능하다고 믿는 그리스도인의 수가 많고 더 늘고 있다"라

---

[46] EcMC I, 10; Thomas A. Askew, 'The New York 1900 Ecumenical Missionary Conference: A Centennial Reflection,' *IBMR* 24.4 (Oct. 2000), 146–154.
[47] EcMC I, 73, 74.
[48] EcMC. 85–87.

고 말했다.⁴⁹ A. T. 피어슨(A. T. Pierson)이 만든 신조어 '이 세대 안에 세계 복음화'라는 이미 그 영향력이 확산된 '학생자원 운동'(Student Volunteer Movement for Foreign Missions, SVM)의 표어로 채택되었다.⁵⁰ 이것은 선교 표어로서 논란이 되었다. 특히 독일 선교학자 구스타프 바넥(Gustav Warneck)은 이 표어에 담긴 명백한 성급함, 피상성, 인간의 노력을 하나님의 목적으로 혼동함 그리고 재림을 앞당긴다는 종말론적 개념 등을 비판했다. 모트는 뉴욕 연설에서 바넥의 비판을 반박했다.

> 세계 복음화는 모든 사람에게 예수 그리스도를 개인의 구원자와 주님으로 알도록 적절한 기회를 주는 것이다. 우리의 취지는 이 세대 안에 세계의 회심이 아니다. 복음을 성급하게 피상적으로 전하는 것은 우리가 뜻하는 바가 아니다. 우리는 이 표어를 예언적으로 사용하지 않는다. 이 표어는 반드시 실제로 일어날 일에 대해서가 아니라 무엇을 할 수 있고 무엇을 해야 하는지에 주의를 기울이게 하려는 것이다.⁵¹

여전히 개인적 회심에 대한 세계적인 요구는 지난 천 년 간의 노력과 그 성취를 확신하는 계획이었다. 모트는 교육, 문서 배포, 의료 활동 같은 전통적 선교 방법의 유지를 주장함으로써 더 많은 확신을 제공했다. 그러나 그 부름에 귀를 기울이는 사람들에게 동기를 부여하고 실현할 수 있게 표어의 힘을 확신하면서, 그는 또한 현세대가 기독교 메시지를 선포해야 하는 의무를 강조했다. 그해 말, 모트는 자신의 주장을 책 한 권 분량으로 확장했는데, 그 책에서 그는 그 과업의 어려움을 인정하면서도 그것을 극복

---

49 EcMC. 95–103. 95쪽을 인용한 인용문에 이탤릭체를 추가했다.
50 Dana Robert, 'The Origin of the Student Volunteer Watchword: "The Evangelization of the World in This Generation",' *IBMR* 10.4 (1986), 146–149.
51 EcMC I, 95.

하기 위해 무엇을 해야 할지 주장했다.[52] 대체로 그의 노력의 결과, 그 표어는 당대의 선교 과업의 요지로 폭넓게 받아들여졌다.

뉴욕 컨퍼런스 이후 몇 년 동안 모트는 20세기 초 가장 영향력 있는 교회 지도자 중 하나가 되었다. 그는 영국인 J. E. K. 스터드(J. E. K. Studd)의 영향을 받아 코넬(Cornell)에서 회심했는데, 그가 회심한 환경조차도 그의 생애를 특징짓는 세계관을 제공해 주었다.[53]

그는 노스필드집회(Northfield Convention)에서 무디의 영향을 받아 선교 사역에 헌신했으며, 토레이와 채프먼처럼 무디와 연결되어 있었다. 주로 복음 전도자로서 그는 두 사람과 마찬가지로 세계 선교를 추구하기 위해 교통과 통신 기술을 최대한 활용했던 현대인이었다. 다섯 번에 걸쳐 세계 여행을 하는 동안 그는 당대의 미국 복음주의가 확장될 수 있다는 놀라운 전망을 갖게 해 주었다.

다른 면에서 모트는 토레이와 아주 달랐다. 낙관적이고 진보적인 계획에 열려 있던 그는 전천년주의적 긴급성에 흥미를 갖지 않았다. 신학자라기보다는 전략가였던 그의 메시지는 천국과 지옥보다는 예수와 삶의 가능성에 관한 것이었다. 또한, 그는 단호하고 결단력 있는 동시에 협력적이고 정치가다운 사람이었다. 이런 자질들 때문에 그는 비슷한 생각을 하는 사람들, 특히 그 표어에 비슷하게 영향받은 사람들의 지도자가 되었다. 이처럼 그는 20세기 초 복음주의 운동의 폭넓은 세력의 주요 대표자로 부상했다.

국가와 연결되어 얻는 기회를 선교가 잘 이용해야 한다는 모트의 주장은, 그 주장이 다소 모호하기는 하지만, 19세기 말 복음주의자들이 제국을 편하게 느끼고 그 구조 내에서 쉽게 활동했다는 것을 암시해 준다.[54] 그러

---

52 John R. Mott, *The Evangelization of the World in This Generation* (London: Student Volunteer Missionary Union, 1900).
53 모트의 삶은 다음 책에 연대기로 정리되어 왔다. C. Howard Hopkins, *John R. Mott 1865–1955: A Biography* (Grand Rapids: Eerdmans, 1979).
54 James G. Greenlee and Charles M. Johnston, *Good Citizens: British Missionaries and Imperial States, 1870–1918* (Montreal: McGill-Queen's University Press, 1999).

나 뉴욕 컨퍼런스가 한 세기 이상의 선교적 성취를 기념하던 바로 그 순간에, 선교와 제국의 연결고리를 느슨하게 하는 사건들이 일어나고 있었다. 남아프리카에서 벌어진 보어 전쟁(Boer War, 1899-1902)은 얻은 것이 거의 없었고 선교에서 많은 실망을 가져왔다.

중국에서 의화단 사건(Boxer Rebellion)으로 약 200명의 개신교 선교사와 30,000명의 신자를 잃게 된 일은, 선교에 대한 국내 정치인들의 비난과 함께, 선교현장에서 해외 권력과 결탁하는 것의 단점이 무엇인지 보여 주었다. 몇 년 후 제정 러시아와의 전쟁에서 일본이 승리함으로써 아시아에 공격적인 민족주의가 도래했으며, 이것은 서구의 영향에 점차 저항이 증가할 것을 예고했다.

이처럼 20세기 초에 변화된 상황들은 제국과의 연결이 기독교 선교의 목적에 도움이 되기보다 방해가 되는 것처럼 보이게 해 주었다. 기독교 선교 지도자들은 그들의 목적을 이루는 수단으로 더욱 세계교회 운동 차원의 협력을 모색하고 그들 자신의 자원에 의존하기 시작했다.

새로운 세기 초의 이런 배경 때문에, 모트는 자신의 과제가 세계 복음화 비전을 실현하기 위해 국내 후원을 동원하는 것이라고 점점 더 생각했다. 전례 없는 기회와 부적합한 반응 사이에 불균형이 있었다는 그의 주장은 현대 선교의 딜레마를 정확히 보여 주었다. 선교의 효과가 돈보다 사람에 더 달렸다는 통념에 따르면 그 결심은 부분적으로 필요한 인력을 모집하는 데에 달려 있었다.

최근 자원 봉사자의 수가 증가했음에도, 세계 선교지에서 가능성을 실현하기 위해서는 더 많은 사람이 필요해 보였다. 모트는 복음화되지 않은 세계의 25,000개 모든 민족마다 선교사 한 명 비율을 달성하기 위해서는 약 25,000명의 추가 모집이 필요하다고 추정했다. 그는 기독교 세계의 모든 대학이 20년 이상 공급해야 하는 숫자라고 믿었다. 또 다른 국내 기지의 중요 요소는 교회였다. 모트는 전 세계적 과업을 위한 인원동원에 앞장

서라고 특히 목사들을 독려했다.⁵⁵

국내에서 선교 후원을 위해 필요한 또 다른 것은 재정이었다. 1900년까지 모트는 이미 자신의 운동과 계획에 필요한 자금 모금에 노련한 모습을 보였지만, 1907년에 '믿음의 활동가들'(activist men of faith)로 하여금 자기들의 전문적인 직업을 통해 선교 자금을 마련할 수 있게 해 준 미국 평신도 선교 운동(Laymen's Missionary Movement)의 조직으로 해외 선교가 새로운 단계에 올라서자 크게 만족했다.⁵⁶

전국적으로 열린 컨벤션과 컨퍼런스는 1904년과 1914년 사이 87.5퍼센트 증가한 재정을 지원함으로써 미국교회의 해외 선교 사역에 엄청난 영향을 주었다. 모트는 그것이 '현세기의 첫 10년 동안 세계 선교에 가장 중요한 발전'이라고 판단했다.⁵⁷ 그러나 그 성공은 시류에 반하는 것이었다. 다른 곳에서는 선교 기부가 감소했다. 따라서 1908년경 미국은 영국을 제치고 해외 선교에 최대 기여국이 되었다. 비록 교인들의 1인당 기부금은 낮았지만, 해외 선교의 중요성을 강조하던 말에 근접할 만한 실제 기부액은 오직 미국에서만 모금되었다.⁵⁸ 세계 복음화 추진력은 사용 가능한 재정 자원에 제한되었다.

1910년 에든버러에서 열릴 차기 최대 선교사 대회를 준비하면서 모트와 그의 동료 마음에 가장 먼저 떠오른 것은 불리한 세계정세에도 세계 복음화의 과업을 조직하고 자금을 조달할 최선의 방법을 찾아야 한다는 것이었다. 애초에 기독교 선교의 일환으로 가톨릭과 정교회와 동방 기독교의 개종을

---

55 John R. Mott, *The Home Ministry and Modern Missions: A Plea for Leadership in World Evangelization* (London: Hodder & Stoughton, 1905), esp. 144.
56 이 단락은 다음 책에 기초했다. David G. Dawson, 'Funding Mission in the Early Twentieth Century,' *IBMR* 24.4 (Oct. 1994), 155-158; 'Mission and Money in the Early Twentieth Century,' *JPH* 80.1 (2002), 29-42.
57 John R. Mott, *Five Decades and a Forward View* (London: Harper & Brothers, 1939), ch. 2, esp. 30.
58 *World Missionary Conference, 1910. Report of Commission VI. The Home Base of Missions* (Edinburgh: Oliphant, Anderson & Ferrier, n.d. [1910]), esp. 146-160.

꾀한 것 때문에 비복음주의 영국 국교도들이 탈퇴하려고 하자, 주최측으로서는 범개신교 대회를 지키기 위해 그들의 비전을 좁혀야 했다.⁵⁹

비그리스도인의 회심에만 한정해야 한다는 점을 받아들이는 바람에, 복음주의자들은 컨퍼런스에 참여한 사람들이 진지한 확신의 문제에 타협을 요구받아서는 안 된다는 대회 기본 원칙이 깨뜨려지는 것을 경험해야 했다. 모트를 비롯한 수용적 복음주의자들은 세계 복음화의 대의에 있어서 기꺼이 실용적이었다.

이 대회의 목적은 전체 명칭과 방법이 말해준다. 그것은 '비기독교 세계와 관련된 선교적 문제들을 고찰하기 위한 세계 선교 대회'(World Missionary Conference to Consider Missionary Problems in Relation to the Non-Christian World)였다.⁶⁰ 1910년 6월 열흘 동안 주요 선교 단체 대표들은 세계 선교 운동이 직면한 주요 이슈들을 조사하기 위해 임명된 8개 위원회의 보고서에 대해 토론했다. 그 성과는 대표단이 세계 복음화의 열쇠로 추정한 지속적인 국제적 협력을 가능하게 하는 조직을 '지속위원회'(Continuation Committee) 내에 만드는 것이었다. 또한, 이 대회는 건전한 선교 계획과 전략에 필요한 과학적 조사를 지속하기 위한 수단들을 「세계선교」(*International Missionary of Review*)와 「무슬림세계」(*The Moslem World*)에 마련했다.

모트는 이 대회가 비서구 세계에 복음을 전파하는 비전을 실현할 준비를 해왔다고 확신하면서 대회 말미에 이렇게 선언했다.

"대회의 끝은 정복의 시작이다. 계획의 끝은 실행의 시작이다."⁶¹

---

59 Brian Stanley, 'Defining the Boundaries of Christendom: The Two Worlds of the World Missionary Conference, 1910,' *IBMR* 30.4 (Oct. 2006), 171–176.
60 Brian Stanley, *The World Missionary Conference, Edinburgh 1910* (Grand Rapids: Eerdmans, 2009). Andrew Walls, *The Cross-Cultural Process in Christian History* (New York: Orbis Books, 2002), ch. 3.
61 *World Missionary Conference, 1910. The History and Records of the Conference Together with Addresses Delivered at the Evening Meetings* (Edinburgh: Oliphant, Anderson & Ferrier [1910]), 347; W. H. T. Gairdner, *'Edinburgh 1910': An Account and Interpretation of the World Missionary Conference* (Edinburgh: Oliphant, Anderson & Ferrier, 1910), 266–268.

비록 현대 개신교의 전체 스펙트럼이 제시됐지만, 가장 최근의 역사가들이 지적했듯이, 이 대회는 '압도적으로 복음주의적인 모임'이었다.[62]

복음주의자들이 그 조직의 주요 부분을 차지하게 되면서 대회는 그들에게 교회를 선교로 이끌 더 많은 기회를 제공했다. 제1위원회의 보고서 '온 세상에 복음 전파'를 작성하고 편집한 모트는 능숙하고 권위 있는 의장이었고, 조셉 올드햄(Joseph Oldham)은 유능한(비록 조용했지만) 서기였다. 1910년 에든버러 대회는 다른 복음주의자들에게도 더 광범위한 교회 앞에서 발언하고 행동하는 기회였다. 인도 SVM의 미국인 서기 셔우드 에디(Sherwood Eddy), 스코틀랜드 신학자 제임스 데니(James Denney), 이집트 카이로에 파송된 영국 CMS 선교사 템플 가드너(Temple Gairdner)가 저녁 집회 강사들 중에 있었다.

웨슬리안 메소디스트선교회의 W. H. 핀들레이(W. H. Findlay)와 더럼(Durham)의 주교 핸들리 모울(Handley Moule)은 그 절차에 영적인 힘과 하나 된 의식이 스며들도록 기여했다. 그 성과를 지속하는 데 있어서 이 대회는 다시 모트와 올드햄을 '지속위원회'(Continuation Committee)의 의장과 총무로 임명했다. 모트는 대회 직전과 직후 며칠간 선교 연구 모임에서 쓰려고 작성한 「기독교 선교의 결정적인 때」(*The Decisive Hour of Christian Missions*)를 통해 온 교회를 위해 그 대회의 메시지와 정신을 요약했다.[63]

한편 올드햄은 「세계선교」(*International Review of Missions*)의 총 편집자가 되었다. 1910년 에든버러 대회에서 세계 복음화를 위해 다른 사람들과 협력하려는 세기말 선교사들의 활동과 의지가 절정에 이르렀다. 아마도 그것은 빅토리아 시대 말에서 물려받은 교회들의 복음주의적 '지배'의 마지막 섬광이었을 것이다.

62　Stanley, *World Missionary Conference*, 90.
63　John R. Mott, *The Decisive Hour of Christian Missions* (London: CMS, 1910).

1910년 에든버러 대회는 모든 흥분과 에너지를 만들어 냈음에도 20세기 초 복음주의 운동 안에서 끓어오르는 선교학적 논쟁을 해결하지 못했다. 한쪽 끝에는 선교의 목적이 주류 사회에 기독교 사상을 스며들게 해 그들을 변화시키는 것이라고 말하는 사람들이 있었다.[64] 학교나 병원 같은 기관들이 즉시 기독교화와 문명화의 수단이 될 것이라고 보았다.

또 다른 쪽 끝에는 회심 설교가 선교 사역의 유일한 목적이라고 여전히 주장하는 사람들이 있었다. 그 사이 넓은 중간 지대를 차지한 것은 미국 장로교도 로버트 스피어(Robert Speer)로 대표되는 통합적 견해였다.[65] 모트, 올드햄 그리고 다른 많은 사람처럼, 스피어는 선교가 우선 그 목적에 서 복음주의적인 동시에 복음의 사회적 목표에 전적으로 헌신 되어 있다고 주장했다. 세계를 기독교화하기 위해서는 협력이 필요하다고 믿었던 중도파 복음주의자들은 초창기 에큐메니칼 프로젝트를 즉각 지지하기도 했다.

점점 복잡해지는 선교 동기의 복잡성을 비교하는 것은 기독교와 타 종교와의 관계 문제였는데, 선교 분야에서의 조우는 불가피하게 되었다. 어떤 복음주의자도 자격 없는 비기독교 종교들을 지지하지 않았지만, 이런 종교들을 통틀어 무시하는 사람들과 달리, 전통적으로 허용된 것보다 더 긍정적인 점들이 그 종교들에 있음을 깨닫게 되었다.[66]

신앙의 충돌에 대해 많은 이론이 있던 시기에, 절대적으로 보이는 복음의 주장을 선교 세계의 종교들과 조화시키려고 했던 스코틀랜드의 인도학

---

64 예를 들어 James L. Barton, *Human Progress Through Missions* (New York: Fleming H. Revell, 1912).

65 Robert Speer, 'Foreign Missions a Constructive Interpretation of Christian Principles,' *ConsQ* 1.3 (1913), 544–570; Richard V. Pierard, 'Evangelical and Ecumenical: Missionary Leaders in Mainline Protestantism, 1900–1950,' in Douglas Jacobsen and William V. Trollinger (eds.), *Re-forming the Center: American Protestantism, 1900 to the Present* (Grand Rapids: Eerdmans, 1998), 150–171.

66 예를 들어 *World Missionary Conference, 1910: Report of Commission IV. The Missionary Message in Relation to Non-Christian Religions* (Edinburgh: Oliphant, Anderson & Ferrier, 1910).

자 존 니콜 파콰르(John Nicol Farquhar)의 충족 이론(fulfilment theory)은 논란의 여지가 있지만, 영향력이 있었다.[67] 회심 논쟁과 마찬가지로, 한 때 확실성이 담보되었던 선교의 목적과 범위가 그 명확성을 상실한 것은 20세기 초 복음주의 내에 이견이 증가하고 있다는 표시였다.

4. 결론

갑자기 어떤 복잡성이 생겼든지 간에, 1914년 런던 채프먼-알렉산더 캠페인과 1910년 '에든버러지속위원회'의 작업에 대한 준비는 전쟁이 일어날 때까지 세기말 회심주의 활동의 기세가 정상적으로 유지되었다는 것을 보여 주었다. 이런 배경에서 출판된 존 모트의 『세계의 현황』(The Present World Situation)은 그 순간이 위태롭다는 것을 인식했지만, 다른 한편에서는 지난 25년의 큰 성과를 복음주의적 성공으로 나아가는 발판으로 생각하기도 했다.[68]

그렇게 함으로써 이 책은 '이 세대 내에 세계 복음화'를 과감히 목표로 삼은 복음주의자들이 다다른 염원과 조직이 얼마나 고양되었는지를 잘 보여 주었다. 비록 복음주의자들이 목표를 달성하지는 못했지만, 그럼에도 세기의 전환기는 상당한 성취의 시기였다. 토레이를 비롯한 국제적이거나 지역적인 부흥사들과, 작은 선교사 단체들 그리고 모트로 대표되는 저명한 지도자 그룹들은 현대 세계의 자원들을 활용해 이전보다 더 넓은 지역을 다니며 더 많은 사람에게 구원의 메시지를 전했다.

세기말 복음주의자들은 복음 전파라는 근본 목표에 동기부여를 받고, 시대적 필요와 위험과 기회를 인식함과 더불어 교인 수 감소와 기독교 헌

---

[67] Kenneth Cracknell, *Justice, Courtesy, and Love: Theologians and Missionaries Encountering World Religions, 1846–1914* (London: Epworth Press, 1995), esp. 167–173.

[68] John R. Mott, *The Present World Situation: With Special Reference to Demands Made upon the Christian Church in Relation to Non-Christian Lands* (London: SCM Press, 1915).

신도 하락에 긴급함을 느끼고, 웨일스와 세계 곳곳의 부흥을 보고 부흥의 희망을 가지게 되면서 회심주의 열정을 전례 없는 수준으로 끌어올렸다. 비록 열매가 없지는 않았지만, 그들의 노력은 훨씬 더 소중한 '대각성'을 일으킬 만큼의 집단적 회심을 국내에서나 선교지에서 낳지 못했다. 그들이 자기 시대에 이런 일이 일어나지 않았음을 실망한 것은 분명하지만, 그렇다고 해서 이 복음주의자들이 실패한 것은 아니었다. 언제나 그들의 사고에서 강조된 것은 스스로 열매 맺도록 남겨두는 선포의 책임이었다. 이런 면에서 복음주의 운동 이전의 역사에서 그들과 비길 만한 사람들은 없다.

비록 대단한 성취의 시대였지만, 세상에 복음을 전하는 이 헌신에 대해 복음주의자들 사이에서 논란이 없었던 것은 아니었다. 회심의 동기와 수단 둘 다 세기말을 통과하면서 국내외에서 면밀한 검토를 받았다. 그 결과 회심의 필요성에 대해 다른 의견이 출현했고, 복음주의자들이 구원의 메시지를 어떻게 전파해야 하는지에 관해서도 대안이 제시되었다.

이런 차이들은 운동 내부의 긴장이 고조되고 있음을 반영했다. 모트 같이 관용적이고 평화적인 사람들은 공동의 대의 안에서 협력을 추구했지만, 토레이 같이 생각이 공격적이고 비타협적인 사람들은 분리를 위한 차이의 가능성에 관심을 두지 않았다. 아무리 미래에 대한 전조라지만, 이 분열의 충격은 미미했다. 복음주의는 여전히 복음주의자들을 모이게 하는 과업이었다.

사실 그 시대 성취의 일부는 복음주의 에큐메니즘이 승리를 거둔 에든버러 선교 대회였다. 개신교 내에서 한 세대 안에 에큐메니칼 운동을 낳은 대화와 협력의 시작은 복음주의가 '지배'하는 시대가 아직 끝나지 않았다는 것을 보여 주었다.

제3장

신앙생활
The Life of Faith

회심에 의해서든지 또는 사회화나 교육에 의해서든지, 복음주의에 충성하는 것은 단지 시작에 불과하다. 이 운동의 전 역사 동안, 진정한 신약 기독교를 재생산하려는 복음주의적 노력은 한결같이 '회심'이 신자의 삶 전체에 믿음을 적용하는 새로운 삶을 시작하는 표가 되리라 기대했다.

20세기 초 복음주의자들에게 이 믿음의 삶은 '회심'과 자주 짝을 이루는 '성별'(consecration)로 요약되었다.[1] 복음주의적 믿음의 산물이자 믿음의 증거인 성별은 피어슨이 말한 대로 신자의 삶의 '현재 시제'였고, 죽을 때까지 지속하는 것이었다.[2] 복음주의자들의 이 '현재 시제' 경험은 주로 개인적인 문제였지만 사회적인 문제이기도 했다. 복음주의자들은 그들의 '살아 있는 신앙'의 한 부분으로서 같은 경험을 가진 이들과 교류하고 자신의 경험을 공적인 활동으로 이끄는 기관과 집단에 참여할 것으로 기대되었다.

---

1 예를 들어 F. S. Guy Warman, 'The Essentials of Evangelicalism,' *Ch* 24.58 (1910), 750-758. 2. A. T. Pierson, *The Believer's Life: Its Past, Present and Future Tenses* (London: Morgan & Scott, 1905), 7, 9, 53-57.

2 A. T. Pierson, *The Believer's Life: Its Past, Present and Future Tenses* (London: Morgan & Scott, 1905), 7, 9, 53-57.

이런 상황에서 그들은 삶을 해석하고 구성하는 고유의 상징, 의식, 금기, 과정, 경계를 가진 종교 문화를 사회적 차원에서 만들어내는 사고방식과 관습을 가지게 되었다.[3] 종교 문화로서 복음주의는 그 독특한 신조만큼이나 그 태도와 관습에 의해 정의되었다. 겉으로는 한없이 다양하게 표현되었지만, 그럼에도 복음주의에는 그들의 경험에 선을 긋는 근본적인 질서 감각이 있었다. 이 질서 속에는 복음주의자들의 경험이 정말 영적이고 실제적이며, 따라서 회심의 참되고 심원한 표지일 것이라는 기대가 있었다. 믿음의 삶은 하나의 체제이자 시험이었다.[4]

세기가 바뀔 무렵 신앙생활은 복음주의자들이 광범위하게 숙고하는 주제가 되기도 했다. 그들의 관심은 한편에서 태만을 자각한 데서 나온 반응이었다. 현대의 복음주의자들은 이전에 살다 간 사람들보다 신앙생활을 가꾸는 데에 덜 근면하다고 널리 생각되었다. 그 관심은 또한 신앙생활을 더 효력 있게 만들려는 끊임없는 열망 때문이기도 했다. 그 자신의 역사가 보여주듯이, 종교적 경험으로서의 신앙생활은 자기 갱신과 변화의 씨앗을 가진 영적인 생명력을 유지하는 데 집중되었다. 이 시기는 회심과 마찬가지로 신앙생활도 하나의 과학적 관찰의 대상이 되었던 시기다. 따라서 종교 심리학자들은 복음주의를 발달한 순응성과 향상된 관리 능력을 특징으로 하는 일종의 종교적 경험의 표현이라고 여겼다. 그 시대에 많은 것이 위태로웠다. 왜냐하면, 복음주의자들이 외부 세계에 저항하면서 자신들의 경험이야말로 하나님과의 진짜 만남이며, 그 시대의 도덕적, 영적 실패에 도전하는 것이라고 주장했기 때문이다.

---

3 종교 문화로서의 복음주의에 대해서는 베빙턴이 기술했다. David W. Bebbington, 'Evangelicalism and Cultural Diffusion,' in Mark Smith (ed.), *British Evangelical Identities Past and Present*. Vol. 1: *Aspects of the History and Sociology of Evangelicalism in Britain and Ireland* (Eugene: Wipf & Stock, 2008), 18-34.
4 믿음의 삶에 관해서는 일반적으로 다음을 보라. Ian M. Randall, *What a Friend We Have in Jesus: The Evangelical Tradition* (London: Darton, Longman & Todd, 2005).

1. 복음주의적 헌신주의

세기의 전환기에 실천된 신앙생활의 기초는 매우 헌신적인 신앙 훈련이었다. 새 신자들이 들어오면 성경 읽기와 묵상을 위해 매일 시간을 할애하는 것이 복음주의적 삶의 요건일 뿐만 아니라 성공의 조건이라는 점을 알려주었다.[5] 그것은 하루의 모든 활동에 대해 하나님의 인도와 복 주심을 구하는 기회를 제공했다. 아마 널리 주장된 실천 중 현대에 가장 잘 알려진 예는 존 모트가 시작한 '더 모닝 워치'(the morning watch)와 그가 이끌었던 단체들이었다.[6] 현대 사회의 삶의 압박과 쾌락 추구의 유혹으로 마음을 빼앗긴 현대인들이 자신이 약속한 시간을 드리는 데 실패할 때마다 이런 헌신의 중요성은 몇 번이고 소리 높여 강조되었다.

헌신적인 삶을 지원하고 방향을 제시하기 위해 많은 문헌이 출판되었다. 현대 복음주의자들은 이 핵심 훈련에 지침을 제공하는 책과 정기간행물로 시장을 채우기 위해 그 당시 한창 급성장하던 인쇄 문화와 저렴한 출판 비용을 한껏 활용했다. 당대 최고의 작가는 새로운 세기에 들어 16년을 더 살다 간 남아프리카 출신 앤드류 머레이(Andrew Murray)였다. 고전 『주님은 나의 최고봉』(*My Utmost for His Highest*)(1924, 사후 출판, CLC 刊)을 펴낸 스코틀랜드 침례교도 오스왈드 챔버스(Oswald Chambers)도 떠오르는 별이었다.

또 다른 신예는 20세기의 첫 10년 말부터 다른 견지에서 신앙에 관한 글을 꾸준히 써서 영향을 주기 시작한 해리 포스딕(Harry E. Fosdick)이었다. 이 작가들은 복음주의자들의 경험을 풍부하게 하려고 신앙생활에 관한 광범위한 문헌을 쏟아냈는데, 분량이나 정교함 그리고 다양성에 있어서 전

---

[5] 예를 들어 R. A. Torrey, *How to Make a Success of the Christian Life* (London: James Nisbet, n.d.).

[6] 예를 들어 John R. Mott, *The Morning Watch and Bible Study for Personal Spiritual Growth* (Melbourne: SCM Press, n.d.).

례가 없을 정도였다.⁷

그중에서 다양성은 헌신적 실천에 대한 지침들에 잘 나타났다. 세계를 초월적인 영적 투쟁의 장으로 보는 데만 매달렸던 우파 사람들은 고요한 환경에서 하루를 시작하는 데에 상당한 시간(적어도 반 시간)을 할애해야 했다. 현대의 지적이고 사회적인 조건에 적응한 좌파 작가들은 유연한 접근을 선호했고, 거의 언제 어디서나 헌신의 약속은 더 짧게 나타났.

전자의 시각에서는 하루를 지나는데 필요한 영적 자원을 비축하기 위해 하나님과의 만남을 이루는 훈련된 방법이 필요했다. 후자는 항상 계시는 하나님으로부터 계속해서 추진력을 얻으려는 경향이 있었다. 역사학자 릭 오스트랜더(Rick Ostrander)는 이렇게 영적 에너지를 모으는 방법을 각각 '전지'와 '풍차'에 비유했다.⁸

이런 다양화는 신앙생활에서 복음주의자들에게 가장 필수적인 헌신의 실천인 성경 읽기에서 특히 분명했다. 1914년 영국 배터시 라이즈(Battersea Rise)의 장로교회 목사 윌리엄 수퍼(William Souper)는 동시대 사람들을 향해 '그리스도 자신 다음으로 성경은 우리의 가장 소중하고 귀중한 소유'라는 복음주의의 기본 확신을 거듭 역설했다.⁹

대다수 복음주의자에게 성경의 권위는 절대적 신뢰와 의심 없는 순종을 요구하는 하나님의 말씀이라는 지위에서 파생되었다. 이 관점은 다양한 수준으로 문자적 읽기, 각 부분을 일치시키기, 본문에서 증거 찾기를 선호했다. 문학과 역사 연구의 결과에 더 사로잡힌 다른 복음주의자들(제4장에서 보게 될)은 성경을 종교적 경험의 기록으로 보는 것을 선호했다. 이처럼 성경

---

7   W. M. Douglas, *Andrew Murray and His Message* (Belfast: Ambassador Publications, 1998 [1926]); Harry E. Fosdick, *The Living of These Days: An Autobiography* (London: SCM Press, 1957).

8   Richard Ostrander, 'The Battery and the Windmill: Two Models of Protestant Devotionalism in Early-Twentieth-Century America,' *CH* 65.1 (1996), 42–61.

9   William Souper, 'Christ and the Scriptures in the Life and Thought of To-day,' *MBC 1914*, 150.

은 하나님이 쓰시는 개인의 행동과 역사적 전개의 패턴을 보여 주는 길잡이였고, 성경의 능력은 그것을 내면화해서 실천에 옮기는 데서 나왔다.[10]

비록 이런 시도가 성경의 뉘앙스를 따라 읽기도 하고 각 부분의 차이점들도 인정했지만, 그런 접근의 변화가 성경의 권위에 대한 헌신과 그 영적 능력에 대한 믿음을 감소시킨 것은 아니었다. 20세기 초 복음주의자들이 그들의 선진들 못지않게 자신들의 영적인 삶에서 성경에 헌신한 것은 사실이지만, 그들의 '성경주의'(biblicism)에는 점점 더 다른 의미와 기대가 포함되었다.

현대 지식의 영향은 복음주의자들이 그들의 '가장 소중하고 귀중한 소유'인 그리스도가 신앙생활에 무엇을 의미하는지 규정하기 위해 성경을 사용하려는 시도에서도 명백했다.[11] 복음주의자들은 '그리스도 없는 기독교'(Christless Christianity)를 특징으로 하는 현대적인 신학 사색을 거부하고, 성경이 그리스도를 성육신 하신 영원한 하나님의 아들로 표현한 사실을 주장했다.[12] 실제로 이것은 세 가지를 의미했다.

첫째, 인성을 가진 하나님으로서 예수는 전능자의 존재와 본성의 계시였다.

세기말 복음주의자들은 과학의 빛으로 하나님의 개념을 재고하는 데 사로잡혔는데, 이 관념은 신적 내재성에 대한 새로운 강조를 일으켰고 신적 초월성과의 균형을 찾는 문제를 제기했다. 그 밖의 결과가 어떻든 간에, 그 논쟁은 모든 인간의 아버지로서의 하나님에 대한 높아진 각성으로 이어졌다. 미국의 선교사 정치인 로버트 스피어(Robert Speer)는 이것이 신앙

---

10 성서학의 영향/충격에 대해서는 다음을 보라. William Newton Clarke, *Sixty Years with the Bible: A Record of Experience* (New York: Charles Scribner's Sons, 1909).

11 예를 들어 Augustus H. Strong, 'The Greatness and the Claims of Christ,' *WBC 1905*, 52-64; William E. Barton, 'The Person of Jesus Christ,' *ICC 1908*, 54-62; Peter T. Forsyth, *The Work of Christ* (London: Hodder & Stoughton, 1910).

12 W. Radcliff, 'The Deity of Christ,' *RPC 1913*, 89-94, with quotation on 90.

생활에 의미하는 바를 다음과 같이 썼다.

> 하나님이 우리들의 아버지라면 그분을 더 사랑하고, 더 신뢰하고, 더 기뻐하자.[13]

둘째, 복음주의자들은 또한 예수의 인성을 숙고했고, 성육신에 대한 현대의 강조와 역사적 역수에 대한 탐구를 대체로 환영했다.[14]
스펙트럼에 따라 서로 다른 관점에서, 각각의 작가는 예수의 삶과 사역에 관한 연구를 내놓았다. 이 연구들은 그들의 경험의 토대가 된 사실을 밝혔고, 예수의 '최고의 선생'으로서의 지위를 굳혔다.[15] 예수는 또한 그들이 본받아야 할 분이었다. 캔자스의 찰스 M. 셸던(Charles M. Sheldon)의 소설 『예수님이라면 어떻게 하실까?』(*In His Steps, Or What Would Jesus Do?*, 1896)는 예수를 사람들이 행하고 닮아야 할 본으로 인식한 결과를 그려내서 널리 호평을 받았다. 신앙생활은 여전히 예수의 교훈과 모범을 따르라고 요구한다.

셋째, 복음주의자들은 예수를 인류의 구주로 믿었다.
비록 어떤 진영에서는 다른 해석의 영향을 받기도 했지만, 세기가 바뀔 무렵에 대속(substitutionary atonement)은 여전히 복음주의적 신앙 체계의 토대였다. 그러나 이 교리는 감사하게도 단순한 객관적 교리 이상이었다. 또한, 그리스도의 죽음은 그분을 따르는 이들에게 반응을 요구하는 본을 보였다는 점에서 주관적인 삶의 능력이기도 했다. 하나님이 그리스도 안에

---

13 Robert Speer, *Christ and Life* (New York: Fleming H. Revell, 1901), 213-214.
14 예를 들어 J. D. Jones, 'The Christ of History and the Christ of Experience,' *MBC 1908*, 227-238.
15 예를 들어 각주 13에 인용된 내용과 함께, Robert Speer, *Studies of the Man Christ Jesus* (New York: YMCA Press, 1896); George Jackson, *The Teaching of Jesus* (London: Hodder & Stoughton, 1903); Harry E. Fosdick, *The Manhood of the Master* (New York: Association Press, 1914).

서 행하신 일에 감사하는 마음은 헌신된 봉사의 삶에 동기를 부여했다. 스코틀랜드 장로교도 H. R. 매킨토시(H. R. Mackintosh)가 지적했듯이, 무엇보다도 십자가로 형성된 삶은 그리스도를 다른 사람들에게 전하는 수단이었다. "세상은 예수를 따르는 자들이 그의 죽음의 성령(원문대로) 안에서 행하는 것을 보면 예수의 죽음의 효력에 설복될 것이다."[16] 무엇을 강조하느냐에 따라 십자가에 대한 초점은 사적인 삶과 공적인 삶에 수없이 많은 적용점을 가졌다.

또한, 복음주의자들은 홀로 그리고 그룹에서, 사적으로 그리고 공적으로, 예수를 신앙생활에서 두 번째 기초 훈련인 기도를 받으시는 분으로 생각했다. 기도는 하나님과의 대화, 성경에 기록된 그분의 말씀에 응하는 수단, 영적 에너지의 원천으로 인식되었다. 「복음주의 연맹」(*Evangelical Alliance Quarterly*)의 편집자가 평한 기도의 중요성에 대해 이의를 제기할 복음주의자는 없을 것이다.

> 호흡하지 않고 살아갈 수 있는 피조물이 없듯이, 기도하지 않고 살아갈 수 있는 그리스도인은 없다.[17]

이런 평가를 고수하면서 복음주의자들은 이전 세대의 회의론을 견뎌냈고, 이제는 기도에 대한 과학적 비평에 대해 경험에 기초한 기도를 응답으로 제시했다.[18]

그 결과 토레이 같은 보수적인 작가들은 기도야말로 세상에서 객관적인 효력을 일으키는 원인이라는 전통적인 설명을 더욱 강화했다. 그들은 허

---

16 H. R. Mackintosh, 'The Cross and Present-Day Religion,' *RPC 1913*, 98. 속죄의 사회적 의미에 대해서는 5장을 보라.
17 'Editorial Notes,' EAQ 11 (Jan. 1902), 183-84.
18 Rick Ostrander, *The Life of Prayer in a World of Science: Protestants, Prayer, and American Culture 1870–1930* (Oxford: Oxford University Press, 2000).

용된 방식을 따라 기도하기 위해 시간을 따로 내지 않는 것은 하나님께 대한 불순종이나 다름없다고 주장했다. 하지만 복음주의자들 사이에서 미묘한 분화가 일어나고 있었다. 기도하라는 성경적 명령에 틀림없이 응답했지만, 복음주의 좌파들은 하나님의 내재성 개념과 어울리는 접근법을 허용했다. 이 견해의 지지자들은 청원 기도가 항상 임재하신(ever-present) 하나님께 특별한 주의를 기울여 달라고 간구하는 것으로 생각했다.

그러나 그 영역은 더욱 당연히 영적이었고, 그 효력은 주로 기도하는 사람의 변화를 통해 세상에 나타났다. 존 모트가 해리 포스딕의 『기도의 의미』(The Meaning of Prayer)를 지지한 것은 적어도 복음주의 핵심에 대한 이런 재정의를 받아들인다는 것을 의미했다.[19]

표준적인 관습으로 잘 개발된 방침을 따라 실행하는 성경 읽기와 기도는 순종의 의무였다. 동시에 성경 읽기와 기도는 복음주의 운동의 독립성과 개방성을 나타내는 표지가 되었다. 간증을 좋아하는 경향이 암시하듯, 복음주의자들은 하나님이 사람들을 차례로, 때로는 놀라운 일로 다루시기를 기대했다.

노먼과 케네스 그럽(Norman and Kenneth Grubb) 형제는 세기의 전환기의 영웅적 선교사이자 매우 보수적인 C. T. 스터드(C. T. Studd) 삼촌의 그늘에서 자랐다. 그 삼촌은 자주 자기의 괴상한 신앙 경험에 대해 이야기했고, 실제로 그와 똑같은 삶을 살았다. '성경에 흠뻑 젖은'(Bible-soaked) 노만은 삼촌과 비슷한 길을 걸었지만, 영적 위기시에는 신비주의자들(특히 윌리엄 로[William Law]와 제이콥 뵈메[Jacob Boehme])의 경건한 읽기를 통해 '우주적 그리스도'와 '마음과 정신의 엄청난 확장'을 발견하게 되었다.

하나님의 내재성을 깊이 탐구하기는커녕, 신학적 성찰이 석고 매우 실리적이었던 중도 좌파 케네스(Kenneth)는 단순한 성경주의에 의존했는데, 그런 자세는 CMS의 총재직을 맡는 일에나 세계교회협의회(World Council of

---

[19] Harry E. Fosdick, *The Meaning of Prayer* (New York: Association Press, 1915), esp. vii–viii.

Churches, WCC)와 관계를 맺어 남아메리카에서 선교사로 살아가는 데에 충분했다.[20] 그런 사례는 복음주의적 경건주의가 복음주의 문화를 재현하는 것뿐만 아니라 항상 새롭고 놀라운 방향으로 움직일 수 있다는 것을 확인시켜 준다.

2. 교회 가기와 반가톨릭주의

복음주의자들이 인식한 또 다른 성경적 원리는 주로 사적으로 양육되긴 해도 신앙생활은 공적으로 표현되어야 한다는 것이었다. 그리스도를 믿음으로 얻는 구원은 다른 신자들과의 유대를 창조했는데, 그것은 단체에 의해 표현하는 것이 자연스럽다. 그것은 또한 이익과 책임의 연대를 창출했다.[21] 이 때문에 신앙생활에서 세 번째 기본 훈련은 '교회 가기'(churchgoing)이었다.[22] 매주 일요일마다 복음주의자들은 자기가 속한 교회의 모임과 예배에 함께 참석했다. 많은 경우에 그들은 주중 모임에도 참석했다. 여러 방면에서 그들의 교회는 예배와 성찬식과 신앙생활을 기르는 설교를 통한 말씀 교육의 현장이었다.

그러나 복음주의자들은 양육과 공급을 받았을 뿐 아니라, 교회가 그들 자신의 재능 전체를 기부하는 봉사의 영역이었기 때문에 그들 역시 주는

---

20 Norman Grubb, *C. T. Studd: Cricketer and Pioneer* (London: Religious Tract Society, 1933); *Once Caught, No Escape: My Life Story* (London: Lutterworth Press, 1969), ch. 6 (quotations on 171, 167); Kenneth Grubb, *Crypts of Power: An Autobiography* (London: Hodder & Stoughton, 1971), ch. 5.
21 예를 들어 J. H. Shakespeare and R. H. Fitt, 'The Spirit of Brotherhood in the Church,' *BWC 1911*, 308–319.
22 이 부분은 다음 책에 가져왔다. Charles D. Cashdollar, *A Spiritual Home: Life in British and American Reformed Congregations, 1830–1915* (University Park, PA: Pennsylvania State University Press, 2000); J. Michael Utzinger, *Yet Saints Their Watch Are Keeping: Fundamentalists, Modernists, and the Development of Evangelical Ecclesiology, 1887–1937* (Macon, GA: Mercer University Press, 2006), pt. 1.

것이 당연했다. 미국 장로교도 헨리 슬로안 코핀(Henry Sloane Coffin)은 그 운동 전체를 이 상호 관계로 요약했다.

> 그리스도인은 그의 믿음과 성장과 유용성을 교회에 의존한다.[23]

교회는 그들의 주된 모임 장소로서 20세기 초 복음주의자들의 사상과 행동을 형성하고 조직하기에 충분한 수단이었다.

아마 다른 무엇보다도 복음주의자들의 광범위한 '교회 의식'(ecclesial consciousness), (제1장에서 기술된)은 복음주의 운동 내에서 서로 대항하는 중요한 두 경향으로 설명된다. 한편에서 복음주의자들은 대체로 그들의 교회에 깊이 헌신했다. 이 교회들은 정책, 목회자의 역할, 신학적 상징, 예배 스타일, 복음주의적 삶의 형태, 전도, 더 큰 공동체에 대한 태도 등의 많은 면에서 다른 교회들과 달랐다. 각 교회가 복음주의 전통과 일치했다고는 하나, 그들의 차이점을 결코 무시해서는 안 된다. 특정 이슈의 힘과 그들의 특성이 결합하면서, 그들은 계속해서 새로운 교회를 낳는 분리주의를 지지했다.

최근 복음주의 교파 대열에 들어온 교회에는 '구세군'(Salvation Army), '기독교선교연맹'(Christian and Missionary Alliance) 그리고 많은 '홀리니스교회'(Holiness churches)가 포함되었다. 새로운 세기 초에 '나사렛교회'(Church of the Nazarene)와 '오순절교회'(Pentecostal churches)가 여기에 뒤를 이었다. 복음주의자들은 교파적 차이점을 크게 문제삼지 않았기 때문에, '교회'는 복음주의 운동의 다양성을 가장 잘 보여 주는 곳이 되었다.

다른 한편으로 그들의 '교회 의식'은 복음주의 '에큐메니즘'(ecumenism) 경향을 지속하게 했다. 공유된 구원 경험은 복음주의자들을 우정과 협력

---

23 Henry Sloane Coffin, *Some Christian Convictions: A Practical Restatement in Terms of Present-Day Thinking* (New Haven: Yale University Press, 1915), 183.

속에서 교파적 경계를 함께 넘을 수 있게 했다. 공통된 경험과 전망은 연합 기도회와 중보 기도 그리고 「더 그리스도인」(*The Christian*) 같은 정기 간행물을 함께 도모하여 신앙생활을 더 풍성하게 했다.

이런 것들은 모두 부흥과 부흥주의, 수많은 성경, 또한 복음주의 세계 전역의 예언과 성결 집회에 관심을 공유한 모든 사람에게 영향을 준 것들이었다. 어떤 경우에 그들은 복음주의 교회 간의 재결합을 도왔다. 예를 들어 1900년 스코틀랜드에서는 연합장로교회(United Presbyterian Church)와 스코틀랜드자유교회(Free Church of Scotland)가 모여서 연합자유교회(United Free Church)를 구성했다.

마찬가지로 같은 시기에 캐나다, 호주, 뉴질랜드, 잉글랜드 메소디스트 지부는 주로 정착민 사회간의 거리감을 해소하기 위해 결합했다. 20세기 초 복음주의자들은 결코 유기적 연합을 진지하게 생각하지 않았지만, 그들은 1904년에 100주년을 맞은 '영국해외성서공회'(British and Foreign Bible Society) 같은 '파라처치'(parachurch)가 일찍이 정해 둔 노선을 따라 계속해서 비교파적 조직을 운영하고, 특정 상황과 필요를 다룰 공동 전략들을 실행했다. '미국복음주의연맹'(Evangelical Alliance)의 쇠퇴는 협력이 항상 지속될 수 없다는 것을 상기시켜 주었다.[24]

그런데도 때때로 압박을 받긴 했지만 '복음주의 연합'으로 함께 일하는 것은 20세기에 들어서까지 복음주의 경험의 특징이 되었다. 그들이 공유한 문화의 경계가 명확하지도 않았고 느슨하기도 했기 때문에, 복음주의 자들은 그것들을 필요한 상황들로 구분했다. 19세기 말에 그리스도인 사이언스(Christian Science)가 출현한 것도 그런 한 사건이었다. 이 새로운 형태의 종교 생활은 사물, 죄, 사탄, 예수의 삶과 십자가 죽음, 재림, 기도의 실재를 부인했다. 그것은 하나님과 세상과 인간에 대한 성경적 관점을 부

---

24 Philip D. Jordan, *The Evangelical Alliance for the United States of America, 1847–1900: Ecumenism, Identity and the Religion of the Republic* (New York: Edwin Mellen Press, 1982).

정하는 것이었다.

따라서 복음주의자들은 그리스도인 사이언스를 받아들이지 않았다.[25] 이렇게 그들이 그리스도인 사이언스를 반대한 사건은 그들의 경계가 주로 신학적이었음을 보여 주지만, 신앙생활의 요소를 방어한다는 면에서 그들은 사회적 특성도 보여 준다. 개념적인 경계와 사회적인 경계가 혼합된 또 다른 형태는, 복음주의 반대 세력 중에서 가장 긴 혈통과 가장 큰 정서적 힘을 가진 로마와 국교회의 가톨릭주의에 대한 적대감에서도 분명히 나타났다.

역사가들은 1900년에 이르러 영어권 사회에서 반가톨릭주의가 쇠퇴하기 시작했다고 주장한다.[26] 이 견해가 옳다면 복음주의자들은 그 큰 흐름에서 예외였다. 종교개혁이래 복음주의 유산의 일부였던 반가톨릭주의는 19세기말 가톨릭의 잠식으로부터 개신교의 정체성을 지키기 위해 만들어진 '개신교진리협회'(Protestant Truth Society) 같은 단체들의 호소에 의해 유지되었다.[27] 새로운 세기에 일련의 사건들이 이런 감정을 격화했다. 1906년 교회 규율에 관한 '왕립조사위원회'(The Royal Commission into Ecclesiastical Discipline)와 국교회 공동기도서 변경을 위한 운동 개시는 영국교회 내에서 배신의 가능성에 대한 의식을 날카롭게 했다.[28]

1908년 런던에서 공개적으로 당당하게 열린 '성체대회'(Eucharistic Congress)는 영국의 국가 정체성에 대한 로마 가톨릭의 위협을 다시 일으켰다. 마찬가지로 1910년 국왕의 즉위 선서를 개정하여 화체설 같은 가톨릭 교리에 대한 거부권을 제거하자는 제안은 개신교를 약화하는 위험이 상존한다는 사실

---

25 예를 들어 James M. Gray, *The Antidote to Christian Science, Or How to Deal with It from the Bible and Christian Point of View*, 4th ed. (New York: Fleming H. Revell, 1907).
26 John Maiden, *National Religion and the Prayer Book Controversy, 1927–1928* (Woodbridge: Boydell Press, 2009), 'Introduction'.
27 Martin Wellings, 'The First Protestant Martyr of the Twentieth Century: The Life and Significance of John Kensit (1853–1902),' *SCH* 30 (1993), 347–358.
28 Reactions in *ICM 1907. The Royal Commission Report and the Duty of Evangelical Churchmen* (London, 1907), and traceable thereafter in 「더 처치맨」*(The Churchman)*.

을 강하게 일깨우는 것이었다.²⁹

다른 이유로 인해 반가톨릭주의는 전 세계 복음주의 상황의 중요한 부분이었다. 캐나다의 퀘벡 주는 프랑스의 가톨릭 문화가 지배적이었기 때문에 특별히 예외였다. 마찬가지로 개신교 종교개혁이 거부되었던 아일랜드에서도 로마 가톨릭 신자들이 인구 대부분을 차지했다. 대다수 가톨릭 신자들과 소수의 개신교 신자 모두 종교적인 정체성을 엄격히 지켰고, 그 결과 종파 분열은 아일랜드 사람들의 일상 문화에 풍토화되었다.³⁰

복음주의자들(주로 장로교인과 메소디스트 그리고 일부 국교도들)은 신앙면에서 분명히 비로마인 가톨릭이었으며, 아일랜드를 가톨릭으로 생각하는 것에 반대했다. 아일랜드 자치법(Home Rule)을 제정하기 위한 계속된 소동은 얼스터 개신교(Ulster Protestantism)에 대한 폭넓은 공감을 북돋아 주었다.

19세기에 아일랜드인들의 이민때문에 개신교와 가톨릭 사이의 이런 종교적 차이가 영국의 다른 지역과 '영연방'의 정착민 사회 그리고 미국에 이식되었다.³¹ 심지어 국교회 교회들을 넘어 '고교회' 관습들이 교회 문화에 침투하긴 했지만,³² 가톨릭에 대한 노골적인 적대감은 복음주의 생활 방식을 규정하는 것이 되었고, 복음주의자들이 살고 있는 사회의 종파주의에 기여함과 동시에 그들 자신의 공통된 정체성을 강화했다.

---

29 'Notes' and 'The Royal Declaration,' *EC* (July-Aug. 1910), 77-79.
30 Donald Akenson, *Small Differences: Irish Catholics and Irish Protestants 1815-1922* (Montreal: McGill-Queen's University Press, 1988), esp. 140-147.
31 Philomena Sutherland, 'Sectarianism and Evangelicalism in Birmingham and Liverpool,' in John Wolffe (ed.), *Protestant-Catholic Conflict from the Reformation to the Twenty-First Century* (Houndmills: Palgrave Macmillan, 2013), 132-165.
32 D. W. Bebbington, *Evangelicalism in Modern Britain: A History from the 1730s to the 1980s* (London: Unwin Hyman, 1989), 203-207.

3. 역사와 종말론

역사는 신앙생활에서 복음주의자들의 정체성의 또 다른 원천이었다. 그들은 성경에 자신들의 이야기를 끼워 넣어 세계사를 이해하는 섭리적 틀을 얻었다.[33] 세기말 몇 해 동안 그들은 인물, 기관, 교파, 집단과 분파, 그 운동과 교회 자체의 역사를 기술함으로써 자기들의 전통에서 이 부분을 확장했다.[34]

이 역사들은 기독교의 시작, 종교개혁, 복음주의 부흥 그 자체로부터 계보를 확립해 복음주의의 기초를 놓았다. 그들은 업적을 높이 평가했고, 신조와 가치관을 보강했고, 태도와 행동을 정당화했고, 바람직한 미래를 제시했다. 그들은 복음의 계속된 진보, 하나님이 직접적인 개입보다 더 자주 사용하시는 수단들 그리고 만물에 대한 그분의 주권을 확언함으로써 그렇게 했다. 고백적이고 변증법적인 문제에 수반되는 결점 때문에 약화하긴 했지만, 공유된 역사 서술은 복음주의자들이 가진 복음 진보의 대리자의 지위를 세워주었고, 현대 세계에서 외면당해 생긴 낙담에 대항했다.

복음주의자들의 역사적 사고가 사기를 북돋우는 한 가지 이유는 그 우주적 전망이었다. 성경은 복음주의자들의 관심을 지상 너머로 데려가며, 그들의 주의를 '파루시아'(parousia), 즉 역사의 목적지인 그리스도의 재림에 고정한다. 예수가 다시 오셔서 모든 것을 바로잡으실 것이라는 사실은 모든 복음주의자가 고수하는 공동의 확신이었다. 그들의 종말론적 지향은 천년왕국, 즉 요한계시록 20장에 예언된 끝이 오기 전천년 동안 계속

---

[33] Stuart Piggin, 'Evangelicalism and Contemporary History: The Revival Chronicles of the 1740s,' *L 14* (1992), 1–26.
[34] 이 시기에 쓰인 주목할 만한 역사와 전기들은 다음과 같다. J. Wilbur Chapman, *The Life and Work of Dwight L. Moody* (London: James Nisbet, 1900); Eugene Stock, *A History of the Church Missionary Society: Its Environment, Its Men and Its Work*, 3 vols. (London: CMS, 1899); G. R. Balleine, *A History of the Evangelical Party in the Church of England* (London: Longmans, Green, 1908).

되는 불신앙적 세속성으로부터 해방되는 마지막 때에 대한 관심을 포함했다. 한때는 복음주의에서 '비본질적인' 것이었을 교리가 19세기를 지나면서 영향력 있는 소수의 마음에 중요한 것으로 부상했다. 천년왕국에 대한 태도는 복음주의자들을 두 주요 진영으로 갈라놓았다.

복음주의 운동 초기부터 종말에 대한 복음주의자들의 표준적인 견해는 그리스도의 재림 후에 천년왕국이 이어진다는 것이었다. 후천년주의(Postmillennialism)는 세기말 낙관적 풍조와 어울렸기 때문에 1900년쯤에도 상당히 널리 퍼져 있었다.[35] 이 관점에서 현대 문명은 섭리적 계획이 실현되는 큰 가능성을 품은 하나님의 은총으로 여겨졌다. 과학과 기술은 하나님의 자비의 징표였고, 세계를 향한 그분의 뜻을 나르는 수단이었다.

그러므로 역사에서 하나님의 행동은 관찰할 수 있는 합리적 수단을 통한 것이었다. 그리스도인의 역할은 이 수단을 가지고 일하며, 충실한 삶을 살며, 특히 세상을 복음화하는 것이었다. 마찬가지로 교회는 지상에 세워지지만, 영원히 지속될 나라가 임하게 하는 하나님의 대리자였다. 이런 태도는 합리적 경영, 사업적 조직, 과학적 기술을 활용하는 것을 보증하는 것처럼 보였다. 시간은 한정되어 있었지만, 계속된 진보와 무한한 향상이 이어지는 한, 종말이 임박했다고 생각할 이유가 없었다. 새로운 세기가 시작되면서 미래도 결코 나아질 게 없다는 것을 알게 되었지만, 역사의 종말에 대한 전망은 이 종말론적인 사상 내에서 이전 세대에 비해 훨씬 덜 논의되었다.

종말에 대한 일반적인 관점을 여전히 견지하면서도, 후천년주의는 재림을 천년왕국 이전에 두는 관점에 의해 점차 도전을 받았다.[36] 전천년주의(Premi-

---

35 James H. Moorhead, *World Without End: Mainstream American Protestant Visions of the Last Things, 1880–1925* (Bloomington: Indiana University Press, 1999).
36 이 부분의 나머지는 다음 책에 기초했다. Matthew A. Sutton, *American Apocalypse: A History of Modern Evangelicalism* (Cambridge, MA: Belknap Press, 2014), ch. 1; Crawford Gribben and Andrew R. Holmes (eds.), *Protestant Millennialism, Evangelicalism and Irish Society, 1790–2005* (Houndmills: Palgrave Macmillan, 2006).

llennialism)는 1820년대 이후로 복음주의 운동 내에서 영향력을 가지게 되었지만, 19세기 후반을 지나면서 정의의 명료함, 역사적 구체성 그리고 감정의 강렬함 등과 함께 강력히 주장되었다. 이 관점에서 현대 문명은 현시대가 점점 더 악화되고 깊은 불안(Angst)에 빠지는 원인이었다. 과학과 기술은 초자연적인 것에 대한 부정이었고, 불신앙과 세속주의의 토대였다.

하나님은 초월적이지만 그에 못지않게 역사 속에서 행동하셨지만, 섭리적 계획은 위기로 향하는 쇠퇴 중 하나였다. 그리스도인의 역할은 특히 이 죄 많은 세계로부터의 구원을 전하는 복음설교를 다시 충실하게 행하는 것이었다. 이 견지에서는 심지어 교회도 불충으로 하나님의 심판 아래 있다고 정죄 받았다. 오직 재림 때의 신적 개입만이 천년왕국을 임하게 할 수 있었다. 종말에 대한 감각이 후천년주의 안에서 무뎌졌다면 전천년주의 안에서는 강화되고 생생했다. 그러므로 역사는 상서롭지 않지만 전천년주의자들 사이에는 역사의 참 의미를 이해하고 적절한 대응 수단을 내놓는 것에서 문화적 권위에 대한 자만이 일어났다.

세기가 바뀔 무렵에 전천년주의의 매력은 1901년부터 더럼의 주교였던 영국인 핸들리 모울(Handley Moule)과 같은 주류 인사들까지 끌어들이는 복음주의 우파의 특징적 입장이 될만한 것이었다.[37]

1909년 『스코필드 주석성경』(*Scofield Reference Bible*) 발간으로 두드러지게 된 전천년주의 진영 내의 중요한 발전은 '세대주의'(dispensationalism)였다.[38] 이런 미세한 구별은 종말에 대한 예언들이 여전히 성취되어야 한다고 주장하는 전통적 전천년주의와 달랐다. 형제단의 초기 지도자 중 한 사람이었던 아일랜드 출신의 존 넬슨 다비(John Nelson Darby)가 시작한 '미래

---

37 Joel A. Carpenter (ed.), *The Premillennial Second Coming: Two Early Champions* (New York: Garland Publishing, 1988); John B. Harford and Frederick C. MacDonald, *Handley Carr Glyn Moule, Bishop of Durham: A Biography* (London: Hodder & Stoughton, n.d. [1922]), 296-297.

38 R. Todd Mangum and Mark S. Sweetnam, *The Scofield Bible: Its History and Impact on the Evangelical Church* (Colorado Springs: Paternoster Press, 2009).

적' 전천년주의(futurist premillennialism)는 각기 실현된 하나님의 계획의 발전에 따라 역사를 시대들 또는 세대들로 나누었다. 이 계획은 이스라엘과 교회 사이의 근원적 단절을 가정했고, 교회의 현시대는 '막간'(parenthesis)이라고 주장했다. 그것은 또한 그리스도께서 현세대 신자를 위해 오셔서 죽은 신자를 부활하게 하고 살아 있는 자를 재빨리 구해내는 재림의 전 단계인 휴거에 대한 기대를 처음으로 가르쳤다.

이 기대는 사실상 그리스도가 처음에는 비밀리에 그의 택자를 휴거하게 하시기 위해 오시고 그 후에는 천년왕국을 개시하기 위해 오신다는 이중 재림을 의미했다. 대중주의적이고 자기 주장이 강하고 지나치게 자기 방어적이고 심지어 분리주의적 전천년주의적 세대주의자들은 자신들이 성경적 가르침의 참된 대변자라고 주장함으로써 복음주의 운동 전체에 도전했다. 1914년에 전쟁이 일어났을 무렵, 어떻게 성경을 역사의 열쇠로 읽어야 하는지에 대한 불일치는 아마도 '복음주의 연합'(evangelical coalition)에 도전한 가장 강력한 와해 요소였다고 할 수 있다.

4. 성과 인종

표면적으로는 복음주의적인 경건한 삶과 영적 성장의 장소인 교회생활이 모두에게 요구되었다. 남성과 여성 간에 일반적인 차별도 없었다. 이것은 종교개혁의 만인제사장 교리와 일치했으며, 모든 사람이 그 운동의 삶에 참여할 것이라는 일반적인 기대와도 일치했다. 하지만 운영 단계에서 교회는 남성 지배적으로 보였다. 교회를 이끈 것은 남자들이었고, 작가들도 대부분 남자였다. 하지만 19세기를 지나면서 복음주의 내에서 여성의 역할이 수적인 면에서나 영향력에서 지배적이 되었다. 복음주의 운동 내의 이런 명백한 모순적 특징은 세기말 복음주의 문화의 성적(性的) 특징을 반영하는 것이었으며, 또한 사회 구조가 신앙생활에 불가피하게 영향을

끼친 것이었다.[39]

세기의 전환기에 신앙생활은 확실히 남성화되고 있었다. 놀랍게도 부흥사들은 그리스도를 위해 나서는 것이 남자다운 일이라고 제시했다. 그 후에 이어지는 삶, 즉 세상의 유혹에 저항하고, 그리스도의 위임에 충실하고, 봉사에 뛰어드는 삶도 역시 남자에게 어울리는 것으로 고취되었다. 다양한 영향력과 동기가 함께 어우러져 당대 복음주의 내에 남성다움을 높이는 일을 만들어 냈다. 그것은 분명 당시의 기독교가 여성에 의해 지배되던 소위 '여성 문제'에 대한 반동이었다.

또한, 그것은 도시화의 결과 중 하나로 일컬어지던 게으름과 허약함에 대항하려는 것이기도 했다. 선교 지도자들이 지적했듯이, 더욱 강력한 남성성만이 세기말 세계의 기회를 가장 잘 활용할 수 있을 것이었다. 1900년경 빅토리아 절정기에 교회의 군국주의는 박력 있는 기독교와 혼합되어 남성에게 호소할 뿐만 아니라, 그들의 독특한 자질을 활용하기 위해 계획된 종교성을 만들어냈다.[40]

이런 남성성 강조는 회심주의적 복음주의가 매우 인기 있는 종교로 급성장하는 수단이었다. 선교 현장은 남자다운 봉사의 삶을 위해 선호할 만한 선택지였다. 또한, 목회 사역도 그것을 여성적인 것으로 보던 경향에 맞서 기독교의 남자다움을 적용하는 영역으로 제시되었다. 그러나 명백히 이런 직업들은 모두가 할 수 있는 것도 아니고 모두에게 어울리는 것도 아니었다. 이런 이상(理想)은 정치, 법률, 사업 같은 삶의 어떤 분야에도 적

---

[39] 이 부분은 다음 책에서 가져왔다. Sarah C. Williams, 'Evangelicals and Gender,' in Donald M. Lewis and Richard V. Pierard (eds.), *Global Evangelicalism: Theology, History and Culture in Regional Perspective* (Downers Grove: IVP Academic, 2014), 270-295.

[40] Clifford Putney, *Muscular Christianity: Manhood and Sports in Protestant America, 1880-1920* (Cambridge, Mass.: Harvard University Press, 2001); Ann Taves, 'Feminization Revisited. Protestantism and Gender at the Turn of the Century,' in M. Bendroth and L. Brereton (eds.), *Women and Twentieth-Century Protestantism* (Urbana: University of Illinois Press, 2002), 304-324.

용될 수 있었다.[41]

마찬가지로 복음주의 남성들은 가정 생활에서도 신앙의 요구를 충족해야 했다. 이 단계에서 남성의 책임에는 가정을 세우고 유지하고, 가정을 보호하고 부양하고, 가정의 영적 생활을 감독하는 것이 포함되었다. 이 역할의 연장으로서 아들을 책임감 있는 어른으로 기르는 것은 가족과 교회와 사회 전반의 미래를 준비하는 것이었다. 이런 복음주의 남성의 삶의 광범위한 측면은 남성과 여성에게 '구분된 영역'이 있다는 역사적 고정관념의 뿌리에 놓인 이분법을 타파한다. 복음주의 남성들에게 공적 생활이 중요했지만, 사생활도 그 못지않게 중요했다.

현대 기독교에서 복음주의 여성의 중요성에 대한 인식은 '두 영역'의 고정관념을 더욱 약화시킨다.[42] 아내와 어머니로서의 여성의 역할에 경건을 구현함으로써, 복음주의의 미래는 여성에게 달린 것으로 보였다. 검약, 정직, 금주, 절제 등 사회가 의존하는 도덕적 자질이 재생산되는 데까지, 여성의 영역은 공공의 영역의 복지를 위해 필요했다. 이런 이유로 여성의 역할이 가정에 한정되지는 않았지만, 가정은 여전히 복음주의 영성의 살아있는 훈련장이 되었다. 여성들 스스로 아내, 어머니 그리고 주부가 되고 싶어하는 것처럼 인식되었다.

물론 그들이 가정과 가정 생활을 존중했다고 해서 교회에 적극 참여하는 것을 방해받은 것은 아니다. 개인으로서 그리고 그들이 속한 기관들을 통해서 여성들은 교회생활에 기여했다. 1888년에 결성되어 가정과 해외에서 선교 사역을 후원했던 '남침례회의여성선교연합'(The Woman's Missionary Union of the Southern Baptist Convention)은 교파의 성별 관습을 유지하

---

41 Deryck W. Lovegrove (ed.), *The Rise of the Laity in Evangelical Protestantism* (London: Routledge, 2002), 'Introduction'.
42 Chiefly by Callum Brown, *The Death of Christian Britain: Understanding Secularisation 1800–2000* (London: Routledge, 2001), ch. 4.

면서 교회생활에서 여성들의 능력을 보여 주었다.[43] YWA와 어머니 연합 (Mothers' Union) 같은 단체들은 여성들에게 그들의 재능과 기술을 사용할 기회를 제공했다.[44]

1890년대에 널리 수용된 '여집사 운동'(deaconess movement)은 교회 내에서 여성들을 위해 공인된 제도적 역할을 제공했다.[45] 더 분명히 말하자면 이상적인 가정의 추구는 여성들의 폭넓은 참여를 요구하는 것처럼 보였다. 1883년 시작된 '기독교여자절제회'(The Woman's Christian Temperance Union)는 술의 파괴적 영향으로부터 가정의 삶을 지키기 위해 공적인 영역에 뛰어들었다.[46] 확실히 그들의 교회는 가정과 그 너머 세계를 연결하는 다리였다.

세기가 바뀔 무렵 복음주의 운동은 또한 여성이 진짜 리더십을 행사하는 것에 대해 상당한 시야를 열어주는 것 같았다. 여성 안수는 일반적으로 허용되지 않았기 때문에, 교회의 리더십은 선택의 여지가 없었다. 예외적으로 구세군만 여성들에게 두드러진 리더십 역할을 허락했다. 교회와는 별도로 여성들은 중요한 역할을 많이 맡았다. 조세핀 버틀러(Josephine Butler)는 1900년 인생을 마감할 때까지 25년 넘게 정치 및 사회 개혁 운동을 이끌었다.

'여성 복음주의자' 에밀리아 베이어츠(Emilia Baeyertz)는 1880년경부터 1920년대 중반까지 유명한 부흥사였다. 뚜렷한 재능과 기회가 맞물린 영역에서 복음의 대의는 여성들이 구조적인 한계 내에서 공헌할 수 있도록 허용

---

43 Paul Harvey, 'Saints but Not Subordinates: The Woman's Missionary Union of the Southern Baptist Convention,' in Bendroth and Brereton, *Women and Twentieth-Century Protestantism*, 4–24.

44 Anne O'Brien, *God's Willing Workers: Women and Religion in Australia* (Sydney: University of New South Wales Press, 2005), esp. 68–73.

45 Karyn-Maree Piercy, 'Patient and Enduring Love: The Deaconess Movement, 1900–1920,' in John Stenhouse and Jane Thompson (eds.), *Building God's Own Country: Historical Essays on Religions in New Zealand* (Dunedin: University of Otago Press, 2004), 196–208.

46 Ian Tyrrell, *Woman's World/Woman's Empire: The Woman's Christian Temperance Union in International Perspective, 1880–1930* (Chapel Hill: University of North Carolina Press, 1991).

할 것을 요구했다.[47]

그 당시 인종에 대한 태도는 신약의 기독교를 구현하는 복음주의적인 삶에서 성(性)보다 훨씬 더 큰 제약을 받고 있었다. 그 이유 중 하나는, 표면상 영어권 사회에서 인종이 긴급한 문제가 아니었기 때문이다. 비록 공공연한 인종차별주의자는 드물었지만, 앵글로-색슨계 영국인으로서의 국가 정체성을 즐기던 세기말 백인 복음주의자들은 자신이 속한 지역 사회의 인종적인 전제들을 대체로 받아들였다.

백인 우월주의 전제는 세계를 기독교화하고 문명화하는 섭리의 부름을 받았다는 그들의 의식에 의해 쉽사리 고무되고 연출되었다. 사도행전 17:26에 대한 깨달음과 그것이 인종 관계에 어떤 의미가 있는지에 대한 자각이 일부 있기는 했다. 그러나 그것은 1900년경 인종 문제를 무시할 수 없는 분야에서조차 실질적인 차이를 거의 만들어내지 못했다.

지역 사회에서 백인이 지배적이었으므로, 아프리카계 미국인들과 '영연방' 전역의 토착민은 대부분 격리되거나 소외되었으며 종종 빈곤에 빠졌다. 이 사람들은 일반적으로 백인이 규정한 사회적 약정에 적응해야 했다. 그들은 종교생활에서 가부장적인 규정을 수용하거나, 몇몇 다른 노선을 따라 발전한 자신들만의 교회를 세울 의무가 있었다.

일부 아프리카계 그리스도인들은 '에티오피아니즘'(Ethiopianism)의 이상을 받아들였고, 원주민 지도하에 있는 백인 교회들의 신조와 관습을 고수했다. 아프리카계 미국인 교회들은 실용성, 보수적인 신조, 독특한 예배와 음악이 혼합된 내세주의를 특징으로 하는 고유한 복음주의적 표현방식을 창출하곤 했다.

복음주의자들은 구원과 사회 개선을 이루기 위해 인종적 분열을 넘어서거나 최소화하는 사람들이었지만, 20세기 초의 전반적인 신앙생활이 지나

---

[47] Andrew Mark Eason, *Women in God's Army: Gender and Equality in the Early Salvation Army* (Waterloo: Wilfrid Laurier University Press, 2003); Robert Evans, *Emilia Baeyertz Evangelist* (Hazelbrook, NSW: Research in Evangelical Revivals, 2007).

치게 백인우월주의에 얽매여 있다 보니 그리스도의 이름으로 영어권 사회의 인종주의적 이념에 대항하지 못했다.⁴⁸

5. 거룩함

남자나 여자를 불문하고 모든 민족에 속한 모든 복음주의자에게 신앙생활의 목적은 그리스도 같은 온전함을 향해 영적으로나 도덕적으로 진보하는 것이었다. 그런 진보는 경건 훈련의 결과로 이해가 자라나고 경험이 깊어지는 데서 오는 것이었다. 이런 발전을 가리키는 신학적 용어는 '성화'였다. 성경적 개념이기는 하지만 그 의미가 복음주의 운동 내에서 항상 자주 논쟁 되어 왔다.⁴⁹ 좁은 의미에서 성화는 거룩함의 성장을 가리켰고, 더 넓게는 영적 진보와 효력의 증진을 의미했다. 중요한 성화는 회심의 실재가 계속되는 것을 나타냈고, 그에 따라 구원의 확신을 공급했다.

그러나 알려진 바와 같이 세기가 바뀔 무렵 성화의 주된 장애물인 죄는 주로 하나님에 대한 총체적 반역 상태와 성경의 영적이고 도덕적인 가르침에 거역하는 구체적 행위를 의미하는 것으로 여겨졌다. 복음주의가 사회적 활동으로서 기능한다는 것은 현대의 금기들도 죄로 보았다는 것을 의미했다.

48　Steve De Gruchy, 'Religion and Racism: Struggles Around Segregation, "Jim Crow" and Apartheid,' in *CHC9*, 385–400; Ogbu Kalu, 'Africa,' in Lewis and Pierard, *Global Evangelicalism*, 125–165; Nancy Christie and Michael Gauvreau, *Christian Churches and Their Peoples, 1840–1965: A Social History of Religion in Canada* (Toronto: University of Toronto Press, 2010), ch. 3; Allan Davidson, *Christianity in Aotearoa: A History of Church and Society in New Zealand*, 3rd ed. (Wellington: Education for Ministry, 2004), chs. 5, 13; John Harris, *One Blood. 200 Years of Aboriginal Encounter with Christianity: A Story of Hope* (Sutherland: Albatross Books, 1994), ch. 9.
49　Stanley N. Grundy (ed.), *Five Views on Sanctification* (Grand Rapids: Zondervan, 1987).

모든 복음주의자가 정죄한 것은 아니지만, 주로 다양한 형태로 술, 댄스 파티, 카드놀이, 도박에 빠지는 것이 금기시되었다. 부흥사들이 확실히 비난했기 때문에, 이런 행위를 피하는 것은 그 운동에 효과적으로 참여하는 조건이었다. 복음주의 지도자들은 개인적인 죄의식이 사라져 간다고 우려했지만, 국가적 죄에 대한 인식이 커지는 데서 약간의 안도감을 얻었다.[50] 모든 형태의 죄와 싸우는 것은 영적인 활력과 효력의 끊임없는 조건이었다. 이것은 사회와 관련된 운동 전체뿐 아니라 개별 참여자에게도 마찬가지였다.

19세기의 마지막 수십 년 동안 신앙생활의 진보에 대한 열망은 세기말 시대에 계속 성장하던 거룩의 상태에 대해 강렬한 관심을 불러일으켰다.[51] 현대 복음주의 운동 내의 다른 거의 모든 것과 마찬가지로, 주로 내면의 도덕적 완전과 외적인 헌신과 봉사라고 알려진 거룩에 이르는 방식은 다양했다. 그 이상(理想)의 가장 오래된 표현은 칼빈과 청교도에게서 비롯된 말씀 중심의 이해였다.

개혁파 주류에서 복음주의자들이 주장하듯이 거룩은 명령에 순종하고, 성경적 미덕을 기르고, 죄를 피하고, 그리스도 닮기를 추구하기 위해 지속적으로 투쟁하는 것이었다. 복음주의 자체의 발생은 존 웨슬리에게서 비롯된 더 희망적으로 보이는 메소디스트적인 견해였다. 비록 지금은 '완전구원'(full salvation), '완전 성화'(entire sanctification)로 점점 더 많이 언급되지만, 그 말에 의하면 일정 기간의 노력 끝에 죄와 죄성이 하나님과 다른 사람을 사랑함으로써 인간의 마음에서 근절될 수 있었다.

이것은 1900년 무렵 메소디스트들 가운데 지배적인 견해였다. 가장 최근의 표현은 19세기 마지막 수십 년 동안 케직 운동을 통해 추진된 개혁

---

50 예를 들어 R. C. Gillie, 'Problems of the Spiritual Life,' *RPC 1913*, 208–209.
51 Bebbington, *Evangelicalism in Modern Britain*, ch. 5; *Holiness in Nineteenth-Century England* (Carlisle: Paternoster Press, 2000). 그 이상에 대한 가장 유능한 해설자는 포사이스다. Peter T. Forsyth. E.g. Peter. T. Forsyth, *Christian Perfection* (London: Hodder & Stoughton, 1899).

파와 웨슬리의 접근 방식을 합친 것이었다. 한순간에 얻는 '믿음에 의한 성화'(회심 그 자체와 마찬가지로)는 개인적인 노력을 포기하고 그리스도를 의지하는 쪽으로 변했다. 그것이 죄의 근절을 가져오지는 않았지만, 하나님과의 결정적 화해에 들어가게 했다. 거기서 신자는 자신의 삶에서 죄를 약화하는 초자연적 능력을 의지하기 시작한다. '하나님이 하시게 하라'(let go, and let God)는 슬로건이 그 매력을 밝혀준다.

비록 그것이 다른 것을 대체한 적은 없지만 케직 접근법이 점점 더 지배적이게 된 것은 세기말에 국제화 속에서 분명했다.[52] 1875년부터 영국 북서부의 호수변 마을 케직에서 개최된 이후, 1900년경 그 영성 브랜드를 복원시킨 대회는 복음주의 세계에 확산하고 있었다. 영국에서는 케직에 필적하는 대회들이 잉글랜드, 스코틀랜드, 웨일스, 아일랜드 전역에서 열렸다. 1890년경부터는 그것이 해외로 건너갔다. 전도자 조지 그럽(George Grubb)은 1891년 호주 빅토리아 질롱(Geelong)에서 대회를 창설했다.

1903년에는 '카툼바대회'(Katoomba Convention)가 시드니에서 열렸다. 케직 영성의 패권적 성격은 1886년에 무디에 의해 설립된 '노스필드컨퍼런스'(Northfield Conference)를 세기말 F. B. 마이어(F. B. Meyer)와 조지 캠벨 모건(George Campbell Morgan) 등 주로 영국인 강사들의 영향 아래 이어받은 방식에서 잘 드러났다. 1913년에 찰스 트럼불(Charles Trumbull)은 미국 버전을 만들었다.

이 대회의 네트워크는 대회가 쏟아낸 수많은 문헌과 더불어, '믿음에 의한 성결'(holiness by faith)이라는 케직의 이상을 복음적 문화 보급의 형태로 전 세계에 영향력을 확산했다. 유일하게 찬송가만이 그 영향력을 능가할 뿐이었다. 또한, 이 네트워크는 승리하는 삶의 이상과 인격의 성숙을 발전시키는 틀을 제공했다. 이 두 가치 모두 각종 대회와 복음주의 교육 기관에서 폭넓게 증진되었기 때문이다. 거기에 약속된 혜택은 영적인 수용력

---

52 Charles Price and Ian Randall, *Transforming Keswick* (Carlisle: OM Publishing, 2000).

과 유효성이라는 복음주의적 미덕이었다. 내적으로는 죄를 이기는 것에서 그리고 외적으로는 기독교적 봉사의 삶에서 주어지는 것이었다.⁵³

비록 널리 확장되기는 했지만, 새로운 성결 교육에 논란이 없었던 것은 아니다. 1900년에 작고한 J. C. 라일(J. C. Ryle)의 유산 중에는 1877년에 처음 출판되고 2년 후에 증보된 『성별』에 관한 책이 있었다.⁵⁴ 라일은 '더 높은 삶'(higher life) 집회가 실제로 실질적인 거룩을 증가시켰는지를 의심하면서, 케직의 모호한 언어, 회심과 '성별'(consecration)의 구별, 이생에서 완전함에 이를 수 있다는 전망에 반대했다. 이 문제들에 관해서 라일은 전통적인 개혁파 견해를 거듭 주장했다.

즉 신앙생활이란 구체적인 성경 교훈에 따른 개인의 끊임없는 분투라고 이해하는 것이었다. 무엇보다도 케직의 주장은 죄성이 내주하시는 그리스도에 의해 대체된다는 것이었으나, 라일은 죄성이 오직 성령의 영향 아래서 개선된다고 주장했다. 또한, 프린스턴신학교 교수 벤자민 워필드(Benjamin Warfield)는 20세기 초 수십 년 동안 케직의 '심히 의심스러운' 개념에 맞섰다. 라일과 마찬가지로 워필드는 '두 번째 회심'을 제안하거나 투쟁과 인내의 필요성을 배척하는 것을 반대했다. 워필드는 케직이 비록 '더 높은 삶'을 주장했음에도 죄와 허물에 대한 피상적인 견해를 조장하고 성별을 '단지 시온의 안락'으로 보는 유약한 견해를 제공했다고 더 강력히 주장했다.

아마도 가장 큰 문제는, '신뢰'(trust)를 '행위'(work)로 탈바꿈하는 바람에 케직이 역설적이게도 인간 중심적인 접근이 되어 버리고, '하나님께 전적 의존'이라는 본래의 주장을 부정하게 되어 버린 것이었다.⁵⁵

---

53 Douglas W. Frank, *Less Than Conquerors: How Evangelicals Entered the Twentieth Century* (Grand Rapids: Eerdmans, 1986).
54 J. C. Ryle, *Holiness: Its Nature, Hindrances, Difficulties and Roots...*, enlarged ed. (London: William Hunt, 1879); Bebbington, *Evangelicalism in Modern Britain*, 170–171; *Dominance of Evangelicalism*, 194–197.
55 Benjamin Warfield, *Perfectionism*, 2 vols. (New York: Oxford University Press, 1931), II,

다른 복음주의자들도(예를 들어 토레이), 비록 '더 높은 삶' 대회에 참석할 준비가 되어 있기는 했지만, 케직 가르침의 명백한 수동성에 계속 맞서 싸우는 사상을 참된 성경적 가르침으로 여겼다. 케직의 인기가 점차 높아지는 것과 반대로, 개혁파 복음주의자들은 케직식 '성경적 거룩'에 대한 대안을 계속해서 적극 제시했다.

6. 성령 세례와 현대 오순절주의 탄생

19세기 후반에 거룩을 추구하는 분위기와 그에 따른 영적 갱신과 능력에 대한 탐구가 가져온 중요한 영향은 기독교의 다른 전통에서 소홀히 여겨졌던 성령에 대한 강렬한 관심이었다.

메소디스트 윌리엄 아더(William Arthur)의 『불의 혀』(The Tongue of Fire, 1856)를 시작으로, 그 주제에 관한 책들이 뒤이어 복음주의 출판사로부터 마구 쏟아져 나와서 1900년경에는 절정에 이를 정도가 되었다. 이 급증하는 책들은 성공적 신앙생활에 몰두하던 세기말 복음주의자들의 거대한 무리가 성령의 신학과 임재를 회복할 결심을 굳혔다는 신호였다.[56]

이 성령론적 관심의 중요한 부산물은 '오순절 체험', 특히 '성령 세례'에 대한 신약성경의 사상에 관한 이야기였다.[57] 어떤 복음주의자들은 이 체험이 여전히 가능하다는 것을 부정했지만, 다른 사람들은 현대에도 그 세례를 받을 수 있다고 주장했다. 그러나 성결에 대해서와 마찬가지로, 이 확신은 그와 관련된 다른 이슈에 대해서도 경쟁적인 제안을 내놓았다. 주류 웨슬리안

463-558 (quotations on 555).

56 Grant Wacker, 'The Holy Spirit and the Spirit of the Age in American Protestantism, 1880-1910,' *JAH* 72 (1985), 45-62.

57 Donald Dayton, *Theological Roots of Pentecostalism* (Metuchen, NJ: Scarecrow Press, 1987), ch. 4.

의 가르침에서 성령 세례는 신자의 의지가 하나님의 의지와 완전히 일치하는 상태가 되는 회심 이후의 특별한 체험에 붙여진 이름이었다.

오순절 언어로 새롭게 제시된 성령 세례는 존 웨슬리(John Wesley)가 '완전한 사랑'이라고 불렀던 것이었고, 그것을 추구하는 모든 신자에게 체험 가능한 것이었다. 이 관점은 성화와 성령 세례를 서로 다른 은혜의 두 사역으로 분리하는 더 급진적 해석을 낳았다. 그 변화는 영적 은사와 능력에 대한 더 큰 강조를 수용했고, 결과적으로 '세 개의 축복'(회심, 성화, 성령 세례) 해석을 낳았다. 동시에 보다 개혁파적인 복음주의자들은 성령 세례를 정화 체험이라기보다는 '섬김을 위한 특별 수여'로 해석함으로써 관점을 좁혔다.[58] 그러나 차이 그 자체보다 더 중요한 것은 그 교리에 대한 선입견을 지속시킨 논의였다. 세기말 복음주의자들은 성령 세례의 완전한 의미를 찾는데 몰두했다.

성령 세례에 대한 복음주의 관점은 20세기 맨 처음부터 한층 더 차별화되었다. 캔자스 토페카(Topeka)의 벤엘성경학교(Bethel Bible School)와 치유의 집(Healing Home)에서, 그 학교의 설립자이자 교장인 찰스 폭스 파램(Charles Fox Parham)은 아그네스 오즈먼(Agnes Ozman)에게 안수했다. 그는 나중에 이렇게 회상했다.

> 내가 서른 문장 정도를 마치자 그녀에게 영광이 임했다. 후광이 그녀의 머리와 얼굴을 감싸는 듯 보였고, 그녀는 중국어로 말하기 시작했고, 사흘 동안 영어로 말할 수 없었다.

그 이후, 벤엘 성경학교 학생들은 스물한 개의 언어로 말한 것으로 보고되었다. 그것은 20세기 세계 기독교에 있어서 상당히 중요한 사건이었다.

---

58 John Fea, 'Power from on High in an Age of Ecclesiastical Impotence: The "Enduement of the Holy Spirit" in American Fundamentalist Thought, 1880-1936,' *FH 26.2* (1994), 23-35.

비록 1870년대 빅토리아 포틀랜드와 1896년 노스캐롤라이나 체로키 카운티(Cherokee County)의 천막집회에서의 비슷한 사건들에서 이미 이것이 예견되기도 했지만, 이 사건은 복음주의 전통에서 방언을 새로운 특징으로 삼는 성령 세례의 출현과 오순절주의의 시작을 알리는 것이었다.[59]

미국 중서부에서 시작된 오순절주의가 결정적인 계기를 맞이하게 된 것은 1906년에서 1909년까지 로스앤젤레스 아주사 거리(Azusa Street)에서 일어난 사건이었다. 거기서 파램의 제자였던 흑인 설교자 윌리엄 시무어(William Seymour)는 많은 사람이 참석한 즉흥적이고 감정적인 집회를 진행했는데, 그 집회는 종종 이른 아침부터 밤늦게까지 계속되었다.

전통적 인종차별을 거부했을 뿐 아니라 방언과 여러 열광적인 행위를 특징으로 했던 이 집회는 제2의 오순절로 환영받았고 종말과 그리스도의 재림이 시작되는 부흥으로 해석되었다. 최근 웨일스 부흥의 여파로 전 세계에서 수천 명의 사람들이 아주사 거리로 몰려들었고, 하나님이 하고 계신 일에 대한 소문은 시무어 자신의 정기간행물 「사도적 신앙」(*The Apostolic Faith*)에 실린 보고들과 그 집회에 직접 참석하여 목격한 프랭크 바틀만(Frank Bartleman)의 보고를 통해 널리 퍼졌다. 아주사 거리는 초기 오순절주의의 상징적인 중심지가 되었다.[60]

신약 기독교의 명백한 회복을 목격하려고 아주사 거리에 몰려든 수천 명의 방문자는 자기 교회로 돌아가 부흥 운동을 시작했다. 또 다른 경우에도 그 연관성이 실질적이었다. 플로렌스 크로포드(Florence Crawford)는 아주사 거리와 관계를 끊었지만, 그녀의 체험은 오레곤 포틀랜드에서 독립 교회를 설립할 수 있게 했다.

---

59 Vincent Synan, *The Century of the Holy Spirit: 100 Years of Pentecostal and Charismatic Renewal, 1901–2000* (Nashville: Thomas Nelson, 2001), ch. 3 (quotation on 44).
60 Joe Creech, 'Vision of Glory: The Place of the Azusa Street Revival in Pentecostal History', *CH* 65.3(1996), 405-424.

아주사 거리에서 세례를 받은 윌리엄 더럼(William Durham)은 시카고 노스 애비뉴에서 중요한 오순절 사역을 시작했다. 그것은 캐나다 오순절주의 발전에 깊은 영향을 주었다. 또한, 성령이 부어졌다는 소식은 아주사 거리와 직접적인 관계가 없이 미국의 수많은 지역에서 부흥사들을 자극했다. 직간접적으로 아주사 거리는 미국 복음주의에 작지만 뚜렷한 오순절 운동 문화를 일으켰다.[61]

그것은 결코 미국만의 현상이 아니었다. 캐나다에서의 오순절주의는 1906년 11월 혼자서 성령 세례를 새롭게 체험한 엘렌 헵든(Ellen Hebden)이 설립한 토론토의 헵든거리선교회(Hebden Street Mission)로부터 시작되었다. 호주의 오순절주의도 이와 비슷하게 토착적이었다. 호주 오순절주의의 경우에는, 1908년 자넷 랭카스터(Janet Lancaster)가 성령 세례를 받으면서 시작되어 멜버른 북부에 설교와 전도와 선교의 센터로 굿뉴스홀(Good News Hall)을 설립했다.

영국에서 한 획을 그은 곳은 셔덜랜드의 올세인츠교회(All Saints Church)였는데, 노르웨이 크리스티아니아(Christiania)에서 성령 세례를 체험한 알렉산더 보디(Alexander Boddy)가 그곳에서 매년 방언에 공감하는 사람들을 위한 성령강림절집회(Whitsuntide conventions)를 이끌었다. 복음주의 내에 지배적이었던 성결 운동 문화의 산물로서 오순절 운동은 아주사 거리와 관계없이 전 세계적으로 일어났다.[62]

---

61 Grant Wacker, *Heaven Below: Early Pentecostals and American Culture* (Cambridge, MA: Harvard University Press, 2001).

62 Barry Chant, *The Spirit of Pentecost: The Origins and Development of the Pentecostal Movement in Australia 1870–1939* (Lexington: Emeth Press, 2011); James Robinson, *Pentecostal Origins: Early Pentecostalism in Ireland in the Context of the British Isles* (Milton Keynes: Paternoster Press, 2005); Michael Wilkinson (ed.), *Canadian Pentecostalism: Transition and Transformation* (Montreal: McGill-Queen's University Press, 2009).

오순절주의가 급속히 확산된 것은 새로운 운동의 매력 때문이었다. 첫 오순절 운동이 하층민에게서 기원한 것에 대해 많은 논의가 있었다.[63] 이 하층민에게 오순절주의는 표면상 사회적 경제적 박탈에 대한 보상이라는 주장이 있다. 이런 사회학적 관찰은 일부 오순절주의 신봉자들에게는 해당되지만 전부는 아니다. 왜냐하면, 오순절주의의 매력은 계층의 차이를 뛰어넘었다.[64]

마찬가지로 많은 초기 지도자는 학식이 깊지 않았지만, 다른 사람들은 고학력이었고 이미 사회에서 잘 자리 잡고 있었다. 알렉산더 보디는 국교회 목사였고, 영국 복음 전도자 스미스 위글스위스(Smith Wigglesworth)는 성공한 소규모 사업가였다. 그들의 이야기는 그 운동 현상에 그들이 이끌렸다는 것을 말해준다. 그 운동의 뚜렷한 영적 활력은 그들이 거룩한 공동체의 일원으로서 기대했던 것을 공급해 주었다. 열광적이고 신체적인 표현은 다른 경험적 복음주의 내에서는 채워지지 않는 정서적 필요를 충족했다.

성경에 묘사된 현상들이 재현되는 것은 진정한 성경적 신앙 체험을 제공하는 것이었다. 오순절주의를 종말론적 예언의 성취로 해석하는 것은 오순절주의자들에게 개인적, 집단적 중요성에 대한 인식을 더했다. 이런 원시적 충동들은 네트워크의 출현을 촉발하는 순회 설교와 가르침에 의해 제공되고 확산되었다. 1909년에 시작된 '브래드포드대회'(Bradford Convention) 같은 모임은 케직 대회와 거기서 파생된 대회들과 유사한 파급 기능을 수행했다. 강렬한 체험주의는 유능한 지도자들의 사업적, 조직적 능력과 함께 초기의 눈부신 오순절주의를 일으켰다.

---

63 가장 전형적인 논의로는 Robert Mapes Anderson, *Vision of the Disinherited: The Making of American Pentecostalism* (New York: Oxford University Press, 1979). 특히 7장과 12장을 보라.

64 이 단락의 나머지는 다음에 기초했다. Timothy B. Walsh, *To Meet and Satisfy a Very Hungry People: The Origins and Fortunes of English Pentecostalism, 1907–1925* (Milton Keynes: Paternoster Press, 2012), esp. sects. 1, 2.

처음부터 오순절주의는 복음주의 운동에 다양성을 더했다. 교리와 체험의 불일치가 빈번하고 강렬했기 때문에 하위 집단이 급증했다.[65] 다른 복음주의자들의 강렬한 반대로부터 오순절 운동의 정의와 조직이 더 촉진되었다. 영국에서는 그 반응이 거의 즉각적이었다.[66] 그 대부분은 성결 운동 공동체 내에서 나왔는데, 성령 세례의 다른 해석을 지지하는 이들이 새로운 견해를 비난했다. 얼마 지나지 않아 로버트 앤더슨(Robert Anderson)같이 보다 더 교리적인 복음주의자들이 그 비난에 동참했다. 비록 더 늦긴 했지만, 미국에서도 그에 못지않은 비판이 일었다.[67] '방언 운동'에 대한 반론은 다섯 줄기로 갈라졌다.

첫째, 오순절 체험으로서의 방언은 사소하고 불확실한 것이었다.
둘째, 방언은 하나님의 실제 역사이기보다는 사탄적인 것이었다.
셋째, 방언은 세속성에 대한 과잉반응이었고 광신적 행위였다.
넷째, 또한, 방언은 육적인 헌신, 특히 결혼에 대한 헌신을 약화했다.
다섯째, 무엇보다 성령 세례에 대한 이해가 잘못되었다.

물론 오순절주의자들은 각각의 비난에 대한 대답을 갖고 있었지만, 복음주의자들은 대체로 설득되지 않았다. 오순절주의자들이 더 광범위한 복음주의공동체에 가입하려고 노력하면서, 일찍이 그리스도인사이언스(Christian Science) 같은 '이상한' 현상에 반대했던 것처럼 그들에 맞서기 위해 하나로 뭉쳤다. 비록 이 시기에는 주변부에 머물렀을 뿐이지만, 오순절주의의 탄생은 세기말 복음주의 운동 내에 새로운 다양성을 낳았으며, 더

---

65 Edith L. Blumhofer, *The Assemblies of God: A Chapter in the Story of American Pentecostalism*, 2 vols. (Springfield: Gospel Publishing House, 1989), I, chs. 9-10.
66 Timothy B. Walsh, '"Signs and Wonders That Lie": Unlikely Polemical Outbursts Against the Early Pentecostal Movement in Britain,' *SCH 41* (2005), 410-422.
67 Grant Wacker, 'Travail of a Broken Family: Evangelical Responses to Pentecostalism in America, 1906-1916,' *JEH 47.3* (1996), 505-528; Blumhofer, *Assemblies of God*, I, ch. 8.

욱이 긴장의 원인이 되기도 했다.

7. 결론

　세기의 전환기에 복음주의자들은 회심의 결과가 개인적으로 그리고 집단적으로 어떻게 실천되는지 입증하는 삶의 방식을 보여 주었다. 그들은 성경 읽기, 기도, 교회출석, 남녀전도회에 시간을 드리도록 자극하는 신앙적 윤리의 실천으로 그렇게 했고, 그 모든 것은 역사를 종말론적으로 해석하는 맥락에서 이해되었다.
　이런 행동 양식을 유지하는 것은 게으름에 저항하고 충만한 성령의 능력과 효력을 실현하려는 두 가지 동기에서 비롯했다. 그 결과로 생긴 문화는 회심을 완전하게 하는 수단이었을 뿐만 아니라, 기독교에 대한 무관심, 소비주의 시대의 사치 사랑 그리고 쾌락 추구에 대한 집착보다 더 나은 방식으로 넓은 사회에 나타내는 회심의 확장이었다. 이것을 추구하는 사람들은 신앙생활에 새로운 전망과 실천을 낳은 높은 수준의 영적 참여와 혁신의 시대를 열었다.
　이 운동의 다양성이 증가하는 것은 세기말 복음주의가 활기를 띠었음을 보여 주는 것이기도 하지만, 한편에서는 복음주의 통합을 저해하는 분리주의 경향을 촉발했다. 어떤 이들은 혁신을 믿음 없는 일로 해석했다. 새로운 발전 중에서 장기적으로 가장 중요한 것은 오순절주의였다.
　1914년까지만 해도 복음주의 운동의 작은 부분에 불과했던 오순절주의는 대다수 추종자를 자극하여 새로운 삶과 신앙의 표현을 낳게 하는 복음주의의 능력을 보여 주었다. 그 당시 가장 중요한 것은 천년왕국론이었다. 그것은 사회문화적 환경과 긴장을 유지함과 동시에, 복음주의자들이 그들의 신앙을 현대적 상황에 적응시키는 데에 더 관심을 갖도록 도전했다. 오순절주의와 마찬가지로, 하지만 더 넓은 전선에서, 천년왕국론은 복음주의의 역동성과 창조성뿐 아니라 그 불안정성도 함께 보여 주었다. 그러나 그 효과는 복음주의 문화의 에큐메니스트적 경향을 부추기고 복음주의 연합을 함께 지키는데 도움을 준 복음주의적 정체의 다른 측면들(주로 깊게 뿌리 박힌 반가톨릭주의)에 의해 상쇄되었다. 신앙생활의 과정에서 이런 조류와 역류는 드문 일이 아니었지만, 세기말 동안 그들은 공적인 종교 환경과 평범한 일상의 상황 모두에서 회심의 결과를 이끌어낸 복음주의자들로서 논쟁적인 종교 문화를 활발히 지속했다.

제4장

신학적으로 좁아짐과 넓어짐
Theological Narrowing and Broadening

　최고의 복음주의 지성들이 회심 체험과 신앙생활을 분석하고 기독교교리를 받아들이면서, 복음주의적인 충동은 처음부터 독특한 신학을 낳았다. 복음주의 운동의 감각이나 첫 리더로서는 단연코 복음주의 최고의 지성 에드워즈가 손꼽히고, 그 범위에는 웨슬리같은 위대한 리더가 단연 앞서지만, 다른 복음주의자들도 그 이후 한 세기 반 동안 신학적인 숙고 작업을 지속했다. 이것은 부분적으로 명확성의 필요 때문이었다.

　기독교 신앙은 이해할 수 있고 설득할 수 있고 삶에 적용할 수 있어야 한다. 그것은 또한 부분적으로 다음 세대 교사들과 목사들이 복음주의 신앙과 문화의 교훈으로 자신들의 공동체를 가르치게 하려고 신학적 전통을 유지할 필요가 있었기 때문이기도 하다. 복음주의 지성들은 그들 특유의 방식으로 운동가로서 자신들의 공동체에 복음주의 영향력을 옹호하고 확장하려는 전망을 가지고 복음주의 신학을 잘 다듬어 사회에 세시하려고 했다.

　1900년경에는 복음주의 삶에서만큼 현대화의 분열성을 더 예민하게 느낀 영역은 없었다. 당시의 '새로운 지식'은 복음주의 사상과 문화의 가정에 심대한 변화를 준 인간 사상의 거대한 전환을 예시했다. 거기에는 성경을 하나님의 유일한 말씀이 아닌 역사상의 우발적 기록으로 보고 다르게 읽는 '고등 비평'(higher criticism)이 포함되어 있었다. 과학적 자연주의는 자연법이 지배하는 통일된 시스템과 함께 신적 초월성을 전제한 두 개 층의 우주에 도전했다.

비교 종교의 새로운 규율과 초기의 사회 과학은 기독교의 고유성을 더 유지하기 어렵게 만들었다. 이런 발전은 복음주의 시스템의 중심에 있는 초자연주의를 약화했고, 개신교 내에서 복음주의자들을 반대 방향으로 끌고 간 현대주의자들과 반현대주의자들 사이에 분열을 촉발했다. 지적으로 그 운동은 아마도 역사상 그 어느 때보다 위기를 다루기에 좋은 위치에 있었다. 신학과 성경학의 현대화는 성직의 전문화 및 신학 교육의 격상과 동시에 이루어졌다.[1]

그 결과 복음주의 신학자들과 성경학자들이 영어권 내 교회가 설립한 많은 대학과 학술기관에서 일하고 있었다. 그들의 특별한 책임은 복음주의 신학이 정상적으로 기능하도록 하면서 비평적 시기에 복음주의 사상과 교훈의 장점과 권위를 확보하는 것이었다.

1. 좁아짐: 근본주의 쪽으로

토레이는 당시 많은 사람이 받아들일 만한 전통적 복음주의 성경관을 거듭 강력히 주장했다. 그가 부흥사로서 제시한 것 중 하나는 "왜 나는 성경을 하나님의 말씀이라고 믿는가"라는 주제의 다소 공격적인 '성경 공부' 시리즈였다. 토레이가 제시한 열 가지 이유는 성경이 영감 되었고, 오류가 없고, 따라서 신뢰할 수 있고, 전적으로 진실하고, 문자적으로 해석되고, 그 메시지는 쉽다는 믿음에 근거했다. 이 평가에 따르면 성경은 세상에 관

---

[1] D. G. Hart and R. Albert Mohler, Jr. (eds.), *Theological Education in the Evangelical Tradition* (Grand Rapids: Baker Books, 1996).

해 그리고 하나님과 사람의 관계에 대해 포괄적으로 설명하는 확실한 지식을 제공한다.[2]

그런 확신 때문에 토레이는 삶과 사역 현장에서 신앙과 실천을 위한 성경의 교훈을 끌어내는 데 있어서 하나님의 권위를 가지고 말할 수 있었다. 토레이는 초기에 고등 비평에 잠시 기웃거렸지만, 그 이후에는 평생 그것에 맞서 강력한 반론을 제기했다.[3] 그의 입장은 복음주의 세계 전반에 확신을 제공했다. A. 마드센(A. Madsen) 목사는 이것을 가리켜 태즈메이니아의 론서스톤(Launceston, Tasmania)에서 있었던 1902년 선교의 '금빛 광선들'(the golden beams) 중 하나라고 보고했다.

파편적이고 동떨어진 본문이 아닌 성경 전체 가르침의 걸프 스트림(gulf stream)으로서의 성경의 권위에 호소하는 단순한 외침은 설교자 모두에게 저항할 수 없는 영감으로 다가왔다. 그 거룩한 책은 론서스톤에서 다가올 수년 동안 최고의 최종적 권위에 대한 강한 확신 속에서 전해질 것이다.[4] 같은 마음을 가진 지도자들이 20세기 초 전 세계 복음주의 공동체 안에서 비슷한 기세와 헌신을 가지고 성경의 교리적 읽기를 추진했다.[5]

성경 권위에 대한 이 집요한 주장은 그 운동의 대중적 측면에 국한되지 않았다. '장로교프린스턴신학교'(Princeton Seminary)에서 세기 전환 때까지 수십 년간 '설교학과 논증신학'(Didactic and Polemic Theology)을 가르쳤던 워

---

2 R. A. Torrey, *Ten Reasons Why I Believe the Bible Is the Word of God* (Chicago: Bible Institute Colportage Association, 1898); *What the Bible Teaches: A Thorough and Comprehensive Study of All the Bible Has to Say Concerning the Great Doctrines of Which It Treats* (London: James Nisbet, n.d. [1898]).

3 Timothy E. W. Gloege, 'A Gilded Age Modernist: Reuben A. Torrey and the Roots of Contemporary Conservative Evangelicalism,' in Darren Dochuk et al. (eds.), *American Evangelicalism: George Marsden and the State of American Religious History* (Notre Dame: University of Notre Dame Press, 2014), 199–229.

4 *The Torrey-Alexander Souvenir: A Complete Record of Their Work in Australia. A Special Souvenir Number of the 'Southern Cross'* (10 Sept. 1902), 56.

5 Kathleen C. Boone, *The Bible Tells Them So: The Discourse of Protestant Fundamentalism* (Albany: State University of New York Press, 1989).

필드는 신학과 기독교적 생활에 권위 있는 토대인 성경 영감에 대해 강력한 지성적 방어막을 구축했다.

워필드는 성경의 가르침에 대한 토레이의 설명 중에서 찬성할 만한 진술은 더욱 발전시켰지만, 그 대신 토레이가 '성경의 교훈'(What the Bible Teaches)이라고 주장하면서 관련 구절을 피상적으로 연결한 것보다는 오히려 귀납적으로 접근하는 것이 더 나을 수 있다고 지적했다.[6]

워필드는 더 자세하고 확신에 찬 글을 통해 성경의 영감에 대해 그리고 그것이 성경의 다양한 표현과 역사적 전개의 통일성에 미치는 영향에 대해 높은 관점을 제시했다. 토레이와 마찬가지로 워필드의 논쟁 대상은 고등 비평이었다. 그러나 그의 열망은 (기독교의 소명은 기독교가 주도권을 잡을 수 있게 논증하는 데에 있다는 확신에 따라) 부족한 부분을 더 나은 학문으로 충족하는 것이었다. 특히 기독교가 자연적인 종교가 아닌 초자연적인 종교라는 출발점에서 논증하는 것이었다. 다시 말하지만, 그가 홀로 이 태도를 고수한 것은 아니었다.

구약학자 존 D. 데이비스(John D. Davis)와 로버트 D. 윌슨(Robert D. Wilson), 신약학자 윌리엄 암스트롱(William P. Armstrong)과 캐스퍼 위스타 핫지 주니어(Caspar Wistar Hodge, Jr.), 성경학자 게할더스 보스(Geerhardus Vos) 같은 프린스턴의 동료 또한 다양한 측면에서 성경 계시에 대한 높은 관점을 제시했다.[7] 학계와 대중적 복음주의를 연결하는 프린스턴 학자들의 연구는 주로 역사적, 특히 개혁주의적 기독교를 지지하고 전파하는 「프린스턴신학」(The Princeton Theological Review)를 통해 세계의 다른 지역에서도 환영받았다.

---

6 'R. A. Torrey,' in Mark Noll (ed.), *The Princeton Theology 1812-1921: Scripture, Science, and Theological Method from Archibald Alexander to Benjamin Breckinridge Warfield* (Grand Rapids: Baker Books, 1983), 299-301.

7 James H. Moorhead, *Princeton Seminary in American Religion and Culture* (Grand Rapids: Eerdmans, 2012), chs. 10-11.

토레이와 워필드는 비록 성경이 의미하는 바에 대해서는 의견이 완전히 일치하지 않았지만, 무오한 성경에 대한 헌신을 옹호하려는 데는 비슷했다. 성경의 절대적 권위에 대한 믿음과 현대적 지식과 지적 과정에 대한 근본적 의심이 그들의 호전성과 결합하면서 복음주의 운동 내에 중요한 발전이 나타났다.

그것은 넓고 다양한 복음주의 지지층, 즉 성경 권위에 대한 명백한 개념의 필요성을 느끼고 그 운동의 우파에 동조하는 주류 복음주의 교회들의 보수주의자들, '개혁파 명제주의자들'(propositionalists), 전천년주의자들, 형제단, 오순절주의자들에게 쉽게 어필했다. 신학적 혁신과 적응에 의해 성경에 기초한 정통성과 전통을 훼손하는 데 맞서 항의하는 이런 세기말 경향을 '원시 근본주의'(proto-fundamentalism)라 부르는 것이 일반적이었다.

근본주의가 제1차 세계대전 후에 발흥했다는 점을 고려하면 이 용어는 시대착오적이다. 만개한 근본주의가 필연적인 결과였다는 암시는 그것을 또한 목적론적으로 만든다. 역사적으로 다른 결과를 배제하지 않는 용어 '근본주의 충동'(fundamentalist impulse)을 쓰는 것이 더 적절하다. 1870년대 이후에 형성된 근본주의는 1900년 무렵에는 복음주의 세계에 떠오르는 세력이었다.

근본주의 충동이 복음주의자들 사이에서 보편적으로 느껴지긴 했지만, 똑같이 경험되지는 않았다. 1900년경에 그것은 종파적 반대와 '반대 없는 부흥주의'라는 두 전통으로 한창 고무되어 있던 미국에서 가장 눈에 띄게 발전했다.[8] '성경무류설'(infallibilism), 부흥주의 전도, 세대주의 전천년설 그리고 성결 경건주의의 혼합은 지역적 수준을 넘어서는 성경 공부 모임과 예언 집회로 표출되었고, 도레이는 물론 딕슨, 찰스 블랜차드(Charles Blanchard), 제임스 그레이(James Gray), 아이작 할데만(Isaac Haldeman) 사이에

---

8   George M. Marsden, *Fundamentalism and American Culture: The Shaping of Twentieth-Century Evangelicalism 1870–1925*, rev. ed. (Oxford: Oxford University Press, 2006). 인용에 대해서는 특히 24장(xxiv), 223을 보라.

동질감이 느슨해지기 시작했다.

그중에서 어느 그룹에 소속되지도 않고 1914년까지 '추종자도 없는 리더'였던 아르노 C. 게블라인(Arno C. Gaebelein)이 세속적인 교회로부터의 분리를 주장하면서 근본주의에 내재되어 있던 분열성이 분명히 드러났다.[9]

영국에서는 곧 주로 국교회 복음주의자들과 형제회에게 근본주의 충동이 19세기 대부분 동안 자유주의(정치적인 또한 신학적인)와 가톨릭주의(로마 가톨릭의 또한 국교회의)에 직면해 전투적으로 느껴지던 곳에서는, 근본주의 충동이 덜 뚜렷했다. 성경의 축자 영감과 전천년주의, 무디식 부흥주의, 케직 영성에 대한 헌신으로 표현된 강렬한 초자연주의는 논쟁을 일으키지 않았다. 미국 근본주의보다 더 온건하고 영향력이 적었던 영국의 근본주의 충동은 세기가 바뀔 무렵 복음주의 교회의 삶에 하나의 세력을 구축하기보다는 그냥 존재하는 정도였다.[10] 그 무렵 부분적으로 복음주의 목사들과 신자들이 영국과 아일랜드에서 이주해왔기 때문에 근본주의 충동은 '영연방' 전역에서 일어났다. 식민지에서 복음주의자들은 자국에 우세한 자신들의 교파에 동일한 충성을 보여 주었다.[11]

심지어 미국의 영향력이 컸던 캐나다에서도 영국과의 연관성이 결정적이었다. 비록 성경 및 그와 관련된 신념을 옹호하기 위해 초교파적 동맹이 결성되었지만, 여기서는 다른 곳과 마찬가지로 분리주의 충동은 개신교 합의로 억제되었다.[12] 이 시기에 공격적이라기보다는 단정적이라고 할 수 있었던

---

9 Ibid. 127.
10 Ian S. Rennie, 'Fundamentalism and the Varieties of North Atlantic Evangelicalism,' in Mark Noll et al. (eds.), *Evangelicalism: Comparative Studies of Popular Protestantism in North America, the British Isles, and Beyond* (New York: Oxford University Press, 1994), 333-350.
11 John Stenhouse, 'Fundamentalism and New Zealand Culture,' in Bryan Gilling (ed.), *'Be Ye Separate': Fundamentalism and the New Zealand Experience* (Hamilton: University of Waikato and Colcom Press, 1992), 1-23.
12 Ronald Sawatsky, ' "Looking for That Blessed Hope": The Roots of Fundamentalism in Canada, 1878-1914,' PhD thesis, University of Toronto, 1985.

근본주의 충동은 아직 복음주의 운동의 통일성에 위협이 되지 않았다.

2. 넓어짐: 진보적 복음주의 쪽으로

모든 복음주의자가 고등 비평과 그것이 대표하는 현대적 지식 접근법을 거부해야 한다고 느낀 것은 아니었다. 심지어 무디계열의 부흥 운동가가 복음주의 내에는 토레이만 속해 있던 것이 아니라 개방적인 헨리 드러먼드(Henry Drummond)도 속해 있었다. 드러먼드의 영향력은 이런 다른 반응이 스코틀랜드에서 강해진 이유 중 하나였는데, 스코틀랜드에서 이 반응은 1880년대 구약성경 전문가 윌리엄 로버트슨 스미스(William Robertson Smith)가 쏟아내던 비난과 맥을 같이 했다.[13]

19세기 마지막 수십 년 동안 다양한 수준의 수많은 스코틀랜드 학자들이 실질적인 정통 신앙 및 표준적인 복음주의 경건과 연결된 새로운 성경학을 받아들임으로써 드러먼드와 로버트슨 스미스를 모방할 방법을 모색했다. 스코틀랜드 밖에서는 이런 결합이 특히 성경 비평으로 야기된 문제들과 관련된 현대 사상과 문화에 보조를 맞추면서 복음주의자로 남을 길을 찾던 사람들에게 인기가 있었다. 세기말 직전에 영국 회중주의자 R. W. 데일(R. W. Dale)이 발표한 성경 비평의 출현은 근본주의 충동의 편협성을 상쇄하는 복음주의 내의 역동적 개방성을 가져왔다.[14]

복음주의 내에서 현대적 성경해석을 이끈 사람들은 장로교 구약 학자들이었다. 스코틀랜드의 조지 애덤 스미스(George Adam Smith), 미국의 찰스 브릭스(Charles Briggs) 그리고 다른 지역의 여러 사람이 문자적이고 비역사적 읽기로 야기된 현대 세계의 신앙 위협에 대항하기 위해 현대적 학문 방법을 보

---

[13] David W. Bebbington, *Evangelicalism in Modern Britain: A History from the 1730s to the 1980s* (London: Unwin Hyman, 1989), 184–186.
[14] R. W. Dale, *The Old Evangelicalism and the New* (London: Hodder & Stoughton, 1889).

여 주는 주요 저작들을 내놓으면서 교단 내에서 분노를 일으켰다.[15]

그들은 또한 비평적 접근이 성경의 신앙적 가르침을 얼마나 향상했는지를 설명하는 총평을 출판했다. 특히 스미스는 학문과 신앙생활의 관계에 주목하여, 비평적 접근이 "단지 학문적이나 역사적이지 않고 철저하게 복음주의적이어서 신앙과 연결되어 있고, 어둠에 처한 영혼을 돕고, 그리스도의 교회를 구비시켜 하나님의 말씀 사역을 할 수 있게 하는 관심과 책임을" 포괄하는 비평적 작업이라고 보았다.[16]

다른 장로교 신자들은 줄곧 납득하지 못했고, 스미스와 브릭스 모두 자신의 교단에서 이단 혐의를 받았다. 그러나 두 사람 중 아무도 이단 판정을 받지 않았다는 사실은 복음주의 전통이 성경에 대한 새로운 접근을 받아들일 만큼 그 수용성이 더 커지고 있음을 보여 주는 것이었다.

성경적 기독교를 현대적 지식과 적절히 관계를 맺게 하는 것은 더 큰 과제 일부였는데, 이 사역의 성격을 명확히 드러낸 가장 탁월한 지지자는 영국 회중주의자 포사이스였다. 그가 고백했듯이, 이런 충동을 하게 된 계기는 그의 회심이었다.

> 순수하게 과학적 비평의 첫 단계에 관심을 가졌던 때가 있었다. 고전학과 철학이라는 학문 속에서 자란 나는 이런 습관을 성경으로 가져갔다. 또한, 위대한 신학자들이 성경에서 발견하도록 가르쳐준 성결과 은총의 계시를 통해 하나님을 기쁘시게 했으며, 모든 학교 문제를 가라앉힐 정도로 나의

---

15 Matthew Bowman, *The Urban Pulpit: New York City and the Fate of Liberal Evangelicalism* (New York: Oxford University Press, 2014), ch. 3; Andrew R. Holmes, 'Biblical Authority and the Impact of Higher Criticism in Irish Presbyterianism, ca. 1850-1930,' *CH* 75.2 (2006), 343-373; Michael Gauvreau, *The Evangelical Century: College and Creed in English Canada from the Great Revival to the Great Depression* (Montreal: McGill-Queen's University Press, 1991), ch. 5.

16 George A. Smith, *Modern Criticism and the Preaching of the Old Testament* (London: Hodder & Stoughton, 1901), 23-28.

죄를 무겁고 긴급하고 통렬하게 느꼈다. 나는 그리스도인에서 신자로 변했고, 사랑의 애호가에서 은총의 대상으로 변했다. 그래서 나는 처음에 교회가 필요로 하는 것이 계몽된 가르침과 자유주의 신학이라고 생각했지만, 그것이 필요로 하는 것은 복음화라는 사실을 그저 상투적인 의미 이상으로 확신하게 되었다.[17]

그렇게 이해된 복음화는 복음을 현대신학 안에서 그리고 현대신학을 통해서 제시할 것을 요구했다. 단순한 수용을 피하기 위해서는 자유주의에 굴복하지 않고 현대성을 받아들이는 것이 요구된다. 포사이스는 자유주의를 '기독교의 축소와 확대가 달린 삶과 자연의 이성적 규범으로 시작하는 신학'으로 이해하고, 없어서는 안될 '현대적 확신'을 "모순의 조정이 아니라 위기의 해결과 인간이 처한 상황의 구원을 위한 그리스도의 역사적 인격과 십자가 안에서 하나님의 초논리적 계시의 선물로 시작하는 신학"으로 이해함으로써 두 가지를 구별했다. 포사이스에게 무한하게 보였던 그 차이는 그리스도에 대한 평가에 집중되었다.

> 절대적인 신학에 그리스도는 신앙의 목적이다. 그러나 자유주의 신학에서 그리스도는 가장 크고 으뜸가는 주제, 그분(Him)이 아니라 다른 곳을 지시하는 신앙의 주선자일 뿐이다.[18]

그 구별은 과학과 성경학의 새로운 발전을 전통적 복음주의 메시지와 결합하게 했고, 점점 증가하던 세기말 복음주의자들이 가기 원하는 길을 만들어 냈다. 그들의 과업은 복음주의를 신학적으로 현대화하는 것이었다. 이 의제는 수많은 응용을 요구하고 다양한 단계를 허용했다. 1910년

---

[17] Peter T. Forsyth, *Positive Preaching and Modern Mind* (London: Hodder & Stoughton, 1907). 특히, 4, 6-7장, 281-283).
[18] Ibid. 210.

경에 '진보적 복음주의자'(liberal evangelical)라는 말은 국교회 복음주의 담론에서 이 과업을 수행하는 사람들을 손쉽게 묘사하는 표현으로 더 널리 사용되고 있었다.[19]

3. 복음주의 성경학자들

세기 전환기에 좁아지고 넓어지는 경향이 공존하던 상황은 성경에 대한 복음주의적 사고에 몇 가지 중요한 영향을 주었다. 우선 복음주의 전통의 다양화가 주로 논의되던 성서 고등 비평과 관련해서 논쟁이 지속했다.

비평을 반대하는 반현대 우파는 그것이 새로운 것이 아니며 과거 합리주의를 되풀이했을 뿐이라고 비난했다.[20] 그러나 다소 모순적이게도 그들은 또한 비평적 방법과 결론이 참신하다고 주장했다. 그들은 물었다.

왜 여러 세대 신자들의 증언을 그렇게 쉽게 제쳐 놓아야 하는가?

그들은 고등 비평이 초자연적인 것(특히 기적 기록)과 고대 전통의 가치에 대해 지나치게 회의적이라고 말했다. 고등 비평이 얼마나 사변적인지는 성경해석 결과가 얼마든지 더 쉽게 검증될 수 있는 영역에서 비평적 방법을 적용해 도출한 결과들이 불합리하다는 점에서 여실히 드러났다.

고등 비평의 자연주의와 진화론은 그 법칙에서 예외적인 성경 역사를 결코 수용할 수 없었다. 많은 이에게 그리스도의 권위는 결말이 났다. 그것은 '그리스도 또는 비평가'(Christ or the Critics) 사이의 분명한 선택이었다. 비평의 결과도 심각했다. 성경 비평은 성경적 기독교의 진실성에 대한 믿

---

19 Martin Wellings, 'The Anglican Evangelical Group Movement,' in Andrew Atherstone and John Maiden (eds.), *Evangelicalism and the Church of England in the Twentieth Century: Reform, Resistance and Renewal* (Woodbridge: Boydell Press, 2014), 68–88.
20 이 단락과 이어지는 단락은 다음에 기초했다. Martin Wellings, *Evangelicals Embattled: Responses of Evangelicals in the Church of England to Ritualism, Darwinism and Theological Liberalism 1890–1930* (Carlisle: Paternoster Press, 2003), 4장.

음을 상실하게 했고, 성경을 학자 집단의 책으로 만들어 신자의 성경 읽기를 망가뜨렸고, 설교에 방해 되었고, 복음 전도에 짐이 되었고, 심지어 도덕적 붕괴의 전조가 되었다. 이런 측면에서 볼 때 고등 비평은 성경과 신앙과 궁극적 사회 안녕에 대립했다.[21]

현대의 비평 지지자들은 그것이 복음주의 사상 구조에 본래 들어 있는 것이라고 반박했다. 개인적 판단의 권리, 이용할 수 있는 성경의 중요성, 만인 제사장(모든 신자가 성직자임) 같은 종교개혁에서 비롯된 원리들이 이 방향으로 들어왔다. 빅토리아 시대 부모와 조부모가 높이 평가한 진실성에 대한 헌신은 그것을 도덕적인 문제로도 만들었다. 비평은 신약 성경에 대한 '경건한' 접근을 이룬 것으로 더욱 칭찬받았는데, 특히 튀빙겐 학파(Tübingen School)의 급진적 이론에 반대했던 케임브리지 3인방(Cambridge Triumvirate), 라이트풋(Lightfoot), 웨스트콧(Westcott), 호트(Hort)의 연구 결과 때문에 더 안심할 수 있었다.[22]

따라서 이런 결과를 얻기 위해 사용된 방법들은 더 해결이 어려운 구약성경 연구 분야에서 거의 보류되었다. 점진적 계시에 대한 생각은 구약성경의 기적들과 비과학적 세계관을 더 이상 사실로 받아들여지지 않아도 되는 원시적 개념에 대한 공상적 기억으로 설명함으로써 현대적 지식과의 조화를 꾀했다. 마찬가지로 구약성경이 제시한 도덕적 문제들은 고대 이스라엘인들의 미개한 신 인식 탓으로 돌렸다. 또한, 옹호자들은 비평이 복음주의 신앙에 유익하다고 주장했다.

'자유사상가들'(free thinkers)이 오랫동안 조롱하던 난제에 대한 해명이 나왔고, 히브리인의 영적 발전에 중점을 두어 성경에 새로운 선명성과 현

---

21 예를 들어 Robert Anderson, *The Bible and Modern Criticism* (London: Hodder & Stoughton, 1902); *Pseudo-Criticism or the Higher Criticism and Its Counterfeit* (New York: Fleming H. Revell, 1904).
22 Geoffrey R. Treloar, 'The Cambridge Triumvirate and the Acceptance of New Testament Higher Criticism in Britain, 1850–1900,' *JAS 4.1* (2006), 13–32.

대 생활과의 관련성을 주었다. 다소 비현실적으로 복음주의적 성서 비평의 찬성자들은 새로운 접근이 성경을 다시 일반적 용도로 널리 사용되게 되돌려 놓을 것이라고 기대했다.

논쟁이 오래 지속되긴 했지만, 비평적 성경 접근을 지지하는 입장이 어느 정도 널리 퍼졌다.[23] 그 결과 성경적 물음에 대한 의견의 중심을 폭넓게 열어 놓았다. 이 넓은 스펙트럼에서 중간 지점을 차지한 사람들에게는 반현대적인 '축소파'(narrowers)와 현대적인 '확장파'(broadeners)가 똑같이 불안의 원인이 되었다.

'국교회선교회'(Church Missionary Society)의 대변인 유진 스톡(Eugene Stock)은 현대화하는 복음주의자들의 주장을 제시하면서 극단적 입장 사이의 간격을 메우기 위한 중재안을 가지고 성경의 지위와 권위는 비평으로 반드시 위태롭게 되는 것은 아니라고 주장했다. 그는 결국 "경건하고 선한 사람들의 비평적 연구에서만 선한 것이 나올 수 있으며" 성경 해석은 때때로 수정될 필요가 있다고 말했다.[24]

이 주장의 매력은 반현대주의자들조차도 자신의 입장을 뒷받침하는 비판을 분명히 따뜻하게 받아들이는 데에 있었다.[25] 비평가들의 추측을 통제하는 객관적 자료의 원천으로서 성경 고고학을 칭송하는 것은 성경의 교리적 읽기와 고등 비평적 읽기 사이의 구별을 점점 더 희미하게 하는 추가적인 징후였다.[26]

---

23 예를 들어 *EMC 1901*, 146-164; *EMC 1911*, 238-262; *ICC 1908*, 345-352; *RPC 1904*, 38-66; *RPC 1909*, 210-230; and *WBC 1905*, 128-142.

24 Eugene Stock, *A Plain Man's Thoughts on Biblical Criticism* (London: Longmans, Green, 1911); *My Recollections* (London: James Nisbet, 1909), 396-399.

25 예를 들어 Reception of the work of Sir William Ramsay: 'The Stronghold of Holy Scripture,' *C* (4 Mar. 1915), 11; T. J. Pulvertaft, 'Professor Ramsay and the Trustworthiness of the New Testament,' *EC* (Mar.-Apr. 1915), 66-68.

26 예를 들어 M. G. Kyle, 'The Recent Testimony of Archaeology to the Scriptures,' *RPC 1909*, 163-168.

세기말 일부 복음주의자들에게는 이런 전개가(특히 비평이 요구하는 것처럼, 성경에서 인간적인 요소와 신적인 요소 사이에서 적정한 관계를 찾는) 성경 권위의 범주를 수정할 것을 요구했다.[27] 양자택일 입장에 서는 것은 토레이나 워필드 같은 반현대주의자들이 받아들일 수 없는 변화였다. 오히려 무오성을 거부하는 추세가 심화하는 상황에서 무오성을 강력히 주장하는 것은 축자영감설을 굳히는 것이었다.

그러나 여러 형태의 확장파들은 스톡(Stock)이 주장한 노선에 따라 움직였다. 그들은 영감을 받은 것은 단어가 아니라 기록자라는 것을 점점 더 많이 받아들였다. 또한, 성경이 실제 계시라기보다는 하나님의 계시에 대해 말한다는 견해를 더 좋아했다. 이런 변화에 대응해 성경이 하나님의 말씀인지 아니면 하나님의 말씀을 포함하는지를 두고 논쟁이 있었다.

한동안 「더 처치맨」(The Churchman) 편집인이었던 W. H. 그리피스 토마스(W. H. Griffith Thomas)는 성경의 현상을 파악하는 데 두 공식이 다 적절히 필요하다고 주장함으로써 성경 문제에 대해 늘어나는 다양성을 존중했다.[28] 이런 의미론적 술책 이면에는 신앙적인 권위의 자리가 탁월한 성경 저자들의 경험뿐 아니라 독자들의 경험으로 옮겨간 것이 있었다. 그런 수단을 통해 복음주의자들은 성경 해석에 현대의 비평적 방법을 적용하는 동시에 성경을 기독교적 삶과 사상의 권위 있는 기초로서 기능할 수 있게 하는 길을 발견했다.

이런 조정의 결과는 '연합자유교회'(United Free Church)의 글래스고우대학(Glasgow College) 스미스의 동료였던 스콧 제임스 오르(Scots James Orr)와 제임스 데니(James Denney)의 작품에 잘 표현되었다. 오르는 성경 영감을 무오한 것이 아니라 역사적으로 또 사실적으로 명백하게 고도의 정확성으로 구성된 것으로 보았으며, 또한 성경을 하나님의 초자연적 계시 행위의 기록으로 보

---

[27] 이 이슈에 관해 H. D. MacDonald, *Theories of Revelation: An Historical Study 1860–1960* (London: Allen & Unwin, 1963)을 능가한 책은 없다.

[28] W. H. Griffith Thomas, *Methods of Bible Study* (London: Marshall Brothers, n.d.).

면서 세기말 시대에 떠오르는 성경신학 책들에 신중히 접근했다.²⁹

이 측면에서 특히 중요한 것은 이전 30년 연구를 집대성한 『구약성경의 문제』(*The Problem of the Old Testament*, 1906)였는데, 이 책에서 그는 구약 역사의 비평적 재구성의 기초로 널리 수용된 그라프-벨하우젠(Graf-Wellhausen) 가설을 논박했다. 오르는 그 시대에 가장 광범위하게 책을 펴낸 복음주의 작가였지만, '신앙 있는 비평가들'(believing critics)에게조차 너무 보수적이라고 여겨졌다. 그의 동료 제임스 데니는 더 좌경화되었다.³⁰

그는 스미스 이단 문제를 배경으로 1902년에 쓴 사적인 편지에서 "두려워하는 사람들에게 조급하게 마음을 닫지 말고 비평이 제기하는 여러 물음에 직면하고 침착한 지성과 신앙의 확신을 가지고 부딪쳐보라고 설득할" 필요성에 대해 썼다. 그는 자신의 저술이 지향하는 비무오주의(non-inerrantist), 비무류주의(non-infallibilist) 접근법이 성경을 은혜의 수단과 복음의 매체로 높였다고 주장했다. 데니와 오르 둘 다 의심의 대상이 될 수 있었지만, 이 운동 내의 많은 사람은 성경 비평을 중재하는 힘든 과제를 이끌어가던 두 사람에게 고마워했다.

확실히 그들의 가르침과 본보기는 복음주의자들 사이에서 진정한 성경신학의 실천을 받아들이는 길을 분명히 열었다. 그 당시 이 운동 내의 가장 뛰어난 학자는 초기 메소디스트 A. S. 피크(A. S. Peake)였다. 그는 1892년부터 죽을 때까지 맨체스터 하틀리대학(Hartley College)의 교수(Tutor)였고, 1904년부터 맨체스터대학(Manchester University)에서 첫 라일랜드 성경주해 학과장(Rylands Chair of Biblical Exegesis)이었다.³¹

---

29 Glen C. Scorgie, *A Call for Continuity: The Theological Contribution of James Orr* (Macon, GA: Mercer University Press, 1988), esp. 85–101, ch. 8.
30 James M. Gordon, *James Denney (1856–1917): An Intellectual and Contextual Biography* (Carlisle: Paternoster Press, 2006). 특히 아래 인용에 대해서는 154–155을 보라.
31 J. T. Wilkinson, *Arthur Samuel Peake: A Biography* (London: Epworth Press 1971).

피크는 국교회의 라이트풋과 구약 학자 S. R. 드라이버(S. R. Driver)의 작품에 기록된 진보적 비평에 기꺼이 관여했고 그들의 업적을 토대로 자신의 연구를 하려고 노력했다.[32] 전쟁 전 시대에 그가 쓴 작품으로는 구약 욥기(1905년), 예레미야(1910년), 예레미야애가(1912년)에 대한 주석들과 신약 히브리서(1902년), 골로새서(1909년)에 대한 주석들이 있다. 또한, 그는 『신약 성경 비평 입문』(A Critical Introduction to the New Testament, 1909)과 『성경: 그 기원, 중요성, 불변의 가치』(The Bible: Its Origin, Its Significance and Its Abiding Worth, 1913)에서 자신의 입장을 개략적으로 말했다.

피크가 고등 비평 방법을 활용한 것은 그것이 하나님의 말씀을 더 분명히 들을 수 있게 한다는 확신에 뿌리를 두고 있었다. 그의 개인적 경건과 교회생활과 기독교 대의에 대한 폭넓은 참여에 대해 그와 동시대인 중 한 사람은 '현대주의자와 복음주의자의 불가능하지 않은 조합'을 보여 준다고 요약했다.[33]

이 다루기 힘든 분열에 기꺼이 올라탈 수 있는 사람은 거의 없었지만, 피크는 전 세계의 다양한 복음주의 학자들이 펼치던 진보적 성경 연구 활동에 참여했다. 1912년 보수적 미국 장로교인 메이첸은 프린스턴(Princeton)에서의 경력 초기에 그리스도를 위해 문화를 되찾는 더 큰 과제에 기여할 수 있는 성별된 성경신학의 필요성을 주장했다.[34]

또한, 미국에서는 남침례교도 A. T. 로버트슨(A. T. Robertson)이 깊은 기독교적 헌신을 진보적 학식에 대한 헌신과 연결한 사람이었다. 그래서 그는 『역사적 탐구의 빛으로 본 신약 헬라어 문법』(A Grammar of the Greek New Testament in the Light of Historical Research, 1914)과 그의 중요한 『고린도전서 주석』

---

[32] Arthur S. Peake, *Recollections and Appreciations* (London: Epworth Press, 1938).
[33] Quoted in Martin Wellings, 'Peake, Arthur Samuel,' in *BDE*, 512–514.
[34] J. Gresham Machen, 'Christianity and Culture,' in D. G. Hart (ed.), *J. Gresham Machen: Selected Shorter Writings* (Phillipsburg: P&R Publishing, 2004), 399–410.

(1911)을 쓸 수 있었다.³⁵

국교회의 H. E. 라일(H. E. Ryle, 존 찰스 라일[J. C. Ryle의 아들])과 호주인 앤드류 하퍼(Andrew Harper)는 영국과 호주에서 피크와 비슷한 입장에서 구약학을 저술했다. 이 학자들 중 아무도 피크와 같은 역량을 가지지 않았지만, 그들의 저술은 애덤 스미스, 오르, 데니의 것과 나란히 20세기 초에 성경 비평을 믿는 관행이 복음주의 전반에 걸쳐 나타났음을 보여 주었다.

4. 복음주의 신학

포사이스와 다른 이들의 확장 프로젝트는 성경을 해석하는 일을 넘어 신학을 재진술하는 데까지 확대되었다.³⁶ 그 시대의 전기(傳記)들이 분명히 지적하는 바와 같이, 복음주의 신학자들은 자신들이 두 가지 도전에 직면했다고 생각했다. 내부적으로 그들은 역사적 발전에 관한 현대적 개념에 직면하여 정적이던 교리적 개념을 개정해야 했으며, 지나치게 제한적으로 여겨지던 칼빈주의의 쇠퇴에 대처해야 했다. 외부적으로는 '신신학', 즉 독일과 영미 양식의 철학적 이상주의, 유물론적 과학, 자유주의 등 당시의 지적인 주요 흐름 안에서 기독교 사상을 재편하려는 다각적인 시도에 대응해야 했다.

35　Edgar V. McNight, 'A. T. Robertson,' in W. A. Elwell and J. D. Weaver (eds.), *Bible Interpreters of the Twentieth Century: A Selection of Evangelical Voices* (Grand Rapids: Baker Books, 1999), 93-104.
36　이 섹션은 다음에서 끌어왔다. Dale A. Johnson, *The Changing Shape of English Nonconformity, 1825-1925* (New York: Oxford University Press, 1999), esp. 125-128, 152-153, 159-160; Alan P. F. Sell, *Nonconformist Theology in the Twentieth Century* (Milton Keynes: Paternoster Press, 2006).

신학자들이 직면한 구체적 과제 중에 과학의 도전은 다윈의 『종의 기원』(Origin of Species, 1859)의 여파만큼 크게 다가오지는 않았다.[37] 세기 전환기에 생물학은 여전히 주된 우려의 영역이었고, 일부 반현대주의자들은 진화론을 계속 비난했다. 토레이는 이번에도 진화론을 가리켜 입증되지 않은 비과학이라고 비난하는 대표적 인물이었다.[38] 이 반대는 국교회 복음주의자 암브로우스 플레밍(Ambrose Fleming)경과 같은 사람으로부터 과학계 내부에서 어느 정도 지지를 받았다. 그러나 복음주의자들 사이에서 진화론을 수용하는 일이 흔해졌다. 심지어 워필드도 비록 과학적 관찰의 문제에 제한되기는 했어도 진화론적 관점을 지지했고, 다른 학자들은 대체로 새로운 자연신학으로 전환했는데, 그 신학은 진화론을 가리켜 신적인 계획을 펼쳐 놓은 것에 지나지 않으며 거의 처음 그대로의 목적론적 논쟁이라고 여겼다.[39]

다른 이들 중 제임스 오르와 포사이스는 훨씬 더 조심스러운 입장을 취하여, 타락과 죄와 같은 성경의 주요 주제들을 배제한 채 진화론을 수용하자는 것과 인류 자체에 대한 진화론을 적용하는 것에 공개적으로 반대했다. 화해를 도모하던 사람들이 이 문제들을 정말로 이해했는지는 의심의 여지가 있었지만, 19세기에 과학적 유물론에 대한 우려가 사라지고, 오히려 복음주의 전통 안에서 과학이 비록 제한적이기는 하나 세상에 대한 영적인 이해를 촉진하는 역할을 했다는 평가가 앞서게 되었다.

---

37 논문. Mark Noll and David Bebbington in David N. Livingstone et al. (eds.), *Evangelicals and Science in Historical Perspective* (New York: Oxford University Press, 1999); David N. Livingstone, *Darwin's Forgotten Defenders: The Encounter Between Evangelical Theology and Evolutionary Thought* (Grand Rapids: Eerdmans, 1987).
38 *Torrey-Alexander Souvenir*, 73.
39 예를 들어 W. F. Adeney, *A Century's Progress in Religious Life and Thought* (London: Methuen, 1901), 102–103; David N. Livingstone and Mark Noll, 'B. B. Warfield (1851-1921): A Biblical Inerrantist as Evolutionist,' *JPH 80.3* (2002), 153–171.

그 시기는 또한 현대 독일의 자유주의 신학, 특히 알브레히트 리츨(Albrecht Ritsch)과 그 동료의 신학을 새롭게 탐구하여 안내해 달라고 요구했다.[40] 19세기 말 독일신학을 지배한 리츨주의(Ritschlianism)는 그것을 접한 일부 젊은 영어권 복음주의 신학자들에게 기독교를 과학적 자연주의의 빛으로 제시하는 훌륭한 시도로 인식되었다.

그 '가치 판단'(value judgements) 이론에 의하면 하나님은 그 자체로 알려지지 않고 그 영향(또는 가치) 안에서만 사람들에게 알려진다. 그런 영향은 그리스도의 사역 안에서 계시되고 신앙에 의해 수용된다. 역사적 예수를 재구성하는데 가장 엄격한 역사 비평을 사용하는 것이 중요했지만, 그와 같은 과학적 의식은 신앙의 가치 판단을 긍정하거나 부정할 수 없다. 신앙적 지식을 지성만의 문제가 아니라 전인의 문제로 파악하는 것이 유익하다고 인식되었다.

그러나 리츨의 가르침에는 복음주의자들이 받아들일 수 없는 측면들이 있었다. 제임스 오르는 두 가지 주된 비판을 제기했다.[41] 형이상학적 신학을 없애려고 했던 리츨주의는 너무 주관적이었다. 복음주의자들은 자신들의 신앙적 기반이 되는 객관적 확실성을 유지하고 싶어 했다. 칭의와 화해에 대한 리츨의 관점에서 모든 것을 사랑으로 설명하려는 경향은 용서의 필요를 약화하고 은혜의 작용을 경시한다.

대한 복음주의자들의 반응으로는 오르의 비판이 대표적이지만, 곧 런던 '회중주의 뉴칼리지'(Congregationalists New College)의 교수가 될 자칭 '진보적 복음주의자'(liberal-evangelical) 알프레드 가비(Alfred Garvie)에 의해 보다 긍정적 평가로 평가되었다. 그의 견해에 따르면 리츨 신학은 기독교 신앙이 당시 교양 있는 사람들의 지지를 잃는 상황에서 기독교 신앙을 칭송

---

40 예를 들어 R. Mackintosh, 'Recent Philosophy and Christian Doctrine,' *ICC 1908*, 76–84, esp. 79–80.
41 James Orr, *The Ritschlian Theology and the Evangelical Faith* (London: Hodder & Stoughton, 1897).

한 것으로 평가되어야 한다. 가치판단 이론은 특히 신앙의 대상을 과학과 철학의 비판이 미치지 않는 영역에 둔다. 따라서 그가 단언했듯이, "우리는 비평의 의심과 억측에 맞서서 우리가 체험한 그리스도의 구원 능력의 확실성을 진술할 수 있다."[42]

과학과 신학적 자유주의에 대한 복음주의 사고를 재조정하는 동안 하나님의 성품과 세계와 관련된 하나님의 본질에 대해서도 어느 정도 재고하게 되었다. 그 선두 주자는 좌파 진영 스코틀랜드 회중주의자 A. M. 페어베른(A. M. Fairbairn)이었다. 그는 하나님의 아버지 되심과 자기 아들 됨에 대한 예수의 의식에 주목하여 그것이 예수가 집단과 개인의 구원을 바라보는 원리라고 이해했으며, 하나님-세상 관계를 법적 관점으로 보는 칼빈주의에 대한 도덕적 반대들을 극복했다.[43]

세기가 바뀔 무렵 영국 메소디스트 스콧 리젯(J. Scott Lidgett)은 기독교 사상에서 하나님의 부권(Fatherhood)을 확립하는 임무를 맡았는데, 통치적 해석을 부성적 해석으로 대체함으로써가 아니라, 두 해석을 모두 붙잡되 우선순위를 재정렬함으로써 그렇게 했다.[44] 부권을 기본으로 할 때, 창조와 구속에서의 하나님의 동기와 방법은 생명을 낳는 자기 희생적 사랑(self-giving love)이 되었다.

이 '둘 모두' 관점은 속죄의 형벌적 관점을 배제한 채 사랑만을 강조하던 진보적 프로테스탄트와 결별하는 그 자신만의 신학을 만들어냈다. 그러나 스콧 리젯이 옛것과 새것을 종합하려고 노력했음에도, 그를 비판하는 사람들에게는 그가 복음주의 가르침을 깨뜨리는 것처럼 보였다. 초월성을 높이는 전통에서 신적 내재성의 자리를 찾는 것은 여전히 어려운 작업이었다.

---

[42] 인용-. Johnson, *Changing Shape of English Nonconformity*, 212–213, n. 59.
[43] Ibid. 149–150.
[44] J. Scott Lidgett, *My Guided Life* (London: Methuen, 1936), ch. 9.

진보적 프로테스탄티즘의 제안은 학자들에 의해 서서히 확산하였지만, 1907년-1912년 '신신학' 논쟁에서 더 광범위한 대중들에게 퍼지게 되자 대응의 필요성이 커졌다. 복음주의 세계 전역에 큰 영향을 미치던 폭풍의 중심에는 런던의 시티 템플(City Temple)의 회중주의 목사 캠벨(R. J. Campbell)이 있었다.[45]

캠벨은 당시 유행하는 철학적 이상주의를 반영해 신적 내재성 개념을 강조했다. 이 우선순위는 세속적 초점과 인간과 하나님의 본질적 정체성에 대한 주장으로 이어졌다. 그로부터 도출된 하나의 결과는, 내재하는 성령의 증언 주도권을 중요하게 여김으로써 개인의 판단을 성경 계시의 권위보다 높게 보게 된 것이었다. 캠벨은 또한 교리의 중요성을 무시했으며, 타락과 구속과 구원과 죄의 형벌에 대한 전통적 가르침이 '오독일 뿐만 아니라 비윤리적'이라고 주장했다.

이 주장에 따르면 예수는 '최고의 인간'이었으며, 활기찬 교회생활을 위해 만들어진 분명하고 강력한 교리이기보다는 인간적 연민(human sympathy)이었다. 캠벨은 이 가르침을 2-3년 동안 계속 이어갔고 많은 추종자를 얻었다. 하지만 그의 사상은 복음주의 견해에 대한 모욕이었고, 특히 동료 비국교도들의 강력한 저항에 부딪혔다.[46] 정통주의자들의 맹공에 시달린 캠벨 자신은 결국 '신신학'을 포기했고(어떤 이들이 보기에 충격적으로) 1915년 잉글랜드 국교회에 가입했다. 그의 사례는 범신론으로 기우는 '신신학'의 경향과 표준적인 복음주의 진리를 너무 자유롭게 다루는 위험이

45　예를 들어 *The Outlook*, the newspaper of the Presbyterian and Methodist Churches of New Zealand; Keith Robbins, 'The Spiritual History of the Rev. R. J. Campbell,' in his *History, Religion and Identity in Modern Britain* (London: Hambledon Press, 1993), 제10장에 있는 보고서를 보라(아래의 인용은 143).

46　예를 들어 Charles H. Vine (ed.), *The Old Faith and the New Theology: A Series of Sermons and Essays on Some of the Truths Held by Evangelical Christians, and the Difficulties of Accepting Much of What Is Called the 'New Theology'* (London: Sampson Low, Marston, 1907).

무엇인지 상기시켜 준다.⁴⁷

이런 재진술과 재평가의 필요성은 다양한 스펙트럼의 복음주의 사상과 견해를 가진 수많은 신학자가 번성할 수 있는 환경을 만들었다. 당시의 문제들에 대응하기 위해 주도적 역할을 한 사람들(오르, 포사이스, 데니, 가비, 스콧 리젯)은 영국에서 로버트 매킨토시(Robert Mackintosh)와 셀비(W. B. Selbie)와 합류했다. 국교도 가운데 당시 케임브리지 리들리 홀(Ridley Hall) 학장이었던 핸들리 모울(Handley Moule)은 『기독교 교리 개요』(*Outlines of Christian Doctrine*, 1894)를 썼다. 그리피스 토마스(W. H. Griffith Thomas)는 대서양 양편에서 『가톨릭 신앙: 잉글랜드 국교회 신자를 위한 교범』(*The Catholic Faith: A Manual of Instruction for Members of the Church of England*, 1904)에 이어 꾸준히 글을 썼다.

미국에서는 아우구스투스 스트롱(Augustus Strong), 윌리엄 뉴턴 클라크(William Newton Clarke), 윌리엄 애덤스 브라운(William Adams Brown)이 옛것과 새것의 종합을 시도했다.⁴⁸ 두 권으로 된 『귀납법적 기독교 신학』(*Christian Theology on the Inductive Method*, 1904)의 저자인 캐나다 감리교인 너쎄니얼 버워쉬(Nathaniel Burwash)와 『기독교 신앙의 교리적 표현』(*The Christian Religion in Its Doctrinal Expression*, 1917)이라는 대작을 쓴 E. Y. 멀린스(E. Y. Mullins)가 자신의 분야에서 중요한 지도자였다. 아마도 복음주의 운동의 역사에서 그렇게 많은 작가가 독자층을 일깨우기 위해 양질의 신학 서적을 쏟아낸 적은 이전에 결코 없었을 것이다. 세기말의 '신신학'은 복음주의 신학의 '황금기'를 상당히 자극했다.

---

47 예를 들어 'The New Orthodoxy,' Ch 24.54 (June 1910), 406-407; 'The Unchangeable Gospel – and the "New Theology",' *C* (23 June 1910), 23.

48 Augustus H. Strong, *Outlines of Systematic Theology Designed for the Use of Theological Students* (Philadelphia: American Baptist Publication Society, 1908); William Newton Clarke, *An Outline of Christian Theology* (Edinburgh: T. & T. Clark, 1907); William Adams Brown, *Christian Theology in Outline* (New York: Charles Scribner's Sons, 1906).

5. 지위 강화하기

'신신학' 논쟁으로 인한 위기가 가져온 효과 중 하나는 복음주의 운동의 보수적인 한쪽 끝에서 복음주의 기독교를 방어하기 위한 행동이 일어나게 한 것이다. 자신들이 '교회와 세상에 큰 영향을 미칠 것'이라는 믿음 안에서,[49] '비국교도 양심'에서 비롯된 분노가 모여 형성된 대중 집회가 영국과 영연방에서 열렸는데, 거기서 그들은 '성경을 하나님의 무오한 말씀으로 굳건히 붙들고, 그것을 영적인 삶의 모든 문제에 관한 최고의 권위로' 공언했다.[50] 멜버른에서 열린 성경 옹호 집회에서 국교도 C. H. 내쉬(C. H. nash)는 이 일들에 대해 다음과 같이 논파했다.

> 우리 시대의 학문과 학식은 성경이 세상에 의해 못 박히게 내어줄지도 모른다. 그러나 우리는 사망의 문을 지나 영광스럽게 부활하신 그리스도를 믿는다. 우리가 그분을 믿는다면 우리는 그들을 두려워할 필요가 없다.[51]

또한, '복음주의연맹'(Evangelical Alliance)은 1906년에 열한 번째 국제 대회를 조직해 '하나님의 말씀 무결성을 국가적으로 그리고 국제적으로 천명'하고, '복음 신앙에 대한 확고한 충성'을 다짐했다.

이 모임들은 '성경연맹'(Bible Leagues)의 사역에 기반을 두었다. 그것은 침례교도 존 클리포드(John Clifford)의 현대화된 『성경의 영감과 권위』(*The Inspiration and Authority of the Bible*)에 대응하여, "성경에 대한 경건한 연구를 촉진하고 하나님 말씀의 영감과 무오성과 비길 데 없는 충분성에 대한 다

---

49 'Meetings for Testimony to Fundamental Truth,' *EAQ* (1 Apr. 1905), 51–52.
50 'The Labour of Others,' *EC* (Apr.–May 1907), 58.
51 C. H. Nash, 'Christ and the Holy Scriptures,' *VC* (9 Aug. 1907), 321–324, with the quotation on 324; Darrell Paproth, *Failure Is Not Final: A Life of C. H. Nash* (Sydney: Centre for the Study of Australian Christianity, 1997).

양한 공격에 저항"하기 위해 1892년 영국에서 처음 결성되었다.⁵²

1903년에는 미국의 성경연맹이 뒤를 이었고, 1906년에는 캐나다 보조단체가 함께 했다.⁵³ 미국 성경연맹은 그 원리들을 보급하고 보전하기 위해 정기적으로 대중 집회를 조직했고, '성경을 하나님의 기록된 말씀으로 믿지 않는 물결을 막기 위해' 가장 좋은 성경 연구 방법과 결과를 전파하는 『성경 학생과 성경 교사』(The Bible Student and Teacher)를 간행해 매달 6천 부씩 전 세계에 유포했다.⁵⁴ 연맹의 입장을 선전하기 위해 순회 대표들도 임명되었다. 제1차 세계대전 발발 수년 전에 보수적인 복음주의자들은 성경의 권위와 영향력을 주장하기 위해 공적인 공간으로 나왔다.

그들의 입장을 강화하기 위한 또 다른 조치로 성경을 하나님의 말씀으로 받는 전통적 이해를 전파하기 위한 성경 대학들(Bible colleges)이 설립되었다.⁵⁵ 1886년 시카고에 설립된 무디성경학교(Moody's Bible Institute)가 본이 되었다.

미국에서는 제1차 세계대전에 이르는 수년 동안 또 다른 28개의 대학이 설립되었다. '글래스고성경훈련학교'(Bible Training Institute in Glasgow, 1892), '토론토성경대학'(Toronto Bible College, 1894), '시드니선교성경대학'(Mission and Bible College in Sydney, 1916) 같은 유사한 기관들이 다른 곳에서 설립되었다. 거의 같은 기간에 거의 같은 이유로 설립된 성경대학들의 목적은 효과적인 국내외 기독교 사역을 위한 실용적 기술과 함께 성경에 정통한 많은 평신도 세력을 만들어 냄으로써 신학 교육을 보충하는 것이었다.

---

52 Bebbington, *Evangelicalism in Modern Britain*, 187.
53 Marsden, *Fundamentalism and American Culture*, 118.
54 'League Notes and Points,' *BST* XII (Apr. 1910), 321-322.
55 Virginia L. Brereton, *Training God's Army: The American Bible School, 1880–1940* (Bloomington: Indiana University Press, 1990); John G. Stackhouse, Jr., *Canadian Evangelicalism in the Twentieth Century: An Introduction to Its Character* (Toronto: University of Toronto Press, 1993), 3장.

교육과정의 중심은 '전체(영어) 성경'을 토레이 식의 귀납적 접근으로 가르치는 것이었다. 그들은 반현대적 열기를 힘입어 근본주의 충동을 재빨리 제도화했고 성경 해석을 넓히는 추세에 맞서 방파제 역할을 했다. '로스앤젤레스성경학교'(Bible Institute of Los Angeles, 1908)의 사례가 보여주듯이, 그들은 또한 세대주의 가르침의 중심지가 되었다.[56]

신학적 입장을 고수하는 실용주의적인 진술의 시대에,[57] 복음주의자들은 그 운동의 보수적인 한쪽 끝에서 자신들의 신념을 강화하고 전파하기 위해 저술활동에 힘을 모았다. 당시의 가장 강력한 책은 당연히, 3장에서 이미 말했던 『스코필드 주석성경』(", 1909)이었다. 다른 중도우파 복음주의자들도 자신들의 입장을 강화하려고 시도했다. 예를 들어 '복음주의연맹'(Evangelical Alliance)은 '신신학'에 대항하기 위한 팸플릿 시리즈로 '소책자 운동'(Tractarian Movement)을 시작했다.[58] 이 운동에 로버트 앤더슨(Robert Anderson), 제임스 오르(James Orr), 국교회의 와츠 디치필드(J. E. Watts Ditchfield), 웹 페플로(H. W. Webb Peploe) 등이 작가로 참여했다. 그들이 다룬 주제는 '새로운 배교'(The New Apostasy), '구원'(Salvation), 기적(Miracles) 그리고 인간과 하나님의 관계(Man in Relation to God) 같은 문제를 총망라했다.

또한, 이 작가 중 일부는 당대에 가장 잘 알려진 종류의 사역에 참여했다. 1910년에서 1915년 사이 열두 권의 소책자로 출판된 『근본주의자들』(The Fundamentals)은 캘리포니아의 석유 거물 라이먼 스튜어트(Lyman Stew-

---

56 Daniel W. Draney, *When Streams Diverge: John Murdoch MacInnis and the Origins of Protestant Fundamentalism in Los Angeles* (Milton Keynes: Paternoster Press, 2008), ch. 3.
57 예를 들어 Lux Mundi (1889), *Contentio Veritatis: Essays in Constructive Theology by Six Oxford Tutors* (1902); *Essays on Some Theological Questions of the Day by Members of the University of Cambridge* (1905); *Foundations: A Statement of Christian Belief in Terms of Modern Thought* (1913); *Essays Catholic and Critical* (1926).
58 'Alliance Tractarian Movement,' *EC* (May–June 1907), 62 (표지 안쪽에 '복음주의연맹 소책자 운동 대(vs.) "새로운 신학"'이라는 광고가 있다).

art)가 '진리에 대한 증언'을 훌륭하게 감당할 '세상에서 가장 뛰어나고 충성스러운 성경 교사'를 모으기 위해 딕슨을 영입하면서 나온 것이다.⁵⁹

딕슨은 시카고를 중심으로 한 부흥 운동가 네트워크를 끌어들여 이 의제를 수행할 미국 작가 팀을 만들고자 했다. 그는 광범위한 프로그램을 선호하는 것으로 알려진 영국, 캐나다, 독일의 작가들을 포함해 팀을 보완했다. 그들은 복음주의 '연합'의 대표로서 기독교 신앙의 본질에 대한 더 넓은 담론에 보탬이 되는 복음주의 기독교에 대해 광범위하게 진술하고 권하기 위해 함께 뭉쳤다.⁶⁰ 그들의 최우선 주제는 현대적 지식의 침투에 관련된 성경과 그 권위였다. 비평을 모두 완전히 거부한 것이 아니었다. 잘못된 비평만 거부했다.

또한, 무오성이 일관되게 주장된 것도 아니었다. 공격의 진짜 목적은 세상에서 초자연적인 것을 배제하고 그 방도를 찾는 세속주의였다. 이것을 세계적으로 알리기 위해, 주소를 알 수 있는 모든 영어권 개신교 목사와 신학교수 그리고 모든 범주의 기독교 활동가에게 『근본주의자들』을 무료로 발송하여, 하나님의 초자연적 계시이며 인간을 향한 그분의 뜻인 성경에 기초한 신학과 신앙에 대한 복음주의적 헌신을 재확인했다.

확장파들은 보수주의자들만큼 아직 잘 조직되지 않았는데, 아마도 그들이 많은 수가 아니었고 사건의 경과에 대해 그렇게 불안해하지도 않았기 때문이다. 그러나 그들 역시 자기들의 목적을 진전시키기 위해 모이려 한다는 징후가 있었다. 1906년 영국에서 '리버풀 식스'(the Liverpool Six)로 알

---

59 *The Fundamentals* is best read in the edition of George Marsden (1988). The best-informed account of the project is now Timothy E. W. Gloege, 'Consumed: Reuben A. Torrey and the Construction of Corporate Fundamentalism,' PhD thesis, Notre Dame University, 2007.

60 이 읽을 거리를 보려면 Geoffrey R. Treloar, 'The British Contribution to *The Fundamentals*,' in David Bebbington and David Ceri Jones (eds.), *Evangelicalism and Fundamentalism in the United Kingdom During the Twentieth Century* (Oxford: Oxford University Press, 2013), 15–34페이지를 보라.

려진 국교회 복음주의자들의 소그룹이 세 가지 의도로 결성되었다. 신학적 용어로 '용감한 사람들'(braver spirits)을 위해 연구 네트워크를 제공하고, 복음주의 지도자들의 인정을 확보하고, 국교회의 조직 생활에서 더 광범위하게 협력하기 위한 것이었다.[61] 그들의 의도는 기성세대 복음주의자들의 부정적 생각을 긍정적인 생각으로 대체하는 것이었다.

1907년 말까지 유사한 그룹들이 전국 12개 중심지에 결성되었고, 그 중 첫 격년제 대회가 개최되었다. 이 활동들이 사적인 것으로 남아 있었지만, 인기가 있었던 것으로 보아 사람들의 필요를 충족했음을 알 수 있으며, 좀 더 개방적이고 긍정적인 형태의 복음주의에 대한 열망은 1914년 전쟁 발발까지 꾸준히 확대되었다.

1912년경 그 운동은 헌법이 채택되면서 보다 공적인 것이 되었다. 그것은 형제단 그룹을 '현대적 생활과 사상에 관련해' 복음주의의 근본주의적 원리를 해석하고자 하는, 다시 말해 성경과 종교적 경험과 사회 윤리 문제와 성직에 대한 연구를 포함하는 열망을 가진 성직자들의 모임으로 공표했다. 또한, 이때쯤 형제단과 그 염원은 해외로 건너갔다.

1909년 첫 대회의 의장 J. C. 라이트(J. C. Wright)는 시드니 주교로 임명되었고, 그는 차례로 다른 그룹의 두 멤버 데이비드 데이비스(David Davies)와 A. E. 탈봇(A. E. Talbot)을 무어 신학교(Moore College)의 교장과 시드니의 학장으로 각각 임명했다.

확장파들은 『스코필드 주석성경』이나 『근본주의자들』을 유포하고 자극하는 힘 중 어느 것도 갖지 못했지만, 그들 역시 자신들의 입장을 고수하려는 책들을 발행했다. 개별적으로 그 시대에 대한 복음주의 가르침의 조정을 위한 제안이 담긴 책들을 꾸준히 발행했다.[62] 이런 시도와 함께 집

---

61 Eric Smith, *Another Anglican Angle. Liberal Evangelicalism: The Anglican Evangelical Group Movement 1906–1967* (Oxford: The Amate Press, 1991).

62 예를 들어 D. S. Cairns, *Christianity in the Modern World* (London: Hodder & Stoughton, 1906); Henry Sloane Coffin, *Some Christian Convictions: A Practical Restatement in Terms*

단적 진술의 흐름이 동반되었다. 국교도들 중에 형제회 그룹은 『영국교회 매뉴얼과 국교회 핸드북』(*English Church Manuals and Anglican Church Handbooks*) 시리즈를 발간했다.

첫 시리즈는 국교회 신앙과 실천 문제를 다루었고, 두 번째 시리즈는 비평적이고 신학적인 문제들과 관련해서 한 기고자가 '신뢰할 수 있는 현대적 연구'라고 부른 것과 유사한 사역들과 중재하는 입장을 보였다. 1911년 영국 회중주의자 셀비(W. B. Selbie)는 복음주의자들의 실질적인(비록 조직적이지는 않아도) 단합을 촉진하고 궁극적으로 역사와 경험에 호소하여 '복음주의 신앙'을 확증하기 위한 목적으로 교회의 교리에 관한 심포지엄을 조직했다.[63]

3년 후 복음주의 전통에 모두 충실한 메소디스트 그룹은 기독교 구원교리를 현대적 견해와 조화하려는 목적으로 『최고의 모퉁잇돌: 오늘날 기독교 신앙 상태에 관한 에세이』(*The Chief Corner-Stone: Essays Towards an Exposition of the Christian Faith Today*)를 가지고 나왔다.[64]

1920년대 중반까지 확장 충동은 진보적 복음주의 입장을 공식화하려는 성숙한 단계에 도달했다. 1915년에 영국 국교도 E. A. 버로우스(E. A. Burroughs)와 미국 장로교도 헨리 슬로안 코핀(Henry Sloane Coffin)이 각각 작성한 두 개의 선언문은 지난 약 25년 동안 초기 진보적 복음주의를 형성했던 사상과 헌신을 원리로서 공표했다.[65] 그것이 일반적으로는 성령의 인도 하에 계시가 계속되고 있다는 것을 근거로 개방적 탐구와 신학적 재진술

---

of *Present-Day Thinking* (New Haven: Yale University Press, 1915).
63 W. B. Selbie (ed.), *Evangelical Christianity: Its History and Witness* (London: Hodder & Stoughton, 1911).
64 W. T. Davison (ed.), *The Chief Corner-Stone: Essays Towards an Exposition of the Christian Faith for To-Day* (London: Charles H. Kelly, 1914).
65 [E. A. Burroughs], 'Liberal Evangelicalism: What It Is and What It Stands for,' *Ch* 29 (Mar.–Aug. 1915), 193–200, 277–285, 371–379, 439–448, 513–521, 602–609; Henry Sloane Coffin, *The Practical Aims of a Liberal Evangelicalism: Closing Address, May 18th, 1915* (New York: Union Theological Seminary, 1915).

의 필요를 수용했다는 점에서 진보적이었고, 구체적으로는 신중하고 경건한 비평에서 생겨난 성경에 대한 새로운 지식을 수용했다는 점에서 진보적이었다.

두 선언문은 성경을 사람들과 함께하시는 하나님의 권위적 표현으로, 예수를 세상의 유일한 구주로, 십자가를 세상을 구원하는 하나님의 능력으로 주장했으며, 그리스도 시대부터 사도적 정신을 가진 사람들과, 더 구체적으로는 종교개혁에서 비롯된 교회와의 연속성을 주장한다는 면에서 여전히 복음주의적이었다. 그 명시된 목표들—진실성, 당시 생각하는 사람들의 복음주의, 살아있는 신앙 체험과 교육, 교회의 강건함과 교회 일치의 증진, 사회적 갱생—아래에는 복음주의의 능력과 권위의 회복에 대한 헌신이 있었다.

이런 이유로 진보적 복음주의자들은 자신들을 시대에 뒤진 인습, 신조, 의례에 묶여 있는 보수주의자들과 차별화했다. 아마도 더 중요한 것은, 그들이, 초자연적 신앙의 주장을 은유로 축소함으로써 교회가 입을 피해를 고려하지 않은 채 과거와 단절하려고 했던 급진적 모더니스트들에 대항했다는 것이다. 세기말 무렵, 명확하게 정의된 현대적인 입장이 복음주의 운동 좌파 진영에 등장했다.

또한, 성경과 관련한 중재적 입장이 제임스 오르가 편집한 『국제 성경 백과사전』(*International Bible Encyclopaedia*, 1915)에 나타났다. 그 목표는 "대학과 신학교와 성경학교에서 가르치는 이들과 성직자들 그리고 성경과 교리 주제들, 비평, 성경에 직접 관련된 학문을 더 잘 알고자 하는 모든 사람의 정확한 요구에 적합한 모든 방법"으로 포괄적이고 정확한 지식을 제공하는 것이었다.[66]

---

[66] James Orr (ed.), *The International Standard Bible Encyclopedia* (Chicago: HowardSeverance, 1915), preface, vii–xii (xii and viii for the quotations).

이 목표를 달성하기 위해 그 사전은 미국, 영국, 영연방, 유럽 대륙의 학식을 끌어옴으로써 '최고의 학문과 최신의 지식'이라는 열망을 구현했다. 이 사전의 공식적인 입장은 '합리적 비평'이었는데, 이것은 '거룩한 말씀'을 이해하는 방편들의 사용과 긍정적이고 건설적인 비평을 허용하는 입장이었다.

여러 판본이 수정 출판되었다는 사실은 그 백과사전이 오랫동안 중요한 필요를 채워주었다는 것을 보여 준다. 새로운 세기가 펼쳐지면서 복음주의 신학자들과 학자들은 전통적인 경건을 최신의 성경적, 신학적 지식과 조화롭기 위해 뚜렷한 현대화 노력을 기울였다.

그러나 이런 사역 이면의 건설적인 의도에도, 제1차 세계대전(1914-1918) 직전 몇 년간 시대의 불안은 성경에서 말하는 의제들과 그와 관련된 의제들에 관한 차이점들로 인해 또 다른 분열을 일으키기 시작했다. 이런 반응은 1910년 무디 선교회의 영국 선교로 생긴 '케임브리지대학간 기독연합'(Cambridge Inter-Collegiate Christian Union[CICCU]) 학생 회원 22명이 '학생기독 운동'(Student Christian Movement[SCM])에서 17대 5의 과반수로 투표해 탈퇴하기로 하면서 나타났다.[67]

다른 문제들도 포함되어 있었지만, 근본 원인은 성경 해석의 차이였다. SCM은 성경에 대한 새로운 관점에 개방적이었지만, CICCU는 전통적 이해를 고수했고 고등 비평을 깊이 불신했다. CICCU가 택한 방향은 이듬해 토레를 초청해 대학 선교를 수행하게 하면서 나타났고, 또한 '영국학생자원선교연합'(British Student Volunteer Missionary Union)으로부터 탈퇴하여 '케임브리지자원자연합'(Cambridge Voluntary Union)을 재건함으로써 나타났

---

[67] *Old Paths in Perilous Times: An Account of the Cambridge Inter-Collegiate Christian Union* (n.p.: 1913)에 실린 조나단 태커(Jonathan Thacker)와 수잔나 클라크(Susannah Clark)의 수정주의 해석, 'A Historical and Theological Exploration of the 1910 Disaffiliation of the Cambridge Inter-Collegiate Christian Union from the Student Christian Movement,' 2008년 12월 옥스퍼드에서 열린 'Evangelicalism and Fundamentalism in Britain' conference에 제출된 미발표 논문.

다.[68] 복음주의 세계 한구석의 한 줌의 학생들의 비타협적 태도보다 더 위태로운 것이 많았다. 1910년 학생들이 세계 각지의 지도자들이 되면서 성경적 충실성을 걸고 분리적 입장을 취하는 경향이 확산했다.

이 분열은 조지 잭슨(George Jackson)을 맨체스터 디즈버리대학(Didsbury College)의 설교학 및 목회 신학 교수로 임명한 것을 두고 캐나다와 영국 메소디스트 교회에서 벌어진 논쟁과 맥을 같이 했다.[69] 잭슨은 처음에는 에든버러에서 설교자로, 그다음에는 1909년에서 1913년까지 토론토 빅토리아대학(Victoria University)에서 영어성경 교수로 재직하면서 유명해졌다. 1912년 영국 웨슬리안 대회에서 행한 그의 페른리 강연(Fernley Lecture)은 『설교자와 현대 지성』(*The Preacher and the Modern Mind*)으로 출판되었는데, 격렬한 논란을 불러일으켰다. 따라서 그의 디즈버리 임명은 그가 성경 무오성을 포기했다는 이유로 반대를 받았다.

이는 사역을 위해 사람들을 준비시키는 임무를 맡은 사람에게 위험한 특징이었다. 임명을 막으려는 노력이 실패하자, 잭슨의 반대자들은 함께 뭉쳐 1913년 '웨슬리성경연맹'(Wesley Bible Union)을 결정했다. 이 연맹은 현대주의자의 배교로부터 메소디스트 교회를 구할 유일한 길로서 신앙을 위해 투쟁하는 영구적인 조직이었다.[70] 영국이 전쟁 기간에 들어서면서 '웨슬리성경연맹'의 공격은 성경과 전통적 메소디스트 신조를 전복하는 것은 무엇이든지 포함하는 방향으로 확대되었다. 일부 메소디스트는 주류 성서 비평의 결론 조차 묵인할 수 없었다.

---

68 Marcus L. Loane, *Archbishop Mowll: The Biography of Howard Kilvinton Mowll Archbishop of Sydney and Primate of Australia* (London: Hodder & Stoughton, 1960), 43–55, esp. 52; J. C. Pollock, *A Cambridge Movement* (London: John Murray, 1953), 14–15장을 보라.

69 David W. Bebbington, 'The Persecution of George Jackson: A British Fundamentalist Controversy,' *SCH* 21 (1984), 421–433.

70 Martin Wellings, 'Methodist Fundamentalism Before and After the First World War,' in Bebbington and Ceri Jones (eds.), *Evangelicalism and Fundamentalism*, 76–94.

미국교회들 사이에서는 1880년대와 1890년대의 신학적 폭풍이 지난 후 20세기 초에 상대적으로 조용한 기간이 있었다.[71] 그러나 더 소란스러운 미래의 전조가 된 동요들이 있었다. 최근에 설립된 '시카고대학'(University of Chicago) 신학부의 자유주의가 확인되면서 침례교 큰 그룹이 일리노이 '침례교대회'(Illinois Baptist Convention)를 탈퇴해 '남침례교대회'(1907년)로 떠났다. 6년 후 온건한 보수주의자들은 새로운 대안 학교로 '북부침례신학교'(Northern Baptist Seminary)를 시카고에 설립했다. 마찬가지로 '유니온신학교'(Union Theological Seminary)의 목회자 후보생들의 진보적 경향에 놀란 북장로교인들은 1910년 총회를 설득해 '핵심적이고 필수적인' 교리들의 5개 조 선언을 채택했다.

이런 최소한의 교리를 확언하도록 안수 후보자에게 요구하는 것은 보수주의자들이 그들의 정통성을 시험하는 수단이었을 뿐만 아니라, 그 교파의 보수주의자들과 진보적 구성원들 사이의 잠재적 전선을 분명히 하는 것이었다.

6. 결론

복음주의 역사에서 세기의 전환기를 주목할만한 성취의 시기로 보아야 하는 이유 중 하나는 신학적인 활동이다. 이 운동 전반에 걸쳐 세기말 동안에 이전 어느 시대보다 더 공식적인 성경신학과 창조적 신학이 일어났다. 또한, 복음주의 성경신학과 신학의 일반적 기준은 비길 데가 없었고, 이 운동은 각자 자기 분야에서 A. S. 피크와 P. T. 포사이스 같이 뛰어난 공헌자들을 배출했다.

---

71 Marsden, Fundamentalism and American Culture, ch. 13, esp. 117; Bradley J. Longfield, *The Presbyterian Controversy: Fundamentalists, Modernists, and Moderates* (New York: Oxford University Press, 1991), 23-25.

이런 학자들이 중도 좌파에 속했다고 할 수 있다면 제임스 오르와 벤자민 워필드 같이 뛰어난 사람들은 중도 우파의 대표자들이라고 할 수 있다. 지리적 범위로도 20세기 초 복음주의 신학은 전례가 없었다. 이전의 식민지 사회가 성숙하고 교회생활이 발전함에 따라, 토론토나 멜버른 같은 신학적 활동 지역이 등장해 앤드류 하퍼 같은 사람들을 길러 냈다. 그는 멀리서 성경과 신학에 대한 복음주의적 이해의 더 큰 문화에 기여할 수 있었다.

이런 복음주의 신학의 번영을 주도한 것은 현대 세계에서 복음주의의 효과적인 성경주의를 옹호하고 설명하고 수행하기 위한 시도였다. 무엇보다도 그 선도적 사상가들은 자기 사회의 추종자들을 얻고 유지하는 방식으로 복음주의를 제시하려고 했다. 문화적 권위 상실에 대한 근본적인 불안은 공유된 헌신에 대한 다른 접근을 만들어냈고, 이는 이 운동의 다양성을 가중했다.

성경의 권위에 대한 불확실성은 근본주의 충동을 좁히는 결과를 낳았고, 따라서 이는 표면상 전통적 입장의 강력한 논쟁적 주장을 만들어냈다. 근본주의 충동과 함께 등장한 것은 성서 비평 방법에 적당한 자리를 내어 줄 수 있는 관용적인 기준의 필요성을 수용하고, 물려받은 신학적인 입장을 어느 정도 재진술하는 것이었다. 이런 시도는 현대화 프로그램의 가능성에 대한 희망으로 지속하였지만, 그에 수반하여 폭넓은 관점과 활동들을 포괄했으며, 특정 문제에 대한 견해차를 만들어 냈다.

그 결과 한편에서는 복음주의 운동의 다양화가 심해졌으며, 다른 한 편에서는 자기 전통에 헌신하면서 현대 세계의 긴장을 느끼던 복음주의자들의 지지를 얻기 위한 경쟁이 심화했다. 그러나 분리로 이끄는 힘이 강한 곳에서도 공동 목표를 추구하며 협력하는 복음주의적 헌신의 특징 때문에, 차이에 의한 분열은 제한되었다.

『근본주의자들』과『국제 성경 백과사전』이 보여주었듯이, 20세기 첫 10년 말에 복음주의 연합은 '신신학'에 대해 효과적으로 반응하고 있었다. 그와 동시에 논쟁과 분열은 과도기에 있는 운동의 취약성을 드러낸 것이었다. 그럼에도 전에 없던 자기들의 지위를 활용해야 했던 세기말 복음주의자들은 자신들의 신앙이야말로 사회와 접속하는 열쇠가 된다는 믿음으로 활발한 논의를 지속했다.

제5장

사회 복음?
A Social Gospel?

　회심주의와 신학이 복음주의자들의 사생활과 교회생활을 사회와 연결하는 두 개의 다리였다면 다방면의 사회 활동은 또 다른 통로였다.[1] 이것은 공적 생활에 관여하던 복음주의 운동 역사의 아주 초기부터 그들이 성경을 읽으며 배운 것과 영성을 기르며 발달한 분석력의 결과였다.

　이런 추진력은 복음주의자들이 복음 윤리를 강화하려고 애쓰면서 다양한 개혁 활동과 자선 단체 참여로 이어졌다. 문명을 이끌고 문화를 만드는 그들의 능력은 저항과 개혁 운동의 역사적 정점에서, 즉 1833년 영연방의 노예제도 폐지가 미국의 폐지론자들에게로 30년 넘게 이어짐으로써 나타났다.

　복음주의자들이 현대화 과정에서 야기된 다양한 사회적, 인도적 필요를 폭넓게 붙잡고 씨름하면서 노예제 반대 운동의 언어와 방식은 다른 목표로 옮겨졌다. 광범위한 사회 참여는 복음주의 기본 목적과 맞았기 때문에 계속 증가했다. 복음주의자들은 죄악으로, 복음 전파에 방해하는 것 그리고 프로테스탄트 기독교와 어긋난 것으로 인식된 관습에는 저항했고 개혁

---

[1] Brian Stanley, 'Evangelical Social and Political Ethics: An Historical Perspective,' *EvQ* 62.1 (1990), 19–36.

에 나섰다. 19세기 후반을 지나면서, 확장된 복음에 없어서는 안될 범주로서 복음주의자들의 사회 정치적 참여 증가와 같은 사회 활동은 세기말 복음주의의 또 다른 역동성이었다.

여러 이유로 세기말 복음주의자들의 사회와의 상호 작용은 현대화의 분열이 가장 잘 드러나는 영역이었다.[2] 찰스 부스(Charles Booth)의 『런던 시민의 생활과 노동』(*Life and Labour of the People in London*, 1889-1903)과 잉글랜드 북부 도시 요크의 노동과 주거 상태를 기술한 시봄 라운트리(Seebohm Rowntree)의 『빈곤: 도시생활 연구』(*Poverty: A Study in Town Life*, 1903) 같은 초기의 사회과학적 조사들로 자신들이 관찰한 것보다 더 알게 되자, 복음주의자들은 문제의 방대한 규모와 해결책에 대한 자신들의 이해 부족으로 인해 불안해했다.

그들은 강력한 세속적 개혁이념들과 내적으로는 미국 내 진보 운동의 기독교적 요소였던 이른바 사회 복음과도 직면했다. 그 문제에 관한 애매하고 불확실한 표현들을 통해 일부 역사가들은 20세기 초 복음주의의 사회적 헌신의 쇠퇴를 분별할 수 있었다. 이런 해석은 복음주의자들을 소외시키는 사회 복음의 정의가 선호하는 것이었다.[3]

사실 '그 당시에 예수의 가르침과 기독교 구원의 총체적 메시지를 개인은 물론 경제생활과 사회 제도들까지 포함하는 사회에 적용하는' 것으로 이해되었던 사회 복음은,[4] 그들에게 충분히 광범위해서 자기들도 그 일부로 여겨질 정도였다. 복음주의 운동의 다른 면에서도 그렇듯이, 분열의 영

---

[2] 그 배경에 대해서는 다음을 보라. John Maloney and David Thompson, 'Christian Social Thought,' in *CHC8*, 142-153.

[3] Paul T. Phillips, *A Kingdom on Earth: Anglo-American Social Christianity, 1880-1940* (University Park, Pa.: Pennsylvania State University Press, 1996), xvi-xx; William R. Hutchison, *The Modernist Impulse in American Protestantism* (Durham: Duke University Press, 1992), 164-174.

[4] By the American Shailer Matthews in 1921, quoted in Ronald C. White, Jr., and C. Howard Hopkins, *The Social Gospel: Religion and Reform in Changing America* (Philadelphia: Temple University Press, 1976), xi.

향은 복음주의자들이 현대 세계에서 그들의 합법적 역할과 영향력을 상실하지 않기 위해 참여하고 활동하게 하는 자극제였다.

1. 20세기 초 복음주의의 사회 행동주의

세기 전환기의 복음주의자들은 복음을 사회에 적용하는 데에 열정적으로 헌신했다. 목사들은 그 주제의 여러 측면을 설교로 전했고, 교인들에게 '가정과 학교와 직장과 마을회관에 그리스도의 십자가를 심을 것'(떠오르는 뉴욕시의 근본주의자 존 로치 스트라턴의 말)을 권했다.[5]

신학자들과 교사들은 현대 사회의 문제들을 분석하면서 성경적 가르침과 연관 지어 설명하고, 다양한 반응을 옹호하는 수많은 책을 썼으며, 복음주의 신문과 잡지에는 사회적 기독교를 다룬 기사들이 연재되었다. 회의와 모임에서 많은 연설이 이루어졌고, 사회적 주제들에 관한 해결책들이 개진되었다. 복음주의 공동체의 기도에는 사회적 악폐를 바로잡고 사회를 구원하기 위한 간구가 포함되었다. 20세기 초 복음주의자들의 사회적 발언은 적어도 이전 세대들의 것과 동일했다.

말한 것이 대부분 실행되었다. 피어슨은 세기 전환기에 걸친 복음주의 진보를 기리면서 '노력과 결과 모두에 있어서 역사의 다른 시기를 넘어서는 방대한 구원 사역'이라고 말했다.[6] 피어슨의 설명으로는 이런 판단을 증명하는 자선 사역들로는 구세군(Salvation Army)과 미국자원 봉사자회(American Volunteers), 선원선교회(Royal National Mission to Deep Sea Fishermen, 영국),

---

5 John Roach Straton, *The Salvation of Society and Other Addresses* (Baltimore, 1908), 24, quoted in Gary Scott Smith, *The Search for Social Salvation: Social Christianity and America, 1880-1925* (Lanham, MD: Lexington Books, 2000), 406.

6 Arthur T. Pierson, *Forward Movements of the Last Half Century* (London: Garland Publishing, 1984 [1905]), 351.

뉴욕제리맥컬리선교회(Jerry McAuley Mission, 노숙자구호단체)와 플로렌스크리텐튼선교회(Florence Crittenton Mission, 여성구호단체)가 대표적이다. 복음주의의 사회 사역들이 이루 헤아릴 수 없을 만큼 다양한 목적과 관심을 감당했기 때문에, 적절한 조사가 더 이루어져야 했을 것이다.[7]

복음주의 세계 전역에서 도시 기반의 복음주의 사회복지 사업은 19세기에 시작해서 20세기까지 묵묵히 계속되었다. 그것은 식량과 거처 제공, 의료 서비스 및 신체 구호, 휴가 및 신선한 공기 프로그램, 실업자들을 위한 직업 및 기술 훈련 그리고 정착민 사회에서 이민자들에 대한 지원을 포함했다.[8] 감옥과 매음굴에 갇힌 이들에 대한 구조 작업은 지속적으로 형법 개정을 압박하고 조직적으로 소녀들을 매매하는 '백인 노예 무역'(white slave trade, 성 노예 무역)에 반대함으로써 보완되었다. 세기 전환기에 복음주의의 사회적 노력은 분량이나 범위에서 줄어들지 않았다.

복음주의의 사회 사역들은 사회 문제에 관해 폭넓은 합의가 있었음을 입증하지만, 그 운동의 이런 면은 다른 문제들 못지않게 여러모로 논쟁이 되었다. 좌파에서는 복음의 사회적 적용이 종종 우선시 되었다. 이런 입장은 복음주의에서 이탈하는 것으로 보일 수 있었지만, 전통적인 경건이나 개인적인 회심의 필요성을 주장함으로써 충분히 보강되는 일이 드물지 않았다.

미국인 조시아 스트롱(Josiah Strong)은 변화하는 사회적 지성적 환경에 마음이 움직여 '기독교의 사회적 해석'을 가장 먼저 주창한 사람이었다.[9] 그는 '복음주의연맹'(Evangelical Alliance) 미국 지부 사무총장으로서 10여 년 넘게 복음주의와 연계해 사회 개혁을 추진한 후, 1898년 연구와 교육과 직접적인 옹호를 통해 사회 변화를 촉진하기 위해 '사회 봉사연맹'(League

---

7   예를 들어 Josiah Strong, *Religious Movements for Social Betterment* (New York: Baker & Taylor, 1900).

8   Norris Magnusson, *Salvation in the Slums: Evangelical Social Work, 1865–1920* (Metuchen, NJ: Scarecrow Press and the American Theological Library Association, 1977).

9   Donald K. Gorrell, *The Age of Social Responsibility: The Social Gospel in the Progressive Era, 1900–1920* (Macon, GA: Mercer University Press, 1988), 11–13, 31–32.

for Social Service, 후에 American Institute for Social Service로 바뀜)을 세우려고 떠났다. 이것이 그의 복음주의적 과거와의 단절은 아니었다. 스트롱은 부흥운동가 전통에서 진전되어 더 나은 단계로서 그리고 미국의 차기 대각성을 위한 조건으로서 사회적 기독교를 강조했다.[10]

사회적 기독교를 옹호하는 데 있어서 그를 능가한 사람은 1907년 『기독교와 사회적 위기』(Christianity and the Social Crisis)를 시작으로 영향력 있는 연작을 저술한 미국인 친구 월터 라우쉔부쉬(Walter Rauschenbusch) 뿐이었다.[11] 독일 침례교 전통에서 자란 라우쉔부시는 그 전통을 한순간도 버리지 않았으며, 항상 무엇보다 목사로서 자기 양 떼의 복지와 영적인 삶을 염려했다.

사회적 죄가 만연한 상황에서 가장 큰 필요는 하나님에 의한 회심과 영혼의 회복으로 일으킬 수 있는 참된 기독교 윤리가 되살아나는 것이었다. 예수는 개인뿐 아니라 인류를 구원하기 위해 오셨다는 그의 메시지는 복음주의를 대체하기 위함이 아니라 그것을 완성하기 위한 것이었다. 스트롱과 라우쉔부시가 정통 신학의 경계를 시험해 보기는 했지만, 그들은 영적 거듭남의 연장으로서 사회적 변혁을 제시했다.

영어권 세계 다른 곳에서도 사회적 기독교가 거의 동시에 부상하고 있었다. 새뮤얼 초운(Samuel Chown), T. 앨버트 무어(T. Albert Moore), 휴 돕슨(Hugh Dobson), C. W. 고든(C. W. Gordon) 같은 캐나다인들에게 새로운 사회적 기독교에 대한 헌신은 복음을 효력 있게 만들고, 그럼으로써 급변하는 캐나다를 기독교화하는 수단이었다.[12] 웨슬리파(Wesleyan) 새뮤얼 키블(Samuel Keeble)은

---

10 Josiah Strong, *The Next Great Awakening* (New York: Baker & Taylor, 1902).
11 Rauschenbusch's 'evangelical-liberal faith' is a theme of the most recent biography, Christopher H. Evans, *The Kingdom Is Always but Coming: A Life of Walter Rauschenbusch* (Grand Rapids: Eerdmans, 2004). See also Matthew Bowman, 'Sin, Spirituality, and Primitivism: The Theologies of the American Social Gospel, 1885-1917,' *RAC* 17.1 (2007), 95-126.
12 Nancy Christie and Michael Gauvreau, *A Full-orbed Christianity: The Protestant Churches and Social Welfare in Canada 1900-1940* (Montreal: McGill-Queen's University Press, 1996).

문서 사역을 통해 비공식적으로 그리고 그가 설립을 도왔던 '웨슬리안메소디스트사회 봉사연합'(Wesleyan Methodist Union of Social Services)을 통해 제도적으로 전 인류의 사회적 관계를 변혁할 사랑과 선의와 형제애의 기독교 정신을 영국 비국교도들이 함양하게 하는 데에 앞장섰다.[13]

평신도들에게도 사회는 그들의 믿음을 실제로 적용하기 위한 우선적인 영역일 수 있었다. 웨일스인 조셉 브랜치(Joseph Branch)는 헌신적인 칼빈주의 메소디스트 신자였고, '독립노동당'(Independent Labour Party)의 일원이었으며, '시골지역연락선협회'(Briton Ferry Rural District Council)의 의장으로서 노동자들의 주거 환경 개선을 위해 일생을 헌신했다.[14] 몇몇 복음주의자들은 다양한 이유로 사회적 복음을 우선시하는 것처럼 보였다.

복음주의 운동의 우파에서는 사회 사역이 경시될 수 있었다. 이 복음주의자 중 일부에게는 사회 복음에 대한 반대가 원칙의 문제가 아니라 단순히 우선권의 문제였다. 그들은 영적인 일뿐 아니라 이 문제에 대해서도 시간이 충분치 않았다. 부흥 운동가 토레이가 가장 좋은 예다. 그는 무관심하지 않았다. 그는 사역 초기에 당시 미국에서 대표적인 개신교 사회 봉사 기구였던 '국제노동자협회'(International Workers' Association) 의장을 지냈다.[15]

그러나 국제적 복음 전도자로 등장한 후에 사회적 복지사역은 복음 전도사역에 확실히 종속되었다. 웨일스인 W. T. 글린 에반스(W. T. Glyn Evans)도 이와 비슷하게 실용적이었다. 교회의 유일한 선교는 사람들이 내세를 준비하도록 하는 것이라는 그의 주장은 사회적이고 정치적인 물음들의

---

13 David Thompson, 'The Christian Socialist Revival in Britain: A Reappraisal,' in J. Garnett and C. Matthew (eds.), *Revival and Religion Since 1700: Essays for John Walsh* (London: Hambledon Press, 1993), 273-295.
14 Robert Pope, *Building Jerusalem: Nonconformity, Labour, and the Social Question in Wales, 1906-1939* (Cardiff: University of Wales Press, 1998), 102.
15 Timothy E. W. Gloege, 'A Gilded Age Modernist: Reuben A. Torrey and the Roots of Contemporary Conservative Evangelicalism,' in Darren Dochuk et al. (eds.), *American Evangelicalism: George Marsden and the State of American Religious History* (Notre Dame: University of Notre Dame Press, 2014), 199-229.

대립에 대한 우려에서 비롯되었다.¹⁶

그러나 다른 사람들은 자신들의 견해에서 더 확고했다. 그들은 사회 문제가 교회에는 너무 복잡하다고 주장했다. 어떤 경우에도 그런 우려는 역효과를 낳을 수 있었다. 사회 참여의 세속화 효과는 교회가 영향력을 잃게 할 수 있었다. 일부 영국 복음주의 국교회 성직자들은 사회적 조건들이 개선되는 것을 보거나 심지어 악마적 영감을 받은 산만함으로 인해 더 큰 사회 참여가 불필요하다고 생각했다.¹⁷

다른 복음주의자들, 주로 사이러스 스코필드(Cyrus Scofield)와 아이작 할데만(Isaac Haldeman) 같은 전천년주의자들에게는 사회를 개선하는 일들이 시간 낭비였다. 그리스도의 재림이 임박했다. 아직 기회가 있을 때 사람들을 구원하는 일이 가장 중요했다. 더 나아가 사회 개선을 바라는 것은 신기루였다. 교회가 사회 문제를 고치려 노력하는 것은 천년왕국 때 세상이 좋아질 것이라고 가정하는 후천년주의적 오류로 치부되었다.¹⁸

단연코 가장 우세한 입장은 중도파였다. 복음주의 중도파들에게는 종교 활동과 사회 사역이 확연히 조화되었다. 그것들을 함께 유지할 필요성이 세기말 복음주의자들에 의해 세계 전역에서 수차례 반복되었다. 1904년 미국 장로교 목사 J. D. 골드(J. D. Gold)는 그 연합의 불가분성을 언급하면서 이 입장을 대변했다.

> 그리스도의 교회와 사회적 개혁을 말로 결합하는 것은 불필요해 보일 것이다. 왜냐하면, 하나님이 하나 되게 하신 것을 우리가 떨어진 것으로 여겨서는 안 되기 때문이다. 교회는 국가나 지역공동체의 사회생활 바깥에

---

16 Pope, *Building Jerusalem*, 152–153.
17 David W. Bebbington, *Evangelicalism in Modern Britain: A History from the 1730s to the 1980s* (London: Unwin Hyman, 1989), 213–214.
18 Smith, Search for Social Salvation, 380. Matthew Sutton, *American Apocalypse: A History of Modern Evangelicalism* (Cambridge, MA: Belknap Press, 2014), 32–34. 19. J. D. Gold, 'The Church and Social Reform,' *RPC 1904*, 163.

선 것으로 생각될 수 없다. 사회적 문제들을 상당히 자연스럽게 붙잡아야 할 것 같다. 자신의 것을 주장하듯이 ….[19]

기독교의 두 국면이 협력을 유지해야 할 단순한 필요성에 대해 많은 이가 골드에게 동의했다. 그것은 사실상 동등한 파트너의 결합이었다. 다른 이들은 사회 사역이 분명히 개인 구원을 위한 복음 전파에 종속된다고 주장했다. 이 복음주의자들의 정확한 견해가 무엇이든지 간에, 그들은 개인적 중생이 이타적 행위의 원동력이라고 믿었다. 회심한 사람들이 믿음 안에서 양육되고 사회 문제에 대해 교육을 받으면 그들은 그저 개인적인 자선행위로만이 아니라 사회 개혁 운동에 참여함으로써 삶의 조건들을 향상하는 일에 나설 것이다.

인디애나폴리스의 감리교도 워스 M. 티피(Worth M. Tippy)가 지적했듯이, 이 역동성은 '인간 마음의 영원한 복지뿐 아니라 가정, 사회적 관습, 산업 조직, 교육, 정부, 외교, 문학과 예술, 사회악 교정 등'에 적용될 수 있다.[20] 그리고 그런 사회적 의식이 있는 그리스도인들의 수가 늘어날수록, 그들은 사회에 더 큰 영향을 줄 수 있다. 이 때문에 티피는 '두 요소가 함께 전파되면 그것들이 언젠가 구속된 사회를 출현하게 할 것'이라고 예견할 수 있었다. 그들의 기독교는 사회 사역 없이는 상상도 할 수 없었을 뿐 아니라, 이 복음주의자들에게 미래 사회의 희망은 그것에 달려 있었다.

사회 사역을 거부하는 것과 신학적 우파를 동일시하고 사회 사역을 우선시하는 것과 좌파를 동일시하는 것이 편리해 보이겠지만, 사실 사회적 기독교에 대한 복음주의적 태도는 그렇게 깔끔하게 분류되지 않는다. 전적으로 신학적 문제에 집중하는 사람들이 있었지만, 진보적 복음주의자가 사회 사역을 거부한 예는 없었으며, 오히려 근본주의 충동에 사로잡힌 사

---

19 J. D. Gold, 'The Church and Social Reform,' *RPC 1904*, 163.
20 다음 책에서 인용했다. Gorrell, *Age of Social Responsibility*, 29–30.

람들도 빈번하게 사회사업의 옹호자들이었다.

캐나다 감리교인 앨버트 카르맨(Albert Carman)은 성경적 문제에 관해 극단적 보수주의자였으며, 사회 사역의 필요성에 관해서도 그와 똑같이 맹렬했다.[21] 온통 영혼구원을 강조했을 것처럼 생각되는 부흥 운동가들은 개인적 회심에 대한 전통적 복음주의 메시지에 사회적 차원을 더할 수 있었다.[22]

한창 부상하던 미국 근본주의자들 마크 매튜스(Mark Matthews)와 윌리엄 벨 라일리(William Bell Riley)는 둘 다 개혁작업에 기여했다.[23] 사회적으로 신중한 케직 운동 내에서도 기독교적 봉사의 개념은 복지활동을 포함하는 데까지 확대될 수 있었다.[24]

19세기 후반 토론토에서 윌리엄 홈즈 하우랜드(William Holmes Howland)를 중심으로 형성된 네트워크가 보여주듯이, 전천년주의적 견해도 기독교적 증언을 품고 최후 심판을 위한 그리스도의 재림을 준비하는 수단으로서 사회적 발전이 개인적 성장과 나란히 가야 한다는 견해를 뒷받침했다.[25] 반현대적 복음주의자들 사이에서도 개인적이고 사회적인 구원은 개혁적인 '구세군 사상' 안에 결합하여 있었다. 상대적으로 소수의 세기말 복음주의자들만이 사회적 관심을 갖지 않았을 뿐이다.

---

21 Christie and Gauvreau, *A Full-orbed Christianity*, 21–22, 209–210.
22 Smith, *Search for Social Salvation*, 25–26.
23 Ferenc Szasz, *The Divided Mind of Protestant America, 1880–1930* (Tuscaloosa: University of Alabama Press, 1982), 58–61, with other examples.
24 Ian M. Randall, 'Spiritual Renewal and Social Reform: Attempts to Develop Social Awareness in the Early Keswick Movement,' *VE* 23 (1993), 67–86.
25 그 표현은 다음 책에서 가져왔다. Darren Dochuk, 'Redeeming the City: Premillennialism, Piety and the Politics of Reform in Late-Nineteenth Century Toronto,' *Historical Papers 2000: Canadian Society of Church History*, 53–72.

2. 복음주의 사회적 행동주의의 유형

몇 가지 주목할만한 윤곽이 20세기 초 복음주의 활동 전반에 뚜렷이 나타난다. 모든 수준에서 힘을 불어넣는 노력을 한 것은 사실상 스스로 자신의 말과 행동으로 자기 주변 사람들의 삶을 변화하게 하려고 했을 뿐 아니라 자신이 속한 단체와 공동체가 사회 사역에 더 힘을 쏟게 하려고 했던 개인들이었다. 명확히 구분하기는 어렵지만, 여기에는 두 가지 주된 유형이 있다.

한편에는 행동하는 남녀들이 있었다. 이런 행보를 보여준 가장 인상적인 예는 F. B. 마이어(F. B. Meyer)였다. 그는 50년 넘게 잉글랜드 침례교 목사였고, 때때로 '침례교연맹'(Baptist Union)의 대표와 '자유교회협의회'(Free Church Council) 의장이기도 했다.[26] 그는 복음의 대안으로서가 아니라 복음을 효력 있게 하는 방안으로서 사회적, 정치적, 심지어 상업적 활동에까지 폭넓게 참여했다. 그가 한 모든 일에서는 두말할 것 없이 영적인 것이 우선이었고, 갱신된 마음이 사회적 쇄신의 토대였다.

1903년에서 1913년까지 '교회와노동위원회'(American Board of Church and Labor) 회장이었던 장로교도 찰스 스텔즐(Charles Stelzle)은 교회가 노동자들을 포용하도록 끊임없이 운동을 벌이고 모든 사회 문제에 예수의 정의와 사랑과 섬김의 원리를 적용함으로써 미국 '노동계의 사도'(Apostle to labor)로 떠올랐다. 그는 1910년 '뉴욕노동의전당'(New York Labor Temple)을 설립해 금요일 밤 집회 말고도 클럽, 건강 활동, 영화, 합창단, 공개 토론으로 뉴욕 동부지역(Lower East Side)의 노동자들과 이민자들의 종교적 필요뿐 아니라 사회적, 지적 필요까지 돌보았다.[27]

대니얼(Miss Daniel)과 팍스(Miss Parks) 그리고 웨스턴(Miss Weston)의 군 요양소(soldiers' homes)사역, 브라운(Miss Brown)과 스티어(Miss Steer)의 노숙자와 매

---

26 Ian M. Randall, *Spirituality and Social Change: The Contribution of F. B. Meyer (1847–1929)* (Carlisle: Paternoster Press, 2003).
27 Szasz, *Divided Mind of Protestant America*, 51–55.

춘부 사역, 플로렌스 윌킨슨(Mrs Florence Wilkinson)과 샬롯 샤먼(Miss Charlotte Sharman)의 집 없는 아이들과 고아들 사역이 『더 그리스도인』(The Christian)을 통해 세상에 알려졌는데, 이 영국인 여성들은 복음주의 사회 사역의 공로가 '여성들의 사역'의 영향 아래서 이루어진 것이었다고 지적했다.[28]

다른 한편에는 라우쉔부시 외에도 사상과 저술로 운동을 이끄는 사람들이 있었다. 스코틀랜드 글래스고우에서 세인트 클레멘트교회(St. Clement's Church of Scotland)의 목사(1886-1938) 데이비드 왓슨(David Watson)은 '스코틀랜드기독교사회연합'(Scottish Christian Social Union)의 창설자로서 많은 저술과 기고를 통해 개인에 대한 교회의 선교에 없어서는 안 될 새로운 사회적 기독교의 사례를 제시하면서, 개인 구원 사역이 사회적 조건을 개선하는 일로 보완될 때 훨씬 더 효과적이었다고 주장했다.[29]

캐나다 감리교 새무얼 초운(Samuel Chown)은 당시의 지적인 문제뿐 아니라 사회적인 문제들에 관한 조직적인 연구가 필요하다고 주장했는데, 그는 이런 연구가 '기독교라 할 수 없는 비사회적 종교'와 '종교적 충격과 영향이 없는 사회적 구원 체계' 사이에서 선택하는 근거가 될 수 있다고 믿었다.[30]

캔자스의 찰스 쉘던(Charles Sheldon)은 예수의 모범과 교훈을 따르는 전통적 윤리가 사회적 조건을 향상한다는 것을 보여 주는 약 25권의 책을 썼다. 일반적으로 생각하는 것보다 훨씬 더 실질적인 20세기 초 복음주의의 사회적 논평은 현대 사회의 조건에 계속해서 복음을 적용하도록 자극을 주었다.

---

28 C (13 Aug. 1908), 25; (17 Dec. 1908), 21-22; (13 May 1909), 23; (12 Aug. 1909), 17-18; (7 Oct. 1909), 17; (11 Nov. 1909), 21-22; (16 Dec. 1909), 37; (30 June 1910), 15; (10 Nov. 1910), 17; (24 Aug. 1911), 21; (5 Oct. 1911), 29; (9 Nov. 1911), 14; (25 Apr. 1912), 21; (16 May 1912), 16; (30 May 1912), 20; (17 Oct. 1912), 28; (11 Dec. 1913), 36; (7 May 1914), 22.
29 Michael A. McCabe, '"Luther's Blunder": David Watson and Social Christianity in Early Twentieth-Century Scotland,' RSCHS 30 (2000), 193-221.
30 Christie and Gauvreau, A Full-orbed Christianity, 14-16.

세기가 바뀔 무렵, 복지 사업도 교회들이 운영한 국내 선교에서 두드러졌다. 구세군과 그 모방자들은 사회 봉사를 복음 전도와 함께 계속했다. 각 교파나 준교파 외에도 아프고 가난하고 혜택을 받지 못한 사람을 돕는 기관과 자선 단체들이 대단히 많았다. 예를 들어 복음주의적 자선 사업의 목적을 홍보하기 위해 런던에서 매년 5월에 열린 회의에 대표로 참석한 단체들에서 충분한 표본을 얻을 수 있다.

CMS 같은 기관과 함께 '런던의료선교회'(London Medical Mission), '반노예및원주민보호회'(Anti-slavery and Aborigines Protection Society), '아편무역억제회'(Society for the Suppression of the Opium Traffic), '아시아난민구호소'(Strangers' Home for Asiatics), '기독외판원협회'(Commercial Travellers' Christian Association), '화이트채플근로청소년학교'(Whitechapel Working Lads Institute), '아동복지회'(National Children's Home), '부랑노인복지회'(Aged Pilgrims' Friend Society), '평화협회'(Peace Society)가 있었다.[31] 초교파적 '기독교남녀청년회'(Young Men's and Young Women's Christian Associations, YMCA, YWCA)는 복음주의 세계 전역에서 다양한 교육활동과 봉사활동을 복음과 결합했다.

'기독면려회'(Christian Endeavour Societies)와 '엡워스루터청년회'(Epworth and Luther Leagues) 등의 청년 단체들은 청년들 사이에서 전방위적으로 복음주의적 사회 봉사 활동을 추진했다. 필요가 있는 어느 곳에서든지 그 시대의 복음주의자들은 빈곤의 영향을 다소나마 해결하고 그 원인을 고치기 위해 사역을 개발하고 기관을 창설했다.

복음주의 세계의 수많은 교구와 공동체에서 사회 사역은 모든 지역교회와 공동체의 일상적 삶에 절대적으로 필요했다. 필라델피아 '베다니장로교회'(Bethany Presbyterian Church)와 애틀랜타 '센트럴장로교회'(Central Presbyterian Church)는 미국교회들 사이에서 광범위한 사회 사역을 수행하는 것으로 알려졌다. 영국 코벤트리(Coventry)의 '미들마치 세계'(Middlemarch

---

31 'May Meetings,' *C* (4 Apr. 1912), 27.

world, 조지 엘리엇의 소설의 배경)에서는 특히 '퀸즈파크침례교회'(Queen's Park Baptist Church)에서 교회와 함께 그 도시 사람들의 모든 필요에 직접 가 닿는 '실용적인 자선 활동의 전통'이 유지되었다.³²

호주 애들레이드(Adelaide)에 있는 '성삼위일체교회'(Holy Trinity Anglican Church)는 영국 가톨릭이 우세한 관구에서 복음주의적 증언을 계속하기 위해 항상 고심했는데, 1898년부터 결혼과 가정을 지키는 데 전념한 '어머니연합회'(Mothers' Union)와 아동과 청소년을 마약에서 벗어나게 돕는 '희망의 끈'(Band of Hope, 지금은 Hope UK) 지부가 그 활동에 포함되었다.³³ 지역 차원에서도 다른 사람을 돕는 여성사역이 그 진가를 드러냈다. 그들의 많고 다양한 노력은 복음주의 사회 사역이 본질상 당연하다는 것을 잘 보여 준다.

복음주의 사회 참여의 독특한 경향은 특히 선교지의 특수한 조건 하에서 두드러졌다. 미국 선교사 정치인 로버트 와일더(Robert Wilder)는 복음주의 선교의 근본 목적이 신앙적임을 의심하지 않았지만, 당시에 "선교사들은 사람들의 신체적, 도덕적 상황에 관심을 두고 … 의복과 산업과 의료를 변화시킨다. 그리고 그들의 사역은 더 널리 계몽해서 사람들이 무지와 부정과 독재와 악행에 불만을 갖게 한다"고 평했다.³⁴ 많은 사람이 이것을 그리스도를 닮은 동정과 가족적인 봉사의 일로 보았지만, 현대 선교 분석가 제임스 데니스(James Dennis)는 이렇게 덧붙였다.

> 선교는 사람들의 삶에 적용하면, 도덕적인 원칙이 위태로운 곳에 기독교의 근본원리를 가져가 제시한다. 그 원리는 사회적 관습이 하나님 말씀의 윤리적 기준과 충돌하는 곳에 침투한다. 그것들은 옛 관습이 그리스도의

---

32 Clyde Binfield, *Pastors and People: The Biography of a Baptist Church, Queen's Road Coventry* (Coventry: Queen's Road Baptist Church, 1984), 105, 144.
33 Brian Dickey, *Holy Trinity Adelaide 1836–1988: The History of a City Church* (Adelaide: Trinity Church Trust, 1988).
34 Robert Wilder, *Missionary Principles and Practice* (New York: Fleming H. Revell, 1902), 29, 30.

교훈과 양립할 수 없는 곳에 새로운 사상을 전하려 한다.³⁵

19세기 선교의 업적과 현재의 활동에 관한 세기 전환기의 수치만 보아도 이런 역동성의 결과를 알 수 있다. 계몽과 실용적 기술과 도덕적 힘을 장려하기 위해 설립된 교육 기관으로 88개 대학, 864개 기숙학교와 고등학교와 신학교, 179개 산업 훈련 기관과 강습반, 67개 의학대학과 간호대학, 121개 유치원, 18,742개 초등학교 또는 마을학교가 설립되었다.

그리고 몸이 아픈 사람들의 고통을 덜어주고 토속 종교의 돌팔이 의사들을 막기 위해 약 369개 병원과 772개 진료소가 설립되었다. 다른 형태의 사회적 고통을 완화하기 위해 고아원, 맹인과 나병 환자와 과부를 위한 보호소, 정신질환자 보호시설 같은 많은 자선기관과 교정기관이 설립되었다.³⁶ '제나너미션'(Zenana missions, 인도 여성의 위생과 교육의 개선을 도모한 기관) 같은 기관들을 통해 여성 해방이 이루어진 것은 선교 운동의 영광스러운 사건 중 하나로 기록되었다. 선교의 목적이 복음 전도인가 문명화인가를 두고 벌어진 20세기 초 논쟁은 복음주의 선교의 사회적 차원의 크기가 어느 정도였는지 알 수 있게 한다.³⁷

사회 사역이 폭넓은 지지를 얻은 것은 대체로 세기말 복음주의의 사회적 행동주의가 가진 두 가지 새로운 특징이 무엇인지 보여 준다. 관료 조직화로 향하는 현대 사회의 경향을 반영한 첫 번째 특징은 사회 사역의 효율성과 효과성을 높이기 위해 교파 내에서 기획과 조직이 증가한 것이다.³⁸ 캐나다 교회들이 그 길을 텄다.

---

35 James S. Dennis, *Christian Missions and Social Progress: A Sociological Study of Modern Missions*, 2 vols. (Edinburgh: Oliphant, Anderson & Ferrier, 1899), I, 25.
36 James S. Dennis, *Centennial Survey of Foreign Missions* (New York: Fleming H. Revell, 1902), 67–120, 192–232, 265–267.
37 39 페이지 위를 보라.
38 Exemplified in Peter Shepherd, *The Making of a Modern Denomination: John Howard Shakespeare and the English Baptists 1898–1924* (Carlisle: Paternoster Press, 2001).

1902년 감리교는 '복음전도와사회봉사부'(Department of Evangelism and Social Service)를 신설했다. 4년 후 장로교가 뒤이어 '사회봉사와복음 전도위원회'(Board of Social Services and Evangelism)를 구성했다. 두 조직 모두는 기독교가 급속한 변화를 겪고 있는 국가의 일부임을 확실히 하기 위해 사회 개혁분야에 쏟는 교회의 노력을 통합하고 사회 봉사를 복음 전도와 결합하려고 했다.[39]

1903년 미국 장로교는 찰스 스텔즐(Charles Stelzle)의 주도로 '교회와노동부'(Department of Church and Labor)를 만들었고, 그 후에는 '사회봉사위원회'(Commission on Social Services)를 만들어 널리 모방하기에 이르렀다.[40] 1910년 무렵에는 모든 주요 교파들이 사회 사역을 위한 기관을 만들었다. 체계를 갖추고 조직화하는 경향이 너무 널리 퍼지자, 감리교인 H. K. 캐롤(H. K. Carroll)은 비꼬듯이 말했다.

"교회 활동의 모든 단계에는 관심을 끌기 위한 어떤 특별한 형식의 조직이 있어야 하는 것 같다."[41]

그럼에도 많은 복음주의자는 사회사업과 자선 사업에서 합리적인 조직과 연합이 갖는 이점이 있다고 기뻐했다.

또한, 자원을 효율적으로 사용하고 사회적인 영향을 극대화하려는 관심은 복음주의적 사회 사역에서 교회일치 경향을 활성화했다. 1908년 '자유교회협의회'(Free Church Council) 설립을 위해 함께 모인 영국 자유교회들 사이에 협력이 촉진된 이유 중에는 정치적, 사회적 문제를 포함한 "인간 생활의 모든 관계에 그리스도의 법을 적용하라"라는 장려가 있었다.[42] 6년간의 협상 끝에 1908년 말까지 캐나다 감리교회, 장로교회, 회중교회가

---

39 Christie and Gauvreau, *A Full-orbed Christianity*, 3, 21–22, 34–36.
40 Catalogued in Smith, *Search for Social Salvation*, 437–460.
41 *EMC* 1911, 44.
42 E. K. H. Jordan, *Free Church Unity: History of the Free Church Council Movement 1896-1941* (London: Lutterworth Press, 1956), 53–54, with examples on 57, 75.

연합의 토대를 마련했다.

N. W. 로웰(N. W. Rowell)이 설명한 것처럼, 'ㄴ경쟁이라는 낭비적 정책이 아니라 … 협력이라는 형제다운 정책으로써' 이 지점에 도달했다. 그는 그 논거로서 '세상이 그리스도의 교회 전체의 단결된 힘과 활력의 영향을 느끼게 되는 것은 오직 이와 같은 것뿐이다'라고 덧붙였다.[43]

기독교 사역에서 협력을 이루기 위한 1914년 이전 노력의 정점은 1908년 '미국 그리스도의교회연방협의회'(Federal Council of Churches of Christ in America)의 설립이었다. 한편 개신교회의 자발적 유대는 그 목적 중에 가장 중요한 '인간 생활의 모든 관계에 그리스도의 법 적용을 증진하기 위해 사람들의 도덕적, 사회적 조건에 영향을 미치는 모든 문제에 그리스도의 교회 편에서 크고 통합된 영향력을 확보'하려는 열망을 가지고 '복음주의적 성격을 뚜렷이' 했다.[44]

복음주의자들이 1911년-1912년에 일으킨 '남성과신앙전진 운동'(The Men and Religion Forward Movement)은 남자들을 교회로 되돌림으로써 기독교 사회질서를 구축하기 위해 사회 개혁을 영혼구원과 나란히 놓았다. 그것은 사회적 기독교라는 대의 안에서 다른 사람과 협력하려는 미국 복음주의자들의 확고한 의지 표현이었다.[45] 다른 곳의 복음주의자들과 마찬가지로, 그들은 사회를 기독교화하는 작업이 더 효과적으로 이루어질 수 있도록 교회들 사이에 연결된 조직이 필요하다고 생각했다.

---

[43] N. W. Rowell, 'Interdenominational Cooperation,' *EMC 1911*, 296–297.
[44] W. H. Roberts, 'Church Federation,' *RPC 1909*, 400–401.
[45] *Messages of the Men and Religion Movement*. Vol. 4: *Christian Unity/Missions* (New York: Association Press, 1912); Gail Bederman, '"The Women Have Had Charge of the Church Work Long Enough": The Men and Religion Forward Movement of 1911–1912 and the Masculinization of Middle-Class Protestantism,' *AQ* 41.3 (1989), 432–465.

3. 복음주의 사회 참여의 양상들

20세기 초 사회적 관심이 형성되었던 구체적인 문제 중에 도시화 문제는 여전히 근본적인 것으로 남아 있다. 도시가 현대 세계의 주된 인구 통계학적 특징이 되면서 인간의 독창성과 도덕성에 도전하는 사회적 난제들이 폭증했다. 우려스러운 도시 생활의 다양한 측면에는 과밀한 연립주택과 빈민가, 빈약한 위생, 질병, 높은 유아 사망률, 되풀이되는 실업, 열악한 작업장, 아동과 여성의 노동 착취, 빈곤, 불충분한 교육과 기술 훈련, 노인과 과부에 대한 무관심, 악덕 그리고 여가를 누릴 만한 기회의 결여가 포함되었다.

특히 임금 노동자가 인구 대부분을 차지하는 현대 도시들은 복음의 교훈과 자신들의 사회적 봉사 소명을 실천하려는 사람들에게 깊이 도전했다.[46]

개인적 회심이 여전히 기본적인 치료책으로 여겨지는 가운데, 현대 도시 환경에 직면하는 것은 불가피한 부가 사역으로 받아들여졌다. 인접한 환경을 기독교화하기 위해 1880년에 설립된 '사회정착 운동'(Social settlements)은 어떤 면에서 최고의 도시사역 형태로 여겨지며 확대되었다.[47] 메소디스트들은 버려진 사람들을 위한 보호소와 선교센터, 실업자들을 위한 직업소개소, 삶을 깨끗하게 만드는 수단인 사회악 근절센터 등을 성공적으로 설립했다.[48] '즐거운일요일오후 운동'(Pleasant Sunday Afternoon movement)도 어느 정도 성공을 했다.[49]

---

[46] 예를 들어 Josiah Strong, *The Challenge of the City* (New York: Young People's Missionary Movement, 1907).

[47] W. Schenk, 'The Settlement,' *RPC 1909*, 345–350; George P. Eckman, 'Settlement Work,' *EMC 1911*, 401–404.

[48] Edward Boaden, 'Present Position of Methodism in the Eastern Section,' *EMC 1901*, 47, 48; Simpson Johnson, 'Methodism in the Eastern Section in the Last Ten Years,' *EMC 1911*, 71.

[49] J. Y. Simpson, 'Aspects of Home Mission Work,' *RPC 1909*, 350–355.

목적에 있어서는 복음주의적이지만 의도에 있어서는 '서로 돕는 형제애'로 사람들을 결속하려고 한 2,000개 이상의 단체가 20세기 초 영국에 설립되었으며, 거기에 약 50만 명의 노동자가 가입되었다.[50] 동시에 미국에서는 초기부터 '제도적교회 운동'(Institutional Church Movement)이 확산하기 시작했다.[51] 주류 교회를 중심으로 한 남녀 조직의 네트워크가 '친교 … 훈련 … 문화 … 사람을 고양하는 모든 것'을 제공함으로써 지역 사회에 봉사했다.

이런 단체의 진취적 기상이 일종의 '도시적 낙관론'을 유지했다. 그것은 또한 '전원도시 운동'(garden city movement)을 지지한 데서 명백히 드러났는데, 이 운동은 레치워스(Letchworth, 1903)같은 공동체를 낳았으며, 도시계획에 지속적인 영향을 미쳤다.[52] 도시가 종교활동의 중심이 되면서 복음주의자들은 현대 산업도시의 새로운 사회적 조건에 적절히 대응하지 못했다는 비판에(영국 회중주의자들을 위해 1899년 앤드류 마틴 페어번 A. M. Fairbairn이 제기했듯이)[53] 맞설 수 있는 정당성을 어느 정도 갖고 있었다.

도시에 대한 반응은 복음주의자들이 한편으로는 자선 구제와 다른 한편으로는 사회 문제에 대한 진실하고 정의로운 치료 사이의 차이를 점점 더 인식하고 있다는 하나의 신호였다. 그들은 혜택을 누려온 현 체제를 받아들임으로써 그리고 개인주의적 구원론에 심취해 구조적 문제에 대한 개인의 책임을 간과함으로써 종종 사회적 보수주의라고 비난을 받아왔다. 실제로, 주로 그들이 도시에서 관찰한 것에 근거해 조성한 복음주의적 '환경

---

50 David Killingray, 'Hands Joined in Brotherhood: The Rise and Decline of a Movement for Faith and Social Change, 1875-2000,' in Anthony Cross et al. (eds.), *Pathways and Patterns in History: Essays on Baptists, Evangelicals and the Modern World in Honour of David Bebbington* (London: Spurgeon's College; Didcot: Baptist Missional Society, 2015), 319-339.

51 Matthew Bowman, *The Urban Pulpit: New York City and the Fate of Liberal Evangelicalism* (New York: Oxford University Press, 2014), 112, 127-144.

52 David W. Bebbington, 'The City, the Countryside and the Social Gospel in Late Victorian Nonconformity,' *SCH* 16 (1979), 415-426.

53 A. M. Fairbairn, 'Discussion Following Professor Taylor's Address,' *ICC 1899*, 152.

결정론'(environmentalism)은 많은 복음주의자가 기존의 지배 질서를 비판하게 해 주었다. 그 결과 자본주의에 대한 광범위한 비판이 그 운동 안에서 일어났다.[54]

그 표적은 계급적 물질주의였다. 그것은 물질적 사치에 열중함으로써 부도덕성을 조장했고, 상업계에 부정직과 부패를 지속하게 했다. 그 작용은 고용주와 노동자를 서로 대립하게 했고, 공장 체제에서 노동자를 '기계의 일부가 되는 수준으로' 전락하게 했으며, 반복되는 실업을 용인하게 했다. 노동자들이 창출한 부를 공정하게 분배하지 못하는 한, 경쟁은 윤리적으로 건전한 것으로 간주할 수 없었다. 실제로 절박한 가난과 함께 막대한 부가 존재하는 체제는 본질적으로 뭔가 잘못되었다. 소수에 의한 토지 독점과 지주제도의 착취는 그냥 지나칠 수 없었다. 복음주의자들이 주변 세계에서 경험한 많은 것은 신앙에 뿌리를 둔 윤리적 가치와 상충했다.

그러나 사회적, 경제적 재건에 대한 계획이 없는 상황에서 복음주의자들의 자본주의 비판은 혁명적이지 못했다. 자본주의 체제의 결점에 대한 그들의 치료책은 기독교적 원리와 가치를 현 질서에 적용하는 것이었다.[55] 인간에 대한 신약성경의 평가를 바르게 이해한다면 건강과 삶의 착취와 불필요한 파괴를 용인할 수 없게 될 것이다. 주로 지역 사회에 봉사하는 것을 목표로 했을 때 가장 좋은 것은 사업일 것이다. 성별된 부는 가난과 불행을 치료하기 위해 베풀고 행동하는 기쁨으로 풍성해질 것이다.

---

54 예를 들어 Will Reason, 'The Bearing of New Testament Ethics in Family and Economic Relations,' *ICC 1908*, 417–419; George Truett, 'The Coming of the Kingdom in America,' *WBC 1911*, 424; S. D. Chown, 'Adaptation of the Church to the Needs of Modern Life,' *EMC 1911*, 287.

55 예를 들어 Charles J. Guthrie, 'Christian Morality in its application to Business,' *RPC 1899*, 265–270; Charles Mills, 'The Bearing of New Testament Ethics on Social and Economic Relations,' *ICC 1908*, 423–424; W. Hodson Smith, 'Our Social Duty as a People's Church,' *EMC 1911*, 380; David F. Bonner, 'Christ and the Industrial Problem,' *BS* 69.275 (1912), 492–512페이지를 보라.

그리스도에 대한 개인의 책임감을 수반하는 더 높은 기준은 자본과 노동 사이의 긴장을 해소할 것이다. 자신들의 처방이 순진하고 이상적인 것으로 치부될 것을 잘 아는 복음주의자들은 그럼에도 상업 생활이 기독교화될 수 있다고 주장했다. 그들이 제공한 해법은 자본주의 질서의 대체가 아니라 변화였다.

물론 노동자들은 자기들의 상황을 고쳐주는 자본주의의 기독교화를 기다리지 않았다. 그들이 결성한 노동 조합의 물질주의적인 목표와 명확한 사회질서 전복성을 고려할 때, 복음주의 내에서의 반대는 아마도 불가피했을 것이다.⁵⁶ 동시에 사회의 도덕적, 영적 건강뿐 아니라 정치적, 사회적, 산업적 상태에 대한 그들의 관심은 다른 복음주의자들이 노조를 지지하게 했다. 심지어 어떤 사람들은 '조합주의'(unionism)를 봉사의 영역으로 보았다. 1911년 영국노총(British Trades Union Congress) 의장이 된 토마스 버트(Thomas Burt)는 노섬벌랜드(Northumberland)와 더럼(Durham)의 광부로서 메소디스트 활동가이자 노조 활동가였다.⁵⁷

호주에서는 십 년 넘게 빅토리아 크레스윅 장로교회(Creswick Presbyterian Church)의 주일학교 교장이었던 W. G. 스펜스(W. G. Spence)가 호주 역사에서 가장 큰 노조 창설자가 되었다. 그의 삶은 복음주의 기독교와 노동 조합주의가 서로 돕고 지원해야 한다는 그의 일반적 가르침의 대표적인 본보기였다.⁵⁸

노동 운동의 출현은 복음주의자들이 사회주의와 그 주요 이념이 자신들의 기독교적 견해와 어느 정도 양립할 수 있는지를 결정해야 한다는 것을 의미했다. 세기가 바뀔 무렵 많은 사회주의가 있었다는 것은 복음주의자

---

56 예를 들어 William C. Cochran, 'Labor Legislation,' *BS* 57.225 (1900), 119-134; 226 (1900), 240-254; Ernest L. Bogart, 'The Steel Strike,' *BS* 59.236 (1902), 108-128; 224 (1902), 294-304페이지를 보라.

57 Robert F. Wearmouth, *The Social and Political Influence of Methodism in the Twentieth Century* (London: Epworth Press, 1957), 6-7장.

58 Robert D. Linder, 'Australian Evangelicals in Politics in the Victorian Age: The Cases of J. D. Lang, W. G. Spence, and J. S. T. McGowen,' *L* 13 (1992), 34-60.

들의 반응이 광범위했음을 설명해 준다.[59] 다양한 지역에서 사회주의의 교조적 환경결정론(신념과 가치는 인간 행위의 외부적 환경에서 비롯된다는 견해)은 집단적 재산 소유권과 사회적 불화에 몰두한다고 비난받았다.[60]

더 나아가 물질주의적이고 무신론적이고 부도덕하며 개인 중생의 필요를 벗어난 것이라는 비난도 받았다. 또한, '사회주의 종교'(religion of socialism)를 언급하는 것은 그것을 기독교의 위험한 대체물로 보이게 했으며, 일부 노동자들이 교회에서 이탈함으로써 실제로 그럴 수 있다는 인상을 남겼다. 도덕적 세력으로 가장하는 사회주의 개념은 이런 부정적 평가를 초래했다. 그것은 개인의 도덕적 개혁을 일으키지 못하는 '거짓 선지자'였다. 이런 반대는 주로 수사적이었지만, 조직적이 될 수도 있었다.

1909년 영국에서는 '비국교도반사회주의연맹'(Non-conformist Anti-Socialistic Union)이 결성되었다. 이듬해 그 연맹은 '반사회주의교회연맹'(Anti-Socialist Union of Churches)으로 바뀌었다. 주요 지지층은 잉글랜드 국교회 복음주의자들로서, 그들에게는 사회주의에 대한 반대가 하나의 규범이었다.[61] 복음주의 운동의 상당 부분은 현대 사회의 도덕적 토대를 제공하는 일에서 주요 경쟁자인 사회주의에 반대했다.

다른 복음주의자들은 그들의 평가에 더 긍정적이었다. 그들은 사회주의를 복음의 사회적 적용을 실현할 수 있는 능력을 갖춘 세력으로 인식했다. 그러나 일반적으로 그들은 사회주의만으로는 충분하지 않다고 주장했다. 그것은 도덕적으로 불충분하므로 개인을 사회적 존재로 변화시킬 수 없었다. 그 때문에 사람들에게 그리스도가 필요하므로 기독교는 사회주의가

---

59 예를 들어 Andrew Millar, 'Christianity and Socialism,' *RPC 1904*, 116–120; Urquhart A. Forbes, 'Socialism,' *LQR* 119 – 4th series (1908), VII, 52–68페이지를 보라.
60 예를 들어 Will Reason, 'The Bearing of New Testament Ethics in Family and Economic Relations,' *ICC 1908*, 411–420, esp. 415, 420; 'Disillusionment,' *C* (25 Apr. 1907), 9; 'The Menace of Socialism,' *C* (1 Aug. 1909), 9; James Lindsay, 'Philosophical Tests of Socialism,' *BS* 67.265 (1910), 86–104 페이지를 보라.
61 Bebbington, *Evangelicalism in Modern Britain*, 215.

실현될 수 있게 하는데 필수적이었다. 복음주의자들이 사회주의를 지지한 두 가지 다른 방식을 두 명의 웨일스인에게서 찾을 수 있다.⁶²

몬머스셔(Monmouthshire) 뉴포드의 침례교도 T. 투드월 에반스(T. Tudwal Evans)는 두 신념이 서로 중첩되는 부분을 강조했다. 사회주의는 인류의 영적 구원과 현세적인 구원을 위한 일에 있어서 예수를 따를 수 있게 하는 수단이었다. 예수는 그의 가르침에 내재한 원리 때문에 사회주의자로 여겨질 수 있었다. 머서 티드빌(Merthyr Tydfil)의 칼빈주의 메소디스트 존 모건 존스(John Morgan Jones)는 기독교와 사회주의를 더 날카롭게 구별했다. 예수는 사회주의자가 아니었다. 그의 가르침은 영적이고 도덕적이었고, 경제적이고 정치적이지 않았다.

그러나 그는 그 환경을 극복하고 그것을 점진적으로 변화시킬 정신을 분명히 제공했다. 실천적 경건의 문제로서 기독교와 사회주의는 서로 보완하고 강화하도록 허용되어야 한다. 그런 견해는 영국 침례교의 J. G. 그린하프(J. G. Greenhough)가 기독교 사회주의자라고 밝힌 영국 메소디스트 J. E. 라텐베리(J. E. Rattenbury)에게서 관찰한 바와 같이 사회주의적이라기보다 기독교적이었다.⁶³ 화해하기 위해 두 운동의 차이들은 최소화되었다.

4. 복음주의자들과 정치

사회를 향한 열망이 컸던 복음주의자들은 그 당시 영어권 세계에서 그 체질이 변하고 있던 국가와 불가피하게 접촉할 수밖에 없었다. 복지국가로 변화하는 초기 단계에서 국가는 점점 더 커지고 간섭도 심해졌다. 국가가 특히 약하고 가난한 자들에게 유익하다는 것을 알았기에 복음주의자들

---

62 Pope, *Building Jerusalem*, 49–54.
63 'A Symposium on Socialism. What Is Its Relation to Christianity? What Ministers Say,' *SC* (1 Apr. 1910), 400–401 (reproduced from the London *Christian Age*).

은 대체로 그런 발전을 환영했다. 적어도 표면적으로는 국가와 정치 조직의 세부 사항들은 큰 관심사가 아니었다.

복음주의자들의 최우선 요구 사항은 국가가 '의의 도구'가 되는 것이었다. 관심을 가진 사람들이 대부분 이상을 주장하는 것에 만족했지만, 월터 라우쉔부쉬(Walter Rauschenbusch)는 그것이 정말로 실현되었다고 주장했다.[64] 그는 국가란 그리스도의 영이 인류에게 그의 일을 행하실 수 있게 하는 유기체 중의 하나라고 생각하는 가운데, 식량 생산, 위생, 산업과 같은 문제에 대한 진보적 입법이 확장된 것에 크게 고무되어, 20세기 초 미국의 정치적 삶이 기독교화되었다고 느꼈다.

이런 낙관적 평가에 동의하는 사람은 거의 없었지만, 복음주의자들 사이에서 사회적 입법의 새로운 가능성과 현대 국가의 더 인도주의적인 정신은 폭넓은 공감과 지지를 이끌어냈다.[65] 이런 노선을 취하면서 정치적으로 사고하는 세기말 복음주의자들은 자신들이 '새로운 민주주의' 시대에 살고 있다고 인식했다.[66]

영어권 세계의 정치에서 권력이 계급과 재산의 권리로부터 국민의 권리로 옮겨가는 것이 보였다. 일반적으로 이런 발전을 환영하는 반면 복음주의자들은 다원주의 때문에 그리고 때로는 야비한 이 새 질서의 현실로 인해 자신들이 계속 정부를 지배하기 어렵게 되었다는 데에 신경을 썼다. 이런 상황에서 그들의 임무는 국가가 기독교적으로 기능하도록 지키는 것이었다.[67] 두 가지 책임이 뒤따랐다.

---

64 Evans, *Kingdom Is Always but Coming*, 231-236, 259-261, 321-322.
65 예를 들어 Samuel G. Smith, 'The Church and the Kingdom,' *ICC 1908*, 179; J. T. Forbes, 'Baptist Polity and International Brotherhood,' *WBC 1911*, 328; J. H. E., 'Studies in Social Christianity. The Basis for Christian Action,' *HomR* 63.3 (Mar. 1912), 209-216, 특히, 210-211페이지를 보라.
66 예를 들어 R. F. Horton, 'The Christian and Public Life,' *FCC* 13.154 (Oct. 1911), 211-212; James A. MacDonald, 'Christianity and Governments,' *HomR* 64.1 (July 1912), 58-61페이지를 보라('새로운 민주주의'에 대해서는 60페이지를 보라).
67 예를 들어 'Christ and Democracy,' *C* (30 May 1907), 10; 'The Church and the Democra-

첫째, 여론을 형성하는 것이었다.

복음주의 지도자들은 문제를 확인하고 해결을 촉구하기 위해 이상을 분명히 말하고 양심을 철저히 살펴서 선지자적으로 발언할 것을 요구받았다.[68]

둘째, [비록 이것이 모든 복음주의 여성들의 견해는 아니었지만] 올바른 사람이 공직에 선출되고 올바른 대의를 연설하게 하려는 전망을 가지고 모든 국민이 투표하는 것이었다.

회중교회 선교사이며 학자인 제임스 바튼(James Barton)은 그 문제를 간명하게 말했다.

> 교회의 일이 새 생명을 만드는 복음을 전하는 것이라면 기독교 유권자의 영향으로 이 삶의 새로운 환경 조성을 촉진하기 위해 그 힘을 사용하는 것은 국가의 일이다.[69]

20세기 초 공개 토론과 투표함을 통해 복음주의자들은 현재의 권력 남용에 반대할 뿐만 아니라 사회 질서의 기독교화를 위해 공적 이슈를 만들고 구체화할 수 있는 능력을 인식했다. 그들은 부상하는 정치 체제에 적응하면서 압력 단체의 책임을 맡았다.

물론 많은 현대 복음주의자는 정치 참여에 소극적이었다. 그들은 그것이 영적 생활을 흩뜨리고 정치적 이슈로 교회를 분열하게 할까 우려했다. 참여 찬성자들은 이런 두려움을 부인했다. 그들은 신앙이 삶 전체를 다룬다고 주장하면서, 기독교가 세상일과 같지 않고 기독교의 성결이 일상생

---

cy,' *C* (12 Oct. 1911), 9페이지를 보라.

68 예를 들어 George E. Gates, 'The Minister as a Force in Civic Life,' *HomR* 52.5 (Nov. 1906), 339-343; Josiah Strong, 'The Church and Reform,' *HomR* 60.5 (Nov. 1910), 381-382페이지를 보라.

69 James L. Barton, 'Will the Moral Leadership of the World Rest with Christianity?,' *ICC 1908*, 152-153.

활에서 물러날 것을 요구한다는 주장을 일축했다. 경건한 정치에 대한 그들의 주장은 여러 단계로 진행되었다.[70]

실용적으로 그것은 기독교적 대의를 옹호하고 증진하는 유일한 길이었고, 더 일반적으로는 적어도 나쁘고 비기독교적인 입법을 최소화하는 길이었다. 어쨌든 어떤 문제들은 입법을 통해서만 개선이 이루어지기 때문에 불가피하게 정치적이었다. 이상적으로 좋은 정부를 얻는 것은 시민의 책임이었고, 불공평을 극복하고 기득권 앞에서 바른 일을 함으로써 국민을 위한 봉사의 임무를 완수하는 길이었다.

신학적으로 지역 생활의 사회적, 정치적 현실 속에서 복음 진리를 신학적으로 붙드는 것은 세상 나라가 하나님 나라가 되게 하는 한 수단이었다. 아무런 어려움이나 거리낌 없이 자신들을 전능자의 대사로 여기며 정치적 사고를 하는 복음주의자들은 정치 참여를 하나님의 뜻이 하늘에서와 같이 땅에서도 이루어지는 길로 생각했다.

이 열망이 적용될 수많은 공공 생활 영역 중에 두 가지가 가장 중요했다. 교육 제공은 오랜 관심사였지만, W. H. 화이칫(W. H. Whitsitt)이 1905년 '침례교세계의회'(Baptist World Congress)에 참석한 대표들에게 말했듯이, 20세기 초 복음주의자들은 새로운 상황에 직면했다.[71] 초등 수준의 대중교육 필요성은 오직 국가가 필요한 자원을 공급하도록 명령했다는 것을 의미했다. 이런 필요를 충족하려는 여러 정부의 시도는 광범위한 논란을 야기했다.

1902년 영국 정부의 교육법(Education Act)은 당시 최대의 논쟁을 촉발했다. 영국 비국교도들이 공적 자금이 국교회를 위해 쓰였다고 믿고 그 체제에 격렬히 저항했기 때문이다.[72] 종교적으로 혼합된 '영연방'에서나 국교가 없던

---

70 예를 들어 John Cuttell, 'The Christian in Politics,' *FCC* 7.77 (May 1905), 133–134; J. H. E., 'Politics a Divine Ordinance,' *HomR* 63.2 (Feb. 1912), 126–133페이지를 보라.
71 W. H. Whitsitt, 'National Primary Education,' *WBC 1905*, 39–43.
72 David W. Bebbington, *The Nonconformist Conscience: Chapel and Politics 1870–1914* (Lon-

미국을 불문하고 복음주의자들은 교육이 덜 종교적이 되고 더 공적으로 변했다고 염려했다. 1904년 에든버러의 알렉산더 맥완(Alexander MacEwan)은 종교가 교육의 필수적인 부분이던 시절에 그것이 공적 시스템 안에서 교파적이거나 교회 당국의 지배 아래 있어서는 안 된다고 주장하면서, 복음주의자들이 그런 상황을 해결하려고 노력했던 구조를 설명했다.[73]

그것이 아직 관행이 아닌 곳에서 첫째로 필요한 것은 종교 또는 도덕의 기초로서 초등학교에서 성경 읽기를 확보하는 것이었다. 개신교도들 간의 불일치와 가톨릭 및 세속주의자들의 반대는 이것을 이루기 어렵게 만들었다. 뉴질랜드에서 일어난 일은 예사롭지 않았다. 교사의 코멘트 없이 초교파적 성경 읽기를 달성하기 위해 25년 넘게 지속한 캠페인에도, 1914년까지 정부는 종교를 학교 밖으로 몰아낸 1877년의 합의를 변경하도록 설득되지 않았다.[74] 교육은 현대 상황에서 복음주의자들이 설 곳을 잃었다고 인정한 영역 중의 하나였다.

금주 문제에는 복음주의자들의 성과가 더 컸다. 빅토리아 시대의 후예였던 그들 중 다수는 계속해서 술이 도시와 그 밖의 지역에서 보이는 악과 사회적 고통의 근본 원인이라고 믿었다. 그들은 금주단체를 지원하고 주류제조판매상과 연결된 선술집과 잡화점에 대해 불매 운동을 하는 것 외에도, 국가를 통한 개선책을 모색했다. 사람의 기존 관심사가 무엇이고 자신들의 주장이 얼마나 인기 없는지 잘 알았던 일부 복음주의자들은 금주법을 주장했다. 아마도 더 실리적인 다른 사람들은 술 판매 영구 폐지로 가는 단계로서 주류 판매에 대한 지역적 거부권, 엄격한 허가, 개점 시간 제한, 일요일 폐점 같은 제한주의적 조치에 만족했을 것이다.

---

don: George Allen & Unwin, 1982), ch. 7.
73 Alex R. MacEwan, 'The Church and Public Education,' *RPC 1904*, 167–174.
74 Ian Breward, *Godless Schools? A Study of Protestant Reactions to Secular Schools in New Zealand* (Christchurch: Presbyterian Bookroom, 1967).

이런 차이에도, 여론에 호소하고 투표를 활용하는 효과는 복음주의 세계 전역에서 다양한 상황의 개선을 이루었다.[75] 미국에서는 특히 '행동하는교회'(the Church in Action)로 자신을 내세운 '술집반대연맹'(Anti-Saloon League)이 1893년에 결성된 선구적인 압력 집단으로서 단일 이슈를 주장하며 상당한 성공을 거두었다.[76] 지방과 주 차원에서 20년간 활동한 후, 그 연맹은 1913년에 국가적 금주법 캠페인을 벌이기로 했다. 자신들의 진보에 고무된 20세기 초 복음주의자들은 주류 거래의 해악에 맞서 정치적 캠페인을 강화했다.

현대 사회에서 기독교의 위상과 전망에 영향을 주는 공적인 행동의 필요성 때문에 정부의 전 단계에 대한 정치적 활동은 복음주의자들에게 여전히 정상적이고 필수적인 것으로 여겨졌다. 위스콘신의 회중주의자 에드워드 이튼(Edward Eaton)은 이런 견해를 강력히 주장했던 사람 중 하나였다.

> 모든 그리스도인은 정치적에 참여해야 한다. 남자들은 그리스도인으로서 직무상(ex officio) 거기에 속해 있다. 여자들도 유권자이든 아니든 계몽되고 헌신 되고 정결한 영향력으로 거기에 속해 있다.[77]

복음주의자들이 공적 소명을 실행한 주요 영역은 지방 정부였다. 스코틀랜드 회중주의자 D. L. 릿치(D. L. Ritchie)는 이 책무에 대해 다음과 같이 이유를 밝혔다.

---

75 다양한 국가적 사항들에 대해서는 다음을 보라. Jack S. Blocker, Jr., et al. (eds.), *Alcohol and Temperance in Modern History: An International Encyclopedia* (Santa Barbara: ABC-CLIO, 2003).

76 Jack S. Blocker, Jr., *American Temperance Movements: Cycles of Reform* (Boston: Twayne Publishers, 1989), ch. 4.

77 Edward D. Eaton, 'The Bearing of New Testament Ethics on Civic Relations,' *ICC 1908*, 434-441, 437(강조는 원문의 것).

"교회에서 가장 훌륭한 사람들은 교회 밖 주민을 고양하기 위해 공적 생활을 깨끗하게 유지하는 시민의 의무에 자신을 바쳤다."[78]

다른 복음주의자들은 주나 국가 차원에서 대표자가 되기 원했다. 1906년 영국 의회에서 선출된 43명의 노동당 대표자 중에, 7명이 회심 체험을 했고, 9명이 교회에 매주 출석하고 있었으며, 14명이 설교자로 알려졌다.[79] 뉴 사우스 웨일스 메소디스트들은 1890년대 의회 노동당을 너무 많이 차지하고 있어서(35명 중 9명) '회중 거수기와 지역 목사들'로 구성되었다는 비난을 받았다.[80] 비슷한 기독교적 견해를 가진 12명을 합치면 의회의 60퍼센트가 되어, 세계 최초의 의회 노동당을 복음주의자들이 지배한 셈이었다.

정치 참여는 복음주의자들이 중요하게 여기는 지역 사회 리더십의 기회를 만들었다.[81] 첫 번째 의회 노동당은 '정직한' 짐 맥고웬(Jim McGowen)이 이끌었는데, 그는 시드니 레드펀(Redfern) 세인트 폴 국교회의 주일 학교장인 동시에 뉴 사우스 웨일스 주지사로서 신앙과 정치의 융합을 잘 보여 주었다.[82]

미국에서는 하원의원에 두 차례 당선되었고 민주당 대통령 후보에 세 차례나 오른(비록 성공하지 못했지만) 윌리엄 제닝스 브라이언(William Jennings Bryan)이 1912년에서 1915년까지 국무장관을 역임했다. 그는 종종 강하고 잘 조직된 사람들로부터 약자들을 변호했는데, '위대한 하원의원'(Great Commoner)으로서의 그의 길고 전투적인 이력은 고위 정치직을 통한 기독

78　D. L. Ritchie, 'Discussion Following Professor Taylor's Address,' *ICC 1899*, 153–154.
79　Kenneth D. Brown, 'Non-Conformity and the British Labour Movement: A Case Study,' *JSH* 8.2 (1975), 113–120; David W. Bebbington, 'Baptist Members of Parliament in the Twentieth Century,' *BQ* 31.6 (1986), 252–287.
80　Robert D. Linder, 'The Methodist Love Affair with the Australian Labor Party, 1891–1929,' *L* 23, 24 (1997–8), 35–61 (quotations on 39, 47).
81　Edward Boaden, 'The Present Position of Methodism in the Eastern Section,' *EMC 1901*, 49–50; 'Christian Mayors,' C (27 Dec. 1906), 9.
82　Robert D. Linder, '"Honest Jim" McGowen (1855–1922) as a Christian in Politics,' *L* 15 (1993), 44–59.

교적 봉사를 다채롭게 보여 주었다.[83]

이 시대 정치에서 가장 저명한 복음주의자는 신앙에서 동기를 부여받았고, 그 신앙을 정치적으로 나타내고자 노력했다. 제28대 미국 대통령(1913년-1921년) 우드로 윌슨(Woodrow Wilson)은 남장로교 가정에서 태어나 17세에 회심을 체험하고 자신에게 지도자의 신적 소명이 있음을 발견했다.[84]

초기에 경제적 이슈에 뚜렷이 몰두한 것도 칼빈주의 장로교에서 자라며 내재한 도덕적 구조를 공적으로 실현하려는 책임감의 표현이었다. 그 영향으로 그는 자신이 옳다는 빗나간 확신을 하고 자신의 정치적 임무가 하나님에게서 비롯되었다고 믿는 정치적 스타일을 내보이게 되었다. 그것은 또한 그가 인종차별 주장을 수용함으로써 장로교 동료 목사 프랜시스 그림키(Francis Grimké) 같은 미국 복음주의자들을 소외시키는 결과를 낳기도 했다.

윌슨은 십자군 이상주의로 인류에게 '자유와 상호 협력의 길'을 보여줌으로써 미국인들을 물질적인 데서 벗어나 도덕적인 힘을 추구하도록 밀어붙였다.[85] 당장 다가올 그 해의 사건들은 미국 정치의 의미에 대해 이런 도덕화 된 이해를 던지는 더 큰 무대를 제공했다. 윌슨은 긍정적으로나 부정적으로 그렇게 함으로써 기독교적 생활과 봉사의 형태라는 복음주의 정치 개념의 대표적 사례로 세계에 인상을 주었다.

1912년 윌슨의 당선은 전쟁 전에 최고조였던 복음주의자들의 정치적, 사회적 영향력을 보여 준다. 그 이면에는 미국의 진보적 시대에 대한 복음주의자들의 기여가 있었다. 그들은 간접적인 영향을 통해 그 운동의 지지자들을 형성했고, 직접는 자신들의 발언과 행동으로 개인의 도덕적 기준

---

[83] Michael Kazin, *A Godly Hero: The Life of William Jennings Bryan* (New York: Alfred A. Knopf, 2006).

[84] Malcolm D. Magee, *What the World Should Be: Woodrow Wilson and the Crafting of a Faith-Based Foreign Policy* (Waco: Baylor University Press, 2008), ch. 1.

[85] Richard V. Pierard and Robert D. Linder, *Civil Religion and the Presidency* (Grand Rapids: Academie Books, 1988), 152.

과 공적 생활 사이의 더 큰 일치에 대한 추구를 증진하는 가치 체계를 부양했다.[86] 캐나다에서는 진보주의가 국내에 더 초점을 두었지만, 교회들이 사회 개혁 운동을 이끌면서 복음주의자들이 전면에 나섰다.[87]

마찬가지로 현대 영국 정치에서 비국교도의 중요성은 자신들의 공동체를 넘어선 복음주의자들의 영향이 무엇인지 보여 준다. 그러나 1906년에 정부를 결정하고도 정부의 계획은 결정하지 못한 그들의 능력은 복음주의자들의 사회적, 정치적 영향이 저물고 있음을 미리 보여 주는 것이었다. 세기말 복음주의자들은 자신들에게 아버지나 할아버지처럼 사회적 관점과 가치를 형성하는 능력이 없다는 것을 스스로 인정했다. 현대의 산업화하고 관료화된 사회에서 영향력이 사라진다는 인식은 자신들이 기독교 문명의 위기를 통과하고 있다는 신념으로 이어졌다.[88]

이런 위기감은 새로운 세기의 첫 십 년이 끝나가면서 복음주의 운동 내의 사회적 기독교에 대한 반작용 같은 것이었다. 1910년경 영적 우선성에 관한 주장이 더 강렬하고 우세하지만 사회적 기독교에 대한 직접적인 비판은 더 두드러지게 되었다.[89]

영국에서는 1910년 총선거의 배경에 대해 사람들의 울화가 치밀고 존 클리포드(John Clifford)와 실베스터 호른(Sylvester Horne) 같은 비국교도 지도자들이 자신들의 교회 직책에서 물러난 것이 알려지면서 영적인 일에 대한 태만과 정치의 세속성에 관한 주장이 신뢰를 얻었다. 교회 출석률 감소

---

86 David B. Danbom, 'The World of Hope': Progressives and the Struggle for an Ethical Public Life (Philadelphia: Temple University Press, 1987), esp. chs. 2-3; and Robert M. Crunden, Ministers of Reform: The Progressives' Achievement in American Civilization 1889-1920 (New York: Basic Books, 1982).

87 Christie and Gauvreau, A Full-orbed Christianity.

88 예를 들어 addresses by James L. Barton and Caspar W. Hiatt under the title 'Will the Moral Leadership of the World Rest with Christianity?,' ICC 1908, 154-165; J. D. Jones, 'Is Church Life Necessary to Christian Civilization?,' Ibid. 166-174.

89 예를 들어 From the Presbyterian right in America, William B. Greene, 'The Church and the Social Question,' PTR 10.3 (1912), 377-398.

가 밝혀진 통계가 나오면서 위기감은 고조되었다.[90]

1911년, 지난 10년간 사회적 기독교의 대의에 힘써온 캐나다인 새뮤얼 초운(Samuel Chown)은 그의 동료 감리교인들에게 "우리는 교회의 영적 기능이 최우선임을 인정한다"라고 말했다.[91] 미국에서는 1912년 '남성과신앙전진 운동'(Men and Religion Forward Movement)이 복음주의 교회 내에서 사회적 기독교의 신학적 기초와 그 우선성에 불만을 일으켰다. 변화의 전조는 1913년 찰스 스텔즐(Charles Stelzle)의 사임이었다. 그는 '장로교교회와 노동부'(Presbyterian Department of Church and Labor)의 책임자로서 사회 봉사에 몰두했다는 것과 이듬해 신학적으로 보수적인 '기독교신앙과사회 봉사 연합선언'(United Declaration of Christian Faith and Social Service) 교파의 지명을 받았다는 것 때문에 부당한 비난을 받았다.[92]

이런 전개 뒤에는 사회적 기독교에 대한 새로운 비판이 있었다. 무엇보다 교회 사역에서 사회 재건이 개인 구원을 대신했다는 주장이 제기되었는데, 그 견해는 또한 세상의 죄악의 상태가 경시되고 예수의 사명이 오해되었다고 주장했다. 사회적 행동에 대한 회심주의의 중요성이 거듭 천명되면서, 제1차 세계대전 직전에 복음주의 운동 내에서는 사회 문제에 대해 분별할 수 있는 우파적 전환이 일어나고 있었다.

---

[90] Stephen Koss, *Nonconformity in Modern British Politics* (London: B. T. Batsford, 1975), 108-109, 115.
[91] S. D. Chown, 'Discussion,' *EMC 1911*, 63-64.
[92] 92. Smith, *Search for Social Salvation*, 45-46, 364-370.

5. 결론

그럼에도 세기말 복음주의는 그 역사에서 최고의 시기로 분류된다. 교회뿐 아니라 수많은 단체와 개인으로서, 국내와 선교지에서, 광범위한 관심과 우려에 걸친 발언과 행동에서, 이 시기 복음주의자들은 다른 시대의 복음주의자들과 마찬가지로 사회적 기독교에 열렬히 헌신했다. 양적으로나 질적으로 영어권 세계 도시들은 복음주의자들이 그들의 사상과 관계있는 도덕적 환경결정론을 더 잘 이해하도록 가장 큰 노력을 기울인 곳이었다.

또한, 그들은 근본적인 경제적, 사회적 시스템에 대해 말했으며, 대안적 개선법에 대한 비판을 분명히 드러냈다. 복음주의자들은 정부의 모든 단계에 매우 적극적으로 참여했다. 여기에는 세상에서 가장 강력한 정치력을 발휘하는 미국 대통령직을 차지하는 것도 포함되었다. 이 기간의 역사 서술에서 복음주의자들은 진보주의자들과 노동 운동 같은 새로운 세속적이고 유사종교적 그룹에 의해 많이 가려졌다.

종교적 역사가들은 다른 개신교 그룹을 더 크게 평가했다. 그러나 그들의 헌신의 양과 폭과 에너지는 사회적 기독교 지지자들을 넘어서지 못했고 복음주의 자체 역사에서도 뛰어난 수준에 이르지 못했다. 20세기 초 복음주의자들 스스로 노예 무역을 끝내는 극적인 제도 개혁을 이루지 못한 것이 사실이지만, 막 시작된 복지사회에서는 그들이 그렇게 할 필요가 적었다. 그들의 업적은 민주적 정부가 대응해야 할 여론에 영향을 준 것이었다. 현대 기준으로 볼 때 복음주의자들은 사회 복음 운동에 전적으로 참여했고, 그 목표 달성을 위해 상당한 공헌을 했다.

그렇게 힘으로써 신학적 성향을 초월한 세기말 모든 복음주의자는 이전 세대가 얻었던 목회적 영향력과 사회적 영향력을 유지하기 위해 노력하고 있었다. 이런 공유된 헌신은 사회적 영향력 감소에 대한 우려 때문이었지만, 그것은 또한 사회적인 사역이 성경의 교훈과 예수의 모범에 따르는 자신들 소명의 일부라는 우선적인 확신에서 흘러나왔다. 그 운동의 다른 측면과 마찬가지로 복음주의 전통과 현대 생활의 관련성을 유지하려는 노력은 다른 접근을 일으켰다. 이 시대의 어떤 복음주의자들은 산업화와 도시화의 영향이 실제로 미치기 전에 그들이 했던 대로 발언하고 행동하는 것에 만족했다.

그러나 많은 사람은 다양한 수준에서 주도권을 잡고 새로운 방법과 전략을 도입했다. 이런 다양성 가운데 당시의 사회적 필요에 대응하면서 복음주의 내에 에큐메니스트 경향이 다시 활성화되었고, 조직 통합으로 확보된 협력 노력을 일으켰다.

반면에 봉사와 개혁에 대한 헌신이 매우 중요했기 때문에, 20세기의 첫 십 년이 끝날 무렵에는 사회적 사역이 참된 복음의 일에서 분열되었다는 주장이 제기되고 있었다. 이렇게 해서 '복음주의 연합'은 비록 하나로 뭉치기는 했지만, 더 큰 긴장 아래 놓였다. 그러나 이런 반응은 제1차 세계대전 발발 전 20년 동안, 즉 복음주의적 복음이 줄곧 사회 복음이던 기간 동안, 사회적 기독교로서의 복음주의의 강점을 부각했을 뿐이다.

제2부
전쟁기간(1914년-1918년)의 복음주의자들
Evangelicals at War

제6장 전쟁에 맞춰 나아가다
제7장 포화 속의 신앙
제8장 내부의 전쟁

제6장

전쟁에 맞춰 나아가다
Marching as to War

    1914년 8월 4일, 영국이 독일에 선전포고를 하면서 복음주의자들의 일상의 흐름은 중단되었다. 벨기에와 프랑스를 침공한 독일을 저지하기 위해 '서부 전선'이 프랑스 북부에 신속히 형성되었다. 1915년 초, 영국 주도의 터키 제국 공격으로 전쟁이 다르다넬스 해협(the Dardanelles)에서 중동으로 옮겨가는 동안, '동부 전선'도 독일과 러시아 국경을 따라 펼쳐졌다.
    다른 참전국의 제국적 관계로 인해 전쟁의 범위는 세계화되었다. 특히 '영연방 국가들'은 '모국'을 지지하기 위해 결집했다. 19세기의 선교지들도 영향을 받았다. 간접적으로는 이들 지역의 남자들이 영국 제국군에 가담했고, 직접는 영국과 독일의 식민지 소유권을 놓고 싸움이 벌어졌다.
    처음에는 중립을 지키려고 애쓰던 미국도 1917년 초에 참전했다. 이 시점부터 복음주의 운동 전체가 연합군(the Allied)과 동맹 제국(the Central Powers)의 전쟁에 휘말렸다. 이 전쟁은 전례 없는 범위, 긴 기간, 전투 중 폭력과 파괴의 규모, 민간인들의 참여로 인해 20세기 세계를 형성한 가장 중요한 사건 중 하나로 당연하게 평가된다.[1]

---

1   David Reynolds, *The Long Shadow: The Legacies of the Great War in the Twentieth Century*

순서적으로 볼 때, 제1차 세계대전(1914년-1918년)은 대공황과 제2차 세계대전과 더불어 20세기 초 복음주의가 분열하는 데 영향을 준 세계사적으로 중요한 세 가지 사건 중 하나다. 그러나 대부분의 기독교 역사가와 같이 복음주의 전통의 학자들은 제1차 세계대전에 그다지 관심을 보이지 않았다.[2] 실제로 복음주의자들은 그들이 오랜 역사를 자랑하는 교전국 시민으로서 전쟁의 발생과 과정에 곧 연루되었다.

하지만 전쟁과 복음주의자들의 관계는 여전히 정립되어야 한다. 그 관계는 그들이 전쟁에 어떻게 반응했는지, 전쟁에 어떻게 영향을 주었는지, 전쟁의 영향을 어떻게 받았는지는 세 가지 면에서, 즉 먼저 물적으로뿐만 아니라 영적으로 참여할 준비가 되어 있었다는 점에서 그리고 전선에서 '전투한' 복음주의 병사들의 행동에서, 끝으로 복음주의자들이 후방에서 '내전'을 벌인 방식에서 잘 나타났다.

1. 전쟁과 전쟁 소문

20세기 초 복음주의자들에게 전쟁은 새로운 경험이 아니었다. 1898년 미국은 스페인의 식민지, 쿠바와 필리핀을 두고 벌어진 갈등으로 스페인과의 전쟁에 돌입했다. 복음주의자들은 미국의 그리스도인들과 마찬가지로 전쟁을 그들이 믿는 '명백한 운명'(manifest destiny)에 내재한 확장과 제국주의로 쉽게 동일시했다.

(New York: W. W. Norton, 2014).

2 예외. Robert D. Linder, *The Long Tragedy: Australian Evangelical Christians and the Great War, 1914–1918* (Adelaide: Openbook, 2000). 이 역사서술에 대해서는, Michael Snape, 'The Great War,' in *CHC9*, 131–150. 전쟁의 종교적 역사에 대해서는 다음을 보라. 종교적인 전쟁 역사에 관해서는, Philip Jenkins, *The Great and Holy War: How World War I Became a Religious Crusade* (New York: HarperCollins, 2014).

'필리핀 사람들을 교육하고, 향상하고, 문명화하고, 기독교화하기 위해'³ 필리핀을 장악한다고 결정한 윌리엄 맥킨리(William McKinley) 대통령(진지한 감리교인)의 정당화는 하나님의 부름을 받아 부흥 운동과 해외 선교를 통해 세계를 복음화한다는 그들 자신의 신념과 일치했다. 어떤 의미에서 그들은 또한 전형적인 복음주의 사고방식을 표출했는데, 아시아에서 새로운 선교적 시도를 하는 미개한 스페인 가톨릭에 대항하는 거룩한 십자군 운동을 선언하는 데까지 나아갔다.

미국이 압제자가 될 수 있다는 생각을 거의 하지 않은 채, 복음주의자들은 미서(美西) 전쟁(the Spanish-American war)과 거기에 수반된 제국주의, 즉 미국에 신적으로 부여된 세계 과업을 정당하게 완수한다는 사상을 지지했다.⁴

이듬해부터 영국과 그 식민지들은 현재 남아프리카 전쟁(the South African War, 1899-1902)으로 알려진 전쟁에서 트란스발(the Transvaal, 북부) 공화국과 오렌지 자유주(Orange Free State, 중부)의 보어인들(the Boers, 네덜란드계 남아프리카 공화국 주민들ˉ역자주)과 싸웠다. 이것은 제국주의적 팽창 전쟁이었지만, 그들은 주로 대다수 복음주의자의 열광적인 지지를 받아 전쟁을 치렀다. 영국 당국은 보어인들의 저항과 침범을 비난하며, 자신들의 전쟁은 원주민과 '이방인들'(Outlanders)과 심지어 (그들이 불가피하게 영국의 승리를 받아들이기만 하면) 보어인들의 자유를 증진하기 위해 수행된 '정당한' 전쟁이라고 선언했다.

영국의 영토 야욕이 부당하며 보어공화국의 독립이 존중되어야 한다고 주장하며 전쟁을 거부한 사람들은 소수의 비국교도 뿐이었다.⁵ 그러나 이것은 중요한 규칙의 예외에 불과했다. 일반적으로 전쟁은 영연방의 기독

---

3 Martin E. Marty, *Modern American Religion. Vol. 1: The Irony of It All 1893-1919* (Chicago: University of Chicago Press, 1986), 309.
4 Augustus Cerillo, Jr., 'The Spanish-American War,' in Ronald A. Wells (ed.), *The Wars of America: Christian Views* (Grand Rapids: Eerdmans, 1981), 91-125.
5 David W. Bebbington, *The Nonconformist Conscience: Chapel and Politics, 1870-1914* (London: George Allen & Unwin, 1982), 121-124.

교적 성격을 확증하는 것으로 이해되었다.

'새로운 영국'(neo-Britains)이라고 할 수 있는 호주, 뉴질랜드, 캐나다에도 전쟁은 미래를 위한 투자였다. 새로운 국가들로서는 승리가 기독교 문명을 전하고 지키는 섭리로 만들어진 하나의 질서로서 안전과 번영을 보장할 것이었다. 보어 전쟁에서 기대했던 낙승을 거두지 못했지만, 영국과 제국의 '선'(goodness)과 하나님의 목적 안에서 그들이 갖는 위치에 대한 믿음은 크게 의심을 받지 않았다.[6]

세기 전환기의 갈등으로 촉발된 열정은 곧 증발해 버렸지만, 그 후 10년 동안 전운은 두터워졌다.[7] 제국주의 경쟁, 군비 경쟁, 유럽에서의 동맹 체제 출현, 연이은 국제적 위기들은 전쟁의 가능성을 넘치게 했다. 복음주의자들은 갈등 위험을 줄이고 국제 정치를 더 평화적인 기반 위에 둘 방안을 찾으려는 주도적 결정들을 환영했다. 그들은 또한 군비 경쟁이 국제 관계에 미치는 영향에 대해서뿐 아니라 더 가치 있는 목적에 더 쓰일 수도 있었던 막대한 자금에 대해서 후회했다.

더 나아가 프랑스(1904년) 및 러시아(1907년)와 협상하는 영국에 대한 이중적 감정이 있었다. 이 협정들은 전쟁의 위험을 줄이기 위해 시도한 것이지만, 유럽의 정치권력에 얽힐 위험도 있었다. 마찬가지로 영국과 독일의 관계는 다양한 반응을 낳았다.

복음주의자들은 대개 종교개혁의 본거지에 대한 자연적인 동정을 품었고, 반면에 그 운동의 오른편, 특히 스코틀랜드와 미국에서는 신학적 학문의 전통에 더 호감을 가졌다. 관계 개선에 부합하는 희망은 독일의 팽창주의, 해군력 증강 그리고 예상된 도발에 맞서는 강경한 행동 요청으로 인해 밀려나고 말았다.

---

6 Gordon L. Heath, *A War with a Silver Lining: Canadian Protestant Churches and the South African War, 1899–1902* (Montreal: McGill-Queen's University Press, 2009).
7 이 단락과 다음 단락은 Michael Hughes, Conscience and Conflict: Methodism, *Peace and War in the Twentieth Century* (Werrington: Epworth Press, 2008), 2장에서 가져왔다.

1914년 이전 20년 동안 이 과정에서 드러난 것은, 불의에 저항하고 도덕적 대의를 지원하기 위해 전쟁을 벌이는 것이 정당하다고 주장하는 복음주의자들의 사고방식이었다. 이런 경향은 영연방과 미국이라는 비공식 제국을 전 세계에 프로테스탄트 기독교를 확산하는 섭리로 해석하는 제국적 신학의 큰 틀에서 구체화했다.[8]

대서양 양편에서 그리고 호주, 뉴질랜드, 캐나다 같은 '새로운 영국' 전역에서 복음주의 정치인들은 이 사상을 열렬히 전파했다. 그들은 외교정책을 수행할 때 현실정치(Realpolitik)보다 도덕적 고려를 우선하는 것이 하나님 앞에서의 바른 책임이라고 생각했다.

이렇게 민족 중심적이고 애국적인 사고는 복음주의자들 사이에서 영국과 미국의 대의가 가진 도덕적 차원에 주목하는 경향뿐 아니라, 의와 기독교 문명과 제국적 방위를 위해 싸우는 전쟁을 지지하는 경향도 낳았다.

이런 견해의 배경에는 빅토리아 시대로부터 계승된 20세기 초 복음주의자들의 호전성이 있었다. 이것은 '믿는 사람들은 군병 같으니'(Onward, Christian Soldiers)와 '견고한 성을 붙들라'(Hold the Fort) 같은 대중적인 찬송들이 각각 크리미아 전쟁과 미국 남북 전쟁의 영향을 받아 계속 쓰인 것에 반영되었다.[9]

기독교 군사주의적 표현과 가치는 여전히 구세군(the Salvation Army)이나 소년대(the Boys' Brigade) 같은 교회 준-군사 조직에 의해 전파되고 있었다. 게다가 세기가 바뀔 무렵 부흥 운동과 사회 개혁 운동은 대중 회심과 사회 개선이라는 대의로 동원하는 것이나 다름없었다. 심지어 속죄조차도 타인을 섬기는 희생을 칭송하며 영연방을 압제에 대항하는 의로운 세력으로

---

8 John A. Moses, 'The British and German Churches and the Perception of War, 1908-1914,' *WS* 5.1 (1987), 23-44.

9 John Wolffe, *God and Greater Britain: Religion and National Life in Britain and Ireland, 1843-1945* (London: Routledge, 1994), ch. 8.

보게 하는 이미지를 제공했다.¹⁰ 1914년에 전쟁이 일어나자 복음주의적 애국심에 의해, 즉 이미 확고부동한 군사적 사고방식에 의해 전쟁 노력의 신성화가 촉진되었다.

2. 전쟁 정당화

대다수 사람처럼, 복음주의자들은 전쟁이 선포되자 크게 놀랐다. 그들이 처음에 어떤 충격을 느꼈든지 간에, 이것은 싸워야 할 전쟁이라고 받아들였기 때문에 그 충격은 곧 가셨다. 애초에 복음주의자들은 독일이 벨기에의 중립성 보장을 무시하고 침공한 것을 국제 질서와 법치에 대한 모욕이라며 비난했다.¹¹

벨기에와의 조약은 '종이 조각'에 불과하며 "아무 법도 필요 없다"라는 독일의 주장은 특히 복음주의자들을 화나게 했다. 약속의 권위와 기록된 하나님 말씀의 권위는 그들의 신앙 체계에 근본적이었다. 또한, 벨기에서 저지른 독일의 잔학 행위가 알려지자 복음주의자들은 이교주의로 역행할 것을 우려하여 그에 대한 반작용으로 "신은 강자 편이다"(God is on the side of the big battalions)라는 주장에 대항할 필요가 있었다.

복음주의자들은 그들의 대의가 연합국의 사리사욕을 전혀 고려하지 않고 오직 다른 사람의 유익을 위해 취한 행동이라고 확신했다. 영국 제국의 참전 동기가 모든 면에서 명예롭고 이타적이라고 확신한 복음주의자들은 국제 관계에서 법치를 지키고, 세계를 지배하려는 독일의 야욕으로부터

---

10 David W. Bebbington, 'Atonement, Sin, and Empire, 1880–1914,' in Andrew Porter (ed.), *The Imperial Horizons of British Protestant Missions, 1880–1914* (Grand Rapids: Eerdmans, 2003), 14–31.

11 예를 들어 Andrew Wingate, 'The Empire and the War,' *EC* (Sept.–Oct. 1914), 189–190; John Wood, 'Reflections on the War,' ibid. 193–194; W. Y. Fullerton, 'The Mailed Hand and the Nailed Hand,' *EC* (Nov.–Dec. 1914), 215–216.

인간의 자유를 보호하고, 강자로부터 약자를 구해내는 전쟁의 목적을 기꺼이 받아들였다.¹²

전쟁을 '정당한' 것으로 여기던 복음주의자들의 태도는 국가가 전쟁을 정당화 하던 것과 거의 구별되지 않았다. 그러나 복음주의자들은 그것을 '거룩한 전쟁'의 수준으로 재빨리 격상시킴으로써 자신들 특유의 사고와 목적에 더 부합되게 전쟁 문제를 옹호했다. 독일의 동기와 관련해서는 민족주의자들의 침략 행위가 합리주의자들과 유물론자들의 반세기 넘는 사상 탓이라고 보았다.¹³

이런 해석은 전쟁을 기독교와 세속주의 사이의 충돌로 바꾸어 놓았으며, 따라서 그것은 최근 수년간 복음주의자들 주변에서 펼쳐졌던 기독교 문명에 대한 싸움이었고, 또한 그들이 본국에서 그와 비슷한 세력과의 전투에서 패한다면 어떤 결과가 나올지에 대한 청사진이기도 했다. 동맹 제국(the Central Powers) 편에 선 터키 무슬림의 개입은 '십자군'으로서 전쟁한다는 의미를 더했다. 그러나 선악 간의 싸움에서 주적은 '악마적인 군국주의'였다. '하나님의 전쟁'은 이 악한 세력의 세계를 제거하고 의와 기독교 문명을 확립하기 위해 수행되어야 했다.

이런 고상한 논리는 영국과 제국에 대한 깊은 종교적, 감상적 유대감에 의해 '영연방' 전역에서 증대되었다.¹⁴ 섭리와 제국을 동일시했던 '새로운 영국' 내의 복음주의자들은 당시의 전쟁 열기에 쉽게 휩쓸렸다. 이것은 전쟁 발발에 대한 대중의 특징적 반응으로 자주 언급되는 '열광'과 꼭 같은

---

12 예를 들어 Frank Ballard, *Britain Justified: The War from the Christian Standpoint* (London: Charles H. Kelley, 1914).
13 예를 들어 Dora M. Jones, 'Nietzsche, Germany and the War,' *LQR* 123 (1915), 80–94; Elias Compton, 'German Philosophy and the War,' *BRQ* 3.3 (1918), 331–351.
14 Graham Hucker, '"The Great Wave of Enthusiasm": New Zealand Reactions to the First World War in August 1914 – A Reassessment,' *NZJH* 43.1 (2009), 59–75; Glen O'Brien, '"The Empire's Titanic Struggle": Victorian Methodism and the Great War,' *AP* 10 (2012), 50–70.

것은 아니었다. 그것은 제국으로 구현된다고 여긴 기독교 문명의 대의를 향한 더 냉정한 헌신이었다.

캐나다와 호주와 뉴질랜드의 복음주의자들은 기독교 국가 간의 전쟁이 어떻게 될지 가늠하기 어렵다는 것을 알았음에도 그것을 지지했다. 왜냐하면, 그와 관련된 원칙들 때문에 전쟁이 그리스도의 중대한 영향으로 그들 종교의 중심에 놓인 봉사와 희생을 요구하는 영적 사업으로 탈바꿈했기 때문이다. 남아프리카의 상황은 더 복잡했다. 전쟁(1899년-1902년)에서 패배해 여전히 고통받고 있던 아프리카인들은 참전을 반대했다. 그러나 '영국 충성파들' 중 복음주의자들은 제국의 다른 어느 곳의 복음주의자들보다도 헌신적이었다.

정의와 공의를 위한 싸움이라고 전쟁을 변호하는 주장은 전쟁 내내 복음주의 공동체에서 지속했다. 1916년 솜(the Somme)과 뵈르됭(Verdun)에서 벌어진 파괴적인 작전들로 인해 전쟁에 대한 피로도가 높아지고 환멸이 자리를 잡자, 이런 논증은 수그러든 기세를 되살리기 위해 되풀이되었다. 그러나 2년 후 소모적인 것이 분명해지자, 같은 시기에 복음주의적 전쟁 담론에서 다른 주장이 주목을 끌게 되었다.

처음에 독일의 위협은 추상적이고 어렴풋했지만, 점점 더 구체적이고 직접적인 것으로 여겨졌다. 의심할 여지 없이 이것은 독일인들의 지속력과 연합군이 실제로 승리를 이끌어내지 못하는 뜻밖의 무능력 그리고 동맹 제국이 승전할 가능성이 높아진 것 때문이었다. 혹시 거룩한 전쟁을 위한 소집 명령이 이미 닳아버렸다면 이제는 자기 방어를 위해 싸울 필요성이 커졌다. 한 전문가에 따르면 이 문제는 '독일 아래 노예 또는 독일 위의 자유라는 단순한 문제'가 되었다.[15]

더 현실적인 상황 평가는 독일의 독재와 군국주의가 일으킨 연합군의 존재에 대한 위협을 극복하기 위해 끝까지 싸워야 한다는 것을 의미했다. 이

---

15 'The Hour of Great Danger,' *C* (11 Apr. 1918), 8.

것은 복음주의적 사고에서 중요한 변화였다. 1918년 전투가 끝날 때까지 기독교 문명은 단순히 유지되기보다는 보존되어야 하는 것처럼 보였다.

3. 병력 모집

유럽의 적들과 달리, 영어권 세계의 어느 나라도 병역을 위한 징병제를 시행하지 않았다. 그 결과 독일의 군사 동원에 대응해 시민군이 빠르게 창설되었다. 복음주의자들도 병력 모집에 신속하고 열정적으로 응답했다. 그 숫자를 정확히 확인할 길은 없지만, 입대 초기에는 분명히 많은 수의 복음주의자들이 포함되었다.

민족적 분열을 조장하는 정책은 웨일스 비국교도들과 얼스터 개신교도들의 유입을 수월하게 했다. 스코틀랜드에서는 입대 연령에 이른 목사의 아들 중 90퍼센트가 자원입대했다.[16] 호주의 복음주의 교회에서 입대자 수는 '수천 명'이었다.[17] 모집은 비교파적 소년대(Boys' Brigade) 같은 군대식 기독교 청소년 단체들에서 이루어진 것으로 보인다. 대학과 신학대학 학생들도 빠르게 합류했다.

이런 초기의 열정이 지속해서 유지될 수는 없었더라도, 복음주의자들이 지원자들 가운데 계속 두드러졌다. 전쟁 후반에 지원자들의 흐름이 잦아든 때 작성된 「군대와 신앙」(*Army and Religion*) 보고서는 여전히 '교회와 깊이 연결된' 남자들의 수가 20-30퍼센트 사이였음을 보여 준다. 대다수는 아니었지만 그럼에도 상당한 비율로 많은 수가 복음주의자들이었을 것이다.[18] 복음주의 청년들은 자신의 나라와 대의에 봉사하기 위해 삶을 바치

---

16 Stewart J. Brown, '"A Solemn Purification by Fire": Responses to the Great War in the Scottish Presbyterian Churches,' *JEH* 45.1 (1994), 84.

17 Linder, *Long Tragedy*, 107-110.

18 D. S. Cairns (ed.), *The Army and Religion: An Enquiry and Its Bearing upon the Religious*

려는 뚜렷한 의지를 보여 주었다.

이런 열띤 반응을 보인 한 가지 이유는 전쟁에 대한 복음주의 지도자들과 목사들의 열렬한 지지였다. 전쟁이 선포되자마자, 설교자들과 평신도들은 다양한 연단에 올라 전쟁에 대해 발언하고, 참전의 망설임을 이기도록 설득하고, 입대자들을 극찬했다. 더 나아가 사실상 모병 장교가 된 이들도 있었다.

영국 침례교도 존 클리포드(John Clifford)는 그 사실을 시인했으며, 그의 친구이자 스코틀랜드 언론인 윌리엄 로벗슨 니콜 경(Sir William Robertson Nicoll)은 '비국교도의 지도적 지성'으로서 「브리티시 위클리」(*British Weekly*) 지면을 이용해 비국교도에게 자원입대를 호소하는 데 자신의 역량을 최대한 활용했다.[19]

시드니의 국교회 대주교 J. C. 라이트(J. C. Wright) 같은 '영연방' 사람들은 하나님 아래서 '국왕과 국가를 위해' 싸워야 한다고 열정적으로 주장했다. 의를 위한 운동에 익숙한 젊은 남자들에게 입대를 촉구하는 것은 그들의 행동주의와도 잘 맞았다. 복음주의 단체와 대중의 강력한 지지는 그 공동체의 남자 청년들에게 입대하도록 압력을 가하고 있었다.

이 압력의 효과를 측정하기는 어렵지만, 대개는 그럴 필요가 없었을 것이다. 일부는 분명 그 순간의 열정에 사로잡혔지만, 다른 많은 청년은 더 깊은 대의에 영향을 받아 행동했다. 복음주의적 감수성에서 비롯된 도덕적 강박 관념이 당시 멜버른대학교(Melbourne University)에 재학 중이던 신

Life of the Nation (London: Macmillan, 1919), 189-192. 일치하는 미국의 보고서는 The Committee on the War and the Religious Outlook, *Religion Among American Men As Revealed by a Study of Conditions in the Army* (New York: Association Press, 1920), 11에서 미국 원정권(American Expeditionary Forces)의 15퍼센트가 '진정한 그리스도인과 활동적인 교회 회원'으로 구성되어 있다고 밝혔다. 가톨릭 신자들을 제외하면 이 그룹의 상당 부분이 복음주의자들이었을 것이다.

19 T. H. Darlow, *William Roberston Nicoll: Life and Letters* (London: Hodder & Stoughton, 1925), 236-242.

실한 장로교도 오웬 루이스(Owen Lewis)의 생각에 드러나있다.

> 무엇이 나를 가도록 강요하는지 정확히 설명하기는 힘들지만, 나를 가게 하는 양심과 같은 뭔가가 있다. 나는 내세를 믿는다. 내 양심의 뜻을 따른다면 평상시 상황보다 더 빨리 그 뜻에 들어선다. 나는 누구도 후회하지 않을 것으로 생각한다.
> 내게 가장 큰 부담은, 부양할 가족이 있는 사람들이 나 대신 싸우고 날 위해 그들의 목숨을 바치고 있는데 나는 여기서 편하게 지낸다는 것이다. 이르거나 늦거나 죽음이 우리 모두에게 닥친다. '친구를 위해 목숨을 버리는 것'보다 더 고귀하게 죽는 길은 없다.[20]

희생과 죽음에 대한 복음주의적 이해로 형성된 이런 의무감이 드물지 않았다. 수천 명의 다른 학생들이 같은 이유로 자원입대했다.[21] 그것은 한 세대 동안 '학생자원 운동'(Student Volunteer Movement)같은 단체를 통해 젊은이들을 일으켜 선교적 봉사에 삶을 바치게 했던 생각과 비슷했다. 복음주의자들에게 입대는 그들의 깊은 사고 구조를 반영했으며 거의 제2의 본성이었다.

물론 모든 복음주의자가 병력 모집에 그렇게 쉽사리 응할 수는 없었다. 특히 퀘이커(Quakers)나 메노나이트(Mennonites) 같은 평화주의 교회들은 전쟁에 반대하는 전통적 입장을 고수했다. 오순절주의자들도 조심스러워했다.[22] 전쟁에 혼란을 느낀 교회들은 다양한 입장을 가지고 있었다.

---

20 영국에서 재출간 된 Lewis, *Our War: Australia During World War I* (Carlton: Melbourne University Press, 1980), 127–133.
21 태틀로의 회상. Tissington Tatlow, *The Story of the Student Christian Movement of Great Britain and Ireland* (London: SCM Press, 1933), 512–515.
22 Roger Robins, 'A Chronology of Peace: Attitudes Towards War and Peace in the Assemblies of God: 1914–1918,' *Pn* 6.1 (1984), 3–25.

예를 들어 '개방적 형제단'(The Open Brethren)은 평화주의를 지지했지만 개교인의 참여 결정을 허락했다. 제칠일안식일예수재림교회(Seventh-Day Adventists)는 전쟁에 참여하는 것이 제4, 5계명을 위반하게 될까 우려했다. 징병의 가능성이 커지자, 뉴질랜드 안식교 신자들은 군내에서 '양심적 협력자' 또는 '애국적 비전투원' 같은 비전투 보직을 채우는 절충안을 마련했다.²³ 더 많은 주류 교회들이 전쟁을 지지하는 경향이 있는 반면 상당수 복음주의 교회들과 공동체들은 기독교 신조와 원리에 위배된다는 이유로 전쟁을 지지하지 않았다.

양심적 병역 거부 문제에 대해 복음주의자들은 종교적, 도덕적 근거로 병역을 거부하는 것을 지지하는 것 말고는 달리 할 수 있는 것이 거의 없었다. 대체로 그들은 양심적 병역 거부자들이 느끼는 양심의 가책이 단지 회피하려는 변명이 아니라 진심이라면 그것을 존중하라고 가르쳤다.²⁴ 그 일의 어려움을 아는 복음주의자들도 냉담한 법 집행자의 가혹하고 부당한 처사에 반대했다.²⁵

대체로 이 입장은 그 상황에 적절한 반응이었다. 대부분 거부자의 비전투 임무를 맡는 '대체 요원'으로 일반 복지에 기여할 준비가 되어 있었다. 어떤 식으로든지 전쟁 지원에 가담하지 않겠다는 '절대불가론자들'은 상대적으로 소수였고, 그들은 인정받지 못했다. 자신은 아무 대가도 치르지 않은 채 타인의 희생으로 혜택을 누려야 한다는 것은 부당해 보였다. 일부 복음주의자들이 항상 골치 아프게 여기는 하나님과 양심에 대한 충실함을

---

23 Peter H. Ballis, 'Conscience and Compromise: New Zealand Adventists and Military Service During World War I,' in Arthur J. Ferch (ed.), *Symposium on Adventist History in the South Pacific: 1885–1918* (Wahroonga, NSW: South Pacific Division of Seventh-Day Adventists, 1986), 40–52.
24 Hughes, *Conscience and Conflict*, 57–70, 72; Martin Ceadel, *Pacifism in Britain 1914–1945: The Defining of a Faith* (Oxford: Clarendon Press, 1980), 31–46.
25 예를 들어 'The Conscientious Objector,' *C* (27 Jan. 1916), 9; (26 Oct. 1916), 11; (18 Oct. 1917), 7–8; 'Tribunals and Objectors,' *C* (13 Apr. 1916), 10.

따지는 문제에서 시민에 대한 국가의 권리는 전시에 복음주의자들에게 상당히 풀기 어려운 문제였다.[26]

4. 전쟁 지원

모집된 사람들은 단지 전쟁에 동원된 복음주의자들만은 아니었다. 시민군의 급속한 출현과 현대전의 특성으로 인해 곧 복음주의적 행동이 새롭게 발휘되어야 하는 상황이 마련되었다. 기존의 수많은 단체와 더불어 복음주의자들은 이런 기회에 대응할 수 있도록 잘 준비되어 있었다. 궁핍한 시기가 다가오는 것 역시 복음주의의 체질과 잘 맞았다. 한 논평가는 닥쳐올 시련에 대비해 하나님을 신뢰하라고 촉구했다.

> 이것은 타인의 필요나 요구에 소홀하라는 말이 아닙니다. 주 안에서 가장 평화롭게 쉬는 사람은 그분의 섬김 안에서 가장 활동적으로 그분의 뜻을 구할 것입니다.[27]

그때의 절박함을 인식하면서 복음주의들의 작은 '군대'는 병력 동원에 응한 사람들을 지원하는 일에 몰두했다.

일단 병력 동원이 진행되자, 군인들에게 물질적 필요와 육체의 에너지가 가장 중요한 문제가 되었다. YMCA 같은 기성 단체들과 구세군은 활동방향을 전환했다. 병사들의 주거와 교육을 위한 그들의 네트워크는 모든 주요 훈련소와 전선으로 급속히 확산했다. 그들은 또 전투를 멈출 때

---

[26] 'Christ and the State,' *C* (29 Nov. 1917), 9; 'Loyalty to God and Duty to the State,' *C* (10 Oct. 1918), 7–8.

[27] 'Notes and Comments. Waiting Upon the Lord,' *C* (6 Aug. 1914), 9.

병사들에게 쉼과 회복을 제공하기 위한 식당과 막사를 마련했다. 더 나아가 그들은 병원을 제공하고 부상자를 돌볼 수 있는 시설을 지었다.

'오픈에어미션'(Open Air Mission) 같은 다른 단체는 전시 수요에 맞게 그들의 업무를 조정했다. 훈련소 부근의 지역교회는 병사들의 쉼과 회복을 위해 건물을 개방했다. 병사들의 필요를 채우는 것이 복무의 다른 형태가 되었다. 양심상 전투 참여를 원하지 않는 이들을 위해서는 대안적 형태의 업무가 마련되었다. 예를 들어 프린스턴의 신약 학자 그레샴 메이첸(J. Gresham Machen)은 프랑스에서 YMCA 식당을 운영했다.²⁸ 다른 이들은 들것 운반자나 구급차 운전사 같은 역할을 수행했다. 비록 전투의 대안으로 여겨졌지만, 매우 종종 이런 임무와 직무는 군인들이 직면한 것만큼 위험했다.

이런 사역도 중요했지만, 그들의 도덕적이고 영적인 필요가 가장 중요했다. 복음주의자들은 군 생활에 뒤따르는 유혹에 대해 잘 알고 있었다. 군인들에게 제공한 다양한 시설들은 그들을 유혹하는 술집과 매춘굴을 대신하는 것으로 고안된 것이기도 했다.

또한, 복음주의자들은 수용소에서 사람들이 노출된 도덕적 위험에 대해서도 경고했다. 전시에는 긴급한 일이 많았으므로, 그들의 비판이 늘 정부 당국에 받아들여진 것은 아니었다. 복음주의자들은 전적으로 전쟁을 지원하긴 했지만, 그들의 도덕적 기준이 당시의 특수한 상황과 타협하는 것을 허용하지 않으려 했다.

더 적극적으로 그들은 전쟁을 복음주의에 더할 나위 없는 기회로 여겼다. 세기말 수년 동안 남자들, 특히 노동자 계급의 남성들은 복음주의자들의 최고의 회심 노력 밖에 있는 것처럼 생각되었다. 이제 그들은 가장 엄숙한 순간에 전례 없는 숫자로 모여들었다. 이 사람 중 다수가 곧 죽게 될 것이라는 인식은 그들을 안락한 채로 있지 못하게 했다.

---

28 Ned B. Stonehouse, *J. Gresham Machen: A Biographical Memoir*, 3rd ed. (Edinburgh: Banner of Truth Trust, 1987 [1954]), chs. 13–14.

'기독군인회'(Soldiers' Christian Association)와 '오픈에어미션'(Open Air Mission)같은 단체들이 다시 설립되어 YMCA와 구세군과 활동을 같이했다. 집시 스미스(Gipsy Smith), 존 맥닐(John McNeil), 셔우드 에디(Sherwood Eddy) 같은 다른 부흥 운동가들은 그 와중에 전선으로 가서 회심의 필요성을 역설했다. 또한, 그 상황은 성경 배포의 필요를 강하게 불러일으켰다. '포켓성서연맹'(Pocket Testament League)과 '성서기증선교회'(Scripture Gift Mission) 같은 기관은 굉장한 자극을 주었다.

비록 환호는 덜 받았지만, 복음주의 여성들도 봉사자 모집에 응했고, 그것을 처음 기록한 사람에게서 그 나름대로는 '실제로 무기를 드는 것만큼 중요한' 반응이었다는 갈채를 받았다.[29] 이미 영국에서 병사들의 집을 운영했던 대니엘, 퍼크스, 윌슨(Misses Daniell, Perks and Wilson) 같은 소수의 여성들에게 이것은 수년 전에 시작한 일의 연장이었다. 그러나 대부분의 일을 국가적 대의로 한다는 면에서는 새로운 출발이었다.

신병 모집을 장려하는 일 외에도 여성들은 지역적으로는 교회에서 그리고 국가적으로는 교파를 통해 모금하고 구호하는 일을 병행했다. 그들의 많은 활동에는 음식물과 양말, 스카프, 장갑, 뜨개질한 모자 같은 의류를 군대에 공급하는 것도 포함되었다. 그들은 또 적은 수의 간호사와 매우 적은 수의 의사가 근무하는 병원에 필요한 물품과 옷을 보냈다. 병자와 부상자를 돌보고 유족을 위로하는 것 외에도, 전쟁이 길어지는 동안 병사들을 안심시키는 일에 뛰어들었다.

이런 활동을 할 수 있었던 것은, 그들이 남자들과 같은 애국심을 가지고 있었을 뿐 아니라, 여성으로서 '그들이 무엇을 할 수 있는지 매우 자연스럽고 적절하게 보여 줄' 기회라고 인식했기 때문이었다. 이 여성들은 또한 그리스도의 희생적 봉사의 삶에 응답해 그리스도인으로서 그들의 소명에

---

[29] Mary Frances Billington, *The Roll-Call of Serving Women: A Record of Woman's Work for Combatants and Sufferers in the Great War* (London: Religious Tract Society, 1915), v.

충실할 기회를 기꺼이 받아들였다.**30** 이상적인 복음주의 여성성은 전시의 요구에 서슴없이 순응했다.

5. 미국의 참전

전쟁 초기 몇 년은 미국인에게 다르게 경험되었다. 미국이 중립을 고수하는 동안, 그들은 유혈 분쟁에 갇힌 유럽의 주요 기독교 국가의 무서운 참상을 자세히 지켜보았다.**31** 그들은 단지 관찰자로서 전쟁의 도덕적, 신학적 의미를 숙고하고 선교 활동에 미치는 영향을 관리하는 처지로 있었다. 동시에 미국과 멕시코의 관계 악화로 인해 국가안보에 있어서 군사적 대비를 강화해야 한다는 주장으로 야기된 딜레마에 신경을 쓰고 있었다.

1915년 윌슨 행정부 국무장관 윌리엄 제닝스 브라이언(William Jennings Bryan)이 대통령의 '능동적 중립'(active neutrality)에 항의해 사임한 것이 미국의 어려운 입장을 부각했다. 미국인들이 전반적으로 중립을 받아들인 가운데, 복음주의자들은 대체로 미국인의 생각을 반영했다. 그들은 직접 참전하지 않고 지내면서 참전국들에게 전쟁에 관한 기독교적 가르침을 역설하고 평화를 회복할 방법을 제시하는 것에 만족했다.**32**

미국의 복음주의자들이 어떤 이중 감정을 느꼈든지 간에, 1917년 수난일(Good Friday)에 미국이 참전함으로 그 감정은 급속히 사라졌다. 복음주의 교회와 기관들은 독일에 대한 저항과 자유를 향한 투쟁으로서 공동체 전반의 전쟁 지지를 편들었다.**33** '영연방' 전체의 형제들처럼, 그들은 전쟁을 '정

---

30 Ibid. 218–220.

31 예를 들어 'Progress of the War in Europe' in the *Homiletic Review*의 본문.

32 예를 들어 D. Willard Lyon, *The Christian Equivalent of War* (London: Association Press, 1915). 그 관점은 다음 심포지엄에서 발표되었다. 'The Clear and Urgent Duty of the Church in the Present World Crisis,' *HomR* 73.1 (Jan. 1917), 20–25 and 28–30.

33 John F. Piper, Jr. (1987), *The American Churches in World War I* (Athens, OH: Ohio Uni-

당하고', '거룩하고', '방어적인 것'으로 받아들였다. 장로교도 제임스 반스(James Vance)는 이 분위기를 놓치지 않고 이렇게 주장했다.

> 우리는 깃발과 십자가가 함께 동일한 목적을 향해 나가도록 둘 다 붙잡아야 한다.**34**

이런 정신으로 선교사 정치인 로버트 스피어(Robert Speer)는 '연방교회협의회'(Federal Council of Churches, FCC)의 전시 활동을 위한 '교회간위원회'(Inter-Church Committee on War Work) 의장으로 활동하는 것을 수락했다. 그의 리더십은 FCC를 통한 전시 사역 수행에 필요한 방법들을 위해 복음주의가 어떤 지원을 했는지 보여 주었다. 이것이 자연스럽게 군인에 대한 물질적 지원을 끌어들였다면 위원회는 그들의 영적 필요를 충족하는데 우선권을 두었다. 이처럼 전쟁을 승인하게 되자, 독일계 교회들은 다소 곤란해졌으며, 북아메리카의 메노나이트 교회는 FCC에서 탈퇴했다. 그러나 일부 예외를 제외하고 대부분의 복음주의자는 기독교 전통의 '정당한 전쟁론'으로 그 상황에 순응하여 전쟁 동원 요청에 적극 귀 기울였다.

6. 전쟁 해석

미국이 전쟁에 휘말릴 때까지 복음주의 내에서 전쟁에 대한 세 가지 분명한 태도가 나타났다. 한 극단은 도덕적 감수성, 민족적 감정, 사상자 증가에 맞서 뛰쳐나간 그리스도인들의 참여로서, 반독일주의의 호전적 분출

---

versity Press, 1987).
34 Ray H. Abrams, *Preachers Present Arms: The Role of the American Churches and Clergy in World Wars I and II, with Some Observations on the War in Vietnam* (Scottdale, PA, Herald Press, 1969 [1933]), 50.

이었다. '호전적 복음주의자'(jingoistic evangelicals)의 대표적 인물은 격렬한 반체제인사이자 영국 원시 메소디스트 A. T. 거터리(A. T. Guttery)였다. 전쟁이 발발하자 그는 극단적 반전론자에서 극단적 호전론자로 돌변했다.[35]

그는 『원시 메소디스트 리더』(*Primitive Methodist Leader*)의 지면을 이용해 젊은 병사들을 이상화하고 그들의 죽음을 그리스도의 희생과 동일시하는 몰지각한 애국심을 표출했다. 미국에서는 회중파 뉴웰 드와이트 힐리스(Newell Dwight Hillis)가 마찬가지로 친독일적 입장을 버리고 전시 공채(Liberty Loan) 운동의 일환으로 전국에 잔학한 이야기를 전파함으로써 독일인을 악마화 하는 길을 터주었다.[36]

반독일 감정의 불행한 결과는 영어권 사회에서 독일계 사람들을 자극하는 것이었다. 그들의 충성 맹세에도 복음주의자들은 이 사람들이 받는 학대에 동참했고, 그들을 면직하고 심지어 전쟁 기단 동안 억류하는 행위를 묵인했다. 복음주의 신앙은 때때로 전쟁으로 표출된 감정적 압박과 어울리지 않았다.

또 다른 극단은 '평화를 사랑하는 복음주의자들'이었다.[37] 이 사람들은 자신들이 예수의 분명한 가르침으로 여기는 바를 회피할 수 없다고 느꼈다. 그 결과 그들은 싸우는 것이 조금이라도 옳다고 믿을 수 없었다. 이 그룹의 일부는 기독교 평화주의자들이었다. 또 다른 사람들은 덜 명확한 입장을 취하긴 했지만, 전쟁이 기독교 입장과 조화될 수 없다는 주장을 견지했다. 호주에서 '평화를 사랑하는 복음주의자들'이 도덕적 근거로 전쟁에 반대하는 시위를 이끌었다는 것은 그런 그들의 입장이 가진 강점이었다.

---

35 Alan Wilkinson, *Dissent or Conform? War, Peace and the English Churches 1900–1945* (London: SCM Press, 1986), 29–32.
36 Abrams, *Preachers Present Arms*, ch. 6.
37 Robert D. Linder, 'The Peaceful Evangelicals: Refusing to Take up the Sword, 1914–1918,' *L* 33–34 (2003), 5–65.

그들의 『기독교사역선언』(*Manifesto from Protestant Ministers*, 1917)은 제국적 전쟁 노력의 상당 부분을 떠받치고 있는 시민 종교에 맞서 그리스도의 가르침과 기독교의 원리를 가지런히 제시했다.³⁸ B. 린덴 웹(B. Linden Webb)의 『전쟁의 종교적 중요성』(*Religious Significance of the War*)은 전시에 나온 성경적 평화주의에 대한 최고의 주장일 뿐 아니라 전쟁에 반대하는 중요한 메소디스트 소수파의 분명한 입장이었다.³⁹ 특징적인 복음주의 사상이 반드시 전쟁과 입대의 열광으로 이어지지는 않았다.

망설이든지 몰두하든지 대다수 복음주의자는 그 전쟁을 회피할 수 없는 의로운 대의로 받아들였다. 이것은 우드로 윌슨(Woodrow Wilson) 대통령이 1917년 미국 의회에 전쟁 선포를 요청했을 때의 입장이었다. 독일의 도발로 인해 그는 그동안 그로 하여금 '약하든 강하든' 모든 사람의 자유와 정의를 보장해 주는 세계 질서를 위해 싸우는 평화 운동을 하게 해 주었던 '적극적 중립'(active neutrality)을 포기했다.⁴⁰

맨체스터대학교의 그리스어(Hellenistic Greek) 교수이자 '평화협회'(Peace Society) 회장이었던 제임스 호프 모울튼(James Hope Moulton)은 자기의 이상과 시대의 요구 사이에서 또 다른 고민을 했다.⁴¹ 전쟁 발발 전 평화주의자였던 그는 전쟁 초기 독일의 행위로 제기된 문제와 씨름했다. 비록 전쟁을 지지할 수는 없었지만, 그것을 묵인했다. 충분히 주의하고 온건하게 지지하는 다른 사람은 하나님을 일종의 부족신으로 만들지 않는 것이 중요하다고 주장했다.

---

38 서명에 참가한 두 가맹국(signatories)은 복음주의자가 아니었다.
39 B. Linden Webb, *The Religious Significance of the War* (Sydney: Christian World, 1915). Hughes, *Conscience and Conflict*, 50-52.
40 Malcolm D. Magee, *What the World Should Be: Woodrow Wilson and the Crafting of a Faith-Based Foreign Policy* (Waco: Baylor University Press, 2008), 3장(84).
41 James H. Moulton, 'Christianity and Defensive War,' *LQR* 123 (1915), 32-45; [William F. Moulton], James Hope Moulton, by His Brother (London: Epworth Press, 1919).

그들은 또한 제국 숭배심으로 제국을 일종의 종교로 섬기는 것을 반대했다. 무엇보다 그들은 독일인에 대한 증오를 경계했고, 모든 일에서 복음의 우선성을 주장할 필요가 있다고 역설했다. 복음주의자들의 기준은 전쟁을 신중하게 받아들이고 국내외 해외 전선 모두에서 승리하기 위해 최선을 다하는 것이었다.

이런 세 가지 입장을 정리하는 것은 르우벤 토레이(Reuben Torrey)의 전쟁관을 이해하는 데에 도움이 된다. 호전적 기질을 가졌던 이 사람이 경멸스러운 성경 고등 비평의 나라(독일)에 대한 복수로 여겨졌던 전쟁을 당연히 지지했을 것으로 생각될 수도 있다. 비록 그가 자신의 평화주의를 역설적이게도 거친 언어로 표현했지만, 오히려 애초에 토레이는 '평화적인 복음주의들' 가운데 들어 있었다. 미국이 전쟁에 뛰어들기 전에 그는 이렇게 열변을 토했다.

> 화내기를 더디하고 '지조를 지키는'(defend its honor) 나라는 굴욕스럽지 않고 오히려 위대하고 강하다. 군사적 '대비'를 주장하는 사람들에 맞서, 그는 이것이 '그 땅의 독일화'나 군사적 시스템 구축이 아니라 기도로 가장 바람직하게 달성되었다.[42]

일단 미국이 직접 참전하게 되자, 토레이는 입장을 바꿔 마지못해 전쟁을 묵인했다. 그는 전쟁이 일으키는 영적인 문제에 집중하려고 했다.[43] 성경을 무시한 것이 근본적인 원인이었다면 성경옹호를 가장 앞세워야 했다. 1917년 그는 성경 권위에 대한 소논문들을 제1권에 다 모아 『근본주의자들』(The Fundamentals) 개정판을 출간했다. 이런 입상은 시카고대학 현

---

[42] R. A. Torrey, *The Voice of God in the Present Hour* (New York: Fleming H. Revell, 1917), 191, 228.

[43] R. A. Torrey, *What the War Teaches or the Greatest Lessons of 1917*, in Joel A. Carpenter (ed.), *Conservative Call to Arms* (New York: Garland Publishing, 1988), 1–16.

대주의자 교수들이 전천년설에 대해 애국심이 없고 심지어 독일의 자금 지원이 있었는지도 모른다고 공격하자 더 변형되었다.

토레이는 전쟁에 대한 자신의 적극적이고 확실한 신념과 참된 애국심에 대한 확언을 가미해 그리스도의 재림에 대한 전천년설을 강하게 되풀이하며 응수했다. 실제로 그는 시카고대학교 신학부 교수 쉐일러 매튜스(Shailer Mathews)를 '아주 위험한 친독일 선전꾼'으로 비난하고, 하나님이 미국과 그 동맹국의 군사력으로 독일 황제와 국민에게 꼭 필요한 교훈을 주고 계신다고 주장함으로써 국면을 전환하려고 했다.[44] 전쟁 경험은 토레이를 '평화적인' 복음주의자에서 단호한 호전적 성향을 가진 '애국적인' 복음주의자로 변화시켰다. 전쟁은 복음주의 정서에 호된 시련이 되었다.

7. 결론

1914년 8월에 예기치 않게 전쟁이 일어나자 복음주의자들은 민첩하게 반응했다. 그들의 성향은 빅토리아 시대부터 세기말을 통과하면서 추진된 호전성에 의해 형성되어 왔다. 전쟁이 발발하자 복음주의자들은 그들의 정부가 독일과 동맹 제국에 대항해 국가적 대의를 위해 싸우도록 기꺼이 넘치도록 지지했다. 애국심이 이 전투성의 토대였지만, 그들의 종교와 결합하여 경험되었다.

왜냐하면, 복음주의 전통은 이미 영국과 미국을 현세에서 기독교 문명을 전하는 주역으로 떠받들었으며, 그들의 의롭고 선한 국가적 대의를 떠받치는 섭리적 계획에 병합했기 때문이다. 세기 초에는 약간의 의견차가 있었지만, 1914년 독일의 부끄러운 행위로 인해 전쟁에 대한 반대가 최소

---

[44] R. A. Torrey, *Peanut Patriotism and Pure Patriotism: Our Duty to God and Our Country in This Time of Crisis* (Los Angeles: BIOLA, 1918); *Will Christ Come Again? An Exposure of the Foolishness and Falsehoods of Shailer Mathews* (Los Angeles: BIOLA, 1918), 23–25.

화되었으며, 전쟁이 일어난 상황보다는 원칙의 문제가 되었다.

1917년 미국이 참전했을 때 이전처럼 복음주의자들은 기독교 문명을 위한 거룩한 전쟁에서 승리를 쟁취하는 희망을 가지고 전쟁을 도우려고 입대하고 물적 영적 자원들을 동원했다. 매우 큰 위험과 비용이 따르는 그런 참전이 용인된 것은 희생을 기리는 것이 복음주의와 애국심을 통합하는 일환이었기 때문이다. 전쟁이 소모전으로 전락하는 데도 이런 지지는 전시 내내 거의 줄어들지 않았다. 1914년과 1918년 사이에, 전쟁은 복음주의의 호전성과 활동성에 새로운 출구를 제공했다. 또한, 복음주의 운동은 영어권 교전국 인구의 상당수를 전쟁에 지원했다.

제7장

포화 속의 신앙
Faith under Fire

1914년 참전 요청에 반응해 영연방 전역에 군사 훈련소들이 생겨났다. 그때 사람들이 수천 명씩 모여 새로운 시민군을 조직하고 전투에 대비했다. 훈련소 생활은 해상에서, 더 나아가 공중에서, 가장 열악한 참호에서 벌이는 전투 경험으로 이어졌다. 이런 상황에서 병사들은 산업화한 전쟁의 끝없는 고역, 막대한 사상자들의 참상, 계속된 파괴적 일상의 실존적 위협 같은 현대 세계에서 최악의 상황에 직면했다.

이 시련에 직면한 대다수 사람은 남성 지배적이고, 권위적이고, 고도로 조직화하고, 용서가 없는 새로운 삶의 방식으로 휩쓸렸다. 그 속에서 그들은 자신의 역할을 찾아야 했고 자신을 증명해야 했다. 가정 상황과 완전히 단절되고 전쟁의 파괴적 영향에 직면하자, 그들은 또한 자신에 대한 깊은 물음에 부딪혔다. 그 전쟁은 기존의 정체성과 세계관에 대한 심각한 시험이었으며, 그들 중에는 복음주의자들도 있었다.[1]

---

[1] 전쟁이 그리스도인의 세계관에 미친 영향은 다음 책에 묘사되었다. Donald Black's evocative *Red Dust: An Australian Trooper in Palestine* (London: Jonathan Cape, 1931), 60-66, 94-100, 287.

최근 연구는 제1차 세계대전에 참전한 병사들이 '믿음을 상실' 했다고 일반적으로 받아들였던 이야기와 달리 그들의 신앙을 어떻게 제대로 인식해야 하는지 보여 준다. 당시에 도널드 행키(Donald Hankey)가 알아본 이 신앙은 생존 본능에서부터 삶에 대한 영적 차원의 아주 깊은 성찰까지 아우르는 스펙트럼을 따라 작용했다.[2] 복음주의자들은 적극적인 기독교 신앙의 틀 안에서 전쟁을 겪은 사람들이었지만, 그것이 무엇을 의미하는지는 규정되지 않았다. 병사들의 '신앙 스펙트럼'에서 복음주의가 갖는 위상은 앞으로 확인되어야 한다.

1. 시민군 복음주의자들

전시에 복음주의자들의 견해와 행동에 대한 많은 증거가 이상화되고 과장되어 있긴 하지만,[3] 그것들은 훈련소와 전선에서 복음주의자들의 태도와 처신을 그려볼 수 있게 한다. 군대에서 신앙생활을 유지하기란 너무도 어려웠지만, 훈련소와 전선에서 병사들은 교훈과 위로의 원천으로 성경을 읽었다.

---

2   Donald Hankey, *A Student in Arms* (London: Andrew Melrose, 1916); Richard Schweitzer, *The Cross and the Trenches: Religious Faith and Doubt Among British and American Great War Soldiers* (Westport, CT: Praeger Publishers, 2003); Michael Snape, *God and the British Soldier: Religion and the British Army in the First and Second World Wars* (London: Routledge, 2005); Jonathan Ebel, *Faith in the Fight: Religion and the American Soldier in the Great War* (Princeton: Princeton University Press, 2010).

3   E.g. William E. Sellers, *With Our Fighting Men: The Story of Their Faith, Courage, Endurance in the Great War* (London: Religious Tract Society, n.d. [1915]); *With Our Heroes in Khaki: The Story of Christian Work with Our Soldiers and Sailors – And Some of Its Results* (London: Religious Tract Society, n.d. [1917]); Thomas Tiplady, *The Cross at the Front: Fragments from the Trenches* (New York: Fleming H. Revell, 1917); *The Soul of the Soldier: Sketches of Life at the Front* (London: Methuen, 1918).

그들은 또한 존 번연(John Bunyan)의 『천로역정』(Pilgrim's Progress) 같은 기독교 고전을 읽었다. 그들은 혼자서 그리고 모여서 사적으로 그리고 공적으로 기도했다. 지겨움과 어려움을 덜어주는 찬송을 혼자서 그리고 함께 모여서 불렀다. 복음주의 병사는 목사를 존경했고 예배에 참석했다. 그리고 또한 비공식 모임을 스스로 조직해 전선에서 동지애를 기독교식 교제로 나타냈다. 타인을 위한 많은 고통과 죽음 속에서 십자가는 모든 전선에 걸쳐 급증한 사상자들의 무덤을 표시하는 십자가처럼 그들의 생각에 뚜렷이 자리 잡고 있었다.

복음주의자들은 삶을 증언하고 기독교 도서를 배포하고 격려의 말을 함으로써 그리고 술과 부도덕한 행동을 하지 않음으로써 그들의 신앙을 다른 사람들과 나누었다. 가능한 한 그들은 다른 사람들의 신체적이고 물질적인 필요를 보았고(때로는 적의 필요까지도), 쓰러진 이들이 사랑하던 사람에게 다양한 방식으로 배려를 보여 주었다. 다양한 수준의 성취와 헌신으로 복음주의자들은 전쟁 상황에서 허락되는 한 전형적인 경건생활을 통해 그들 특유의 성경주의, 십자가주의, 회심주의, 행동주의를 현대의 전쟁 체험 속에 들여왔다.[4]

그러나 이런 혼란스러운 상황에서도 신앙은 변하지 않을 수 없었다. 어떤 이들의 믿음은 강화되고 성장했다. 어느 '찬송을 사랑하는 사람'(Hymn Lover)은 전쟁이 '이론을 시험대에 올리는 것'이라고 생각했고, 자신의 믿음이 입증되었다고 생각했다. 그는 처음에 감추려 했지만, 용기내어 그것을 공개적으로 표현했다.[5]

---

[4] 이런 행위들은 다음과 같은 많은 자료에 분명히 나타나 있다. 'Christians at the War. Testimonies from the Trenches,' C (5 Aug. 1915), 12 and (19 Aug. 1915), 22; and 'The Christian Soldier on Service. A Batch of Letters,' C (11 July 1918), 14.

[5] 'Hymn Lover at the Front,' C (3 Oct. 1918), 14. 이 단락의 다른 예는 다음 책에서 볼 수 있다. Schweitzer, Cross and the Trenches, 98-99, 103, 122-123, n. 108.

영국의 무선 사업자 윌리엄 키칭(William B. Kitching)의 경우에 전쟁은 더 의식적이고 희망적인 신앙을 끌어냈다.

> 그러나 이제 내 눈이 뜨였다. 오! 지금 얼마나 다른 것들이 보이는지 그리고 나는 하나님이 내 눈을 뜨게 해 주신 것에 감사한다. 그분이 내게 돌아갈 기회를 주시기만 한다면 나는 이 배우기 힘든 교훈에서 유익을 얻을 것이다.

1916년 구세군의 A. E. 렌쇼(A. E. Renshaw)가 죽기 전에 쓴 일기는 하나님의 존재와 자신의 영적 진보에 대해 그가 얼마나 지속해서 인식하고 있었는지 보여 준다. 그는 또한 군대가 더 높은 봉사의 서곡에 불과하다는 것을 점점 더 확신했다.

> 나는 날마다 귀중한 영혼들이 죽어가면서 누군가 자신에게 말해주기를 원한다는 것을 더욱 느낀다. 그리고 나는 하나님의 선한 인도 안에서 하나님을 위한 전사가 되고 영혼의 승자가 되기로 결심한다.⁶

방탕과 절망으로 이끄는 유혹에도 현대 전쟁이 복음주의자들에게 미치는 영적 영향에는 하나님과 그분의 인도에 대한 더 깊은 확신과 더 뚜렷한 인식이 포함되어 있었다.

전쟁 초기에 군대 내에서 예상된 대규모 부흥은 결코 일어나지 않았지만, 병영과 전선에서 믿는 사람이 생겼다. 군목들과 부흥 운동가들은 조금 부풀리기는 했어도 군인 중에 많은 수의 회심자가 있다고 주장했다. 스코틀랜드 군목 윌리엄 어윙(William Ewing)은 많은 젊은 군인이 1915년 갈리

---

6   Ibid. 99.

폴리(Gallipoli)에서 연합자유교회의 교인이 되기 위해 나섰다고 보고했다.[7] 셔우드 에디(Sherwood Eddy)는 어떻게 수백 명의 사람이 YMCA 모임에서 입대 서약 카드에 서명하게 되었는지 설명했다.[8] 이런 회심은 전쟁 전 부흥 운동에서 이미 잘 알려진 두 가지 패턴으로 일어났다. 신앙을 버린 사람들이 전쟁으로 인해 복음주의 신앙과 생활로 다시 돌아오면서 적극적 신앙이 회복되었다. 군 생활의 유혹에 굴복한 사람들도 회개하고 충실한 생활로 돌아왔다.

그러나 신앙을 진정으로 얻는 것 또한 처음이었다. 대부분의 회심은 훈련 캠프의 낯설고 예측할 수 없는 환경에 처한 사람들이 앞으로 어떻게 살아갈 것인지 결심하면서 일어난 것으로 보인다. 수적으로 더 적긴 하지만, 회심은 전선에서도 일어났다. 예를 들어 팔레스타인에서 한 장교는 글래스고의 세인트 조지 터버너클(St George's Tabernacle)에서 온 병사에 의해 그리스도께 인도를 받아 "정말 달라졌어요!"라고 외쳤다.[9]

마찬가지로 프랑스에서 온 한 편지에는 "지난 며칠 동안 아홉 명이 주 예수 그리스도를 영접했다"라고 적혀 있었다.[10] 특히 전쟁 초기에 병사들 사이에 작은 부흥이 있었다.[11] 이런 회심의 대부분은 거의 위기 시에는 헌신하고 위험이 지나가면 마음이 풀어지는 경향의 '응급 신앙'(emergency religion)에 해당할 수 있다. 하지만 전투에서 살아남은 것에 감사하는 사람은 때때로 복음주의 기독교를 받아들였고, '임종' 순간의 회심 사례들도 야전 구호소와 병원에서 보고되었다. 또한, 진정한 회심을 경험한 많은 사람이 기록되지 못한 채 전사했다는 사실도 인정해야 한다. 많은 수의 회심

---

7 Snape, *God and the British Soldier*, 165.
8 Sherwood Eddy, *With Our Soldiers in France* (New York: Association Press, 1917), 38-41.
9 'A Soldier's Letter to His Pastor. Work in Palestine,' *C* (8 Nov. 1917), 22.
10 'The Christian Soldier on Service. A Batch of Letters,' *C* (11 July 1918), 14.
11 Neil Allison, 'Free Church Revivalism in the British Army During the First World War,' in Michael Snape and Edward Madigan (eds.), *The Clergy in Khaki: New Perspectives on British Army Chaplaincy in the First World War* (Farnham: Ashgate, 2013), 41-55.

주장은 검증하기 힘들지만 무시되어서도 안 된다.

포화 속에서 신앙은 어떤 역할을 했을까?

리처드 슈바이처(Richard Schweitzer)가 묘사한 병사들의 명백한 신앙적 신념의 역동성은 그 나름대로 복음주의자들에게 적용된다.[12] 전투 전에 그들은 자신의 불안에 대처하려고 신앙을 찾았는데, 특히 전투가 처음인 경우에 그랬다. 그들은 성경을 읽었고, 용기와 임무를 감당할 능력과 생존과 승리를 위해 기도했다. 이때 그들은 공적인 예배에서든지 사적인 대화에서든지 군목의 사역에 마음을 활짝 열었다. 1918년 아라스 전투(Battle of Arras) 전날 밤에 쓴 파머의 시는 이때의 성찬의 신랄함을 잘 나타낸다.

> 숨죽이며 지난 며칠에 대해 말하는 것을
> 산 자들은 피할 수 없습니다.
> 우리가 죽음의 성사를 받은 곳에서는
> 어떤 예식도 이것과 같을 수 없습니다.
> 그가 겪은 것을 다 나누어 주시며
> 친구들에게 말합니다
> 그렇게 그분을 기억하라고.[13]

전투하는 동안 싸움과 생존의 요구는 신앙의 표현을 거의 불가능하게 했다. 이때는 거의 생존을 위해 어쩔 수 없이 섭리에 의지하고 이미 익숙한 생각과 생활의 패턴으로 돌아가는 때였다. 참호 속에서 한 선임하사관은 익숙한 케직(Keswick) 찬송을 부르며 하나님에 대한 신뢰를 표현했다.

---

12 다음 세 단락은 Schweitzer, *Cross and the Trenches*, 5장에서 가져왔다.
13 'Communion on the Battlefield. Before the Attack on Arras,' *C* (7 Feb. 1918), 6.

> 그분의 복된 손안에 숨겨주시니
> 원수가 따를 수 없고 대적이 맞설 수 없다네.
> 여호와 곁에 머무니, 마음은 복에 겨워
> 약속하신 완전한 평화와 안식을 찾는다네.**14**

1914년 첫 이페르 전투(Battle of Ypres)에서 또 다른 복음주의 병사는 시편 23편을 암송했다.**15** 사망의 공포는 천국과 영원의 소망으로 누그러졌다. 명백히 절망적인 상황에서 구조된 부상자들은 무력함 중에서 누리는 하나님의 평화에 대한 깊은 감각을 갖게 되었다고 증언했다. 어느 정도 틀에 박힌 반응이긴 하지만, 그들은 또한 압박 속에서 본능적인 반응을 보였다. 복음주의 병사들은 살아온 방식대로 죽을 준비를 했다.

전투 후에 사람들은 동료 병사들의 죽음에 대해 하나님께 위로와 이해를 구하며, 또한 자신들의 생존에 감사했다. 이 삶의 수수께끼에 직면한 병사들은 단순한 우연이든지 또는 개별운명을 결정짓는 결정론이든지 간에 대체로 우연의 관점에서 생각했다. 이런 비유신론적 우연론과 달리, 복음주의자들은 폭력과 파괴의 한복판에서 자신의 생명을 하나님의 손에 맡기며 그분을 향한 신뢰를 이야기했다.

영국의 유명한 케직의 연설자 H. W. 웹 페플(H. W. Webb-Peploe)의 손자인 머레이 웹 페플(Murray Webb-Peploe)은 자신의 어머니에게 신앙의 위로를 담아 이렇게 썼다.

> 우리는 주님의 인도하시는 손길을 의심할 수 없습니다. … 죽은 자들이 여기 남아 있는 것보다 그분과 함께하는 것이 훨씬 더 좋겠지만, 그럼에도 거기에는 이유가 있습니다.**16**

---

14 'The Christian's "Dug-Out",' *C* (27 May 1915), 9.
15 'In Death's Dark Vale,' *C* (3 June 1915), 8.
16 Schweitzer, *Cross and the Trenches*, 135 (with 139, n. 24).

복음주의 병사들은 여전히 행운과 우연을 이야기했고, 그 상황에서 흔히 체념하는 태도를 보일 수도 있었다. 미국 침례교 선교사의 아들 빈센트 디어링(Vinton Dearing)은 그의 어머니에게 이렇게 말했다.

> 나는 하나님께서는 가장 유익하게 일하시는 법이 있다고 굳게 믿어요. 그리고 우리 중 많은 사람이 각자의 길에서 고통을 당하는데, 그것이 다 최선을 위한 것이라고 생각해요.[17]

하나님을 믿는 것은 삶의 의미를 잃기 쉬운 혼란스러운 경험에 질서와 목적의식을 가져다주었다.

복음주의는 또한 훌륭한 군인을 만드는 데도 도움이 되었다. 용기, 이타심, 정직, 충성, 인간성과 같이 병사들이 훌륭하다고 생각하는 자질은 복음주의 기독교에 의해 육성될 수 있었다.[18] 각자가 다양한 수준에서 이런 자질에 부응하고자 했지만, 군이 도입한 영적, 도덕적 훈련이 포화 속에서 용기와 인내를 만들어냈다는 주장이 있다.

대부분 복음주의자는 눈에 띄지 않게 침착한 결의로 자신들의 임무를 수행했다. 이따금 군 당국의 주의를 끌기도 했는데, 1917년 제14차 호주 야전병원의 조지 아더 데이비스(George Arthur Davies)는 총탄이 빗발치는 가운데 부상자를 구출하는 등 "폴리곤숲(Polygon Wood)에서 최근 작전 중 일관되게 훌륭했다"라는 이유로 표창을 받았다.[19]

전쟁 후에 그는 뉴사우스웨일스 '기독교면려회'(Christian Endeavour) 총무가 되었다. 미국인 앨빈 요크(Alvin York)는 1918년 10월 뮤즈-아르곤 전투(Meuse-Argonne offensive)에서 교전해 독일군 25명을 사살하고 132명을

---

17 Ebel, *Faith in the Fight*, 58.
18 전쟁과 종교적 견해에 관한 위원회. *Religion Among American Men As Revealed by a Study of Conditions in the Army* (New York: Association Press, 1920), 43-47.
19 인용할 수 있게 사본을 제공해 준 사이먼 데이비스(Simon Davies)에게 감사한다.

추가로 생포한 것으로 유명해졌다. 비록 처음에는 참전을 꺼렸지만(그는 양심적 병역 거부자임을 탄원하는 데 실패했다), 요크는 자신이 하나님의 뜻을 행하고 있다는 생각과 하나님의 도움을 확신함으로써 군 생활을 버텼다.[20] 몇몇 복음주의자들은 군사적으로 아주 비범했다.

1915년 W. E. 셀러스(W. E. Sellers)는 이 전쟁에서 빅토리아십자훈장(Victoria Cross)을 받은 첫 번째 메소디스트 토마스 에드워드 런들(Thomas Edward Rundle)에게 기꺼이 경의를 표했다. 2년 후 그 명단에는 토마스 존스(Thomas Jones), 허버트 루이스(Herbert Lewis), J. H. 플린(J. H. Flynn, 솜에서 회심한 인물)도 들어갔다.[21] 전쟁에서 영웅으로 떠오른 사람 중에 복음주의자들이 들어있었다.

또한, 연합군의 전쟁 활동을 지휘한 많은 장군과 장교도 신앙적이었다. 그들의 신앙은 자신들의 정의로운 대의에 대한 믿음을 유지하고 지도력을 감당하는 데 도움을 준 것으로 보인다. 그들이 소모적인 전쟁에서 도덕의 역할을 인식하게 되자, 그것은 군목과 YMCA 같은 기독교 봉사기관의 사역에 대한 감사로도 이어졌다. 일반적으로 의무와 봉사를 강조하는 광의의 기독교 신앙은 주로 교육과 순응하는 특성을 가진 군대 문화의 산물이었다.[22] 신앙은 그들이 자신의 감정을 쉽게 드러내는 주제가 아니었기 때문에, 신앙이 개인적으로 의미한 바를 규정하기는 어렵다.

그런데도 개인적으로 이 신앙을 중시했고 복음주의자였던 사람은 영국 파견 부대의 총사령관 더글러스 헤이그(Douglas Haig) 장군과 같은 인물이었다. 주로 어머니에게서 배운 단순한 장로교 신앙은 그에게 고난의 유익에 대한 강력한 칼빈주의 의식과, 자신은 항상 그와 함께하시는 하나님의

---

20 Schweitzer, *Cross and the Trenches*, 101–102.
21 Sellers, *With Our Fighting Men*, 126–127; *With Our Heroes in Khaki*, 142–144.
22 Lawrence James, *Imperial Warrior: The Life and Times of Field-Marshal Viscount Allenby 1861–1936* (London: Weidenfeld & Nicolson, 1993), ch. 1.

택한 도구라는 믿음과 함께 큰 포부와 확신을 심어주었다.[23]

이런 개인적인 신앙은 영국 제국의 섭리적 목적을 수용하고서 자신의 복무를 하나님에 대한 봉사의 수준으로 끌어올리는 것과 부합했다. 제1차 세계대전은 선민을 위해 정의롭고 거룩한 싸움을 수행한다는 인식 틀과 확실히 어울렸다. 전장에서 기도와 성경 읽기는 헤이그의 일상이었고, 거의 매주 일요일에는 예배에 참석해 스코틀랜드 자유교회 목사 조지 S. 던컨(George S. Duncan)의 든든한 메시지를 들었다.[24] 그의 기독교적 관점은 전쟁의 파탄과 공포를 하나님의 신비와 능력의 증거로 설명하도록 도왔다. 그러나 개인적인 부분에서 흠모할 만했던 그의 신앙은, 또한 막대한 희생을 치르며 독일군 참호로 군대를 계속 밀어 넣는 동안 하나님의 목적이 이루어지기를 기다릴 만큼 냉정함을 유지하기도 했다.

동시에 헤이그는 자신의 성공을 하나님 은혜의 결과라고 생각했다. 자신을 신의 대리자로 보는 것이 전쟁의 가혹한 현실에 대한 헤이그의 판단을 흐리게 했을지도 모르지만, 그는 그런 믿음에 내재한 자기만족이나 권위주의의 유혹에 굴복하지 않았다. 헤이그는 전쟁으로 인한 고통에 예민했지만, 그와 동시에 자신의 전략에서 발생한 큰 희생에 대해 냉철한 인내심도 유지했다. 복음주의가 전시에 비단 사병들만의 생각과 행동에만 영향을 준 것이 아니었다.

---

23 Gerard J. de Groot, '"We Are Safe Whatever Happens" – Douglas Haig, the Reverend George Duncan, and the Conduct of War, 1916–1918,' in Norman MacDougall (ed.), *Scotland and War AD 79–1918* (Edinburgh: John Donald Publishers, 1991), 193–211; Brian Bond and Nigel Cave (eds.), *Haig: A Re-appraisal 70 Years On* (Barnsley: Leo Cooper, 1999), esp. Nigel Cave, 'Haig and Religion,' 240–260.
24 G. S. Duncan, *Douglas Haig As I Knew Him* (London: George Allen & Unwin, 1966).

2. 성직자와 군목

또한, 복음주의 성직자들은 참전 요청에도 주의를 기울였다.[25] 널리 받아들여진 의로운 대의에 따르면 군 복무는 '선한 싸움'을 싸우는 방법이었다. 캐나다인 H. J. 라티머(H. J. Latimer)는 '메소디스트육해군위원회'(Methodist Army and Navy Board)에 봉사하면서 아주 단순하게 이런 사고방식을 표현했다.

> 나는 예수의 좋은 군사가 되기 원한다. 그분이 나를 부르시는 곳에서 섬기기 원한다.[26]

또한, 성직자들은 군 복무를 하려는 나름의 이유가 있었다. 많은 사람이 싸우러 떠나자, 그들은 국내에서 가족과 교회를 돌아볼 필요가 있었음에도 다른 병사들과 함께 전장에 서고 싶은 마음을 가질 수밖에 없었다. 사나이들의 경험을 함께하고 싶어하던 그들의 마음을 생각하면 세기말 동안 관계가 멀어졌던 사회적 그룹과 다시 연결되고자 했던 그들의 열망이 무엇이었는지 어렵지 않게 헤아릴 수 있을 것이다.

또한, 어떤 성직자들은 설교단이 '겁쟁이의 성'(a coward's castle)이라는 주장에 맞서 자신을 사나이로 증명할 필요를 느꼈을 것이다. 그 성직자들은 민족주의를 소명과 동일시함으로써 자기들만의 기독교적 애국심을 고취했을 것이다.

---

25 슈바이처(Schweitzer)와 스테이프(Snape)가 인용한 작품 외에, 다음 섹션은 여기에 기초한다. Duff Crerar, *Padres in No Man's Land: Canadian Chaplains in the Great War* (Montreal: McGill-Queen's University Press, 1995); and Edward Madigan, *Faith Under Fire: Anglican Army Chaplains and the Great War* (Houndmills: Palgrave Macmillan, 2011).
26 Crerar, *Padres in No Man's Land*, 85.

군목직이 성직자들에게 적합한 역할이었지만, 모두가 이 선택을 하지 않았다. 어떤 이들은 병사로 입대하는 것이 가장 효과적이라고 생각했는데, 이것은 주로 군목 수에 제한이 있었기 때문이다. 군목 자리를 얻지 못해 실망하고 좌절한 목사들은 그냥 입대했다. 특히 안타까운 예는 당시 건강이 좋지 않아 호주에서 요양하고 있던 아일랜드의 떠오르는 신학자 에버라드 디지즈 라 투슈(Everard Digges La Touche)였다. 전쟁 초기에 그는 군목으로 지원했으나 거부되자 사병으로 입대했다. (그의 어머니에 따르면) 그는 그렇게 함으로써 장병들과 더 많이 접촉할 수 있을 거라 생각했고 … 그렇게 하는 것을 위기 속에서 나라를 위해 싸우는 모든 사람의 의무로 여겼다.

건강상 부적합 판정을 받고 소집 해제된 라 투슈는 문제가 된 부분의 수술을 받은 후 다시 입대했다. 이런 결심에 불을 댕긴 것은 '정의로운 제국의 대의가 그리스도의 대의'라고 보는 아일랜드 개신교 지식인들의 맹렬한 애국심이었다.[27] 라 투슈는 작전 첫날에 전사했다. 호주 메소디스트 로버트 피텐드리크(Robert Pittendrigh)도 군목직을 얻을 수 없게 되자 호주 보병대에 입대했다. 그는 친구들에게 "군인으로 왕을 섬기기 위해서만이 아니라 병영과 전장에서 병사들과 함께하는 동지로서 기회가 주어질 때 증언하고 봉사함으로써 자신의 주 하나님을 섬기기 위해 입대했다"라고 말했다.[28]

비록 수적인 제한이 있긴 했지만, 제1차 세계대전 시민군의 증가로 군목직 봉사의 수요가 늘어남에 따라 더 많은 복음주의 성직자가 군목이 될 수 있었다. 영국 군대에서 그 숫자는 전쟁 전 117명에서 3,475명으로 증가했고, 미국 군대에서는 74명에서 2,300명으로 증가했다.[29] 영연방 군대에서도 비슷한 증가가 일어났다. 각 교파 외의 군목이 누구였는지 분간할 수 없어

---

27 Nigel Hubbard, *'Almost a Martyr's Fire': Everard Digges La Touche (1883–1915)* (Canberra: National Library of Australia, 1984), which is unpaginated.

28 Robert D. Linder, *The Long Tragedy: Australian Evangelical Christians and the Great War, 1914–1918* (Adelaide: Openbook, 2000), 129.

29 Schweitzer, *Cross and the Trenches*, 63–64.

서 사실상 복음주의자들이 얼마나 많았는지 파악하는 것은 불가능하다.

그러나 병사들과 마찬가지로 앞의 일화들을 통해 알 수 있는 사실은 복음주의자들이 많았다는 것이다. 이런 근거로 호주 육군에 입대한 사람이 47퍼센트에 이르렀다는 주장도 있다.[30] 1914년에서 1918년 사이에 군목으로서의 복무는 복음주의자들의 행동주의가 표현된 또 다른 출구였다.

군목들이 처음에는 역할도 한정되지 않았고 훈련도 받지 못했기 때문에 많은 어려움을 겪었다. 그들이 군대의 요구에 부응할 것으로 기대했지만, 정작 군대는 그것이 필요한지에 대해 분명한 생각이 없었다. 많은 사병은 성직의 존재를 무시했고 군목들을 조롱했다. 그러나 복음주의자들이 전쟁 초기에 자기들만의 길을 묵묵히 걷게 되자, 그들은 (다른 전통에서 온 군목들과 함께) 군대 생활의 필요와 조건에 대응해 스스로 역할을 폭넓게 확대했다.[31]

군목들은 훈련소에서, 출전 집결지에서 그리고 최전방에서 최선을 다해 영적으로 또는 물질적으로 병사들을 지원함으로써 그들과 하나가 되려고 노력했다. 자연스럽게 일요일에는 목사들이 종교 예식과 교회로 향하는 대열을 이끌었고, 거기서 신앙과 의로운 삶에 대해 설교했다. 또한, 어떤 때는 비공식적인 예배와 성경 공부와 기도 모임을 열었다. 그들은 기도와 성찬과 격려의 말로 병사들이 전투를 준비하게 했다. 전쟁 초기에는 일반적으로 군목들이 스스로 최전선에 들어가는 것이 허용되지 않았지만, 점점 더 많은 군목이 참호 속으로 뛰어들었고, 부상자와 전사자를 데려오는 것을 도왔다. 군목들은 대부분 시간을 치료소와 병원에서 보냈다.

그들은 다양한 환경에서 다친 사람과 죽어가는 사람을 섬겼다. 물론 장례도 치렀으며, 유족들에게 공식적인 전사 통보와 함께 그들을 위로하는

---

30 Linder, *Long Tragedy*, 125.
31 Frederic C. Spurr, *Some Chaplains in Khaki: An Account of the Work of the Chaplains of the United Navy and Army Board* (London: H. R. Allenson & The Kingsgate Press, n.d. [1916]), and Kenneth T. Henderson, *Khaki and Cassock* (Melbourne: Melville & Mullen, 1919). 그런 발전에 미친 영향을 표현한다.

편지도 써 보냈다. 전쟁 후에 군목들은 쓸모없고 의무를 기피하고 심지어 비겁하다는 욕을 들으면서, 전쟁의 고역과 공포로부터 헤어나지 못했다.³²

또한, 복음주의자들의 헌신과 참여는 그들보다 더 잘 알려진 로마 가톨릭 신자 못지않은 영웅들을 배출했다. 호주인 중에서 가장 유명한 인사는 구세군 대위 '용감무쌍한' 맥킨지(McKenzie)였다.³³ 그는 군대 내의 광범위한 임무를 수행해야 하는 상황에서 '하나님의 음성'의 인도와 보호를 받아 특별한 구조 활동을 함으로써 두각을 나타냈다. 그는 과거에도 하나님의 음성에 이끌려 구세군 집회에 참석하여 그곳에서 회심을 경험한 바가 있었다.

맥킨지는 갈리폴리(Gallipoli)의 공훈으로 전공십자훈장(Military Cross, MC)을 받았으며, 몸이 쇠하기까지 병사들을 섬기고 나서 고향으로 돌아온 후에는 크게 찬사를 받는 주인공이 되었다. 국교회의 윌리엄 덱스터(William E. Dexter)는 여섯 차례 부상을 당하면서까지 최전선에서 커피점 운영을 계속했다. 그는 갈리폴리에서의 공적으로 '수훈장'(Distinguished Service Order, DSO)을 받았고, 프랑스에서 벌어진 전투에서 보여준 용맹으로 전공십자훈장(MC)을 받았다. 덱스터는 호주에서 가장 많은 훈장을 받은 군목으로 제대했는데, 이것은 성직자들의 영웅적인 사역이 항상 인정받을 받지 못하는 것은 아니라는 점을 보여 준다.³⁴

일부 목사들에게 전쟁 경험은 그들의 복음주의를 더 강화하거나 새롭게 발견하게 해 주었다. 군에서 기대하는 것처럼 병사들에게 동기를 부여하는 역할은 그리스도를 선포하고 십자가를 설교하는 진정한 임무에서 약간 벗어나는 것으로 보였다. 서로 협력하는 것이 그들의 일에 더 효과적이었기 때문에 복음주의적 에큐메니즘이 새롭게 힘을 얻었다.

---

32 Michael Snape, 'Church of England Army Chaplains in the First World War: Goodbye to "*Goodbye to All That*",' *JEH* 62.2 (2011), 318–345.
33 Daniel Reynaud, *The Man the Anzacs Revered: William 'Fighting Mac' McKenzie Anzac Chaplain* (Warburton: Signs Publishing, 2015).
34 Linder, *Long Tragedy*, 130–135.

1917년 캐나다 감리교 군목들은 병영과 전선의 난폭함과 잔인함 속에서 건전한 도덕적 환경을 유지함으로써 기독교적 품성을 유지하려는 시도가 무의미하다는 것을 인정했다. 그들은 병사들 속에 기독교적 성향을 유지하는 최선의 방법은 하나님과의 인격적인 관계를 육성하는 것이라고 결론지었다.

H. E. 토마스(H. E. Thomas)는 그 경험으로 인해 '이전에 한 번도 경험해 보지 못한 복음주의자'가 되었음을 인정했다.[35] 또한, 그들의 상황을 이렇게 평가하자, 같은 그룹들 사이에 우선순위를 약간 재고할 수 있게 되었다. 술, 카드놀이, 춤에 대한 전통적 감리교의 계명은 그들의 상황과 맞지 않는 것으로 느껴졌다. 이런 청교도적 기준을 고집하는 것은 병사들을 얻기보다 잃을 가능성이 더 높아 보였다.

또한, 복음주의 신임장을 가진 군목들은 리더십 단계에도 기여했다. 조지 던컨(George Duncan) 외에도 국교회 주교 존 테일러 스미스(John Taylor Smith)는 1914년 영국군의 군종감이 되어 전쟁 내내 그 역할을 수행했다.[36] 그가 보여주려 했던 리더십은 구약성경 잠언과 그가 쓴 『병사의 기도』(Soldier's Prayer)를 널리 배포하는 데서 나타났다.

거기에는 이런 기도가 들어 있었다.

> 지혜롭게 생각하고, 올바르게 말하고, 용감하게 해결하고,
> 친절하게 행동하고, 순결하게 살아가게 우리를 도우소서.
> 우리의 몸과 영혼에 복을 주셔서 우리가 동료들에게 복이 되게 하소서.

전쟁 초기에 그는 군의 복지를 위해 '군목 사역에 대한 초교파자문위원회'(Interdenominational Advisory Committee on Army Chaplaincy Service)를 도입했

---

[35] David B. Marshall, 'Methodism Embattled: A Reconsideration of the Methodist Church and World War I,' *CHR* 66.1 (1986), 54.

[36] Maurice Whitlow, *J. Taylor Smith: Everybody's Bishop* (London: Lutterworth Press, 1938), ch. 9, with quotation on 97.

다. 그는 또한 군목 사역에 적합한 최고 역량을 가진 사람들을 임명하려고 노력했다. 지원자의 품성을 분별하기 위해 다음과 같은 까다로운 질문을 던졌다.

> 치명상을 입었지만, 의식이 있는 사람이 10분밖에 더 살 수 없다면 그에게 무슨 말을 하겠는가?

테일러 스미스의 접근법은 국교회 내에서 증가하고 있던 앵글로-가톨릭 당파의 오해를 받았다. 이 변덕스러운 당파는 로비를 통해 르웰린 귄(Llewellyn Gwynne) 주교를 부군종감으로 임명하여 프랑스 군대를 위한 특별 책임을 맡기게 했다. 귄은 갑자기 영웅으로 떠올랐고, 그 후로 테일러 스미스를 지워버렸다.[37]

그러나 스미스 군종감이 유능하고 공정한 행정관이었던 것은 분명하다. 그는 안전한 런던 본부를 떠나 위험한 전선으로 가는 것을 두려워하지 않았다. 그의 생애는 전쟁 중 복음주의의 군목 봉사 기회가 어떠했는지 그리고 그 사역이 얼마나 복잡했는지 보여 준다.

3. 믿음의 상실

복음주의가 군 사역에 적극적이었다고 해도, 기독교 신앙이 전쟁의 고난으로 시험을 받았다는 사실을 부인할 수는 없다. 전투 안팎에서 겪는 군 생활은 확실히 신앙의 삶에 심각하게 불리한 환경이었다. 영국인 조지 라

---

[37] 테일러 스미스(Taylor Smith)에 대한 비평은 다음 책의 주제이다. John Bickersteth (ed.), *The Bickersteth Diaries* (London: Leo Cooper, 1995), 32-33, 81-82, 160-162, 203; 그 비평은 다음 책에서도 계속된다. Alan Wilkinson, *The Church of England and the First World War* (London: SPCK, 1978).

세이(George Lacey)는 1915년 군대에서 영적인 삶을 꾸려가는 어려움에 대해 어머니에게 이렇게 편지했다.

"병사의 삶은 아주 거칠고, 난폭하고, 얼얼합니다."[38]

공개적인 성경 읽기와 기도 생활은 '성경 벌레', '앞뒤 꽉 막힌 녀석', 또는 '마마보이'라는 꼬리표로 조롱을 받았다.

훗날 선교사가 된 휴 C. C. 맥컬로우(Hugh C. C. McCullough)는 '공개적인 간증'을 계속하기로 한 자신이 훈련소에 '프랑스에서 처음 총탄 세례를 받은 것보다 훨씬 더 심한' 취급을 받았다고 묘사했다.[39] 더욱 나쁜 경우에는, 개종활동을 하거나 지나친 술, 도박, 욕설 같은 흔한 군대 문화를 멀리하는(반대하지 않더라도) 것이 집단 따돌림으로 이어질 수 있었다. 그리스도인이라고 밝히고서 자기가 주장한 도덕적 기준대로 살지 못한 사람은 위선자로 낙인찍혔다. 이런 상황에서 병영생활 첫날밤에 침대 곁에서 기도하기 위해 무릎 꿇은 병사의 이야기는 흔한 것이 되었다. 대체로 이 이야기가 들려지면 이 용감한 간증은 이로운 효과를 낳았다.

어떤 이들은 그런 습관을 용인해 주었고, 공개적인 신앙 표현을 격려하기도 했다. 하지만 막사의 분위기가 어떤 이들에게는 너무 심했다는 것이 분명하다. 피곤해서였든지 또는 비난을 피하고 싶어서였든지 간에 경건한 병사들은 종종 신앙을 억제하거나, 경건한 표를 내지 않거나, 완전히 포기하기도 했다. 복음주의 신앙은 일찌감치 전쟁의 피해를 입었다.

또한, 신앙은 리처드 슈바이처(Richard Schweitzer)가 '전선의 신성모독'이라고 부른 것 때문에 상실되기도 했다.[40] 영국 군인 로비 로버츠(Robbie Roberts)는 자신이 받은 기독교적 양육과 군사훈련을 서로 조화시킬 수 없었다.

---

38 Schweitzer, *Cross and the Trenches*, 196.
39 Hugh C. C. McCullough, *The Call of the Sky* (London: Marshall, Morgan & Scott, 1935), 15–16, 22–23.
40 Schweitzer, *Cross and the Trenches*, 195.

나는 군목이 우리에게 가르치는 것과 총검을 안팎으로 찌르고 빼는 최고의 방법을 배우는 것을 서로 연결 지을 수 없었다. 프랑스에 갔을 때 나는 스스로 말했다. '나'는 직업 때문에, 곧 잔인하고 무서운 직업 때문에 여기 나와 있다. 나는 교회와 아무 상관이 없다. 나는 내 자신의 종교로 살 것이다.[41]

영국인 W. H. A. 그룸(W. H. A. Groom)은 또 다른 경우이다. 3개월간의 부흥을 경험한 그가 곧바로 전선에 도착했다. 그룸의 위기는 1917년 6월과 11월 사이 파스샹달(Passchendaele) 전투에서 '신의 은총이 있기를'(May God bless you)로 끝나는 편지를 읽다가 죽은 동료의 시체를 발견했을 때 찾아왔다.

내가 보기에 그것은 내게 진실의 순간이었다. 나는 승리를 위해 기도하는 모든 애국적인 교회들을 생각했다.
하나님이 어떤 선택을 할까?
전에는 의심했지만, 이제는 분명하다. … 죄, 용서, 고백, 사면에 대한 모든 강조와 함께 개인의 구원에 대한 교회의 가르침은 이기적인 신조였다.[42]

로버츠와 마찬가지로, 그룸은 기이한 신앙에 빠져 다시는 교회로 돌아가지 않았다. 전쟁의 공포는 전통적 신앙과 제도적 종교에 치명적일 수 있었다.
또한, 그들이 처한 상황에서 느낀 당혹감과 명백한 절망감은 병사들이 버려졌다고 느끼게 했고, 신은 없거나 있어도 무관심하고 사악하다고 결론짓게 했다. 하워드 브라우저(Howard Bowser) 중위는 부모와 주고받은 편지에서 이전의 독실함이 묻어나는 성경적인 언어를 사용해 이렇게 물었다.

41　Ibid. 205.
42　Ibid. 206.

하나님이 계신다면?
하나님이 살아 계신다는 것을 정말 알도록 나를 위해 기도해 주십시오.
물론 하나님이 살아 계시지만,
왜 나는 예수가 "나의 주, 나의 하나님, 어찌하여 나를 버리셨나이까"
이렇게 했듯이 울부짖고 싶습니다.**43**

이와 유사하게, 아무리 기도해도 학살이 벌어지는 현실은 기도의 효력에 대한 믿음을 약화했다.**44** 한 뉴질랜드 병사는 전쟁 상황이 분명히 유물론적 사고를 지지한다고 보았다.

전장에서는 물질적이고 신체적인 힘이 현저히 지배적이므로 최고의 무기를 가진 쪽이 승리할 것이라고 쉽게 추측할 수 있다. 그런 상황에서 하나님의 실체와 능력은 깨닫기 힘들며, 오직 독실한 그리스도인만이 포성 속에서 그의 미세한 음성을 들을 수 있다.**45**

노골적인 무신론은 드물 것이라고 생각하였지만, 어떤 사람들은 기독교 신앙을 완전히 포기했다. 영국 병사 스티븐 그래함(Stephen Graham)에 따르면 "전쟁은 모든 종교를 사람들에게서 떨어져 나가게 한다"라는 그의 짧은 한마디가 이런 반응을 요약할 수 있었다.**46** 하나님 또는 정통 기독교에 대한 신앙의 전복은 전시 경험의 일부(전부는 아니더라도)였다.

이런 몇몇 예들이 나타내듯이, 그런 반응은 종종 기독교 신앙을 곧장 포기하는 것 이상으로 더 복잡했다. 복음주의 출신 중 참호 속 삶이 종교적 감수성에 미치는 영향을 가장 강력하게 묘사한 사람은 전쟁 시인 윌프레드 오언(Wilfred Owen)이었다.**47**

---

43 Ibid. 216.
44 Ibid. 220.
45 Michael Moynihan, *God on Our Side* (London: Secker & Warburg, 1983), 214.
46 Schweitzer, *Cross and the Trenches*, 227.
47 이 단락은 다음에 기초한다. Arthur Orrmont, *Requiem for War: The Life of Wilfred Owen* (New York: Four Winds Press, 1972). 158, 146, 185, 111.

비록 오언은 전쟁 전에 의심을 겪었지만, 그의 기독교는 결코 시적 감수성과 떨어져 있지 않았다. 존 번연의 『천로역정』은 솜(Somme)의 지옥을 묘사하는 성경의 언어를 보충해 주었다.

그곳은 영원히 이를 가는 곳 같다. 그 불구덩이에는 낙심의 수렁이 들어 있다. 소돔과 고모라의 불로는 멸망한 바벨론으로 가는 길에 필요한 촛불도 켜지 못한다.

젊은이들을 희생하려는 정부와 교회의 의지에 대한 환멸이 얼마나 컸는지는 요한복음 3:16 패러디에 잘 드러나 있다.

하나님이 세상을 이렇게 미워하사 수백만 영국의 아들들을 주셨으니, 이는 그들을 믿는 자마다 멸망하지 않고 안락한 삶을 얻게 하려 하심이라.

오언은 처음 참전할 때 가졌던 신앙은 잃었지만, 신앙 자체를 잃은 것은 아니었다. 그는 독실한 어머니에게 이렇게 말했다.

제가 기독교 세계에서 비기독교의 길을 갈수록 저는 더 기독교적입니다.

또한, 진정한 기독교는 전선에서 발견되어야 했다.

그리스도는 말 그대로 무인지대에 계신다. 거기서 사람들은 그분의 음성을 종종 듣는다. 사람이 친구를 위해 자기 목숨을 버리는 것보다 더 위대한 사랑은 없다.

이런 인식의 결과로 다음과 같은 냉담한 시가 탄생했다.

> 자네는 들을 수 있을 걸세 매번 요동칠 때마다
> 썩어 문드러진 폐에서 피가 그렁대는 소리를
> 암처럼 불쾌하고, 씹는 담배처럼 쓴
> 아무것도 모르는 혓바닥의 불결한 불치의 상처
> 여보게, 절박한 영광에 매달리는 아이들에게
> 그리 열렬히 이야기하지 말게나
> 조국을 위해 죽는 것은 복되고 영광스럽다는
> 한물간 헛소리를.[48]

여기서 오언은 고통을 묘사했고, 전쟁에 관한 애국적인 고양의 공허함을 비난했다. 그는 휴전 협정 1주일 전에 전사했고, 그 소식은 종전 한 시간 후 그의 부모에게 전달되었다. 비록 오언은 자신의 시를 출판하려는 의도로 살지 않았지만, 그의 때맞춘 죽음은 전통적이고 제도적인 기독교에 대한 기소를 마무리 짓는 듯했다.

군목들의 힘과 감수성과 신앙도 병사들과 똑같은 역경을 견디면서 시련의 시험을 받았다. 모두가 대처할 수 있는 것은 아니었다. 호주 메소디스트 알프레드 플레인(Alfred Plane)은 폭격신경증 때문에 1년도 못 채우고 집으로 돌아왔다.[49] 사람들은 군목들이 쾌활하고 적극적일 것이라 예상했지만, 그렇지 못한 사람도 있었다. 그들은 믿기 어려운 고통을 설명하거나 경감하지 못하거나 자기 생각과 행동에 당혹스러워하는 사람들을 돕지 못하는 무력감이 깊어지면 낙담했다.

유명한 캐나다 감리교 목사이자 교육자 너새니얼 버워쉬(Nathaniel Burwash)의 아들인 군목 E. M. 버워쉬(E. M. Burwash)는 "다루기 어려운 고통이 마음 뒤편을 계속 괴롭힌다"라고 슬프게 말했다.[50] 이것은 전쟁이 본

---

[48] 'The War Poetry Website,' www.warpoetry.co.uk/owen1.html.
[49] Linder, *Long Tragedy*, 138.
[50] Marshall, 'Methodism Embattled,' 52.

국에서 소개되는 방식에 대한 환멸로 이어졌다. 그의 친구 캐나다 감리교의 E. E. 그래함(E. E. Graham)에게 전쟁이 기독교 십자군처럼 묘사되는 것은 '헛소리'였다.[51] 군목들은 잔인한 싸움이 어쨌든 기독교에 대한 헌신을 더 깊게 만든다는 기대를 매우 경계할 수 있었다. 그들의 내면을 들여다보면 또한 흔들렸다. 한때 전쟁을 지지했던 또 다른 캐나다인 S. D. 초운(S. D. Chown)은 하나님의 임재와 사랑을 인식하는 데 있어서 의심이 일어나고 어려움이 증가하는 것을 인정했다.[52]

유명한 구세군 조지 레일톤(George Railton)의 아들인 국교회 군목 데이비드 레일톤(David Railton)은 "사방에 둘러싸인 죽음과 고통 속에서 나는 하나님을 믿을 뿐이다. 왜냐하면, 십자가에 못 박히신 예수 그리스도를 믿기 때문이다"라고 항변했다.[53] 전쟁의 도가니에서 복음주의 군목들의 신앙은 쉽지도 않았고 완전무결하지도 않았다.

4. 생존자들

제1차 세계대전의 사상자는 끔찍할 만큼 많았다. 가장 유효한 추정치에 따르면 1914년 8월에서 1918년 11월 사이에 영국, 호주, 캐나다, 뉴질랜드, 남아프리카, 미국의 전사자 수는 1,027,563명에 이른다.[54] 전사한 복음주의자들의 수는 아직 알려지지 않았다. 그러나 복음주의자들이 그들의 공동체에 미친 영향에 관한 생각 정도는 영어권 세계의 교회에 세워진 전사자 기념비로 평가될 수 있다. 이 사람 중에는 잘 알려진 복음주의자들의

---

51 Ibid. 53.
52 Ibid. 57-62.
53 Moynihan, *God on Our Side*, 49-50.
54 Lance Janda, 'Casualties, Combatant and Non-Combatant,' in Spencer C. Tucker (ed.), *The Encyclopedia of World War I*, 5 vols. (Santa Barbara: ABC-CLIO, 2005), I, 272-273.

이름이 포함되어 있다.

예를 들어 예민한 학자 제임스 호프 모울턴(James Hope Moulton)과 신진 중도 우파 신학자 디게스 라 투체(Digges La Touche) 등이다. 또 다른 유명한 병사들의 이름도 적혀 있다. 예를 들어 야전에서 욥기 주석을 계속 쓰고 있었던 젊은 히브리어 학자 스코츠먼 존 카이스 포브스(Scotsman John Keith Forbes) 그리고 선교 영웅 C. T. 스터드(C. T. Studd)의 조카이자 최근에 안수를 받은 목사로서 첫 전사자로 알려진 라이오넬 F. 스터드(Lionel F. Studd) 등의 헌신적인 노력과 학술적 능력과 활발한 행동주의를 기렸다.[55] 복음주의 공동체는 전쟁을 지원하기 위해 큰 대가를 치렀다.

또한, 전쟁은 그 시련에서 살아남은 병사들의 신앙적인 전망에 해로운 영향을 많이 미치기도 했다. 그러나 모두가 환멸을 느낀 것은 아니었다. 대부분은 일반 시민의 삶으로 돌아갈 수 있었고, 물론 자신들의 경험에 영향을 받긴 했지만, 전후에 다시 교회와 사회에서 차차 활동할 수 있었다.

이 복음주의자들 중 한 사람인 프레드 맥러플린(Fred McLoughlin)은 호주 연방정부의 관료로 복직하여, 존 컬틴(John Curtin, 1941-1945)과 벤 치플리(Ben Chifley, 1945-1946) 같은 총리의 비서로 승진하는 동안 활동적인 감리교 신자로 지냈다.[56] 1916년-1917년 사이에 YMCA에서 활동했던 미국인 셔우드 에디(Sherwood Eddy)는 경제체제가 전쟁체제라는 현실에 충격을 받았다. 이로 인해 그는 자신이 '총체적 복음'이라고 부른 것을 만들어 내기 위해 사회 복음을 개인적 복음과 결합했다. 에디와 함께 군부대를 돌아다녔던 그의 비서 커비 페이지(Kirby Page)는 열렬한 평화주의자가 되었다.[57] 그런 경우들에 전쟁은 더 비판적이고 복잡한 복음주의 신앙을 낳았다.

---

55 Sellers, *With Our Heroes in Khaki*, 42-44; *With Our Fighting Men*, 124.
56 Linder, *Long Tragedy*, 47-49.
57 Rick L. Nutt, *The Whole Gospel for the Whole World: Sherwood Eddy and American Protestant Mission* (Macon, GA: Mercer University Press, 1997), 120, 124, 139.

한편, 다른 경우들에서 전쟁 경험은 틀에 박힌 신앙 상실과 정반대로 나타났다. 1917년 호주의 에페르(Ypres) 부근에서 침례교인 존 리들리(John Ridley)는 군인으로서 경력을 확장할 만한 사역에 뛰어들었다. 전쟁 경험은 이후 50년 동안 복음 전도자로서의 그의 사고와 언어에 영향을 주었다.[58] 전쟁에 대한 이런 반응은 조금도 드문 것이 아니었다.

또 다른 침례교도 영국 병사 휴 맥컬로우(Hugh McCullough)는 자신과 비슷한 결심을 하고 목회 소명을 느꼈던 적어도 세 명의 세계대전 참전용사들과 함께 스펄전대학(Spurgeon's College)에 입학했다.[59] 후에 리치필드(Lichfield)의 주교가 된 에드워즈 우즈(Edward Woods)는 '국교회목회자후보생위원회'(Church of England's Service Candidate Committee)의 멤버로서 자기와 같은 소명을 느낀 수백 명을 만났다.

1919년 초 그는 어떻게 '사람마다 … 자기의 생명을 빼앗긴 것처럼 느꼈다고 줄지어 말했는지' 전했다. 즉 "그들은 한 목적을 위해 목숨을 걸었다고 생각했다. 하나님과 그 나라에 봉사하기 위해 자신의 여생 전부를 드리는 것 외에 다른 일은 할 수 없다"라고 했다.[60] 전쟁 경험은 사람들을 영적으로 변화시켜 깊은 소명감을 갖게 할 수 있었다.

생존한 군목들이 받은 전쟁의 충격은 진중에 있었던 사람이 받은 충격과 같았다. 많은 사람이 부상당했고, 모두가 전쟁 기간에 받은 육체적, 심리적, 영적 영향을 받으며 살았다. 다시 정착하는 기본적인 어려움 외에도, 그들은 자기의 예언자적 통찰에 특별히 관심을 두지 않고 가능한 한 빨리 정상 생활을 재개하기 원하는 공동체를 최대한 도와야 했다.[61] 또한, 손실은 실제적일 뿐 아니라 잠재적이었다. 참전한 많은 신학생이 학업을

---

58 John G. Ridley, *A Soldier's Testimony: Written for the Glory of God, the Honour of the Lord Jesus Christ, and the Help of Men, Especially Soldiers, and Veterans of the Great War*, 6th ed. (Melbourne: Marshall, Morgan & Scott, 1941).
59 McCullough, *Call of the Sky*, 56-57.
60 Oliver Tomkins, *The Life of Edward Woods* (London: SCM Press, 1957), 45.
61 Crerar, *Padres in No Man's Land*, 8장은 최고의 해설이다.

재개하지 못했다. 많은 군목이 전쟁 후에 사역에 복귀하지 못했다. 그들은 환멸감 속에서 사회 봉사와 세속 직업을 선호했다.

그러나 이런 현상이 단순히 신앙 상실의 결과는 아니었다. 복음주의자들 가운데, 호주의 케네스 헨더슨(Kenneth Henderson)은 서부전선에서 2년간의 격렬한 복무를 마치고 1918년 중반 상이군인으로 제대했다. 그 이후 그는 자신의 경험(두 형제를 잃은 것을 포함해)과 전쟁으로 야기된 신학적 문제들을 숙고하며 지냈다. 결국 그는 복음주의 입장을 떠났고, 사역을 그만두었으며, 교회와 종교 단체와 관련된 신분을 버렸다. 그런데도 그는 종교 저널리스트로 경력을 쌓으면서 자신이 그리스도의 종으로 남아 있다고 주장했다.[62] 정이 떨어졌다고 해서 반드시 전통적인 복음주의 신앙과 봉사에 대한 거부로 이어지지는 않았다.

전쟁이 일부 복음주의 목사들의 신앙과 소명을 망쳐 놓았어도, 다른 이들의 헌신을 새롭게 하기도 했다. 심지어 군목이나 기독교 활동가로 봉사한 경험이 있는 양차대전 사이의 유명한 목사들을 조사해 보면 전쟁이 영적 단련과 깊은 숙고의 시간이 됨으로써 영적 인식을 날카롭게 하고 사역의 비전을 넓힐 수 있었다는 것을 보여 준다.

스콧 A. 허버트 그레이(Scot A. Herbert Gray)는 전선에서 18개월을 보낸 후 예수를 높이는 찬송을 쓰기 위해 돌아와, 찬송집 『영국병사가 우리를 볼 때』(*As Tommy Sees Us*)를 완성했다.[63] 영국 메소디스트의 인도 선교사 레슬리 웨더헤드(Leslie Weatherhead)는 1917년 인도군에 입대해 1918년 대부분을 군목으로 복무하는 동안, 그 시간의 일부를 사람들과 교회의 관계를 재고하는 데 보냈으며, 영국으로 돌아가 어떻게 접근해야 할지를 발전시켰다.[64] 미국인 J.

---

62 Linder, *Long Tragedy*, 160-161.
63 A. Herbert Gray, *As Tommy Sees Us: A Book for Church Folk* (London: E. Arnold, 1918), ch. 13.
64 John Travell, *Doctor of Souls: A Biography of Dr Leslie Dixon Weatherhead* (Cambridge: Lutterworth Press, 1999), ch. 2.

그레샴 메이첸(J. Gresham Machen)은 전쟁 승리로 자만에 빠진 사회 분위기 속에서 인류의 진정한 희망이 오직 '은혜의 복음'뿐이라는 믿음을 재확인했다. 1915년 스프런트 강연(Sprunt Lectures)에서 처음 시작해 1921년에 완성하고 출판된 『바울 신앙의 기원』(The Origin of Paul's Religion)은 목회자로서 헌신을 다하려는 그의 결의에 찬 기념물이다.[65]

이런 사람들은 제대한 이들이 겪는 어려움을 극복하고 가정 생활에 적응하고 자신의 직업으로 복귀했다. 전쟁의 낭비와 비극을 직면한 경험은 자기를 부인하고 하나님의 살아계심과 선하심을 신뢰하며 섬김의 소명을 재확인하게 해 준 것이나 마찬가지였다.

5. 결론

하나님의 목적을 받들고 있다는 굳은 신념으로, 복음주의자들은 1914년부터 1918년 사이 신앙을 들고 전장으로 나아갔다. 거기서 그들은 새로운 시민군의 병사와 목사로 섬겼다. 장교였든지 사병이었든지 불문하고, 그들은 신앙을 확고하고 적극적인 헌신으로 여기던 사람들 사이에서 다양한 스펙트럼의 '군인 신앙'을 경험했다. 따라서 복음주의 기독교는 독일의 터무니없는 행위에 직면하여 단지 동기를 부여하는 역할만 한 것이 아니었다. 복음주의 기독교는 힘들고 무서운 상황을 지탱하게 해 주는 영향력이었다.

현대 전쟁의 상황에서 복음주의는 병사들이 지금껏 보지 못했던 군 생활의 어려움에 적응하고, 전장에서 때로는 크게 벌어지는 전투의 역경과 그 여파에 용감히 맞서게 하고, 또한 긴 소모전의 질박한 필요를 견디게 하는 불변의 힘이었다.

---

65 Ned B. Stonehouse, *J. Gresham Machen: A Biographical Memoir*, 3rd ed. (Edinburgh: Banner of Truth Trust, 1987 [1954]), 257–311.

또한, 좋건 나쁘건 간에 복음주의적 전망은 장군들과 여러 장교들이 보여준 리더십의 스타일과 특성과도 관계가 있었다. 한편에서는 참전의 괴로움에 체념하게 했을 수도 있지만(전쟁의 마지막 해에 그들이 그랬듯이), 적어도 하나님의 섭리 아래서 상황이 나아질 때까지 견디는 능력을 제공했다. 대부분 군목으로 복무한 복음주의 목사들도 군대의 분노와 조롱의 대상자들이었지만, 자기를 기꺼이 다른 병사들과 동일하게 생각하고 그들의 영적, 물질적 필요를 최대한 지원했던 영웅적 행위로 인해 감사와 존경의 대상이기도 했다.

심지어 군대도 마침내 사기에 영향을 미친 그들의 공헌을 인정하게 되었다. 위에서부터 아래까지, 군 복무 헌신으로 표현된 고도의 복음주의 행동주의는 전시에 많은 병사의 사고와 행동을 형성했으며, 그런 방식으로 전선에서 강력한 영향을 미치는 주요한 요소가 되었다.

그와 동시에, 전쟁물자에 대한 복음주의자들의 헌신은 행동주의의 또 다른 유형으로서 복음주의 전통 자체에도 영향을 미쳤다. 병사들과 군목 모두에게 세계관으로서의 복음주의의 타당성은 장기화한 현대전의 극한 상황 속에서 시험을 받았다. 어떤 이들에게 복음주의 기독교는 물려받은 그대로는 그들이 감당할 수 없는 기준과 그들이 마주한 영적, 도덕적 혼란을 설명하지 못하는 신앙 체계를 갖고 있었다.

다른 사람에게 복음주의 기독교의 지배력은 가장 위협적인 상황에서 그 유효성이 입증되었기 때문에 강화되었다. 그 결과 신앙은 상실되고 복잡해지거나, 확증되고 강화되었다. 따라서 불만족과 변화 모두는 '포화 속에서' 복음주의자들이 겪은 경험의 일부였다.

전쟁이 그 지지자들의 전망에 미친 영향이라는 관점에서, 복음주의는 최소한 잃은 만큼 얻었다. 복음주의 운동에 발생한 정말 파괴적인 손실은 대규모 사상자였다. 그리고 아마도 그 당시의 상황은 불가피하게 세기말 복음주의 사회 복음을 강화해서 다양한 형태의 전쟁 봉사로 나타나게 했을 것이다.

제8장

내부의 전쟁
The War within

 대부분의 영어권 복음주의자들의 입장에서 보면 프랑스, 동유럽, 중동 그리고 아프리카 일부를 무대로 한 제1차 세계대전은 그들의 고향에서 먼 '저편'에서 벌어진 전쟁이었다. 영어권 지역 중에서 영국만이 본토에 대한 직접 공격을 받았다. 영국의 경우 이것은 당면한 분쟁 외에도 후방에서 벌여야 할 또 다른 전쟁이 있다는 것을 모두에게 분명히 보여 주었다.
 이 상황에서 복음주의자들은 외적으로 연합국의 전쟁 수행을 지원하는 한편, 계속된 전쟁이 사회에 미치는 영향에 적응해야 했다. 그리고 내적으로는 자신의 지역과 교회와 개인 안에서 영적으로, 도덕적으로 악한 세력이 약화하도록 저항해야 했다.
 복음주의자들이 마음에서 벌이는 이 '내부의 전쟁'은 적어도 드러난 전쟁만큼이나 중요했다. 그 내전의 목적은 그들의 사회가 전쟁 수행에 적합하고 또한 승리할 만한 상태에 있도록 지키는 것이었다. 왜냐하면, 그 내전이 복음주의자들에게 자신들의 지역 사회에 상당한 영향력을 행사할 가능성을 주었기 때문이다. 실추된 문화적 권위를 회복하기 위한 이 역사적 기회를 최대한 활용하는 것은 후방에서 싸우는 목표가 되었다.

1. 영적 방향 유지

처음에 영국 정부는 후방에서 전쟁을 수행하는 최선의 방법으로 '평상시처럼 행동'할 것을 요구했다. 많은 남자가 입대하고, 전장에서 돌아오는 막대한 사상자의 소식이 들리고, 여자들이 점점 전쟁 사역에 참여함에 따라 그 요구는 비현실적인 것이 되어 버렸다. 영어권 세계 복음주의자들도 처음에는 '평상시처럼 행동'하라는 요구를 지지했으나, 곧 정도의 차이가 있지만, 전쟁의 불안한 영향을 느꼈다.[1]

제6장에서 서술한 방식을 따라 전쟁 수행에 기여한 것 외에도, 그들은 새로운 사회적 조건에 적응하고 그 상황을 최대한 활용함으로써 사회에 대해 지지를 표명했다. 지역교회와 지역 사회가 받은 전쟁의 충격은 전체 전쟁에 대한 것보다 덜 연구되었지만, 그들의 전쟁 체험은 매우 다양했던 것으로 보인다. 그렇게 많은 남자가 없는 상황에서, 일부는 지위 상실과 소득 감소로 고통에 시달렸다. 그런가 하면 전시의 감수성과 곤궁은 교회 생활을 번성하게 했다.[2]

보통 남자들에게 맡겨진 많은 일을 여자들이 광범위하게 감당하는 데서 역경을 견디고 살아가겠다는 결심이 드러났다. 사회적 긴장이 고조된 배경과 상반되게, 복음주의 교회들은 전사자의 추도식을 열었고, 부상자와 불구자가 된 군인들을 기쁘게 맞이했고, 전쟁 수행에도 계속 기여했다. 예배와 봉사와 희생의 공동체로서 교회는 흔들림 없이 모범적으로 앞장서려고 했다.

전쟁이 빨리 끝나지 않으리라는 것이 분명해지자, 복음주의 정치인들 또한 새로운 상황에 적응했다. 그들은 초기의 애국적 흥분을 넘어서서 분

---

1 '"Business As Usual": The Evangelistic Outlook,' *C* (17 Sept. 1914), 8.
2 Robert D. Linder, *The Long Tragedy: Australian Evangelical Christians and the Great War, 1914–1918* (Adelaide: Openbook, 2000), ch. 7; S. D. Henry, 'Scottish Baptists and the First World War,' *BQ* 31.2 (1985), 52–65, esp. 61–62.

명한 영적 지도력을 준비하는 태도와 행동을 취하여 더 사려 깊은 반응을 보였다. 켄터베리 국교회 주임사제 헨리 웨이스(Henry Wace)는 전쟁 초기에 이것이 의미하는 바가 무엇인지 동시대인들에게 이렇게 상기시켰다. "사람들 속에 그런 이해와 그런 의의 사랑을 진작하는 최고로 중요한 사역이야말로 사람들의 모든 행동을 통제하는 힘이 되어야 한다."[3]

복음주의자들은 국가 전체를 위해 이런 지도력을 갖추어야 했다. 왜냐하면, 가시적이고 직접적인 것 너머를 보는 능력으로 그들은 그리스도인으로서 다른 이들이 가질 수 없는 일들에 대한 전망을 열어 줄 수 있기 때문이었다. 그들의 지도력은 적에 대한 용서, 잔학 행위에 대한 합당한 반응, 애국심과 경건의 관계 같은 윤리적 이슈에 대한 길잡이로서 기독교 공동체 사람들에게도 필요했다.

미국의 해리 포스딕(Harry Fosdick)과 호주의 패트릭 J. 머독(Patrick J. Murdoch, 언론계의 거물 루퍼트 머독 Rupert Murdoch의 조부)은 다양한 지역 사회의 많은 사람과 함께 당시의 도전에 대응하기 위해 노력했다.[4]

투쟁의 중요성이 더욱 분명해짐에 따라, 이 지도력에 꼭 필요하게 된 것은 전쟁의 영적 성격을 분명히 하고 지역 사회의 헌신을 북돋우는 전쟁 해석을 제시하는 것이었다. 하나님이 오셔서 영적인 무관심을 깨뜨려 달라고 간구하는 기도의 응답으로 해석되든지 또는 더 단순하게 세상을 구원할 기회로 해석되든지 간에, 본국에서 벌이는 전쟁은 복음주의자들에 의해 섭리적인 것으로 해석되었다. 즉 그 전쟁은 늘 위험에 처해 있는 세상에 영적으로 경고하는 명백히 유익한 도전으로 가득 찬 '카이로스'(kairos)의 시간이었다.

---

3 Henry Wace, 'God's Call to the Nation,' in ICM 1915, 12–23 (20).
4 Harry E. Fosdick, *The Challenge of the Present Crisis* (New York: Association Press, 1918); Patrick J. Murdoch, *The Laughter and Tears of God and Other War Sermons* (Melbourne: Arbuckle, Waddell & Fawckner, 1915).

확실히 전쟁은 세기말에 복음주의자들이 사회에서 항상 비판했던 사치와 쾌락 추구의 해로운 결과를 폭로하는 것처럼 보였다. 봉사와 자기 희생의 필요성은 기독교적 가치와 성품이 낳는 자기 부인과 절제된 삶의 가치를 끌어냈다. 공통의 대의는 전쟁 전의 산업 및 계급 갈등 대신에 연합과 협력을 요구했다. 가장 중요한 것은 현대 전쟁으로 삶에 닥친 위험들로 인해 인간 존재의 영원하고 보이지 않는 차원을 생각하게 됨으로써, 많은 사람(남자와 여자들)이 하나님 신앙과 기독교적 헌신으로 돌이켰다는 것이다.

복음주의자들은 1914년의 사회를 있는 그대로 지지하기는커녕, 전쟁을 의로운 대의와 동일시했다. 전선에서는 독일 군국주의에 대항할 십자군이 필요했지만, 후방에서는 세속주의와 냉담한 신앙 태도에 대한 전투가 필요했다.

내부의 전쟁을 승리로 이끄는 과업의 또 다른 요건은 신앙생활에 도움이 되는 영적 자원을 동원하는 것이었다. 물론 최전선에서는 전시를 위해 성경을 유일한 책으로 읽었다. 성경은 불변하시는 하나님과 '완전한 진리'의 계시로서, 사건들(지금 일어나는 일들)을 참되게 이해하고 거기에 적절히 반응할 수 있게 해 주는 최고의 원천이었다.

성경은 또한 곤경에 처한 수많은 사람에게 '위로의 책'이었다. 불가피하게 성경의 어떤 부분은 다른 부분보다 더 두드러졌다. 구약성경은 이스라엘의 전쟁에 대한 설명과 함께 널리 사용되었다. 특별히 시편이 독보적이었다. 시편이 전쟁의 경험을 이해할 수 있게 밝혀주는 것만은 아니었다. 오히려 그 반대도 사실이었다. 특히 주를 향한 열정과 개인의 원한이 대조되는 시들은 저주시의 해묵은 어려움과 적절히 성화된 반독일 정서를 해소하려는 경향이 있던 전쟁 상황에서 위로를 가져다주었다.[5]

하지만 성경의 가르침 중에서 예언보다 더 많은 관심을 끄는 것은 없었다. 무시무시한 규모의 전쟁이 당장 모든 전천년주의자에게는 재림에 대한 준비

---

5 W. S. Hooton, 'Imprecatory Psalms and the War,' *C* (18 Nov. 1915), 12.

인 것처럼 여겨졌다. 특별한 사건들은 이런 류의 추론을 조장했다. 1915년 다르다넬스 전투(The Dardanelles campaign)는 중동에 관심을 집중시켰다.

1917년 영국의 알렌비(Allenby) 장군에 의한 예루살렘 함락은 종말의 주요 표지 중 하나인 유대인들의 팔레스타인 귀환의 조짐으로 보였다. 전천년주의가 더 많은 지지자를 얻으면서, 새로운 저자들이 이 모든 것이 의미하는 바를 해설하는 교사 대열에 합류했다. 많은 복음주의자는 전쟁 기간 동안 재림이 임박했다는 믿음 때문에 흥분하기도 했고 위로를 받기도 했다.[6]

전쟁 전 그 주제에 관한 논쟁으로 헌신이 새롭게 되자, 복음주의자들은 전쟁을 치르기 위한 또 다른 큰 자원을 기도에서 발견했다. 개인 기도를 북돋우는 것 외에도, 그들은 '도고'(intercession)의 날을 지지했고, 영어권 세계 전역의 중심지에 대중적 기도회를 조직했다. 그들은 이런 지지와 함께 기도의 기능에 대해서도 가르쳤다. 기도는 부적이 아니었다.

복음주의자들은 하나님이 민족적 이익을 위해 불러대는 부족신이 아니라고 자주 강조했다. 적군도 같은 수단을 사용한다는 점을 생각할 때, 마땅히 세심한 주의가 뒤따라야 했다. 무엇을 위해 기도할 것인가는 더 큰 관심거리였다. 비록 전쟁이 길어지면서 이 측면이 많이 강조되지 못했지만, 승리를 위해 기도하는 것만큼 적을 위해 기도하는 것도 필요했다. 종전을 위해 기도하는 것이 더 합리적이고 긴급해 보였다.

일반적으로 복음주의자들이 기도로 구하지 않는 한 가지는 죽은 사람의 구원이었다.[7] 큰 곤경에 처했을 때 그들은 그렇게 기도해야 할 것 같은 압박감을 느꼈다. 연옥 교리와 죽은 자를 위해 기도하는 가톨릭 전통을 기꺼이

6　Ian Randall, *Spirituality and Social Change: The Contribution of F. B. Meyer (1847–1929)* (Carlisle: Paternoster Press, 2003), ch. 7; Matthew Sutton, *American Apocalypse: A History of Modern Evangelicalism* (Cambridge, Mass.: Belknap Press, 2014), ch. 2.

7　예를 들어 Professor J. Stalker, 'Shall We Pray for the Dead?,' *C* (11 Jan. 1917), 7–9; W. H. Griffith Thomas, 'Prayers for the Dead,' *LQR* 128 (1917), 255–271. 그 배경에 대해서는 다음을 보라. Michael Snape, 'Civilians, Soldiers and Perceptions of the Afterlife in Britain During the First World War,' *SCH* 45 (2009), 371–403.

받아들이는 영국 가톨릭 신자들은 목회적으로 더 민감하게 보였다. 또한, 그들이 출판하는 기관지에는 그런 관행을 옹호하는 글도 일부 있었다.⁸

일부 복음주의자들은 동요했다. YMCA와 함께 일했던 두 명의 스코틀랜드 장로교 목사 N. 맥클린(N. Maclean)과 J. R. P. 스클라터(J. R. P. Sclatir)는 개신교 버전의 연옥이 있어야 한다고 제안했다.⁹ 그러나 복음주의자들은 대체로 성경은 그 관행에 대해 어떤 보증도 하지 않는다고 주장했다. 고고학자라고 할 수 있는 국교회 신자 H. E. 폭스(H. E. Fox)는 6세기 이전에는 그 관행에 대한 아무 증거가 없었다고 보고함으로써 성경적인 확신을 지지했다.¹⁰ 매우 어려운 상황에서 복음주의자들은 대부분 기도를 격려하는 것과 그 오용을 경계하는 것을 조화롭게 했다.

복음주의자들은 일반적으로 '희생에 의한 구원'이라는 대중적인 생각도 묵살하지 않으려고 했다. 병사 중에 사상자가 갑자기 폭증하자, 국가를 위해 봉사하다가 죽는 것이 다양한 목적을 이룬다는 확신과 맞물려, 그 죽음이 구속적이라는 믿음을 불러일으켰다. 이런 인식에 따라, 그리스도 죽음의 의미는 자기 조국을 위해 목숨을 바친 사람들에게 이입되었다. 그들은 그것이 희생의 의미를 보여 준다고 쉽게 인정했지만, 복음주의자들은 전사가 회심이나 중생과 같은 것이라는 주장을 허용하지 않았다.¹¹

자주 인용되던 "사람이 친구를 위해 자기 목숨을 버리면 이보다 더 큰 사랑이 없다"(요 15:13)라는 구절은 이 문제와 아무 관련이 없는 것으로 배제되었다. 전사가 구원에 도움이 된다고 말하는 것은 그리스도의 속죄를 훼손하는 것이었다. 이것은 결국 그런 주장이 특히 참호 속에 있는 사람들을 참된 구원의 토대에서 벗어나게 한다는 것을 의미했다.

---

8 A. Plummer, 'The War and the Other World,' *Ch* 30 (1916), 173-176, 258-262, 325-331, 377-383. Refuted by Andrew Given, 'Prayers for the Dead: A Reply,' Ibid. 588-594.
9 Stewart J. Brown, '"A Solemn Purification by Fire": Responses to the Great War in the Scottish Presbyterian Churches,' *JEH* 45.1 (1994), 94.
10 H. E. Fox, 'Prayers for the Dead,' *C* (25 Jan. 1917), 18.
11 W. S. Hooton, 'The New Dogmatism,' *C* (8 June 1916), 7.

우리는 그들을 거짓된 길로 보내는 것을 거부하고 오히려 개인 신앙의 참된 토대를 주장할 때 비로소 사람들에게 가장 참된 봉사를 하게 된다.**12**

비록 일부가 흔들리긴 했지만**13** 전시의 압박감은 복음주의자들이 전체적으로 그들의 구원론에 타협하도록 유도하지 않았다.

유족들에 대한 사역은 복음주의의 영적 지도력을 더 시험했다. 영어권 세계 전역의 성직자와 신자는(그들 중 많은 사람이 상실의 고통을 몸소 겪었다.) 개인적으로 그리고 공적으로 그들이 할 수 있는 최선을 다해 위로의 말을 전했다. 대체로 그들은 고매한 대의를 위한 희생의 가치에 대해 당시 지역사회가 사용하던 최고의 표현으로 그들의 희생을 드높였다.

스코틀랜드의 칼빈주의 자유장로교도들 같은 일부 사람은 비록 전사자들에게 동정심을 품고 있었지만, 회개하지 않은 병사들은 나라를 위해 봉사하다 죽어도 지옥에 간다고 말하지 않고 다른 말을 하는 것은 성경이 엄격히 금하는 바라고 알리는 것이 그리스도인의 의무라고 강조했다. 그들 못지않게 성경에 충실하고자 노력하고 그리스도 희생의 절대적 독특성을 지지하던 더럼의 주교 핸들리 모울(Handley Moule)은 아내를 잃고 최근까지 34년 동안 고통을 겪었는데, 그는 동정심이 복음주의적 입장을 포기하도록 강요하지 않는다는 것을 보여 주었다.**14**

준비되기 전에 죽은 것처럼 보이는 사람에 대해서는 한없이 자비하신 하나님이 '최후의 순간에', 즉 마지막 순간 '눈 깜짝할 사이에' 구원을 받아들이게 하실 것이라고 확신할 수 있었다. 모울은 또한 전사자들이 그리스도와 함께 있다는 확신을 내놓았다. 시대의 대중적 요구에 자신의 메시지를 조정

---

12 'Notes and Comments. Nationality and Spirituality,' *C* (18 Nov. 1915), 10.
13 David W. Bebbington, *Evangelicalism in Modern Britain: A History from the 1730s to the 1980s* (London: Unwin Hyman, 1989), 200.
14 Handley Moule, *Christus Consolator: Words for Hearts in Trouble* (London: SPCK, 1915), quotations on 94, 95; *Christ and Sorrow: Thoughts for Stricken Hearts* (London: SPCK, 1916).

하지 않은 복음주의자들은 다양한 수준의 목회적 감수성과 유연성으로 죽음과 사후에 관한 복음주의 전통의 신조를 반복해서 전했다.

2. 전쟁신학

전시의 전문적인 지도력은 복음주의 신학자와 교사가 맡았다. 전문적인 방향 제시가 곧 필요해졌다. 1914년 8월 말 선교 운동에 참여했던 29명의 독일신학자들이 독일을 전쟁으로 이끈 동기에 대한 이해와 이 끔찍한 조치를 취하도록 강요한 사람들에 대한 비난에 대해 '해외 복음주의 그리스도인들'에게 호소함으로써 신학 전쟁의 첫발을 발사했다.[15]

그들은 독일의 행동이 방어적이었고 '부당한 공격'에 대한 불가피한 반응이었다고 주장했으며, 영국이 해외 거주 독일인들에 대한 비양심적인 행위에 책임이 있으며, 그런 영국의 행위가 기독교 선교의 대의를 손상했다고 주장했다. 벨기에에서의 잔학 행위 소식이 전해지자, 이런 이상한 주장이 과연 그런 지성과 지위를 가진 사람들에게서 나올 수 있는가 하는 의심이 일었다.

복음주의 교회 대표들이 포함된 '학식과 경건으로 유명한' 42명의 영국 교회 지도자들이 독일의 주장을 단호히 배격하고 영국 정부가 취하는 입장을 지지한다고 단언하자, 복음주의 공동체는 안도했다.[16] 「더 처치맨」이 평했듯이, "그런 주장에 대한 답변으로 이보다 더 설득력 있고 결정적

---

15 Charles E. Bailey, 'The British Protestant Theologians in the First World War: Germanophobia Unleashed,' *HTR* 77.2 (1984), 195–221; John Moses, 'The British and German Churches and the Perception of War, 1908–1914,' *WS* 5.1 (1987), 23–44.

16 *To the Christian Scholars of Europe and America: A Reply from Oxford to the German Address to Evangelical Christians* (Oxford: Oxford University Press, 1914). 그 복음주의자들은 다음과 같다. H. G. Grey, Principal of Wycliffe Hall, and W. B. Selbie, Principal of Mansfield College.

인 것은 없었다."¹⁷ 독일이 전쟁에 책임이 있다고 확언함으로써 신학자들은 연합군의 전쟁 수행을 정당화하고, 내부의 전쟁을 승리로 이끄는 데 근본적인 공헌을 했다.

복음주의 운동의 우익에 있는 저자들은 전쟁의 신학적 교훈을 끌어냄으로써 이것에 기반을 두려고 시도했다. 그들이 독일을 비판한 방식 중 하나는 독일의 행위의 비양심적인 야망이 19세기에 독일에서 일어난 성서 고등 비평의 발전 탓이라고 쉽게 주장하는 것이었다. 이 설명에 의하면 성경의 권위에 기초한 도덕을 포기하자 세기말에 무성했던 허무주의적이고 군주주의적인 철학에 문이 열린 것이었다.

니체(Nietzsche), 트라이치케(Treitschke), 베른하르디(Bernhardi)같은 사상가들에게서 나온 가르침은 범독일주의(Pan-Germanism)교리와 그 근본적인 힘의 윤리가 옳은 것처럼 보이게 했다.¹⁸ 더 복잡한 해석은 지난 반세기 동안 기독교 교리를 쇠퇴하게 만든 독일의 행위 결과에 주목했다.¹⁹ 기독교의 기적적 사실 부정하는 것은 그 교리와 윤리를 포기하는 것으로 이어졌다. 사상의 최전선에 서 있던 이런 저자들은 복음주의 기독교를 포기하는 영어권 사회에 경고하기 위해 독일이 도덕적으로 하향곡선을 띄고 있음을 강조했다.

다양한 복음주의 견해를 가진 다른 저자들은 전쟁으로 인해 제기된 신학적, 윤리적 문제들에 직면하여 저마다의 공헌을 했다.²⁰ 이런 종류의 변

---

17 'A Decisive Reply,' *Ch* (28 Nov. 1914), 807–808. Cf. 'A Pathetic Appeal' and 'The Divine Verdict,' *C* (17 Sept. 1914), 7; 'Anglo-German Friendship,' and 'The Christian Attitude,' *C* (8 Oct. 1914), 7.
18 예를 들어 J. Stuart Holden, 'The Real Inwardness of the Conflict,' EC (Sept.–Oct. 1914), 185–186; W. Y. Fullerton, 'The Mailed Hand and the Nailed Hand,' EC (Nov.–Dec. 1914), 215–216.
19 예를 들어 W. E. Chadwick, 'German Christianity (?) [sic] and the Great War,' *Ch* 88.107 (Nov. 1914), 811–822.
20 대표적인 작품으로는 J. H. Oldham, *The World and the Gospel* (London: United Council for Missionary Education, 1916); Henry Wace, *The War and the Gospel* (London: Chas. J. Thynne, 1917); and W. Douglas Mackenzie, *Christian Ethics in the World War* (New York:

증학이 필요하게 되자, 신학자들은 이미 그들이 고수하고 있던 입장을 더 발전시켰다. 세기말의 낙관주의와 가치에 대한 반작용은 1914년 이전에 이미 잘 진행되었고, 전쟁은 이런 비평을 정당화해주는 것으로 해석될 수 있었다. 더 넓은 범위로 설명하자면 예를 들어 요크셔독립대학(Yorkshire Independent College)의 E. 그리피스 존스(E. Griffith-Jones)는 전쟁 전 세대에 치솟은 물질주의의 부적절함을 폭로했고, 당시의 파괴적 군국주의의 대안과 영구적 평화의 토대로 믿음, 소망, 사랑의 기독교 윤리를 내세웠다.[21]

1914년 이전의 사회 질서가 기독교 윤리의 가치에 기초하지 않았다는 것을 입증함으로써, 그런 대답들은 전쟁이 기독교의 실패를 뜻한다는 주장을 반박할 뿐 아니라, 그 전쟁을 현대 세계의 세속주의 탓으로 돌리는 것 같았다. 기독교의 사회적 필요를 강조하는 신학적, 윤리적 논쟁은 내부의 전쟁에서 주된 무기로 사용되었다.

전쟁에 대한 신학적 설명이 비교적 쉽게 제시될 수 있었다면 '신정론'(theodicy)의 문제는 훨씬 더 어려웠다. 당대에 주도적인 복음주의 신학자 P. T. 포사이스(P. T. Forsyth) 만큼 그 도전에 날카롭게 응한 사람은 없었다. 이 절박한 과제를 위해 그는 제4장에서 확인된 특징적인 십자가 중심적 신학을 도입했다.[22]

모든 피조물의 평가 기준으로서 그리스도의 십자가는 많은 것을 계시했다. 즉 독일이 대표적으로 보여주듯이 야만주의로 전락해 버린 전쟁의 원인들, 유럽 문명에 대한 심판이라고 할 수 있는 전쟁의 진정한 의의, 인생에서 전형적인 것들이 갑자기 한꺼번에 나타나는 전쟁의 고통, 무슨 일이 일어나고 있는지 설명하지도 못하고 견고한 근거를 제시하지도 못하

Association Press, 1918).
21 E. Griffith-Jones, *The Challenge of Christianity to a World at War* (London: Duckworth, 1915).
22 Peter T. Forsyth, *The Justification of God: Lectures for War-Time on a Christian Theodicy* (London: Duckworth, 1916); *The Christian Ethic of War* (London: Longmans, Green, 1916).

는 철학과 대중적 신학의 무능 등이 그것들이다. 그런 시기에 다면적으로 밀접한 관련을 맺는 십자가는 하나님의 방법에 대한 유일하고 충분한 변호였다.

십자가는 거룩하신 하나님이 역사 밖에서 취하신 행동으로서, 미리 세상의 목표를 제공했고, 따라서 그것은 섭리의 보증이었고, 발생하는 모든 일의 목적에 대한 확증이었으며, 전쟁으로 야기된 악의 치료책이었고, 인류의 연합과 평화의 토대였으며, 도덕적 쇄신의 윤리적 기준과 능력이었고, 무엇보다 하나님의 자기 변호(self justification)였다. 포사이스도 잘 알고 있었듯이 이런 주장은 많은 사람에게 너무 급진적이거나 추상적이었지만, 세상이 그 당시 상황에서 들을 필요가 있었다. 그는 세속주의자들에게 신앙으로 피신하는 것이 불가피하다고 주장했다.

결정적인 윤리는 없지만, 신학적인 윤리는 있다.

또한, 그는 다른 견해를 가진 그리스도인에게도 마찬가지로 당당했다.

어떤 신정론도 불가능하며, 복음주의적 신앙 외에는 어떤 평화도 없다.[23]

포사이스는 복음주의자들에게 그들의 믿음을 실행하라고 요구했고, 다른 그리스도인들에게는 복음주의를 받아들이라고 요구했다. 전쟁은 모든 사람이 온전한 의미에서 그리스도의 십자가를 수용하는 시기였다

전쟁 후에 칼 바르트(Karl Barth)는 국가적 대의 때문에 '복음의 절대적 진리'를 포기한 독일신학자들을 비난했다.[24] 이것이 영어권 복음주의 신학 교사들에게 일반적인 사실은 아니었다. 그들이 쉽게 독일을 비판할 수

---

23 Forsyth, *The Justification of God*, 155-156, 159.
24 Stuart Mews, 'Neo-Orthodoxy, Liberalism and War: Karl Barth, P. T. Forsyth and John Oman 1914-18,' *SCH* 14 (1977), 361-375.

도 있었겠지만 그들의 엄격함은 주로 자신들의 사회를 향하고 있었다. 그들에게 전쟁은 카이로스로서, 세기말 동안 사회에서 복음주의 기독교의 영향력을 약화한 종교 사회적 경향에 대해 저항하며 그들의 메시지를 다듬는 시기였다. 모두가 포사이스처럼 강렬한 것은 아니었다.

그러나 그들은 모두 비슷하게 하나님에 대한 태만과 그 결과 전쟁으로 표출된 사회의 세속적 변화에 대해 비판적이었다. 이런 이유로 복음주의자들은 전쟁을 하나님의 심판으로 제시했다. 복음 진리와 그 가치를 현재 필요한 힘의 원천과 더 나은 미래의 희망으로 여기고 그들이 속한 사회에게 그 원천과 희망으로 돌아가라고 요구하는 것은 내부의 전쟁 수행에서 그들이 이룬 공헌이었다.

3. 전시 복음주의

확실한 지도력과 건전한 신학 지침은 복음주의적 관점을 고수하지 않고는 아무 소용이 없을 것이다. 따라서 전시에 최고로 사회에 공헌한 복음주의자들은 적어도 세기말에 매우 특징적이었던 회심주의 활동을 고수하려고 했다. 이것이 처음에는 복음주의 운동의 한 측면으로서, '평시처럼 활동하는 것'이 실현 가능해 보였고, 당시의 필요에 부응할 거라는 기대도 있었다.

초기에 사람들이 교회로 모여들면서 복음주의자들은 전시의 불확실성 때문에 전방과 마찬가지로 후방에서도 복음의 호소를 들을 실질적인 준비가 의외로 고조되었다는 것을 알았다. 또한, 그들은 최근에 그들을 불편하게 했던 쾌락주의적 행동 양식의 좌절과 새로운 도덕적 진지함이 전쟁을 실감하기 시작한 효과라고 보았다. 이런 이해는 그들이 최대한 활용하고 싶어 했던 카이로스의 주된 측면이었다.

교회 지도자들은 기존 계획들이 실행되는 가운데 새로운 상황에 어떻게 대처해야 할지 숙고했다. 1914년 말에 YMCA는 '채프먼-알렉산더선교회'(Chapman-Alexander Mission)와 함께 런던에서 젊은 남자들을 공략했고, 이듬해 초 '영국자유교회'(English Free Churches)는 그들의 '교회 가기'(Come to Church) 운동을 추진했다.²⁵ 상황이 좋아 보였기 때문에, 전쟁 발발이 오래 기다려온 부흥을 가져올 것이라는 희망이 높아졌다.

사실 1914년에서 1918년 사이에는 대체로 복음주의에 대한 헌신이 약화하지 않았지만, 복음주의자들은 전쟁 전 수준의 회심주의 활동을 지속할 수 없었다. 남자와 자원이 전쟁 수행에 동원되면서 지역 복음주의 활동은 계속되었지만 크게 축소되었다. 더 분명히 말하면 세계적인 부흥주의는 비현실적인 것으로 중지되었다. 전쟁 초기에 부흥 운동가의 활동이 1914년 이전의 방침을 따라 계속된 곳은 중립적인 미국뿐이었다.

이곳에서 빌리 선데이(Billy Sunday)는 필라델피아(1915년)와 뉴욕(1917년) 대집회로 전성기를 누렸다.²⁶ 이 일들은 더 넓은 복음주의 세계의 상상력을 사로잡았고 당분간 전시 부흥의 희망을 유지했다. 다만 누구도 자기 지역에서 그런 논란이 되는 인물을 원하지는 않았다. 사람들이 가진 초기의 영적 민감성이 빠르게 사라지고 쾌락주의가 위급한 수준으로 되살아나자, 전쟁 기간은 복음 전도에 있어서 실망스러운 시간이 되고 말았다.

이런 현상이 매우 중요해진 것은 1918년 이후지만, 현대 복음주의자들은 심각한 쇠퇴가 일어나고 있다고 걱정했다. 그들의 경고는 YMCA 기관에서 들리는 부적절한 행위와 중대한 복음주의적 기회를 낭비하는 것을 두고 벌어진 논쟁에서 잘 드러났다.²⁷ 보다 폭넓게, 이것은 기독교에 대한 사회의 명백한 무관심이나 강경함에 대한 반성 그리고 그럴싸한 명분들에

---

25 'The Come to Church Campaign,' *FCC* 17 (1915), 7–8, 32, 41–42.
26 Lyle W. Dorsett, *Billy Sunday and the Redemption of Urban America* (Grand Rapids: Eerdmans, 1991), ch. 5.
27 'The YMCA and the Camps. Important Letter from M. J. W. Fegan,' *C* (7 Jan. 1915), 20, with correspondence from readers in the next four issues; 'The YMCA Whither?,' *C* (16 Mar. 1916), 7–8; C. Howard Hopkins, *History of the Y.M.C.A. in North America* (New York: Association Press, 1951), 497–519.

대한 반성을 일으켰다. 이 분석에는 교회가 무기력한 복음을 내다 팔거나 아무것도 하지 않은 것에 대한 약간의 비난이 포함되어 있었다.

현대교회에서 복음 전도의 위상에 대한 숙고는 새로운 복음 전도 방법을 제안하는 것으로 이어졌는데, 예를 들면 '직업 전도'(vocational evangelism)를 제안하거나, 부흥 운동가의 역할과 관련된 옛 방식을 주제로 토론하는 것이었다.[28] 또한, 그 상황은 부흥에 대해 그리고 그것을 촉진하는 법에 대해 성찰하게 했다.[29]

이 점에서 역사는 희망의 이유를 제공했다. 과거에 전쟁과 절망의 시기는 종종 부흥으로 이어졌다. 기독교를 사회에서 선교적 세력으로 만들려 한다면 그것은 군사적 상황의 악화와 동시에 일어나야 했다. 전쟁이 장기화함에 따라 복음주의자들은 국가를 하나님께 인도해야 한다는 절박한 필요를 점점 더 느꼈다.

그렇게 하려는 조직적인 시도가 일어난 곳은 잉글랜드와 웨일스뿐이었다. 1916년 9월, 잉글랜드 국교회는 '전국회개희망선교회'(National Mission of Repentance and Hope)를 출범했다.[30] 이것은 복음주의가 주도한 것이 아니었지만, 복음주의자들이 도처에서 참여했다. 그러나 그들의 참여는 은총의 신학과 반대되는 '펠라기우스적'이라는 비판을 면할 수 없었다. 비국교도들은 그들을 제외한 것을 불평했다.

이것은 방법론과 메시지에 대한 명백한 혼란과 더불어 그 선교회(the Mission)를 '전국적'이지도 않고 (어떤 이들이 보기에는) '선교적'이지도 않게

---

28 예를 들어 'He Gave Some . . . Evangelists. The Outlook for Gospel Work,' *C* (15 Apr. 1915), 11; 'The Greatest Opportunity,' *C* (8 June 1916), 7; P. Whitwell Wilson, 'Why Not an Intensive Mission?,' *C* (21 June 1917), 12.

29 예를 들어 H. Elvet Lewis, 'Studies in Revival,' *MBC 1915*, 93–153; Cyril C. B. Bardsley and T. Guy Rogers (eds.), *Studies in Revival* (London: Longmans, Green, 1915).

30 David M. Thompson, 'War, the Nation, and the Kingdom of God: The Origins of the National Mission of Repentance and Hope,' *SCH* 20 (1983), 337–350. Keith Robbins, *England, Ireland, Scotland, Wales: The Christian Church 1900–2000* (Oxford: Oxford University Press, 2008), 133–135.

만들기에 충분했다. 적어도 잉글랜드 국교회의 복음주의자들은 그 대회가 무엇을 이룰 수 있을지 분명히 느끼고 있었다.³¹

개인적 회개는 국가적 회개의 시작이고 조건이었다. 물론 국가적 회개가 당연한 결과는 아니었다. 일부 지역에서는 유익이 있었지만, 그 선교회가 표방하려고 했던 그리스도인의 고백과 실천은 역전되지 않았다. 대신에 그 결과는, 전쟁으로 바로잡힐 것이라 기대되었던 세속화 경향을 확인하고, 전시 부흥의 희망을 포기하는 것을 정당화하는 것이었다.

선교 활동도 전쟁의 영향을 불리하게 받았다. 현장에서 선교사들은 준비되지 않은 새롭고 예상치 못한 상황에 빠르게 적응해야 했다.³² 선교사들이 제국과 연결되어 있기 때문에 아프리카 일부는 전쟁터가 되었고, 그들이 세운 병원과 대학은 군사적 목적으로 사용되었다. 영국 본토와 그 밖의 영국 영토에서 독일 선교사들은 복음 전도사역뿐 아니라 사회적이고 자선적인 일에도 손실을 보고 억압되거나 제한되었다. 중동의 터키 영토에서도 마찬가지로 영어권 선교사의 활동은 실제로 중단되었다.

미국 선교사들의 수는 줄지 않았지만, 선교사들과 협력 요원들이 입대함에 따라 선교 전력의 규모는 전반적으로 감소했다. 재정 지원은 어느 정도 유지되었지만 국제적인 자금 흐름이 전쟁 상황으로 인해 방해를 받았다. 아마도 선교에 입힌 가장 큰 피해는 소위 '기독교 국가들' 사이에서 유럽 전쟁을 주도한 나라들의 명예가 실추된 것이라고 할 수 있을 것이다.

비슷한 충격이 본토에서도 감지되었다. 영연방과 아일랜드(Great Britain and Ireland)에서 선교사 동원은 학생들이 선교 사역보다 입대를 선호함에 따라 곧장 굉장히 어려워졌다.³³ 이 현상은 전쟁 과정에서 인적, 물적 손

---

31 복음주의 입장에서 국가적 선교(National Mission)에 관한 해설은 다음에서 볼 수 있다. 「더 처치맨」, 30 (1916) and 31 (1917).
32 갓 나온 연례 보고서(J. H. Oldham이 준비했던) *International Review of Missions*는 다음 책에서 요약되었다. G. A. Gollock, 'A Survey of the Effect of the War upon Missions: The Church in the Mission Field,' *IRM* 9 (1920), 19–36.
33 Nathan D. Showalter, *The End of a Crusade: The Student Volunteer Movement for Foreign*

실이 증가함에 따라 악화했다. 한 추산에 따르면 1917년에는 선교 지원자들 수가 절반으로 줄어들 정도로 사상자가 발생했다. 선교에 들어가던 자금이 전쟁에 투입되었다. 그 효과가 물질적이면서 심리적으로 나타나면서, 기존 선교 지도자들과 새로운 세대 간에 '세대 차'라고 할 수 있는 것이 생겨났다. 나이 든 사람들은 진정한 기독교 국제주의(Christian internationalism)의 조건을 확보하기 위해 전쟁에 빠르게 적응하여 전쟁을 세기말의 선교적 가치를 나타내는 십자군으로 받아들였다.

젊은 사람들은 처음에 전쟁을 지지했지만, 점점 더 전쟁의 결과에 대해 자신감을 잃었고, 교회와 사회의 실패를 잘 받아들이지 못했다.[34] 어떤 이들은 현 상태의 기독교를 나머지 세계에 전해줄 가치가 있는지 의심하기 시작했다. 대부분은 자기의 문명을 완전히 기독교화하는 데에 집중할 필요성에 동의했다. 복음주의와 기독교 '개혁 운동'(reformism)이 해외에서만큼이나 국내에서도 필요하다는 깨달음의 결과, 전쟁 전의 선교 충동은 약화했다.

존 모트(John Mott)는 어떤 복음주의 지도자보다 전쟁의 파괴적 영향을 더 실감했다.[35] 처음에 그는 중립국의 시민으로서 그리고 세 개의 세계기구(YMCA, WSCF, 에든버러 계속 위원회)의 공인된 지도자로서 양쪽을 하나로 묶으려고 시도했고, 선교 운동의 초국가적 연대를 보존하려고 노력했다. 그러나 그는 윌슨 대통령과의 친분과 1916년 멕시코 주재 외교 사절단 참가 때문에 독일인들로부터 공정성을 의심받았다.

모트가 자신과 YMCA의 자원을 즉시 윌슨 대통령과 미국의 전쟁 개입 결정에 투입하고, 그 후 윌슨의 개인 대변인 엘리후 루트(Elihu Root)가 이끄는 러시아 외교 사절단에 참여했을 때 그의 신뢰성은 심각하게 손상되

Missions and the Great War (Lanham, MD: Scarecrow Press, 1998), ch. 4.

34 예를 들어 J. Lovell Murray, *The Call of a World Task in War Time*, rev. ed. (New York: Association Press, 1918).

35 Richard V. Pierard, 'John R. Mott and the Rift in the Ecumenical Movement During World War I,' *JES* 23.4 (1986), 601–620.

었다. 그 사절단의 목표는 연합국 편에서 새로운 임시정부를 계속 분쟁 상황에 두는 것이었다. 모트는 연합국의 목표가 진정한 기독교적 사역이라는 신념으로 이런 행보를 했지만, 그것 때문에 독일인에 의해 국제기관에서의 지도력을 거부당했다. 이렇게 그의 지도력이 신임을 받지 못한 것은 결국 선교적 대의를 가지고 궁극적으로 기독교 세계질서를 만들어 국제적 우호를 증진하려던 그의 희망이 꺾인 것이었다.

4. 후방에서의 행동주의

전쟁은 회심주의에 자극을 준 것과 마찬가지로 세기말 복음주의자들의 사회 참여에도 새로운 자극을 주었다. 군사적 지원이라는 새로운 분출구 외에도 전쟁은 잘 구축된 사회적 대의들을 추구하는데 필요한 추가적인 근거를 만들어냈을 뿐 아니라, '동맹 제국'(the Central Powers)과 싸워 승리하는 조건으로서의 추가적인 중요성도 그들에게 부여해 주었다. 이에 따라 복음주의자들은 일부 숙적들에 대한 직접 공격에 나섰다.

전쟁 중 복음주의자들을 가장 흥분하게 한 공적인 이슈는 술이었다. 1915년 영국 군수부 장관 데이비드 로이드 조지(David Lloyd George)는 이렇게 말했다.

> 우리는 독일, 오스트리아 그리고 술과 싸운다. 내가 보기에, 이 셋 중 최대의 적은 음주다.[36]

---

[36] J. S. Blocker et al. (eds.), *Alcohol and Temperance in Modern History: An International Encyclopedia*, 2 vols. (Santa Barbara: ABC-CLIO, 2003), I, 372.

금주 지지자들은 이 운동을 강화할 기회를 재빨리 붙잡았다. 예를 들어 영국 침례교 아서 미(Arthur Mee)는 '영국의힘 운동'(Strength of Britain Movement)을 창설해 전쟁 기간과 그 후 1년 동안 금주법 도입을 정부에 청원했다.[37]

전쟁은 금주론자들이 근거로 삼을 새로운 논거가 되었다. 산업 효율성의 상실, 식량 생산에 더 할당될 자원의 낭비, 군인들의 '한턱'내는 해로운 관행 등이 문제였다. 전쟁이 계속되고 식량부족과 사상자의 충격을 실감하면서 금주 캠페인에 대한 지지가 커졌다. 술 무역을 지속하는 것은 전쟁을 연장하고 전선 군인들의 생명을 위태롭게 하고 가정을 지키지 못하므로 그들을 배신하는 것이라는 주장이 나왔다. "무역 업자들은 그들의 잘못된 인식으로 전쟁을 패배로 몰아넣는 반역자들이다"라는 주장을 보면 그 캠페인의 어조가 예민해진 것이 분명했다.

> 1917년경 '음주 악'(the drink evil)에 대한 승리는 군사적으로 적을 물리친 것과 같이 중요한 수준으로 올라갔다. 우리 가정에서 악마를 죽이지 못한다면 독일 정복 이야기는 한가한 소리다.[38]

이렇게 명백한 절망에도 그 호소는 효과가 없지 않았다. 고민하던 영국 정부는 1915년 '중앙통제위원회'(Central Control Board)를 만들고 맥주의 생산과 판매에 제한을 가했다. 같은 해에 조지 5세(King George V)가 전쟁이 끝날 때까지 술을 끊겠다고 약속하자, 복음주의자들은 자신들이 큰 도덕적 승리를 거두었다고 생각했다.

---

[37] Arthur Mee and J. Stuart Holden, *Defeat or Victory? The Strength of Britain Book* (Christchurch: L. M. Isitt, published for the Auckland Branch NZ Alliance and the Auckland Sunday School Union, n.d. [1917]). 이것은 그 운동의 지리적 범위를 보여 준다.

[38] 'Shipping and Drink,' *C* (4 Jan. 1917), 9.

1915년부터 1917년 사이에 캐나다의 여러 주가 금주법 조치를 통과시켰으며, 이것은 1918년 연방정부가 퀘벡 가톨릭의 저항에도 전쟁 기간 동안과 그 후 1년 동안 국가적인 금주법을 제정함으로써 더욱 강화되었다. 1916년 호주의 4개 주가 6시 정각에 술집을 닫는 제도를 도입했고, 뉴질랜드가 이듬해 그 뒤를 따랐다. 미국이 참전하자 의회는 전쟁 수단으로서 맥주 생산을 제한하는 '지렛대 법안'(Lever Act)을 가결하고, 국가적 금주법을 도입을 위해 움직였다. '과학적 방법에 따른' 실험으로 규제의 유익이 무엇인지 보여주게 되자,[39] 이런 조치들의 효과는 이 다른 전쟁에서 중요한 승리를 거둔 것으로 환영을 받았으며, 미래의 최종 승리에 대한 희망도 불러일으켰다.

복음주의자들의 우려가 현재의 생존뿐 아니라 미래 사회의 복지를 위한 것이었다는 사실은 안식일 모독에 대해 계속되었던 시위를 보면 명백해진다.[40] 전쟁 초기부터 복음주의자들은 기독교의 고유한 주일 성수의 기준을 완화하는 것에 대해 반대하는 목소리를 재빨리 냈다. 그들은 식량 생산과 전시 생산의 긴급상황은 예외로 허용될 수 있다고 마지못해 인정했다. 일반적으로 그들은 주일이 휴일로서 노동자의 건강과 복지를 지킬 수 있게 하는 신적인 규정이라고 주장했다.

그러나 그들은 또한 사회의 영적 상태의 지표로서 일요일의 상징적 가치를 염두에 두고 있었다. 기준 완화는 중대한 문화적 변화가 일어나고 있다는 분명한 신호였다. 그들은 증가하는 세속주의에 의해 그 기반을 한 번 잃으면 다시 찾을 수 없으리라 생각했다. 이 때문에 복음주의자들은 신문, 스포츠, 대중적 오락거리의 주일 침범을 국가적 관심사로 여기고 저항했다.

또한, 복음주의자들은 전쟁으로 야기된 인력 문제에 관여했는데, 그들은 이것을 전쟁 승리에 필요한 시민권 기준을 반영하는 문제로 보는 경향

---

[39] 'America and Prohibition,' *C* (7 Mar. 1918), 9.
[40] 예를 들어 'Hands off the Lord's Day,' *C* (22 Mar. 1917), 7–8.

이 있었다. 참전 초기부터 징병에 의존했던 미국인들에게 이것은 결코 문제가 되지 않았다. 그러나 영국과 제국 연합국에서는 신병 모집의 필요성이 수그러들지 않았고, 특히 입대하려는 초기의 열정이 식었을 때는 더욱 그랬다. 그 필요성이 임계에 달하자 영국 정부는 1916년 징병에 의지했다.

복음주의자들은 군국주의와 국가의 과도한 권력을 불편하게 여겨서 그것들과 싸워야 한다고 느꼈음에도, 대체로 징병제를 지지했으며, 전쟁으로 이익을 보는 모든 사람이 부담을 함께 지는 것이 공정의 문제의 문제라고 주장했다. 비슷한 반응이 캐나다와 뉴질랜드에 징병제가 도입되었을 때도 분명히 나타났지만, 후자는 마오리족(the Maoris)이 응하지 않으면서 인종적인 요인으로 인해 문제가 더 복잡해졌다.[41]

호주의 상황은 더 복잡했다.[42] 호주 정부가 그 문제를 1916년과 1917년에 다시 국민투표에 부쳤을 때 복음주의자들은 크게 분열되었다. 복음주의 교회 지도자들은 대부분 징병에 찬성했지만, 전체적으로 목사와 교인들의 의견이 뒤섞여 대다수가 반대할 가능성이 있었다. 다른 지역 사람들과 마찬가지로, 지지자들도 그것은 사회가 어려울 때 의무의 문제라고 느꼈다. 반대자들은 징병이 기독교적 가르침에 위배되고 기독교라는 종교를 국가 종교로 혼동했다고 주장했다. 호주의 복음주의자들 사이에서는 전시 공적 의무 문제에 관해 합의가 이루어지지 않았다.

마침내 전쟁은 영국과 그 제국의 복음주의 운동의 뿌리 깊은 반가톨릭주의에 새로운 활기를 불어넣었다. 가톨릭 군인들의 충성심은 의심받지 않았지만, 교황제에 대한 적개심은 더욱 거세졌다. 특히 교황이 독일의 전시 잔악 행위를 정죄하는데 실패한 것과 관련해 오래된 의혹이 솟구치고 새로운 반감이 나타났다. 무엇보다 복음주의자들은 바티칸이 전쟁에서 이익을 보려고 했다고 주장했다. 지난 2년 동안 그들의 견해는 공공연하게 정치적이 되

41　Allan Davidson, *Christianity in Aotearoa: A History of Church and Society in New Zealand*, 3rd ed. (Wellington: Education for Ministry, 2004), 99.

42　Linder, *Long Tragedy*, ch. 6.

었고, 여론과 정부 정책에 영향을 미치는 일반적인 수단들을 썼다.

1917년 '개신교연합'(Protestant Alliance)은 영국 총리에게 가톨릭의 최전방 부대 개종활동을 중단하도록 로비했다.[43] 그해 말 복음주의자들은 전쟁 중인 군대들 사이에서 공평한 중재자가 되려는 교황 베네딕토 15세(Benedict XV)의 가식을 거부하고, 너무 얄팍한 평화로 전쟁을 중재하려는 시도를 비난했다.[44] 비슷한 시기에 아일랜드 태생의 멜버른의 가톨릭 대주교 다니엘 매닉스(Daniel Mannix)는 연합군의 대의에 불성실하고 전쟁 노력을 약화한다고 공개적으로 비난을 받았다.

마찬가지로 1918년 웨스트민스터 대주교의 사순절 교지(Lenten Pastoral)가 온 세계를 가톨릭주의에 소환하고 노동과 사회 개혁의 지지자가 되어야 한다고 주장한 것은 가톨릭교의 속셈이 드러난 것이라고 조롱받았다.[45] 전쟁에서 마지막 승리를 얻기가 매우 어려워지자 교황은 반드시 패퇴해야 하는 명단에 마침내 추가되었으며, 평화회의에서 그가 한자리를 차지할 것이라는 전망은 전혀 받아들여지지 않았다. 불안감이 높아지자 복음주의자들은 위험한 경쟁자가 정치적 지위를 강화하고 국제적 영향력을 강화하는 것을 막기 위해 정치적으로 움직였다.

5. 평화

1914년 전쟁 발발 후 거의 모든 복음주의자는 평화를 고대했고, 그것이 어떠해야 하는지에 대해 숙고했다.[46] 전쟁이 결말을 향해 갈수록 두 경

---

[43] 'Roman Catholic Attempts to Proselytize the British Soldiers at the Front,' *C* (22 Feb. 1917), 23.
[44] 'The Vatican and Peace,' *C* (23 Aug. 1917), 9; 'The Pope and Peace,' *C* (30 Aug. 1917), 7-8.
[45] 'Cardinal Bourne's Arrogance. The Roman Catholic Lenten Pastoral,' *C* (21 Feb. 1918), 9.
[46] 예를 들어 W. B. Selbie, 'The Churches, the War and the Future,' *ConsQ* 3.9 (1915), 54-65.

향 모두 깊어졌다. 가능한 한 빨리 전쟁을 끝내고 싶어 하는 복음주의자들은 평화를 위한 평화에 반대했고, 승리를 쟁취하기 위해 치른 희생에 걸맞은 '정의롭고 영구적인 화해'를 내세웠다. 그런 재앙이 다시는 일어나지 않게 하려고, 평화는 주로 독일의 무조건 항복과 무장 해제, 독일 황제(Kaiser)의 추방, 프로이센 군국주의의 종식을 요구해야 했다. 주목할 만한 예외도 있었지만, 독일을 파괴하려는 욕망을 품은 복음주의자들은 상대적으로 거의 없었다.

독일은 전쟁 능력이 억제된 상태로 모든 합법적인 방법으로 발전하고 세계의 복지에 기여하도록 해야 했다. 또한, 1917년 중반부터 복음주의 평화 이상(理想)에는 집단적 안보의 원칙, 국제연맹을 위한 제안, 윌슨 대통령의 평화 원칙 '14개 조'(the Fourteen Points)가 포함되었다. 정의를 실현하고 세계 지배에 대한 비-기독교적 이상을 종식함으로써 이런 조건은 비로소 '주님의 전쟁'(the Lord's War)에 도덕적으로 용납할 만한 종식을 가져올 것이었다.

1918년 11월 11일, 마침내 전쟁이 끝나자 복음주의자들의 반응은 뒤섞였다. 물론 복음주의자들은 드디어 분쟁과 살육이 끝났다는 사실에 안도했다. 그들은 또한 독일의 군국주의와 독재정치가 좌절되고 불신을 받는다는 면에서 그들의 전쟁 목표가 달성되었다는 것에 만족했다. 그들은 자신들이 지키기 위해 분투했던 이상이 지지를 얻는 것을 보면서 자기들이 옳았다는 확신을 크게 얻었다.[47] 전쟁에서의 승리가 전능하신 하나님 덕분이라는 인식이 일반 대중에게 널리 퍼지자 추수감사절이 더욱 고양되었다.

이런 열광은 세계가 1914년 상태로 돌아가지 않을 것이라는 광범위한 인식에서 파생했다. 유럽, 특히 러시아와 독일의 혁명적 동요는 의심할 여지 없이 세계가 유동적인 상태에 있으며 현재 상황이 어디로 이어질지 말

---

[47] 예를 들어 W. P. Wilks, 'The Churches and the Present War,' *RE* 15.2 (1918), 157-171; John B. Harford and Frederick C. MacDonald, *Handley Carr Glyn Moule, Bishop of Durham: A Biography* (London: Hodder & Stoughton, n.d. [1922]), ch. 8.

할 수 없음을 보여 주었다. 미래에 대한 불안이 전쟁으로 인한 인적, 물적 대가에 상응하는 사회질서의 표준을 세우겠다는 결의를 강화했다. 4년간의 '총력전쟁' 후, 평화에 대한 책임감과 미래에 대한 불안감으로 인해 기쁨이 억제되었다.

전쟁이 끝나자 복음주의자들은 그들이 어떻게 살아왔는지에 대해 생각하고 싶어 했다. 전쟁 초기의 이상주의를 넘어선 그들은 자신들이 시험과 폭로의 때를 통과했다는 것을 알 수 있었다.[48] 장부의 한쪽에서 전쟁은 '구원의 날'로 계산되었다. 인간의 실패와 드러난 죄의 결과로 복음주의 회개와 의와 봉사와 친교 개념은 새로운 의미와 특징을 얻은 것처럼 보였다. 사실 이런 신앙과 이상은 전후 세계가 필요로 하는 것과 꼭 같이 보였고, 어느 복음주의자의 입으로 "교회는 오랜 역사에서 가장 위대하고 최고의 기회를 맞고 있다"라고 고백하게 했다.[49]

동시에 복음주의 교회가 전쟁에 대한 반응에 있어서 복음주의자들이 기대했던 것보다 적은 영향을 끼쳤다는 것이 분명했다. 여러 봉사단체에서 목사들과 다른 그리스도인들이 기여한 것이 있어 기뻤지만, 복음주의자들의 분열과 비효율성 때문에 정부는 군대의 사기를 유지하는 그들의 당연한 임무를 교회에 맡기기 꺼렸다. 그들의 메시지에 대해 사람들이 반응하지 않은 것은 사회를 도덕적, 영적으로 이끌 수 있는 영향력과 능력을 지속적으로 잃게 했고, 기독교 복음에 대한 병사들의 오해가 드러난 것은 전쟁 발발 전에 그들의 가르침이 얼마나 비효율적이었는지 드러냈다.

---

[48] 많은 문헌에서, 이 단락과 다음 단락은 다음에 기초했다. Samuel Chadwick, 'God's Judgment Through War,' *C* (25 July 1918), 19; Frederic Spurr, 'Four Years of War,' *C* (1 Aug. 1918), 7–8; 'Our Day of Judgment,' *HomR* 77.1 (Jan. 1919), 31–32; Harry E. Fosdick, *The Church's Message to the Nation* (New York: Association Press, 1919); A. Herbert Gray, *As Tommy Sees Us: A Book for Church Folk* (London: E. Arnold, 1918); Robert Speer, *The Gospel and the New World* (New York: Fleming H. Revell, 1919).

[49] Samuel Zane Batten, 'The Churches and the War,' *RE* 15.2 (1918), 172–196 (quotation on 195).

무엇보다 1918년 말에 복음주의자들 사이에는 정부와 그들을 지지하는 여론의 민족주의 외교정책을 제어할 능력이 없다는 점에서, 전쟁과 그 잔악성에 대해 기꺼이 공정한 책임을 져야 한다는 의식이 있었다. 전쟁으로 인해 세기말 교회의 실패와 약점을 뼈저리게 느꼈기 때문에, 전쟁은 그들의 사회나 독일에 대해서만큼이나 자신들에 대한 하나님의 '심판의 날'이었다.

이런 뒤섞인 반응 속에서 아마도 필연적으로 전쟁은 복음주의 기질에 지속적인 군국주의라는 깊은 특징을 남겼을 것이다. 전시 자원 봉사자들이 보여준 것과 같은 영웅적 자질이 이제 기독교 봉사에 필요하다는 것을 많은 이이 느끼게 되었다. 존 리들리(John Ridley)가 설교자가 되기로 결심한 생각은 제7장에서 언급한 대로다. 종전과 더 나은 세상을 위한 수고를 생각했을 때 '전투 요구'는 SCM을 활성화하는 데 도움이 되었다.[50]

이슬링턴의 교구 성직자(Vicar of Islington)에 따르면 새로운 시대를 최대한 활용하기 위해서는 "남자들이 흉벽을 넘고 가망 없는 목표인 이 미친 사역에 뛰어들 준비를 하게 하는 것"이 필요했다.[51] '미국북부침례교대회'(Northern Baptist Convention)의 반모더니스트 당파가 '근본주의자들을 위해 격론을 벌일' 준비가 되어 있었다는 『워치맨 이그제미너』(*Watchman-Examiner*)의 편집자 커티스 리 로(Curtis Lee Laws)의 인용은 그들이 자신의 임무를 어떻게 생각했는지를 잘 보여 준다.[52] 비록 내용과 대상이 다르지만, 이런 정서는 성취되어야 하는 것에 대한 건설적인 생각을 표현했다. 그러나 이 군국주의적 사고는 또한 추악한 면도 지니고 있었다.

1917년 어느 호주 장로교 목사가, 경주에 참여함으로써 전시의 기쁨을 추구하는 방식이 무엇인지 알고 싶으면 시드니 랜드윅 경주장으로 날아가

---

50 Tissington Tatlow, *The Story of the Student Christian Movement of Great Britain and Ireland* (London: SCM Press, 1933), chs. 32–33.
51 C. J. Proctor, *ICM 1918. After the War '-Renewal'* (London: Record Newspaper Office, 1918), 8–9.
52 George M. Marsden, *Fundamentalism and American Culture: The Shaping of Twentieth-Century Evangelicalism 1870–1925*, rev. ed. (Oxford: Oxford University Press, 2006), 159.

폭탄을 떨어뜨려 군중을 놀라게 해 보면 된다는 캐나다 친구의 말을 옳다고 받아들인 사례가 바로 이런 군국주의적인 차원을 잘 드러냈다.[53] 좋든 나쁘든 전쟁은 복음주의자들이 세상을 바라보는 방식과 그 안에서 어떻게 활동해야 하는지에 영향을 미쳤다.

6. 결론

복음주의자들은 후방에서 그들만의 전쟁을 수행하면서, 내부적인 전쟁의 승리를 위해 필요한 도덕적이고 영적인 전투를 벌였다. 이 전투는 그들의 지역 사회가 잘 준비되어 동맹 제국과의 전쟁에서 승리를 쟁취할 수 있게 하기 위함이었다.

이 목적을 위해 그들은 영적인 힘을 형성하는 데 필요한 신학적, 윤리적 리더십을 공급하려고 노력함으로써, 그 힘으로 전쟁 수행에 대한 헌신을 유지하고, 전쟁이 전망과 인격의 심각한 결함으로 그치지 않게 하려고 했다. 그렇게 함으로써 그들은 자기들의 사회를 전적으로 지지하면서도 그 지배적인 사회적 환경 속에서 머물러 있지 않았다. 그들은 섭리적 질서와 축복의 가치에 걸맞게 경고도 하고, 사회적 환경을 개선하려고 노력도 했다.

비록 복음주의자들이 내적인 전쟁에서 명백하고 결정적으로 승리하지 않았다 해도, 그들의 지도력과 영향력은 그들이 속한 사회에서 동기를 부여하고 사회적 합의를 이루는데 결실을 거두었으므로 어느 정도 '훌륭한 전쟁'을 수행했다고 할 수 있다. 가장 중요한 것은, 이 전쟁이 세계가 복음주의적 기독교로 다시 돌아오게 하는 환경을 조성한 것 같았다는 점이다. 복음주의자들은 이 희망을 품고 전후 시대를 맞았다.

---

53 Linder, *Long Tragedy*, 151.

이런 유익만 준 것 같지만 전쟁은 또한 강력하고 파괴적인 결과를 가져왔다. 외적으로 전쟁의 절박한 요구는 사회생활과 교회생활에 영향을 주었고, 죽음과 상해의 충격은 더 넓은 사회에서만큼이나 복음주의 공동체 내에서도 직면해야 했다. 전쟁은 조직화한 회심주의 활동에 불리하게 작용했고, 20세기 첫 10년의 중대한 시기부터 그 활동은 현저히 감소했다.

또한, 대중적 회심에 대한 전망도 환상으로 드러났고, 전시 부흥에 대한 희망은 점차 흐려졌다. 복음주의자들이 예언적 발언을 했지만 뚜렷한 효과는 없었다. 전쟁 초기의 짧은 순간을 제외하고, 사회는 여전히 쾌락주의에 시달렸고, 복음주의 교훈에 대한 오해와 사회의 종교적 문화로부터의 소외는 군대의 태도에서 증가했다. 불신자들뿐 아니라 다른 전통을 따르는 이들과 영적 갈망을 가진 대중에게도 죄와 구원과 하나님과의 교제에 관한 근본적 메시지를 변호할 필요가 생겼다. 금주 개혁 분야에서는 중요한 진전이 있었지만, 정치적, 사회적 관심의 다른 분야에서는 비슷한 진보가 없었다.

게다가 이 운동은 4년 전이었던 1918년 말과 같지 않았다. 전시의 위급한 사역들이 행동주의를 부각했고, 이제 막 시작된 재건 시대의 상황 역시 필요해 보이는 우선순위였다. 전쟁이 시작될 때 복음주의를 구성하는 세력들 간에 평행을 이루는 뭔가가 있었다면 이제는 더 이상 그렇지 않았다. 전쟁이 복음주의에 남긴 것은 높아진 행동주의와 현저히 약해진 회심주의였다.

제3부
기로에 선 복음주의(1919년-1940년경)
Evangelicalism at the Crossroads

제9장 모더니즘, 자유복음주의, 근본주의
제10장 종교개혁을 기억함
제11장 현대 세계에서 복음주의와 선교
제12장 대반전?

제9장

모더니즘, 자유복음주의, 근본주의
Modernism, Liberal Evangelicalism and Fundamentlism

1919년 초, 전쟁은 분명히 영어권 강대국들에 유리하게 끝났다. 승리는 영국 제국과 미국의 군사적 위업처럼 보였고, 평화와 곧이은 문명 회복을 전망했다. 한 해 동안의 흐름은 그 예상과 아주 달랐다. 윌슨 대통령의 이상적인 14개조(Fourteen Points)보다 국가적 복수심에 더 바탕을 둔 '베르사유 조약'(The Treaty of Versailles)은 독일에 징벌적 준수 조항을 부과함으로써 평화를 위태롭게 했다. 미국 의회는 그 조약 비준을 거부함으로써 국제연맹(League of Nations)을 통한 집단 안보와 새로운 국제 협력의 시대를 위한 노력을 크게 약화했다.

러시아에서 일어난 사건들은 광범위한 산업 불안과 서구의 '적색 공포'(Red Scare)와 함께 세계 혁명의 유령을 매우 현실적으로 보이게 했다. 1920년-1922년 사이에 찾아온 일곱 번의 불경기 또한 세계대전의 승리를 공허하게 느끼게 했다. 고결한 이상주의와 냉철한 실용주의의 긴장 속에서, 정부는 전후 재건이라는 고도로 복잡한 과업을 순조롭고 안정적으로 진행하는 동시에 그들이 전쟁에서 목적한 것들을 달성하려고 했다. 이런

노력은 뒤이은 시대의 기조가 되었다.¹

또한, 복음주의자들도 그들의 정부처럼 평화를 원했다. 재건이 전후 기대의 초점이 되자, 복음주의자들은 교회가(그들이 이해한 대로) 종전을 어떻게 기회로 삼을 수 있는지에 대해 아주 많이 생각했다.² 그들은 "전쟁의 공포와 고통과 유혈 그리고 흔적을 남긴 폭력과 파괴 뒤에 있는 것들을 잊어버리고 앞에 있는 것들, 즉 인간 분투의 긴장을 견뎌낼 새로운 전망과 가능성과 관계의 새 시대로 나아가려는 갈망"으로 정의된 역사의 전환점에 서 있는 것이 분명했다.³

당시의 높은 이상주의를 반영하듯, 복음주의자들은 자신들이 그리스도의 '구속 행위'(redemptive agency)안에서 '의와 평화로 사람들을 개조하고, 사회를 개량하고, 세상을 재건할' 원리와 능력을 갖춘 사람들이라고 굳게 믿고 있었다.⁴ 전쟁은 살아 있는 기독교가 없으면 세상이 어떻게 되는지를 보여주었고, 따라서 그들의 과업과 책임은 '그리스도의 구속 행위'를 전후 사회에 일으킴으로써 기독교 문명의 회복을 이끄는 것이었다. 성공에 대한 기대는 복음주의가 상실한 문화적 권위를 되살릴 것이라는 희망을 주었다.

초기의 낙관주의는 곧 정세의 전환과 대조되었다. 국내 상황이 혼란해지자 전시에 헌신적이었던 태도는 지역적인 이기주의로 돌변했으며, 위태로운 국제 환경은 세계 질서의 근본 문제가 4년간의 전쟁으로 해결되지 않았음을 여실히 증명해 주었다. 이런 예기치 못한 전개로 인한 불확실성 때문에 복음주의자들의 이상주의는 그들이 처한 어려운 현실에 대한 감각으로 주춤하게 되었다. 그러나 그 효과는 복음(복음과 그것을 대표하는 자신

---

1 Adam Tooze, *The Deluge: The Great War and the Remaking of Global Order, 1916–1931* (London: Allen Lane, 2014).
2 예를 들어 *ICM 1919. Evangelicals and the Reports of the Archbishop's Committees: Evangelisation, Teaching, Worship* (London, 1919); Robert Speer, *The New Opportunity of the Church* (New York: Macmillan, 1919).
3 William Jobson, 'The New Age and Its Demand,' *CWP* 95 (22 Jan. 1919), 41–42 (41).
4 W. Williams, 'Divine Reconstruction,' *CWP* 95 (26 Feb. 1919), 101–102 (102).

들)의 중요성에 대한 감각을 전후 세계에 고취하는 것이었다. 영국 '복음주의연맹'(Evangelical Alliance) 사무총장 H. M. 구치(H. M. Gooch)는 많은 동시대인의 기본 신념을 다음과 같이 진술했다.

> 오직 그리스도의 복음의 진실과 교제만이 인간과 국가가 평화를 합당하게 누리게 하며, 이기심과 낮은 이상에 대한 굴복을 자기부인과 공동선(善)에 대한 뜨거운 헌신으로 바꿀 수 있다.[5]

예상보다 훨씬 덜 호의적인 상황에서, 복음이 구현되어야 이상적인 평화가 가능하다는 것을 세계에 납득시키는 것이 중요한 과업이었다.

복음주의자들이 재건이라는 매우 중요한 과업에서 세상을 위해 하기 원했던 것은 위기의 한 단면에 불과했다. "전후 상황은 그들이 과연 주어진 역사적 기회를 감당할 만한 역량이 있는가"라는 의문을 불러일으켰다.

현대 복음주의자들은 자기들의 상태를 성찰했을 때 그들의 교회가 권위 있으려면 효과적일 필요가 있다는 사실을 알게 되었다. 이것이 요구했던 것에 대한 생각은 『군대와 교회 보고서』(Army and Religion Report)로 분명해졌는데, 그 보고서는 "교회가 현실과 동떨어져 있다"라는 것을 간파했다. 이런 발견에 대한 설명 속에는 교회들이 현대 사상과 접촉을 잃었고, '독립적인 삶이나 영적인 메시지'가 부족했으며, "노동자들의 사회 개혁 노력에 공감이 결여되었다"라는 주장이 들어 있었다.[6] 무엇보다 그들은 더 이상 널리 인정되거나 문제시되지 않는 차이들로 인한 불일치로 약화했다.

5　'Peace and Its Issues,' *EC* (July–Aug. 1919), 85.
6　D. S. Cairns (ed.), *The Army and Religion: An Enquiry and Its Bearing upon the Religious Life of the Nation* (London: Macmillan, 1919), 특히, 187에 요약된 것.

복음주의의 미래가 분명히 위기에 처하면서, 이런 결함들을 수정해 현실성과 효율성을 입증하는 것이 복음주의 재건 프로젝트의 성공 조건으로 등장했다.

전후 세계에서 이 운동이 제자리를 잡지 못할 것이라는 불안이 심지어 전쟁이 끝나기도 전에 영국 침례교도 J. H. 셰익스피어(J. H. Shakespeare)에 의해 표출되었다.[7]

그는 1918년에 교회가 내부 분열 때문에 갈림길에 서 있다고 선언했다. 그 결함 때문에 복음주의가 갈림길에 놓였다는 생각은 전쟁이 끝난 후에도 계속 울려 퍼졌다.[8]

제1차 세계대전 이후 시대는 복음주의자들이 1918-1919년에 기대했던 대로 되지 않았다. 1920년대 중반 영국을 제외한 거의 다른 모든 지역에 호경기가 돌아오면서 한동안 위험했던 정치, 경제적 환경이 개선되었다. 그리고 국제연맹의 초기 성공(미국을 참여시키는 데는 실패했지만)과 '로카르노 조약'(The Locarno Pacts, 1925)과 '켈로그-브리앙조약'(The Kellogg-Briand Pacts, 1928)의 타결로 국제적 집단 안보 체제가 구축되면서 영구적 평화 협정이 확보될 것처럼 보였다.

그러나 복음주의자들은 대중적이고 세속적인 문화의 발전으로 사회가 문명의 기반인 기독교로 돌아오지 않았다는 것이 분명해짐에 따라 '광란의 20년대'(the roaring twenties)라는 낙관주의에 편승하지 않았다. 대중이 새로운 여가의 즐거움에 빠져 있는 동안 버트런드 러셀(Bertrand Russell), 줄리안 헉슬리(Julian Huxley), H. L. 멘컨(H. L. Mencken) 같은 사상가들은 기독교에 냉소적 비판을 가했다. 점점 더 세속적인 질서와 부닥치면서 알게 된

---

7   J. H. Shakespeare, *The Churches at the Cross Roads* (London: Williams & Norgate, 1918).
8   예를 들어 E. Y. Mullins, *Christianity at the Cross Roads* (New York: George H. Doran, 1924); L. Elliott-Binns, 'Evangelicalism and the Twentieth Century,' in G. L. H. Harvey (ed.), *The Church and the Twentieth Century* (London: Macmillan, 1936), 347-390, 특히, 354-355.

무력함은 복음주의 안에 미국의 상황에서 '신앙적 불황기'(1925년-1935년)로 표현했던 불안을 초래했다.⁹

1920년대 후반 침울하고 떨어진 사기는 20년대 말에 대공황의 엄습과, 노골적으로 불경스러운 러시아와, 새로운 이교주의 독일과, 이탈리아의 가톨릭주의가 동맹한 전체주의 국가의 출현과, 1939년에 마침내 발발한 전쟁으로 기우는 추세와 뒤섞였다. 추락한 문화적 권위를 되돌려 보겠다고 이 비수용적이고 점점 위협적인 상황에 참여하려 했던 복음주의자들의 시도는 양차대전 사이에 그들이 겪은 경험의 틀이 되었다.

1. 모더니즘과 진보적 복음주의

복음주의자들이 전후 시대로 진입하면서, 재건 프로젝트에서 그들이 내세운 역할로 여겨지는 것은 그들의 신앙 체계와 가르침이었다. 당시 교리의 중요성은 영국 메소디스트 J. 스코트 리젯(J. Scott Lidgett)에 의해 명시되었다. 교리는 이상의 거처다, 또는 거처여야 한다. 또한, 교리는 재건을 이끌 원칙을 제공해야 한다. 이 기능은 교리의 본질에 내재해 있었다. 교리는 우주의 본질과 구조를 계시한다. 교리는 미래에 대해 예언적이다.

또한, 미래는 교리가 얼마나 효과적인지에 따라 결정되었다. 형성되고 받아들여질 때, (교리는) 나름의 힘을 갖는다. 교리는 정신적인 전망의 일부가 되었으며, 사람들은 교리가 만들어낸 기질을 가지고 자신이 속한 기관들을 다루었다.¹⁰ 교리의 기능에 대한 이런 관점이 유행하게 된 것은 진

---

9   R. T. Handy, 'The American Religious Depression, 1925-1935,' *CH* 29 (Mar. 1960), 3-16.

10 J. Scott Lidgett, 'Christian Doctrine Restated: For Times of Reconstruction' *C* (27 Mar. 1919), 13; (10 Apr. 1919), 10; (8 May 1919), 12; (22 May 1919), 13; (5 June 1919), 20; (19 June 1919), 14; (3 July 1919), 12; (17 July 1919), 12; (31 July 1919), 11. Quotations from (27 Mar.), 13 and (31 July), 11.

보적인 신학자 스콧 리젯의 입장이 보수 신문 「더 그리스도인」(*The Christian*)의 지면에 발표되면서부터다. 이런 사상에 기초해 1919년 복음주의자들은 대체로 새로운 세계 질서로서 회복된 기독교 문명의 신학적 토대를 제공하려고 노력했다.

그와 동시에 교리를 현대 사상과 삶 전반에 연결하지 못한 결과는 잘 이해되었다. 토론토 녹스대학(Knox College)의 T. B. 킬패트릭(T. B. Kilpatrick)이 전후 세계에서 유효성의 조건이라고 명명한 것은 복음주의 전통의 여러 영역 중에서 단연 신학분야에 가장 잘 적용되었다.

> 만약 교회가 세계 경영의 어떤 영역에서 철수하거나 비어 있는 분야에서 그것을 기대하는 모험을 거부한다면 교회는 틀림없이 무력해질 것이며 보전하려던 에너지를 잃어버릴 것이라고 예상할 수 있다. 교회의 전망은 더 넓고, 그 정책은 더 대담하고, 그 노력은 더 영웅적이며, 세상에 미치는 그 영향은 더 위대할 것이며, 그리스도의 부요함 안에서 그 분깃은 더 클 것이다.[11]

그러나 복음주의자들이 지역 사회에서 영적 도덕적 기초를 세우는 데 있어서 자신들의 위상을 확립하려고 할 때, 그 시대의 주요 난관에 직면했던 문제가 있었다.

첫 번째 문제는 신학이었다.

다양성으로 인한 분열은 더 이상 복음주의적 가르침에 대한 폭넓은 합의가 없다는 것을 의미했다. 그 후 몇 년간, 그 시대에 필요한 신학을 제공하려는 여러 시도는 회복된 기독교 문명의 궁극적 목표를 달성하는 데 실

---

11 T. B. Kilpatrick, 'The Church of the Twentieth Century' *ConsQ* 7.27 (Sept. 1919), 432-433.

패했을 뿐만 아니라, 복음주의를 더 다양화했고, 그 분열을 심화했다.

개신교 내에서, 전후 세계의 규범적 기독교를 결정하려는 복음주의자들의 야심에 최초의 지적 도전은 신학적 모더니즘(theological modernism)에서 비롯되었다.[12] 모더니즘의 낙관주의는 다소 억제되기는 했어도 재갈이 물린 것이 아니었으므로, 전쟁 이후 놀랍게도 기세가 등등했다. 모더니즘에 속한 저자들—그들 중 최고는 뉴질랜드 조국을 떠난 H. D. A. 메이저(H. D. A. Major)와 미국인 쉐일러 매튜스(Shailer Mathews)였다—은 기독교의 주장을 표면적으로는 현대 세계와 발맞추게 함으로써 신학적 의제를 설정하려고 했다.

「모던 처치맨」(The Modern Churchman)과 「크리스천 센츄리」(The Christian Century) 등의 저널들과 '성직자연합'(Churchmen's Union) 등의 대회들은[13] 자유로운 탐구 방법으로만이 아니라 문화적 중심성에 관한 주장으로서도 최신의 과학적 발견 및 현대 정신과 신학의 화해를 제시했다. 신학적 모더니즘은 비록 반세기 동안 줄곧 발전해 왔지만, 전쟁 직후 몇 년 만에 그 야망과 영향력의 정점에 도달했다. 되살아난 가톨릭 신앙과 함께 모더니즘은 현대 복음주의자들에게 그 시대의 두 가지 주된 도전 중 하나였다.

모더니즘은 인식된 신학적 결점 외에도, 양차대전 사이 복음주의자들에게 두 가지 문제를 더 일으켰다. 하나는 그들의 성공이었다. 모더니스트들은 전통적 교회와 선교 현장 모두에서 점점 더 힘 있는 자리를 차지했고 폭넓은 영향력을 행사했다. 모더니스트들의 개혁 프로그램은 또한 복음주의를 상당히 시대에 뒤떨어진 것처럼 보이게 만들었고, 초자연주의를 고집하는 유별난 것으로 만들었다. 그들의 프로그램은 현대 과학의 엄청난 성취를 통합하고 기독교적 종합을 익혀가면서, 반동주의자가 되지 않고 정통이 되는 방법에 대해 날카롭게 도전했다.

---

12 Kathryn Lofton, 'The Methodology of the Modernists: Process in American Protestantism,' *CH* 75.2 (2006), 374-402.
13 1928년 Modern Churchmen's Union에서.

여기에 반대하는 것은 현대적 인간의 상식적 사고를 거부하는 것으로 생각되었다. 다른 보수적인 그리스도인들과 함께 모더니스트-반동주의자 이분법에 직면한 복음주의자들은 잘못된 편에 있는 것처럼 보였다. 전후 세계에서 교회적이고 지성적인 조건들은 문화적 권위의 복음주의적 회복을 막는 듯했다.

두 번째 문제는 모더니스트들의 활발한 개종이었다. 대체로 그들은 전통적 신앙에서 새로운 진리로의 이동을 회심 체험으로 제시하고 개종자 만들기를 시작했다.[14] 복음주의 변증가들은―J. 그레샴 메이첸(J. Gresham Machen)이 가장 유명함―대체로 성공적으로 모더니즘과 씨름했다.[15]

그런 변증가들의 노력에도 모더니스트들은 복음주의 교회 안에 등장했다. 그들의 좀먹는 영향력은 '요크셔유나이티드 인디펜던트칼리지'(Yorkshire United Independent College at Bradford, 1919-1933) 신약학 교수와 옥스퍼드 맨스필드대학(Mansfield College, Oxford, 1933-1947) 교회사 분과 맥키널 교수(Mackennal Professor)를 지낸 회중교회의 세실 C. J. 카두(C. J. Cadoux)의 이력에 아주 분명히 나타났다.

1920년대 내내 카두가 연구를 진행하면서 기독교 신앙에 대해 현대적 지식의 용어로 재진술을 쏟아내자, 브래드포드의 학장은 그가 '복음주의 신앙'을 내던질 지경에 이르렀다고 경고했다. 『복음주의 모더니즘의 사례』(*The Case for Evangelical Modernism*)에서 지성적 진리 탐구를 옹호한 카두의 답변은 그 부정성에 대해 상당한 비판을 불러일으켰다.[16] 카두에 대한 반

---

14 Robert D. Linder, 'Apostle to the Australians: The Rev. Dr Samuel Angus in Australia, 1915-1943,' in Geoffrey R. Treloar (ed.), *The Furtherance of Religious Beliefs: Essays on the History of Theological Education in Australia* (Sydney: Centre for the Study of Australian Christianity and the Evangelical History Association of Australia, 1997), 156-179.

15 J. Gresham Machen, *Christianity and Liberalism* (New York: Macmillan, 1923).

16 Cecil J. Cadoux, *The Case for Evangelical Modernism: A Study of the Relation Between Christian Faith and Traditional Theology* (London: Hodder & Stoughton, 1938).

응은 복음주의 운동 내에서 모더니즘이 억지로 받아들여졌음을 나타냈다. 양차대전 사이 여러 해 동안 모더니즘은, 그레샴 메이첸이 더 이상 기독교가 아니라 새로운 종교일 뿐이라고 주장했듯이, 비판의 대상으로 그리고 복음주의 신앙에 대한 도전으로 남았다.

아마도 카두가 극단적인 경우였기는 하지만, 그의 사례는 양차대전 사이 복음주의 안에 중요한 발전이 있었음을 보여 준다. 무시할 수 없는 모더니즘의 도전은 진보적 복음주의자들이 훨씬 더 큰소리를 낼 수 있게 해 주었다. 그들은 수많은 연설과 설교에서 현재의 사상과 문화의 빛 안에서 신학을 재진술하는 것이 옳다고 단언했다.[17] 새로운 지적 발견이 오직 그리스도의 교훈과 인격 안에서 이미 주어진 것을 밝혀냈다는 점에서 신적 계시를 진보적인 것으로 이해했을 뿐이라는 것이 그들의 근거였다.

이런 토대 위에서 새로운 성경신학은 수용될 수 있었고, 속죄의 본질은 그리스도의 도덕적 모범만으로 재해석되었고, 교회생활의 새로운 발전은 복음주의와 복음주의 활동에 대한 헌신을 잃지 않은 채 환영받았다. 침체한 정통주의와 무책임한 모더니즘 사이에서 방향을 잡으려는 그런 관점은, 진보적 복음주의자들이 정통주의의 본질을 유지하고 전통과 일치한다고 주장하면서 복음주의 언어와 범주들에 대해 비판적일 수 있게 했다. 그렇게 함으로써 그들은 그 운동에 역사적으로 근거가 있는 선택지를 제공했고, 또한 복음주의를 현대 생활에 적응하게 하겠다는 약속을 지켰다.[18]

이 '커밍아웃'(coming out)은 조직적으로 영국 메소디스트 교회와 국교회 사이에서 가장 뚜렷했다. 이 행렬에서 일어난 전후 최초의 소란은 지난 10년 동안 형태를 갖추어 활동하던 한 단체로부터 '메소디스트왕국협

---

17 예를 들어 J. D. Jones, 'The Doctrine of Development,' *ICC 1920*, 59-66.
18 Vernon F. Storr, *Spiritual Liberty: A Study of Liberal Evangelicalism* (London: SCM Press, 1934), is the classic statement of interwar liberal evangelicalism.

회'(Methodist Fellowship of the Kingdom)가 1919년에 조직된 것이었다.[19] 그 협회의 선언문은 현재에 적응하려는 열망과 함께 역사적 복음주의와의 연속성을 밝혔다. 비록 영적 체험과 복음주의를 우선시했지만 그 시대에 합당한 새로운 길을 찾으려는 관심에도 신학적 요소가 있었다.

그것의 또 다른 노력에 영향을 미친 계몽된 학문은 케임브리지 웨슬리하우스(Wesley House)의 'R. 뉴튼 플루'(R. Newton Flew) 수도회 사람들에 의해 제공되었다.[20] 더 명백하게 신학적인 것은 1923년 '국교회복음주의그룹 운동'(Anglican Evangelical Group Movement, AEGM)을 조직한 '그룹형제회운동'(Group Brotherhood Movement)의 국교회 신자들이었다. 그들은 복음주의의 근본적인 영적 진리와 연속성을 주장했지만, 또한 현대 언어와 사고 형식으로 표현할 필요를 인식했다.[21] 합리적 용어로 신앙을 재 진술하려는 열망은 모더니즘에 대한 공감을 보여 주었다.

그러나 그 당시 이슈를 결정하는 데 있어서 복음주의자들의 목소리가 묻히지 않게 하려면 '현대성직자연합'(Modern Churchmen's Union)과 '앵글로-가톨릭영국교회연합'(Anglo-Catholic English Church Union)같이 국교회 내에서 잘 조직된 유명한 다른 그룹과의 선명한 차별화가 필요했다. 비록 마지못해 시작했지만, 일반에 공개한 것은 성공적이었다. 회원 수는 222명(1921년)에서 1,500명(1939년)으로 급격히 늘었고, 그룹의 영향력은 한 관찰자가 언급했듯이 적어도 진보적 복음주의자들이(좀 과장해서) '교회에서 가장 중요한 단체'로 여겨지는 수준까지 이르렀다.[22]

---

19 Ian M. Randall, *Evangelical Experiences: A Study in the Spirituality of English Evangelicalism 1918-1939* (Carlisle: Paternoster Press, 1999), ch. 5.
20 Gordon S. Wakefield, *Robert Newton Flew, 1886-1962* (London: Epworth Press, 1971), 5장.
21 T. Guy Rogers (ed.), *Liberal Evangelicalism: An Interpretation by Members of the Church of England* (London: Hodder & Stoughton, 1923), v-viii, 27, 28, 76-79, 287-288, 293-295; *Liberal Evangelicalism: Pamphlets*, 2 vols. (London: Hodder & Stoughton, n.d. [1923]).
22 저자를 알 수 없는 책. *The Looking-Glass of Lambeth* (1928). 인용은 다음 책 68에서 하였

호주, 캐나다, 미국에서 그룹 형성은 '국교회연합'(Anglican Communion) 전체의 공통된 열망을 증명하는 것이었다. 일부 교구에서 진보적 복음주의자들의 관점은 1930년에 이르러 우세하게 되었다.[23]

또한, 덜 형식적으로 조직된 다른 그룹과 네트워크의 활동도 복음주의 운동 전체에서 진보적인 영향력을 확립했다. 전쟁 전에 확장 충동을 느낀 많은 사람은 "널리 인정된 성경 비평, 해석, 역사, 신학의 결과를 전문적인 표현이 없는 단순한 형태로 독자들에게 제시"하는 피크(Peake)의 「성경주석」(Commentary on the Bible)의 지면을 통해 전후 현장에 목소리를 냈다.[24] 그리고 신적 계시와 인간의 과학적, 철학적, 문학적 발견의 상보성을 입증하기 원했던 사람들이 그들을 따랐다.

H. R. 맥킨토시(H. R. Mackintosh)와 존 베일리와 도널드 베일리(John and Donald Baillie)를 포함한 여러 장로교 신학자들은 전쟁 전에 조지 애덤 스미스(George Adam Smith)와 제임스 덴니(James Denney)의 방식으로 신앙과 문화의 관계를 계속 연구했다. 한편 미국에서 끈질기게 개혁을 외치던 해리 E. 포스딕(Harry E. Fosdick)과 YMCA와 '학생자원 운동'(SVM, Student Volunteer Movement) 출신의 사람들은 진보적 복음주의 견해를 점점 더 많이 발표했다.[25]

음. Martin Wellings, 'The Anglican Evangelical Group Movement,' in Andrew Atherstone and John Maiden (eds.), *Evangelicalism and the Church of England in the Twentieth Century: Reform, Resistance and Renewal* (Woodbridge: Boydell Press, 2014), 68–88.

23 William H. Katerberg, *Modernity and the Dilemma of North American Anglican Identities, 1880-1950* (Montreal: McGill-Queen's University Press, 2001), 136, 149; D. Hilliard, 'Intellectual Life in the Diocese of Melbourne,' in Brian Porter (ed.), *Melbourne Anglicans: The Diocese of Melbourne 1847–1997* (Melbourne: Mitre Books, 1997), 27–48, 특히, 35-38.

24 A. S. Peake (ed.), *A Commentary on the Bible* (London: Thomas Nelson, 1919), 11(xi)장.

25 Alec C. Cheyne, 'The Baillie Brothers: A Biographical Introduction,' in David Fergusson (ed.), *Christ, Church and Society: Essays on John Baillie and Donald Baillie* (Edinburgh: T. & T. Clark, 1993), 3–37; Matthew Bowman, *The Urban Pulpit: New York City and the Fate of Liberal Evangelicalism* (New York: Oxford University Press, 2014), ch. 8; Heather A. Warren, *Theologians of a New World Order: Reinhold Niebuhr and the Christian Realists 1920-1948* (New York: Oxford University Press, 1997).

이런 견해에 찬성하는 사람들은 기독교와 문화의 관계를 탐구하기 위해 「계간회중주의」(*The Congregational Quarterly*)와 「캐나다신앙사상」(*The Canadian Journal of Religious Thought*) 등과 같은 새로운 기관지를 창간했다. 그런 네트워크는 물려받은 전통을 재진술함으로써 신학에 접근하는 법을 보여준 것인데, 이런 재진술은 재건 시대에 복음주의 내에서 점차 나아질 수 있는 점진적인 훈련과도 같은 것이었다. 그들의 수가 얼마나 많았는지 말하기는 어렵지만, 양차대전 사이 운동에 직면하여 개방적이고 진보적인 신앙을 주장하던 진보적인 복음주의자들이 널리 퍼져 있었다.

복음주의자들은 자신들의 관점을 발전시키면서 전환기에 가장 유명한 복음주의 대표자들로 부상했다.[26] 그들의 진로는 결코 평탄하지 않았다. 다른 복음주의자들은 진보적 복음주의 사상의 뉘앙스를 항상 이해하지 못한 채 복음주의 전통의 연속성만을 주장했으며, 진보적 복음주의자들을 모더니스트로 분류했다. 틀림없이 그들의 신학은 "복음주의보다 더 진보적이며" 모호하고 혼란스럽다고 크게 비난받았다.[27]

피크의 『성경주석』은 복음주의자들이 고등 비평을 얼마나 받아들일 수 있는지를 두고 여전히 씨름하고 있던 1920년 초에 특별한 발화점이었다.[28] 다른 복음주의자들의 태도는 진보적 복음주의 내부의 더 깊은 이슈들이 무엇인지 보여 주었다. 국교회 가운데 일부는 AEGM과 현대성직자연합 모두의 회원이었는데, 진보적 복음주의와 모더니즘의 경계는 모호

---

26 A. E. Snashall, 'A Reasonable Evangelicalism,' *CQ* 8.2 (1930), 137–151; numerous addresses in *ICC 1930*; The Liberal Evangelical, the periodical of the AEGM; and the Methodist *LQHR* .
27 Wellings, 'Anglican Evangelical Group Movement,' 81.
28 예를 들어 W. H. Fitchett, *Where the Higher Criticism Fails* (London: Epworth Press, 1922); Robert D. Linder, 'William Henry Fitchett (1841–1928): Forgotten Methodist "Tall Poppy",' in Geoffrey R. Treloar and Robert D. Linder (eds.), *Making History for God: Essays on Evangelicalism, Revival and Mission in Honour of Stuart Piggin* (Sydney: Robert Menzies College, 2004), 197–238, 특히, 214–221.

했다.²⁹ 수용의 한계가 불분명한 가운데, 가장 주된 문제는 사실 복음주의 및 그 명백한 초자연주의와 연관된 채로 남아 있었다. 일관성의 문제가 밀접한 관련이 있다. 얼마나 많은 것을 자유주의 앞에 굴복시켰을 때 그것을 복음주의적인 표현이라고 할 수 없게 되는 것이었는가?

이 혼란이 불거진 것은 저명한 수학자이자 '왕립협회 특별회원'(a Fellow of the Royal Society)이며 1924년부터 버밍엄의 국교회 주교였던 어니스트 반즈(E. W. Barnes)의 주장에 의해서였다. 비록 많은 이이 그를 터무니없는 모더니스트로 간주하지만, 반즈 자신은 진보적 복음주의자로서의 자기 정체성을 포기한 적이 없다.³⁰ 양차대전 사이 진보적 복음주의자들과 현대성 및 모더니즘과의 관계는 결코 완벽히 선명하지 않다.

이런 어려움에도 진보적 복음주의는 전반적으로 복음주의 운동에 중요했다. 전쟁 전에 확장 충동을 느낀 사람들에게 그것은 모더니즘에 덜 환원되는 대안을 제공했다. 복음주의자들이 많은 전선에서 수세에 몰렸던 시기에, 모더니즘은 에큐메니칼 사상이 발전하던 시대에 복음주의가 당대의 삶과 사상 그리고 다른 그리스도인들을 이해할 수 있는 수단을 제공했다. 모더니즘은 변화하는 시대와 환경에 적응할 필요성을 인정하는 창조적인 힘이었다.

미국에서 진보주의는 미국 내 감독교회 안에서 복음주의의 부흥에 이바지했다.³¹ 개별적으로 복음주의자들은 진보주의를 여러 면에서 매력적인 선택이라고 생각했다. 미국 진보주의가 영입한 스타는 '웨스트민스터사원의 참사회의원'(Canon of Westminster Abbey)이자 기성 신학자인 베론 페이스

---

29 그 경계는 다음 책에서 논의되었다. M. G. Glazebrook, 'An Eirenicon to Evangelicals,' *MC* 11.7 (Oct. 1921), 373-377; and C. W. Emmet, 'Relations Between Evangelicals and Broad Churchmen,' ibid, 389-396.

30 John Barnes, *Ahead of His Age: Bishop Barnes of Birmingham* (London: Collins, 1979), 132-134, 175-176, 186-187, 296.

31 E. Clowes Chorley, *Men and Movements in the American Episcopal Church* (New York: Charles Scribner's Sons, 1946), ch. 15.

풀 스톨(Vernon Faithfull Storr)이었을 것이다. 그는 진보적 신학을 발전시킬 자유의 가능성에 이끌렸다.³² 한때 '철저한 모더니스트'였던 영국 회중교회의 D. R. 데이비스(D. R. Davies)는 1926년 영국 총파업(the General Strike) 이후 사회, 정치 문제를 직접 연구한 지 십 년 만에 진보적 복음주의 안에서 정통주의 신앙과 사역으로 돌아갈 통로를 발견했다.³³

미국 감독교회 칼 그래머(Carl Grammer)는 자신이 가르쳤던 복음주의를 포기했었는데, 모더니즘이 그 운동과 다시 연결할 토대를 마련해 주었다.³⁴ 유망한 사람들에게는 모더니즘이 그들에게 현대인(modern men)으로서 복음주의 내에 남아있게 해 주는 틀이 될 수 있었다. 진보주의의 자유 속에서 길러진 다음 세대 지도자 중에는 선교사 정치인 맥스 워렌(Max Warren), 역사가 스티븐 닐(Stephen Neill)같이 거의 모든 복음주의자에게 존경받는 사상가들이 있었다.³⁵ 전환기에 진보적 복음주의자들은 전통과 문화 사이의 '인식의 협상'(cognitive bargaining)을 허용하는 하부문화를 유지했으며, 결국 복음주의 운동 내에 많은 것을 지켜냈다.

2. 근본주의

모든 복음주의자가 현대 사상과 교섭하려 했던 것은 아니다. 전후에 복음주의 스펙트럼의 반대편에서는 근본주의가 현대적 견해에 대응하며 등장했다. 근본주의는 모더니즘에 노골적으로 반대하는 신학적 관점과 사회

---

32 G. H. Harris, *Vernon Faithfull Storr: A Memoir* (London: SPCK, 1943), 특히, 7장.
33 D. R. Davies, *In Search of Myself: The Autobiography of D. R. Davies* (London: Geoffrey Bles, 1961), esp. 64–65; *On to Orthodoxy* (London: Hodder & Stoughton, 1939).
34 Katerberg, *Modernity*, 8장.
35 Max Warren, *Crowded Canvas: Some Experiences of a Life-Time* (London: Hodder & Stoughton, 1974); Stephen Neill, *God's Apprentice: The Autobiography of Stephen Neill*, ed. E. M. Jackson (London: Hodder & Stoughton, 1991).

적 태도가 뭉쳐져서 만들어진 공격적인 마음의 습관으로 작용했다.[36] 그 당시 한 사람은, 그 용어가 정의되기 어렵다는 것을 인정하면서도, 근본주의의 저항적인 속성을 다음과 같이 지적했다.

근본주의는 합리주의, 진보주의, 모더니즘과 정반대다. 그것은 '이단성'(heterodoxy)에 반대하는 '정통성'(orthodoxy)을 의미하며, 당시의 종교적 변덕에 대항하고 기독교 신앙의 공통된 복음주의 조항을 지지한다. 근본주의는 인간의 이성이 아니라 믿음의 원천인 성경에 희망을 건다.[37]

진보적 복음주의자들이 전통과 현대성의 종합을 시도했지만, 근본주의자들은 그들이 추구하는 복음주의 전통에 현대성을 종속시킴으로써 통제하고자 했다.

신학적으로 근본주의자들은 모더니스트들로부터 공격을 받는 것 같던 전통적 개신교 신앙을 고수했다. 여기에는 대체로 성경 권위에 대한 높은 관점, 사실적 역사를 강조하는 해석학, 기적의 실재, 동정녀의 출산, 전천년적주의식의 재림 기대가 포함되었다. 성경에 대한 평가와는 별개로, 이 요소 중 어느 것도 반드시 근본주의 신앙 체계의 일부이거나 그것에 고유한 것은 아니었지만, 모두 널리 퍼져 있었다.

그 모두가 전쟁 전 근본주의 충동의 일부였고, 새로운 것도 아니었다. 사도적 기독교로 알려진 "성도에게 단번에 주신 믿음의 도"(유 1:3)와 같은 유의 신앙의 경향은 사실 이전 세기를 가로지르며 형성된 부흥 운동가들의 복음주의 표현이었다. 진보적 복음주의자들에게 모더니즘과의 경계는 점점 더 구멍투성이 되었지만, 근본주의자들에게 그 경계는 그들을 배도에 빠지게 할 자들에 대한 보호막으로 세워졌다.

이런 신학적 생각들을 결집하는 새로운 요소는 사회적이었다. 다른 복음주의자들이 1918년 이후 '평시 상태'(normalcy)에 적응하려고 동시대 사

---

36 Harriet Harris, *Fundamentalism and Evangelicals* (Oxford: Clarendon Press, 1998).
37 저자 불명. 'The Review,' *BR* 8 (1923), 590.

람들과 접촉했지만 근본주의자들은 여전히 전쟁 중이었다. 재건 시대에 근본주의자들의 신앙 체계는 정치적, 사회적 질서에 바르게 기초함으로써 유지되었다. 가짜 기독교의 제안자로 여겨진 모더니스트들은 이런 열망을 실현하는데 주요 장애물이었다. 근본주의자들은 모더니즘을 정의하는 데 있어서 그렇게 차별적이지 않았다.

다른 개신교도(다른 복음주의자를 포함해)와 공유하지 않는 범위만큼, 그들도 다른 이들을 그렇게 배척했다. 근본주의는 물려받은 정통성을 포기하는 것을 일치단결해 반대한다는 점에서 새로웠다. 근본주의는 반대의 이데올로기로 명확해졌고, 기독교와 현대 사회의 일반적인 다른 표현만큼이나 복음주의 내에서 동시대의 경향에 반하는 것이었다.

근본주의는 미국에서 확실히 중요한 운동으로 등장했다.[38] 1919년 5월 필라델피아에서 육천 명의 사람이 모더니즘의 '대배교'(the Great Apostasy)에 대항하는 신앙 투쟁을 위해 '세계기독교근본주의협회'(World's Christian Fundamentals Association)를 결성했다.[39] 결코 특별하게 강력한 조직이 아니었지만, 그 창설은 전투의 시작을 알렸다. 그 싸움은 '모더니스트 타협자들'이 주도권을 잡은 것처럼 보이는 주류 교파 내에서 가장 격렬했다. 특히 북미 침례교와 장로교에서 전투적인 이들의 불관용에 의해 밀려난 온건파가 진보파와 결합함으로써 근본주의의 패색이 짙어지자, 교파를 지키려는 싸움은 1920년대 중반까지 사나웠다.

그동안 근본주의 열광파는 남부의 비주류 소규모 교회를 상대로 다툼을 벌였다. 이런 위치에서 그것은 잘 확립된 보수적 개신교 하위문화가 되었지만, 테네시 고등학교에서 진화를 가르친 존 T. 스콥스(John T. Scopes)의

---

[38] 많은 문헌에서 George Marsden, *Fundamentalism and American Culture: The Shaping of Twentieth-Century Evangelicalism 1870–1925*, rev. ed. (Oxford: Oxford University Press, 2006), pt. 3이 기초가 된다.

[39] Joel A. Carpenter (ed.), *God Hath Spoken: Twenty-Five Addresses Delivered at the World Conference on Christian Fundamentals May 25–June 1, 1919* (New York: Garland Publishing, 1988).

재판, 텍사스 침례교의 J. 프랭크 노리스(J. Frank Norris)의 살인 재판 같은 일련의 난처한 사건들 탓에 근본주의는 오명을 쓰게 되었고, 시대착오적이고 반계몽적인 것으로 널리 보이게 되었다.

1930년까지 미국은 대체로 회복된 기독교 문명에 대한 근본주의 시각을 거부해온 것이 분명했다. 그러나 근본주의가 분열된 채로 그리고, 드러난 바와 같이, 미국 복음주의 안에서 영구적 세력으로 확립되었다는 것도 역시 분명했다.

널리 공유된 전천년주의에도(그것은 그들을 사회에 무관심하게 만들 수밖에 없었다.), 미국 근본주의자들은 전체 기독교 문명이 전후 세계에서 위기에 처했다는 인식에 자극을 받았다.[40] 그들은 신학적 모더니즘을 미국적 삶의 핵심에 자리한 기독교에 대한 위협이라고 비난했다. 만일 모더니즘이 승리한다면 사회의 도덕적 기반이 무너질 것 같았다. 이런 두려움은 세계 기독교의 미래도 위기에 처했다는 유사한 불안에 의해 더 심해졌다.

전쟁 전 세계 복음화의 리더로서 미국의 역할은 미국 기독교의 성격을 형성했다. 이것은 선교지에서 일어나고 있는 일에 대한 염려가 그 시기의 레토릭의 일부였기 때문이다. 전쟁 직후 상황, 즉 '적색 공포'와 이민자 쇄도는 외부에서 들어온 '타인'에 의해 조성된 위협감을 지속시켰고, 전투적 정신을 존속하게 했다. 신학적 모더니즘과 볼셰비즘(Bolshevism)의 연결은 미국 문화를 지키기 위해 십자군을 이끌 근본주의자들의 필요성을 보여 주었다.

복음주의 세계의 다른 부분에서도 근본주의는 전쟁 전의 근본주의자들의 충동으로부터 구체화했다. 캐나다에 인접한 롤랜드 빙햄(Roland Bingham), 오스왈드 스미스(Oswald Smith), P. W. 필폿(P. W. Philpott), 특히 T. T. 쉴즈(T. T. Shields) 같은 지도자들은 흩어진 (그러나 서로 조율되지 않은) 근본주의 활동의

---

[40] George Marsden, 'Fundamentalism as an American Phenomenon,' *CH* 46.2 (1977), 215–232.

선두에 서 있었다.[41] 그들이 미국 근본주의자들과 광범위하게 교류했지만, 그것이 단순히 국경 남쪽의 발전에 대한 반사작용은 아니었다.

이 근본주의자들은 자신이 접해 있는 사회에 개별적으로 속해 있는 것이 중요했기 때문에, 그들이 캐나다 개신교에 미친 영향은 제한적이었다. 미국이 훨씬 더 수용적이므로, 캐나다 근본주의자들이 대안적 세력 기반과 많은 추종자를 얻기 위해 남쪽을 찾는 일이 많았다. 이렇게 남쪽으로 향하던 성향은 그들의 약점을 드러내는 것이었다. 미래를 덜 걱정했던 캐나다 그리스도인은 대체로 미국 근본주의자의 관심을 공유하지 않았다. 캐나다 복음주의 안에 근본주의자가 존재하고 있었지만, 문화적으로 중요한 세력은 아니었다.

미국의 경험보다는 캐나다의 경험이 복음주의 세계에서 대체로 근본주의 위치를 더 잘 대변했다. 모더니즘의 위협에 대한 우려에 빠진 영국과 영연방에서는 근본주의 정치인들이 전후에 급속히 등장해서 자신들의 입장을 선전할 기관들을 만들었다. 성경 시위와 항의 집회가 열렸다. 성경 변호를 위한 조직과 회의가 창설되었다. 간행물들은 모더니즘에 대한 근본주의자들의 비판과 뜻을 전달했다.

그들의 공격은 반대파와 더 온건한 복음주의자들 모두에게로 향했다. 하지만 비-미국인 근본주의자들은 일반적으로 더 온건하고 덜 자만했다. 그들의 영향력을 결코 무시할 수 없었지만, 그들의 조직 중 어느 곳도 커지지 않았고, 그들은 어떤 대중 운동도 일으키지 않았다. 북아메리카에서 멀리 떨어진 곳에서는 조직화한 근본주의가 여전히 약했다.

근본주의의 영향에서 지역 정치 문화의 틀이 얼마나 중요했는지는 그 당시 북아일랜드에서의 발전에서 확인할 수 있다.[42] 1921-1922년의 분할

41　David Elliott, 'Knowing No Borders: Canadian Contributions to American Fundamentalism,' in George A. Rawlyk and Mark A. Noll (eds.), *Amazing Grace: Evangelicalism in Australia, Britain, Canada and the United States* (Grand Rapids: Baker Books, 1993), 349–374.

42　Patrick Mitchell, *Evangelicalism and National Identity in Ulster, 1921–1998* (Oxford: Ox-

때문에 얼스터(Ulster)는 로마 가톨릭이 소수이던 개신교 국가로부터 떨어져, 새 아일랜드공화국의 다수 가톨릭에 합류하게 되었다. 많은 이가 개신교 정체성을 생존의 조건으로 여겼던 상황에서, 근본주의의 명확한 세계관은 매력적이었다.

1920년대와 1930년대의 상황에서, 공화국 아일랜드인도 아니고 완전히 영국인도 아닌 많은 개신교인은 '폐쇄적 복음주의' 안에서 자신의 정체성 근거를 발견했으며, 사회적 통제를 정당화하고 싸움의 긴장에 대처하게 할 수 있는 집단으로서 자신들의 존재를 재확인했다. 결국 개혁파 교회를 그 표준에 충실하게 지키기 위해서는 엄밀한 성경적 정통주의가 필요했는데, 이제는 그것이 공동체 생존의 선행 조건으로 간주했다.

미국에서와 마찬가지로 국가 운명의 문제는 근본주의의 특징과 영향을 낳았다. 그것은 21세기 나머지 기간 동안 로마 가톨릭 소수와 갈등의 중심에 있는 '폐쇄적 복음주의'에 필수적이었다.

근본주의가 퍼져 나간 것은 그것이 어느 정도 복음주의 안에 내재하고 있었음을 보여 준다. 제4장에서 보았듯이 확실히 1919년이 되자 근본주의 충동은 복음주의 세계 전반에 걸쳐 잘 확립되었다. 성경주의 때문에, 성경의 신탁적 지위를 훼손하는 자연주의적 접근이 반대 받는 것은 불가피했다.

그러나 전후 세계의 상황은 위기감을 불러일으켰다. 물론 점차 가중되던 모더니즘의 도전이 근본적이었다. 수년간 의(義)의 문제로 싸웠다면 이제는 모더니즘이 독일식 사고 체계의 표현이라는 개념을 두고 싸움을 계속하는 것이 타당해 보였다.

현재의 무대에서 새로운 적대 세력, 특히 소련(the Soviet Union)에서 반종교적 정권이 등장한 것은 더 자극을 주었다. 또한, 가톨릭주의는 로마 가톨릭과 영국 국교회 두 형태 모두에서 상당한 진전을 보이고 있는 것으로

ford University Press, 2003).

나타났다. 사도적 기독교가 위험에 빠졌고 신흥 세계 질서 안에서 싸울 가치가 있다는 결론적 인식은 복음주의 내의 해묵은 견해에 새로운 전선을 구축했다. 이런 두려움을 가진 사람들과 기관의 지도력을 제공하기 위해 근본주의 선동가가 등장했다. 기독교 내부에서 그리고 외부 세계에서 나온 이 분열적 세력은 복음주의적 진리를 위해 싸우고 심지어 고난을 받는 성향을 만들어 내기 위해 근본주의 충동에 따라 행동했다.

그러나 근본주의자들은 동질 집단이 아니었다. 더 큰 국제적 차이점 외에도, 영국 내에 국가적 변동이 있었다.[43] 또한, 영국의 경험은 뚜렷한 교파적 특성과 변경을 보여 준다.[44] 미국의 근본주의 지도자들에 대한 C. 앨린 러셀(C. Allyn Russell)의 연구는 근본주의가 그 운동의 일치와 내부의 협력을 제한하는 현저한 개인주의를 낳았다는 것을 잘 보여 준다.[45]

그가 제시한 세 경우만 뽑아 보면 텍사스 침례교인 노리스는 '폭력적 근본주의자'였고, 프린스턴의 장로교인 메이첸은 '학자적 근본주의자'였고, 침례교 목사이자 복음 전도자인 J. C. 마세(J. C. Massee)는 '중도적 근본주의자'였다. 이것은 근본주의 자체가 복음주의 안에 분리주의 경향을 띠기 쉬운 중요한 이유였다. 확실히 근본주의자들 사이에는 깊은 갈등이 있었다.

예를 들어 속죄를 의심하는 듯한 J. M. 매키니스(J. M. MacInnis)의 『어부 철학자 베드로』(Peter the Fisherman Philosopher)를 두고 1920년대 말에 벌어진 논쟁이나, 10년 후 미국에서 일어난 세대주의와 언약신학의 분열 등이었

---

43 David Bebbington and David Ceri Jones (eds.), *Evangelicalism and Fundamentalism in the United Kingdom During the Twentieth Century* (Oxford: Oxford University Press, 2013), 253-306에 들어 있는 Andrew Holmes, Kenneth Roxburgh 그리고 David Ceri Jones의 에세이들.

44 Ibid. 55-131에 들어 있는 Andrew Atherstone, Martin Wellings, David Bebbington 그리고 Tim Grass의 에세이들.

45 C. Allyn Russell, *Voices of Fundamentalism: Seven Biographical Studies* (Philadelphia: Westminster Press, 1976).

다.⁴⁶ 근본주의는 복음주의 세계 곳곳에서 발생했지만, 같은 방식으로 경험되지는 않았다.

3. 즉각적인 결과

복음주의 내에 확실한 근본주의 우파와 분명한 진보적 좌파가 공존함으로써 세 가지 즉각적인 결과가 생겨났다.

첫째, 복음주의 운동에 '근본주의'라는 용어가 추가되었다.
잘 알려진 바와 같이, 전쟁 직후에 윌리엄 벨 라일리(William Bell Riley)와 침례교도 커티스 리 로(Baptist Curtis Lee Laws)는 1914년 이전부터 기본적인 기독교 신앙에 관한 담론에 이 용어를 사용했다. 이 용어는 해리 포스딕의 1922년 설교 "근본주의자들이 승리할까?"(Shall the Fundamentalists Win?)에서처럼 곧장 사용되었고, 이내 경멸적인 말이 되었다.⁴⁷

포스딕에 대한 반응으로, 수많은 남녀가 참된 신앙이라는 기치 아래 모이게 되었다. 1925년-1926년 사이의 사건들(특히 스콥스 재판)은 근본주의라는 꼬리표를 역행성과 반계몽성과 동일하게 보았다.⁴⁸ 따라서 이 용어는 근본주의자로 알려지기를 점점 더 바라지 않던 다른 복음주의자들에게 외면을 당했다.

---

46 Daniel W. Draney, *When Streams Diverge: John Murdoch MacInnis and the Origins of Protestant Fundamentalism in Los Angeles* (Milton Keynes: Paternoster Press, 2008); R. Todd Mangum, *The Dispensational–Covenantal Rift: The Fissuring of American Evangelical Theology from 1936 to 1944* (Milton Keynes: Paternoster Press, 2007).
47 Reproduced in Barry Hankins (ed.), *Evangelicalism and Fundamentalism: A Documentary Reader* (New York: New York University Press, 2008), 52–58.
48 Barry Hankins, 'The (Worst) Year of the Evangelical: 1926 and the Demise of American Fundamentalism,' *FH* 43.1 (2011), 1–14.

일반적으로 근본주의는 복음주의 내에서 극단적 입장을 가리켰다. 그것은 어떤 이들에게는 경멸의 말이었고, 다른 이들에게는 명예의 말이었다. 누군가는 근본주의자로 불리는 것을 기뻐했고, 또 다른 이들에게는 떨쳐내야 할 부담이 되었다. 다양한 함의와 다양한 반응 속에서, 감동과 불화를 일으키는 '근본주의'는 양차대전 사이 복음주의의 다양성과 긴장감의 표지 중 하나가 되었다.[49]

둘째, 복음주의 운동은 강력한 편향적 힘에 좌우되고 있었다.

복음주의 양 진영 모두가 왕성하게 상대편을 멸시하며(관대함의 정도가 다르긴 했지만) 전향하게 하려고 했기 때문에, 복음주의자들은 한쪽 편을 들어야 한다는 압박을 받고 있었다. 종종 그들은 다른 방향으로 끌려가기도 했다. 영국계 캐나다인 W. H. 그리피스 토마스(W. H. Griffith Thomas)의 이력은 관점과 입장의 변화가 어떻게 일어날 수 있는지 보여 준다.[50] 토마스는 전쟁 전 옥스퍼드 위클리프 홀(Wycliffe Hall)의 학장이자 「더 처치맨」의 편집자로서, 떠오르는 진보적 복음주의의 그룹 운동(Group Movement)에 다소 밀착되어 있었다.

1910년 중도적인 토론토 위클리프대학(Wycliffe College)으로 옮겨간 후, 그는 기대했던 대로 교장 임명을 받지 못한 것과 신학 교육이 허용되지 않는 것에 실망했다. 결국 그는 남쪽 국경으로 이동해 새로 설립된 세대주의 댈러스신학교(Dallas Theological Seminary)와 관계를 맺게 되었다. 텍사스의 극단적이고 종파적인 근본주의와 만난 그는 죽기 직전에 덜 호전적인 견해로 물러섰다. 기질과 개인적 좌절이 이런 변화에 부분적으로 역할을 했지만, 양차대전 사이의 긴장이 일부 복음주의자들의 정체성을 변화시켰다.

---

49 예를 들어 Percy Austin, *Letters to a Fundamentalist* (London: SCM Press, 1930).
50 Katerberg, *Modernity*, ch. 5. Another documented example is the American Midwestern Baptist Chester Tulga (1896–1976). See Kenneth W. Rhodes (2001), 'Ambivalent Fundamentalist: The Life and Ministry of Rev. Chester E. Tulga,' PhD thesis, University of Akron, 2001.

셋째, 복음주의 중심이 확대되고 복잡해졌다.

복음주의자들은 그들을 둘러싸고 발전한 두 극단적 입장을 대체로 인식했으며, 그 둘 모두를 멀리하려고 했다. 많은 보수주의자는 논쟁과 분쟁보다 평화와 협력을 선호했다. 반드시 성경 비평을 무시한 것도 아니고, 전천년주의를 무조건 수용한 것도 아니었다. 이 복음주의자들은 근본주의자들이 되지 않고 '근본'을 유지하기 원했다. 모더니즘이나 '중도적 교회주의'(central churchmanship, 진보적 복음주의자들이 이런 꼬리표를 붙였다)에 매력을 느끼지 않는 이들의 견해를 대표하기 위해 『복음주의』(Evangelicalism)를 발간했던 '영국 국교회 복음주의 성직자협회'(English Anglican Fellowship of Evangelical Churchmen)와 마이클 해밀턴(Michael Hamilton)은 이 중도 우파의 대변자들을 가리켜 '초교파적 복음주의자들'이라고 불렀다.[51]

또 다른 입장에서는 지적인 적응의 가능성에 대해서는 열려 있었으나, 완전히 수용하는 것은 본질을 벗어나 너무 멀리 나가는 것이라고 느꼈다. 이 복음주의자들은 '자유주의자'(liberals)가 되지 않고 '진보적'(liberal)이 되기를 원했다. 현대 세계에서 영향력을 유지할 수 있으려면 성경이 비평적이고 과학적인 시험대에 올라야 한다고 주장했던 남침례교의 E. Y. 멀린스(E. Y. Mullins)는 중도 좌파 입장의 뚜렷한 예였다.[52] 이 시기의 학문이 복음주의 운동의 좌우에 자리를 잡았던 반면 아마도 대부분의 복음주의자는 이 넓고 다양한 중심 어딘가에 위치해야 했을 것이다.[53]

---

51 Michael Hamilton, 'The Interdenominational Evangelicalism of D. L. Moody and the Problem of Fundamentalism,' in Darren Dochuk et al. (eds.), *American Evangelicalism: George Marsden and the State of American Religious History* (Notre Dame: University of Notre Dame Press, 2014), 230–280; J. Russell Howden (ed.), *Evangelicalism: By Members of the Fellowship of Evangelical Churchmen* (London: Thynne, n.d. [1925]); David W. Bebbington, *Evangelicalism in Modern Britain: A History from the 1730s to the 1980s* (London: Unwin Hyman, 1989), 222–223.

52 William E. Ellis, *'A Man of Books and a Man of the People': E. Y. Mullins and the Crisis of Moderate Southern Baptist Leadership* (Macon, GA: Mercer University Press, 2003).

53 Douglas Jacobsen and William V. Trollinger, Jr. (eds.), *Re-forming the Center: American Protestantism, 1900 to the Present* (Grand Rapids: Eerdmans, 1998), is a welcome attempt to

이 세 결과에서 분명히 심화한 복음주의의 분화는 양차대전 사이 기간을 전례 없는 논쟁과 논전의 시대로 만들었다. 과학과 관련해서 이 시기의 특징은 진화론에 대한 근본주의자들의 적대감이지만, 사실 이것은 세기말에 다윈의 사상을 수용했던 것에서 벗어나 중도 우파 복음주의 운동에 찾아온 변화의 극단적인 표현이었다.⁵⁴

스펙트럼의 다른 끝에 있는, 과학적으로 아주 높은 신임을 받는 버밍엄의 반즈(Barnes) 주교와 찰스 레이븐(Charles Raven)같은 사람이 이끄는 진보적 복음주의자들은 정반대의 관점을 취했고, 점진적 진화론을 하나님이 세계 안에서 행동하시는 일로 보는 자연신학의 기초에 관해 기독교와 과학의 화해를 주장했다. 중도파 복음주의자들 내에서 과학에 대한 태도가 엇갈렸다.

제1차 세계대전 중 과학과 기술의 최악의 측면이 나타나자 유보적인 입장이 유지되었다. 또한, 1920년대와 1930년대를 통해 현대적 삶의 유물론은 과학에 본거지를 두었다. 그러나 E. Y. 멀린스와 같은 중도파 사상가들은 기독교와 과학의 이해 범위를 적절히 정하는 조건 하에 둘을 조화하려는 노력을 지속했다.⁵⁵ 양차대전 사이 복음주의자들 사이에서 과학에 대한 태도는 고르지 않았지만 대체로 불안정한 채로 있었다.

하지만 과학에 대한 태도는 성경의 권위라는 더 근본적인 문제에 가려 있었다. 하나님의 말씀으로서의 성경의 지위, 영감의 방식과 범위, 그것을 읽고 해석하는 법, 비평학의 역할과 정당성 같은 수많은 관점이 항상 격렬한 논쟁의 주제였다.

---

explore this middle ground.

54 Peter Bowler, *Reconciling Science and Religion: The Debate in Early-Twentieth-Century Britain* (Chicago: University of Chicago Press, 2001), esp. chs. 8–9; David N. Livingstone, *Darwin's Forgotten Defenders: The Encounter Between Evangelical Theology and Evolutionary Thought* (Grand Rapids: Eerdmans, 1987), ch. 5.
55 Mullins, *Christianity at the Cross Roads*, chs. 4–5.

이 환경에서 무오성의 문제는 특히 논쟁의 여지가 있었지만, 근본주의자들은 그 권위의 필수 조건(sine qua non)으로서 무오를 주장한 반면 이 목적을 위해 신적으로 영감된 성경의 독특성을 강조하기를 선호했다. 제1차 세계대전에 이어, 이미 세기 전환기에 긴장 아래 있었던 성경에 대한 폭넓은 복음주의적 합의가 흐트러졌으며 복음주의적 성경주의의 위기를 초래했다.[56]

성경 문제에 관한 이 분열의 주된 결과는 이 운동의 더 전통적인 평화주의와 협력을 약화하는 새로운 수준의 신랄함과 의구심이었다. 이것은 주로 자신들을 진리의 대변자로 또는 피해자로 보았던 근본주의자들의 영향이었다.[57] 그들은 자신들의 입장을 유지하면서 다른 복음주의자들을 배교자라고 비판하고, '라오디게아주의'(Laodiceanism)라는 그들 특유의 호전적인 표현을 사용하면서 신랄한 논쟁을 서슴지 않았다. 공격하면 할수록, 편협한 이단 사냥꾼으로 인식되는 사람들에 대한 방어와 조롱만 생겨날 뿐이었다. 한 가지 예로 충분할 것이다.

영국 침례교의 진보적 복음주의자 T. R. 글로버(T. R. Glover)는 1923년 논란 속에 침례교연맹 부회장으로 선출되었다. 그리고 그 후 몇 년 동안 글로버는 많은 혹평과 비판의 대상이었다. 그는 받은 만큼 충분히 돌려줄 수 있었다.[58] 제1차 세계대전 후 분열된 세계에서 한 때 이 운동의 특징이었던 선의로 가득한 복음주의는 사라졌다.

양차대전 사이 공개적인 다툼과 분열의 시기가 되면서, 이런 새로운 분위기는 지나친 태도와 양식을 낳았다. 근본주의자들과 그들의 영향을 받은 사람들은 견해차를 묵인할 준비가 되어 있지 않았다. 분별하라는 성경

---

56 Geoffrey R. Treloar, 'The Word Disputed: The Crisis of Evangelical Biblicism in the 1920s and 1930s,' *L* 2.7 (2014), 105–122.
57 David W. Bebbington, 'Martyrs for the Truth: Fundamentalists in Britain,' *SCH* 30 (1993), 417–451; 'Baptists and Fundamentalism in Interwar Britain,' in Bebbington and Ceri Jones, *Evangelicalism and Fundamentalism*, 95–114.
58 H. G. Wood, *Terrot Reaveley Glover: A Biography* (Cambridge: Cambridge University Press, 1953), esp. 8.

의 명령에 따를 때 그들은 행동을 취해야 했다. '성경성직자선교회'(The Bible Churchman's Missionary Society, BCMS)가 1922년 성경적 충실성을 내걸고 CMS에서 분리되어 나와서 또 다른 전후 균열의 장을 열었다.⁵⁹

마찬가지로 1929년 장로교의 메이첸과 그의 동료들이 프린스턴신학교에서 나와 웨스트민스터신학교(Westminster Seminary)를 세운 것(1937년 그 학교도 분열을 겪었음) 그리고 1930년대 중반에 새로운 장로교단을 만들기 위해 노력한 것은 미국 주류 교회 내의 긴장을 반영한 것이었다.⁶⁰ 지역 차원의 분열은 1921년 토론토 자비스 스트리트 침례교회(Jarvis Street Baptist Church, 말썽 많은 T. T. Shields가 그곳의 목사였다)에서 진보적 생각을 하는 350명의 교인이 자신들만의 교회를 만들기 위해 떠난 사건으로 인해 부각되었다. 6년 후 퀘벡과 온타리오의 침례교대회가 분리되면서 더 큰 분열이 뒤따랐다.⁶¹

칼 매킨타이어(Carl McIntire)는 1941년부터 복음주의자들을 '연방교회협의회'(Federal Council of Churches)와 심지어 더 포괄적인 '전미복음주의 협회'(National Association of Evangelicals)에서 벗어나게 하려고 '미국교회협의회'(American Council of Churches)를 설립함으로써 이 분리주의를 영속화했다. 복음주의 세계를 둘러싸고 교파를 초월하여, 양차대전 사이 견해의 차이가 붕괴와 철저한 분열로 이어지면서 복음주의 내의 분리주의 경향은 강해졌다.

분열이 반드시 공개적인 다툼과 분열의 형태로 일어난 것만은 아니었다. 덜 호전적이지만 여전히 단호했던 근본주의자들은 단순히 주류 개신교회 삶에서 빠져나와 대안적인 체제와 제도를 발전시켰다. 이런 발전은

---

59 David W. Bebbington, 'Missionary Controversy and the Polarising Tendency in Twentieth-Century British Protestantism,' *Anvil* 13.2 (1996), 141–157.
60 D. G. Hart, *Defending the Faith: J. Gresham Machen and the Crisis of Conservative Protestantism in Modern America* (Grand Rapids: Baker Books, 1995).
61 Paul Wilson, 'Central Canadian Baptists and the Role of Cultural Factors in the Fundamentalist-Modernist Schism of 1927,' *BHH* (winter–spring 2001), 61–81.

미국에서 가장 뚜렷했는데, 근본주의자들은 스콥스 재판 이후 잠적하고, 주요 교파 회의에서 물러서는 경향이 있었다. 그들의 퇴각은 항복이 아니었다. 전통적 교회의 심사에서 벗어나 자신들만의 문화와 제도적 네트워크를 구축했다. 그것은 미국의 주류 개신교가 당대의 큰 공적 이슈들과 씨름하던 1930년대 동안 강화되었다.[62]

그 밖에 뉴질랜드의 조셉 켐프(Joseph Kemp)와 토론토의 오스왈드 스미스(Oswald Smith) 같은 사람은 자신들만의 기관을 설립해 독립체로 운영했다. 이런 접근은 사실 다툼을 최소화했지만, 그것은 또한 복음주의 운동을 전쟁 이전보다 덜 통합되고 응집력이 떨어지게 했다.

이러한 발전은 분화된 다양성을 노출하고 말았다. 그 결과는 양차대전 사이 복음주의 성격의 중대한 변화였다. 전쟁 전에는 복음주의 운동을 구성하는 세력과 태도에 있어서 행동주의가 우세했다. 두 차례 세계대전 사이에 문화적 권위를 행사할 수 있는 복음주의를 추구하던 경향은 성경주의-십자가주의 축(biblicist-crucicentric axis)을 더 두드러지게 했다. 12장에서 살펴보겠지만, 한 가지 결과는 전쟁이 남긴 사회적 행동주의 유산에 대한 도전이었다. 또 다른 결과는 이 운동이 더 내향적이 되고 교리적 일치에 관심을 두게 되었다는 것이다.

이런 방향전환의 부산물로 교리적 표준을 명시하고 충성심을 입증하기 위한 시험을 마련하려는 새로운 경향이 생겨 났다. 새로 형성된 '재림증언운동'(Advent Testimony Movement)과 '침례교성서연합'(Baptist Bible Union)은 신앙 진술을 마련하는 단체에 속해 있었다. 1928년 신생 IVF(Inter-Varsity Fellowship)는 교리적 진술을 출간했고 회원들에게 구독을 요청했다. 기독교 또는 심지어 복음주의 역사 안에서 전례가 없는 일은 아니었지만, 이런 단체들의 발생 빈도가 증가한 것은 현대 복음주의 내에서 분열을 확고히

---

62 Joel A. Carpenter, *Revive Us Again: The Reawakening of American Fundamentalism* (New York: Oxford University Press, 1997).

하는 교리적 경계를 확립하고 유지하려는 새로운 관심이 출현하고 있음을 알리는 것이었다.

발전이 최고로 중요하긴 하지만, 일치의 붕괴와 그 결과가 과장되어서는 안 된다. 왜냐하면, 틀림없이 그것에 대한 저항이 있었기 때문이다. 주로 중심에 있던 더 평화적인 복음주의자들은 다툼에 놀라 연합과 협력의 기반을 강조했다. 예를 들어 영국 침례교의 그래함 스크로지(Graham Scroggie)는 케직 운동에서 점점 더 영향력 있던 교사였는데, 공인으로서 논쟁적인 면이 없는 것은 아니었지만 "사도 신경을 전심으로 받아들이고 바르게 해석하는 사람은 누구나 복음주의 신앙에 충성하는 것이다"라는 견해를 취했다. 당시의 중심 현안에서, 그는 이론을 개인의 계몽된 판단에 맡기고 "성경의 독특하고 포괄적인 영감의 사실에 동의하는 것으로 충분하다"라고 단언했다.

다음 장에서 보게 되겠지만 역류도 있었다. '진리에 대한 이해'에 헌신하는 '복음주의연맹'(Evangelical Alliance)은 증가하는 분열에 맞서 싸웠다.[63] '옥스퍼드그룹 운동'(Oxford Group Movement)은 1920년대 후반에 신앙의 본질과 비종파적 협력을 강조하며 하나의 세력으로 부상했다. 복음주의 교회들은 양차대전 사이에 국제회의를 위해 계속 모였다. 이 모임에서 성경 문제는 거의 언급하지 않았다.

일부 복음주의자들은 에큐메니칼 운동에 참여했지만, 국제 선교 운동은 (비록 이전보다 1930년대에 복음주의적으로 훨씬 덜 균질했음에도) 집결지로 남아 있었다. 복음주의자들은 거의 하나가 되어 로마와 국교회 형태의 가톨릭주의 전진에 저항했다. 복음주의 내의 에큐메니즘 경향이 그동안 분리주의를 억누를 수 없었다 해도, 그것은 이 운동 내에서 중요한 세력으로 남았다.

---

63 Ian Randall and David Hilborn, *One Body in Christ: The History and Significance of the Evangelical Alliance* (Carlisle: Evangelical Alliance and Paternoster Press, 2001), 8장, 특히, 198-200.

마찬가지로 다양한 견해에서 나온 복음주의자들은 기독교 신앙을 다시 명확하게 하려는 모더니스트를 반박하는 임무를 수행했다. 메이첸은 동정녀 탄생을 변호했다. 그가 떠난 사이 프린스턴에서 게할더스 보스(Geerhardus Vos)는 초자연적 기독교를 긍정함으로써 발전한 주제들을 통합하여 '성경신학'에 대한 새로운 이해를 개발했다. 왼편에서는 알프레드 가비(Alfred Garvie)와 J. 스코트 리젯(J. Scott Lidgett) 같은 원로 작가들이 1919년에 구상한 복음주의 신학을 재구성하는 작업을 시작했다. 그리고 베일리 형제들 같은 젊은 사람들은 그 작업을 진척했다.[64]

노장 H. R. 매킨토쉬(H. R. Mackintosh)는 거의 마지막 증언으로 현대 신학의 역사를 저술했는데, 초자연적인 것과 무서운 죄 그리고 '선지자들과 사도들의 신앙에 대한 유사점'보다는 '차이점'을 최소화하는 경향을 보임으로써 이런 작업을 정당화했다.[65]

이런 전개에서 특히 주목할 만한 것은 영국 의회의 우경화였다. 소위 '신 칼빈파'(new Genevans)는 C. J. 카두 같은 사람들과 소위 '블랙히스 사람들'(Blackheathens)의 현대주의 감언이설에 대항해 자신들의 교파를 다시 정통으로 불러들였다.[66]

1940년 무렵, 이 운동은 복음주의 전통의 복음을 현대적 언어로 재진술함으로써 당시의 분열을 극복하기 위한 학문을 마음껏 꾸준히 전개했다.

현대주의 문제에서 더 안심하게 된 것은 칼 바르트의 사상과 1930년경부터 시작된 복음주의 공동체 내의 '위기신학'(theology of crisis)을 선별적으로 이해했기 때문이다.[67] 대서양 양편에서 교리와 예언자적 설교에 익숙한

---

64 Alfred E. Garvie, *The Christian Faith: A Sketch of a Constructive Theology* (London: Duckworth, 1936); J. Scott Lidgett, God, *Christ and the Church* (London: Hodder & Stoughton, 1927).
65 크롤 강연(Croall Lectures, 1933)에서 비롯된 것으로, 다음과 같이 출판되었다. H. R. Mackintosh, *Types of Modern Theology* (London: Fontana, 1964 [1937]).
66 예를 들어 Nathaniel Micklem, *What Is the Faith?* (London: Hodder & Stoughton, 1936).
67 D. Densil Morgan, *Barth Reception in Britain* (London: T. & T. Clark, 2012); Philip R.

개혁파 전통을 가진 복음주의자들은 P. T. 포사이스의 영향을 받은 사람들과 함께 하나님의 초월성에 대한 강조와 하나님의 계시와 구원 주심에 대한 인간의 전적 의존을 환영했다.

바르트의 활동 범위와 그의 급진적 사상은 특히 근본주의 우파와 진보적 좌파를 상당히 당황하고 화나게 했지만, 하나님을 객관적 실재로 제시하고 지배적인 문화에서 벗어날 것을 강조하는 그의 신학은 일부 사람들, 주로 중도파 복음주의자들에게 세속화에 맞서 할 말을 제공했다.

마찬가지로 라인홀드 니버를 중심으로 미국에서 전개된 기독교 현실주의(Christian Realism)에 대한 다소간의 이해도 복음주의 내부에 있었다.[68] 바르트주의처럼 기독교 현실주의는 하나님의 주권, 성경의 역할, 죄사함의 필요에 대한 복음주의의 기본적 가르침의 온당함을 확증하는 것으로 보였다. 이런 발전은 전쟁의 구름이 몰려오는 것과 동시에 일어났다. 그것은 또한 악과 죄 그리고 인간 구속의 필요성 같은 기본적인 복음주의 신학적 범주들의 정당성을 입증하는 듯했다. 양차대전 사이 말에 복음주의자들은 담대하게 자신의 신학을 현대 세계에서 하나님을 경외하는 신앙과 충실한 삶을 방어하는 토대로서 재확증할 수 있었다.[69]

Thorne, *Evangelicalism and Karl Barth: His Reception and Influence in North American Evangelical Theology* (Allison Park: Pickwick Publications, 1995).

[68] Warren, *Theologians of a New World Order*; Mark T. Edwards, *The Right of the Protestant Left: God's Totalitarianism* (New York: Palgrave Macmillan, 2012).

[69] J. S. 웨일(Whale)이 자신의 *Facing the Facts* (London: Hodder & Stoughton, 1940)과 같은 라디오 강연에서 보여준 것. Cf. '"Spiritual Rearmament." The Oxford Conference of Evangelical Churchmen, 1939,' *Ch* 4.2 new series (Apr.–June 1939), 61–108.

4. 복음주의의 당혹감

마지막 결과는 복음주의의 당혹감이었다. 이것은 지적 무력함에 대한 반응이었는데, 지적 무력함은 주로 근본주의 때문이었지만, 전체적인 복음주의 운동에까지 확장된다고 할 수도 있었다. 이미 진보적 복음주의에 대한 자극이 있었고, 1930년 무렵에는 중심에서 예민하게 느껴지고 있었으며, 세대주의자와 모형론적 성경 해석에 매여 있지 않았던 복음주의 우파 가운데 심지어 다소 당황하는 이들도 있었다.[70]

지적 신뢰성 부족에 대한 이런 대응의 선봉에는 영국 형제교회 외과의사 아서 렌들 쇼트(Arthur Rendle Short)가 있었다. 그는 1930년 경에 지적 흐름이 성경적 기독교를 바라는 쪽으로 바뀌고 있다고 주장했다.[71] 과학과 비평, 특히 고고학의 발전은 성경에 대한 믿음의 지적 정직성을 뒷받침했다. 그 10년의(양차대전 사이) 중반에 그는 IVF의 더글라스 존슨(Douglas Johnson), 리버풀대학의 W. J. 마틴(W. J. Martin), 사업가 존 레잉(John Laing) 등 형제회 사람들의 후원을 받아 학문적 수준에서 신학적 진보를 촉진할 길을 모색했다.[72]

그들은 1938년 런던으로 옮기면서 전문적 학문에 대한 헌신을 강화한 칼빈주의 메소디스트 D. M. 로이드 존스(D. M. Lloyd-Jones)와 합류했다. 그 10년에 걸쳐 더 보수적인 영국 복음주의자들은 좌파 사람들과 함께 학문과 성경이해, 설교, 변증 및 건전한 교리 표명의 유익을 널리 퍼뜨리는

---

70 'Are Evangelicals Unscholarly?,' *C* (20 Nov. 1930), 3–4; 'The Sanctification of the Intellect,' *C* (23 May 1935); P. W. Evans, '"God Hath Spoken": Dr Zwemer's Challenge to Evolution,' *C* (24 Oct. 1935), 3–4.

71 Arthur Rendle Short, *The Bible and Modern Research* (London: Marshall, Morgan & Scott, n.d. [1930–1]). 그 시점은 다음 자료를 검토해 잠정적으로 부여된 것이다. *The Christian* (17 Dec. 1931), 8.

72 Roger Shuff, *Searching for the True Church: Brethren and Evangelicals in Mid-Twentieth Century England* (Carlisle: Paternoster Press, 2005), ch. 4.

데에 공헌했다.

반지성주의라는 치욕을 씻어내려는 첫 번째 제도적 시도는 에든버러 자유교회대학(Free Church College)의 J. R. 맥케이(J. R. Mackay)와 도널드 맥린(Donald MacLean)의 편집 아래 Evangelical Quarterly가 1929년에 스코틀랜드에서 발간되기 시작된 것이다. 이 계간지는 "가장 순수한 형태의 역사적 기독교 신앙으로서 간주하는 개혁파 신앙의 해명과 방어"를 목적으로[73] 폭넓은 성경적, 신학적 주제에 대한 렌들 쇼트(Rendle Short)의 대담성을 공유한 복음주의 세계 전역의 많은 학자에게 토론의 장과 정체성을 드러낼 장을 제공했다. 또한, IVF도 학생들의 지적 필요에 대비하는 움직임으로 처음부터 교훈적이고 변증법적인 소책자를 출판했고,[74] 1933년에는 '신학생재단'(Theological Students' Foundation)을 설립했고, 1934년부터는 「성경연구」(Search the Scriptures)를 통해 체계적인 성경 연구를 제공했으며, 1938년에는 '성경연구위원회'(Biblical Research Committee)를 발족했다. 이 두 전개는 1942년 IVF가 「계간복음주의」(Evangelical Quarterly) 떠맡으면서 통합되었다. 그 사이 비슷한 그룹의 사람들이 국제적 신학대학과 최고 수준의 성경 연구 센터를 창설하기 위해 노력했다.[75]

그 결과로 1943년에 런던 바이블칼리지(London Bible College), 1944년에 케임브리지의 틴데일하우스(Tyndale House)가 설립되었다. 영국 중도 우파 복음주의자들은 신학 교육과 연구 모두를 통한 학문성 강화를 위해 지원하면서 반계몽주의 주장에 대항할 뿐만 아니라 다가오는 시대에 교파를 초월해 최

---

73 'Editorial,' *EvQ* 1 (1929), 1.
74 예를 들어 Sir Ambrose Fleming, *The Christian Faith in Relation to Modern Thought*, InterVarsity Booklet 4 (London: The Inter-Varsity Fellowship of Evangelical Unions, 1929); *The Veracity of Holy Scripture*, Inter-Varsity Booklet 5 (London: The InterVarsity Fellowship of Evangelical Unions, 1930). 그 후에 나온 책. *Current Notes and Abstracts on Science and Theology*, edited by R. E. D. Clark and Alan Stibbs.
75 Ian Randall, *Educating Evangelicalism: The Origins, Development and Impact of London Bible College* (Carlisle: Paternoster Press, 2000); T. A. Noble, *Tyndale House and Fellowship: The First Sixty Years* (Leicester: Inter-Varsity Press, 2006).

고의 학문적 표준에 맞추어 복음주의적 사고를 형성할 기관을 설립했다.

1930년대 말까지 미국에서도 이에 상응하는 발전이 시작되었는데, 근본주의에서 자란 젊은 학자 집단이 복음주의 지적 유산을 되살리려는 희망에 따라 형성되고 있었다.[76] 휘튼대학(Wheaton College)에서 철학자 고든 H. 클라크(Gordon H. Clark)는 에드워드 J. 카넬(Edward J. Carnell)과 칼 헨리(Carl Henry)가 포함된 한 그룹의 젊은이들에게 최고 수준의 학문적 자격을 가지고 헌신적으로 기독교적 학문 활동을 추구하도록 영감을 주었다.[77]

같은 시기에 또 하나의 젊은 그룹 '새로운 복음주의자들'은 더 넓은 문화 공동체에서 인정을 받기 위해 주요 일반 대학에서 학위를 취득했다. 이 그룹의 가장 중요한 인물로는 보스턴 파크스트리트처치(Park Street Church)의 목사 해럴드 오켄가(Harold Ockenga)가 있다. 이들은 자신들이 근본주의에 뿌리를 둔 것을 인정하지만, 근본주의가 더 넓은 문화로부터 유리된 것에 반대했고, 복음주의 기독교의 지적인 위상을 회복하기 위해 '새로운 종교개혁'을 이끌기 시작했다.

또한, 복음주의 학문 르네상스의 실현을 위한 제도적 기틀이 마련되기 시작되었다.[78] 학문의 진흥은 1942년 미국복음주의협회(National Association of Evangelicals)가 설립되었을 때 순조롭게 그 의제의 토대를 마련해 주었다. 1947년 풀러신학교(Fuller Seminary)의 개교는 재단이사장 해럴드 오켄가의 말에 따르면 복음주의 학자들이 '사회의 기초 재건'에 필요한 '기독교적 사상과 삶의 부흥'을 이끌 수 있는 기반을 제공했다.[79]

---

76 George M. Marsden, *Reforming Fundamentalism: Fuller Seminary and the New Evangelicalism* (Grand Rapids: Eerdmans, 1987), 45-46.
77 둘 다 1947년에 설립된 이후 풀러 신학교의 지도자들이 될 것이다. 이에 관해서는 다음 단락을 보라.
78 이 단락과 이어지는 단락은 다음에 기초한다. Carpenter, *Revive Us Again*, 특히, 8-12장; Garth M. Rosell, *The Surprising Work of God: Harold John Ockenga, Billy Graham, and the Rebirth of Evangelicalism* (Grand Rapids: Baker Academic, 2008), 특히, 3, 7-8장.
79 Carpenter, *Revive Us Again*, 195.

그것은 현대 개신교를 탈취한 현대주의자들과 학문을 멸시하는 근본주의자들에 맞서기 위해 사람과 자원을 모으려는 1930년대 말의 결의로 가능해진 열망이었다. 1938년 고전학자 F. F. 브루스(F. F. Bruce)에게 요청해 IVF 성경연구 위원회를 돕도록 한 것은 미국 복음주의자들이 문화적 관련 자격을 얻으려는 전략의 열망과 중요성을 실현하기 위해 극복해야 할 어려움이 무엇이었는지를 여실히 보여 주었다. 영국 현지에는 그 분야에 적절한 자격을 갖춘 신약 학자가 없었으므로 브루스가 가장 적합한 인물이었다. 그러나 브루스는 훈련이 부족했음에도 후원자들이 희망하는 학문적 성경 연구를 내놓았다.[80]

그는 1942년 처음 열린 연례 '틴데일신약강연'(Tyndale New Testament Lecture)에서 발표한 후, 이듬해 『신약 성경 문헌은 믿을 만한가?』(Are the New Testament Documents Reliable?)를 출판했다. 그것은 다음 세대를 위해 폭넓은 성경 연구 방법의 유익을 입증하는 첫 번째 시리즈 작품이었다.

1947년 편집자를 제외하고 23명의 기고문이 실린 『새 성경 핸드북』(New Bible Handbook)이 출판되었는데, 이것은 서서히 부상하는 복음주의 성경학의 흐름을 보여 주었다.[81] 더 넓은 전선에서 칼 헨리와 에드 카넬(Ed Carnell)의 초기 저서들은 복음주의 내의 분파적 반지성주의에 도전했고, 교회와 세계와 더 넓게 교류하려는 의지를 밝혔다.[82] 1940년대 후반 작은 흐름의 학문적 저서들은 지난 10년간 복음주의의 문화적 권위를 되찾기 위해 현대 문화와 교류하려고 했던 노력의 첫 열매들이었다.

---

80 F. F. Bruce, *In Retrospect: Remembrance of Things Past* (London: Pickering & Inglis, 1980), 16–18장; Tim Grass, *F. F. Bruce: A Life* (Milton Keynes: Paternoster Press, 2011), 4장.
81 G. T. Manley (ed.), *The New Bible Handbook* (London: Inter-Varsity Christian Fellowship, 1947).
82 예를 들어 Carl Henry, *Remaking the Modern Mind* (Grand Rapids: Eerdmans, 1946); E. J. Carnell, *An Introduction to Christian Apologetics: A Philosophic Defense of the Trinitarian-Theistic Faith* (Grand Rapids: Eerdmans, 1948).

복음주의의 당혹감을 뒤집으려는 노력이 많은 이에게 환영을 받았지만, 그것은 또한 양차대전 사이의 증오도 확대했고, 복음주의자들이 현대 세계에서 자신의 입지를 놓고 맞붙어 싸우는 전환기의 긴장을 반영했다. 이것은 브루스와 관련해 명확해졌다. 그는 성경학자로서 급부상하는 자신의 경력을 복음주의 그리스도인으로 갖는 공적 행보의 한 부분으로 간주했다.

그러나 그가 형제회 신분이 공개되었음에도, 브루스는 복음주의자 행세를 하는 보수적 자유주의자가 아니냐는 의심을 받았다.[83] 또한, 미국의 '새로운 복음주의자들'도 더 보수적인 사람들로부터 자신들의 의제에 대한 비평과 성격에 대한 비난에 대응해야 했다.[84] 학문과 학식을 옹호하는 것이 곧 자유주의와 내통하는 것이었다는 비평가들의 인식은 적어도 옳았다. 중도 우파 복음주의자들은 학계에 참여할 길을 찾으면서 진보적 복음주의자들의 의제를 다소 받아들였다. 1940년대 중반까지 복음주의 운동은 성경적 정통성에 대한 우려 때문에 오른쪽으로 밀려나는 긴장을 겪었고, 또 한편으로 진보적 복음주의자들이 오랫동안 논쟁해 온 현대적 성경학을 점차 수용함으로써 왼쪽으로 끌려가는 긴장도 겪었다.

또한, 인적 회복의 필요성에 대한 중도 우파의 인식은 아일랜드계 호주인 토마스 채터톤 해먼드(Thomas Chatterton Hammond)가 국제적 복음주의에 등장하는 무대를 제공했다.[85] 10대 시절 지역 YMCA 사역을 통해 회심한 그는 19세기 후반 코크(Cork, 아일랜드 남부 항구 도시)의 종파간 거친 싸움 속에서 자신의 복음주의 신앙을 실천하기 시작했다.

그는 몇 년 동안 '아일랜드교회선교회'(Irish Church Missions)의 순회 전도자로 일한 후 더블린 트리니티대학(Trinity College)에 있는 아일랜드 교회에

---

83 Peter Oakes, 'F. F. Bruce and the Development of Evangelical Biblical Scholarship,' *BJRULM* 86.3 (2004), 99–124.
84 Rosell, *Surprising Work of God*, 199–200.
85 Warren Nelson, *T. C. Hammond: His Life and Legacy in Ireland and Australia* (Edinburgh: Banner of Truth Trust, 1994).

서 목사 안수를 준비했다. 그는 1903년에 금메달을 받고 철학과를 졸업했다. 약 15년 동안 그는 세인트 케빈 교구(the parish of St Kevin's)에서 처음에는 부목사로 그리고 1910년부터는 교구목사로 개신교적 메시지를 힘차게 주장했다. 이런 배경에서 그는 또한 '신신학'에 반대하고 성경 계시의 객관적 진리의 유용성을 주장하는 '경험적 사실주의'(empirical realism)로 가장 잘 묘사되는 신학적 입장을 전개했다.[86]

전쟁이 끝난 후, 해먼드는 아일랜드 독립 전쟁과 내전으로 발생한 어려운 조건에서 추진된 '아일랜드교회선교회'(Irish Church Missions) 회장으로 임명되었고, 그 후 아일랜드 자유국(Irish Free State)의 로마 가톨릭 지도자로 임명되었다. 선교에 대한 지지를 높이기 위해 영국을 방문한 해먼드는 '케직사경회'(Keswick Convention)와 '이즐링턴성직자회의'(Islington Clerical Conference)에 참석해 영국 복음주의 주류와 접촉했다. 이사회에서 그는 로마 가톨릭과 국교회 공동기도서(Anglican Book of Common Prayer)의 개정에 반대하는 대담한 개신교인으로 그리고 기세와 활력을 가진 신학자로 유명해졌다.

그는 최근에 조직된 '복음주의성직자협회'(Fellowship of Evangelical Churchmen)와 손을 잡고 1925년 그들이 기획한 책 『복음주의』(*Evangelicalism*)에서 성경의 권위를 변호하는 데에 그의 경험적 사실주의의 변증적 가치를 제시했다.[87] 해먼드의 진술이 명확히 정통적임을 인식한 영국의 지인들은 그를 신생 IVF의 사역에 끌어들였고, 그는 그 교리적 진술의 초안을 작성했다.

성경적 문제에 관한 해먼드의 진정성과 그의 왕성한 개신교 정신은 시드니 무어대학(Moore College) 이사들의 마음에 들었다. 1935년 교장직이

---

86 해먼드의 신학에 대해서는 다음을 보라. John McIntosh, 'Anglican Evangelicalism in Sydney 1897-1953: The Thought and Influence of Three Moore College Principals Nathaniel Jones, D. J. Davies and T. C. Hammond,' PhD thesis, University of New South Wales, 2014.

87 T. C. Hammond, 'The Fiat of Authority,' in J. Russell Howden (ed.), *Evangelicalism: By Members of the Fellowship of Evangelical Churchmen* (London: Thynne, n.d. [1925]), 156-206.

공석이 되자, 그들은 제4장에서 언급했던 1910-1912년에 케임브리지의 CICCU 논쟁의 전문가 하워드 모울(Howard Mowll) 주교를 재촉해 해먼드를 임명하도록 했다.

1935년 시드니에 도착한 그의 운명은 극적으로 호전되었다. 경멸받는 소수파에 속한 데다 심지어 자신의 교단에서도 잘 환영받지 못했던 해먼드는 지역 사회 최대 교단의 수장인 주교의 최측근 인사가 되었다. 그들은 함께 자유주의자들을 교구 밖으로 몰아냄으로써 복음주의 세계의 다른 이들이 실패했던 곳에서 성공했고, 시드니 감독교회를 지배하게 된 보수적인 복음주의 문화의 토대를 마련했다.[88]

작가와 신학자로서 해먼드는 호주에서 자신의 진가를 드러냈다. 이후 7년 동안 그는 중도적 복음주의 입장을 공고히 한 IVF에 관한 세 가지 실질적인 신학 연구서를 발간했다. 새로운 사역지로 떠날 준비가 되었을 때, 해먼드는 『기독교 교리 입문』(*In Understanding Be Men*, 조직신학 개론, IVP 刊)을 완성했다. 신학을 모르는 학생들을 위한 이 기독교 교리 핸드북은 복음주의자들이 믿는 바에 대한 서론적 진술이 되었다고 알려졌다.

2년 후 『완전한 자유』(*Perfect Freedom*)가 뒤를 이었다. 이 책은 같은 독자들에게 기독교 윤리의 필요성을 주장하고 가능성을 입증했다. 후속작 『신앙논증』(*Reasoning Faith*)이 1943년에 완성되었다. 서구 문화의 주된 흐름에 대한 반작용으로 일반 학생은 물론 신학생을 위한 변증학 책이다. 이 책들의 충격이 제2차 세계대전으로 가려졌을지 모르지만, 그 효과는 두 배였다.

한 동안 해먼드의 연구는 복음주의가 그 사상적 경쟁자에게 효과적인 지적 대응을 이끌어낼 수 있다는 상당한 확신을 제공했다. 해먼드의 성숙한 저술이 처음에는 당대의 서구 문명의 위기를 염두에 두고 있던 학생을 겨냥했지만, 젊은 세대가 그들의 지성을 사용하여 기독교 문화의 우수함

---

[88] Geoffrey R. Treloar, 'T. C. Hammond the Controversialist,' *AHSDSJ* 51.1 (June 2006), 20-35.

을 드러냄으로써 그 당시 현대 서구 사회가 취하고 있던 과정에 저항할 것을 촉구하기도 했다.[89]

5. 결론

전후 시대 초기 복음주의자들은 대담하게도 자신들의 신학이 신세계 질서의 영적, 윤리적 기반을 제공할 수 있다고 생각했다. 그들은 사회적 영향에 대해 이런 주장을 하면서, 그들처럼 재건된 세계에 규범적 기독교를 제공하려는 모더니즘과의 경쟁을 의식했다. 복음주의자들 내에서 세 가지 주요 반응이 나타났는데, 그 운동의 좌파와 우파에는 확정적인 대안이 명시되어 있었고, 둘 사이 어딘가에 자리를 잡으려는 폭넓은 중도파도 남아 있었다. 널리 퍼져 있던 진보적 복음주의자들은 복음주의 전통을 고수하면서 현대 문화와 동화하려고 노력했다.

근본주의자들도 역시 널리 퍼져 있긴 했지만 주로 미국과 북아일랜드에만 있는 세력으로서, 물려받은 복음주의 가르침에 수정을 요구하는 듯이 보이는 현대 문화의 관점을 반대했다. 중심부의 현대화된 복음주의자들은 현대 사회에서 복음주의의 신뢰성을 유지하기 위해 현대 문화와 교섭하면서 이 대안들 사이에서 선택해야 하는 상황에 놓여 있었다.

1930년대에 그들은 점차 근본주의에서 벗어나 현대 세계에서 영향력을 가지는데 필요한 지적 책임을 추구했다. 이 경향은 당대의 언어로 복음주의적 기독교를 현대적으로 표현하려고 했던 중도 좌파의 신학적 재진술

---

[89] Thomas C. Hammond, *'In Understanding Be Men': A Synopsis of Christian Doctrine for Non-Theological Students* (London: Inter-Varsity Fellowship, 1936); *Perfect Freedom: An Introduction to Christian Ethics* (London: Inter-Varsity Fellowship, 1938); *Reasoning Faith: An Introduction to Christian Apologetics* (London: Inter-Varsity Fellowship, 1943); *Fading Light: The Tragedy of Spiritual Decline in Germany* (London: Marshall, Morgan & Scott, n.d. [1940]).

과 겹치는 면이 있다. 이런 발전은 신학에서 기독교 현실주의와 신정통주의가 출현하고 세계의 상황이 악화하면서 정당성을 가지게 되었고, 제2차 세계대전의 혼란에도 1940년대에 탄력이 붙은 복음주의에 일종의 지적 회복을 일으켰다.

이렇게 긍정적인 측면이 있긴 하지만, 그런 여러 입장의 공존은 전후 세계에서 복음주의의 유효성을 제한하는 몇 가지 결과를 낳았다. 중요한 것은 다른 관점의 출현이 그 운동의 다양화를 촉진했고 그 '분화된 다양성'이 실제로 다툼과 분열을 초래했다는 점이다. 다툼이 그 운동 전체의 특징이 되지는 않았지만, 모더니즘에 저항하고 현대 세계에 규범적 기독교를 제시하는 서로 다른 방법은 이 운동의 중도우파에 대한 교리적인 진술이 점차 증가하는 데서 나타난 바와 같이 복음주의자들 사이에서 경계심을 일으켰다.

또한, 엄밀한 교리주의는 성경주의 및 십자가주의 축이 더 강화됨에 따라 복음주의적 종합을 이루는 요소의 균형을 변화시켰다. 이런 발전은 복음주의 운동을 이전보다 더 내향적으로 만들었을 뿐만 아니라, 복음주의 안에 분리주의 경향을 수용하기 위해 에큐메니즘의 수용성을 더 약화함으로써 문화적 권위 추구에도 역효과를 낳았다.

복음주의자들이 자신들의 신앙 체계를 실현하기 위해 품었던 희망에 비해 1919년의 복음주의 신학은 이미 너무 분열되어 있었다. 그러나 더 많은 분화와 다툼이 의미하는 바는 복음주의 운동이 그 이상과 원리를 가지고 전후 세계를 이끌어 갈 복음주의적 기독교에 필요해 보였던 현대적 삶과의 분명하고 일관된 연관성을 거의 맺지 못했다는 것이다. 신학적 요소의 약점은 처음부터 복음주의 재건 프로젝트에 손상을 입혔다.

제10장

종교개혁을 기억함

Remembering the Reformation

새로운 세계 질서 속에서 복음주의의 역할에 신학 못지않게 중요한 것은 신앙생활이었다. 세계가 재건에 힘쓰고, 복음주의가 전쟁 기간 동안 제 역량을 발휘했다고 확신하는 가운데, 복음주의자들은 자기들의 기독교 접근 방식이 적어도 역사적으로 가장 힘든 시기에 생명과 치유의 최고 원천으로 그리스도를 제시할 수 있고, 효과적인 신앙이 당대의 '영적 감수성'을 공급할 수 있으며, '당시의 정치적, 도덕적 망상'의 대안으로 도덕적이고 영적인 비전을 제시할 수 있고, 인간 관계와 사회와 더 넓은 세상에 영향을 미칠 교회의 영적 원리를 가져다 줄 수 있다고 생각했다.[1] 이러한 전망은 사회적 영향을 끼칠 수 있을 것이라는 복음주의자들의 기대 저변에 깔린 일정한 생각으로 이어져 전쟁 후 수 년 동안 계속되었다. 즉 기독교인의 성품 형성이 사회에 유익을 줄 것이라는 생각이었다.

복음주의자들은 자신들의 어려운 처지를 과소평가하지 않고, 그들이 기독교 문명을 회복하고 어떤 전쟁의 재발도 예방할 삶의 방식을 갖출 수 있

---

1 'Facing the New Year,' 'Christ and the Present Hour,' 'I Will Overturn,' '— To Your Faith, Patience,' *C* (2 Jan. 1919), 7–8; (30 Jan. 1919), 7–8; (6 Feb. 1919), 9–10; (22 May 1919), 9–10.

다는 믿음으로 전후 시대에 과감히 나섰다.

또한, 신학에서와 마찬가지로 신앙생활의 역할에 대한 비전은 전후 세계에서 복음주의를 갈림길에 서게 했다. 이번에도 토론토의 T. B. 킬패트릭(T. B. Kilpatrick)이 상술한 조건에 따라 신세계 질서에 신앙생활을 제시하는 것이 유효성의 관건이었다.

그는 "20세기 교회는 심지어 하나님에 대해 가장 실제적인 것과 모든 사람이 하나님과 직접 교제하는 것 그리고 그분의 임재를 계속 연습하고 날마다 그분과 교통하는 것과 같이 교회가 말하는 모든 것의 실제적인 보증을 내보인 것에 비례해 사람들의 삶에서 힘을 가질 것이다"라고 주장했다.[2]

이로써 복음주의자들은 자신들만의 관습으로 신앙생활의 실재와 효과를 인정받을 필요가 있었다. 그들 중 한 사람이 관찰했듯이, 세상에서 삶의 방식의 토대가 되는 복음주의 기독교의 주장을 정당화하기 위해서는 영적 원리와 희생적 삶이 먼저 자신들 안에서 그리고 교회 안에서 구현되어야 했다.[3] 그들의 신학이 신세계 질서에 대한 복음주의적 비전의 토대로 여겨진다면 신앙생활은 그 성공의 조건이었을 것이었다.

1. 전쟁의 유산

전후 세계의 신앙생활에서 피할 수 없는 첫 번째 요구는 다시 찾아온 평화에 적응하는 것이었다. 그 다면적 과제는 필연적으로 군인과 군목을 지역 사회와 교회생활로 다시 통합하는 것으로 시작되었고, 그 어려움에 대한 인식과 어떻게 평범한 일상생활로 돌아가 자리 잡을 수 있는지에 관한

---

2 T. B. Kilpatrick, 'The Church of the Twentieth Century,' *ConsQ* 7.27 (Sept. 1919), 413.
3 Thomas Yates, 'The Recovery of the Spiritual Principle of the Church as a Condition of Spiritual Revival,' *ICC 1920*, 70–73.

조언이 뒤따랐다.⁴ 전쟁 과업에서 손을 뗀 여성들은 예기치 않게 습득한 기술을 사용할 곳을 찾도록 격려를 받았다. 지역 사회의 영적 건강과 복지를 증진하기 위해서도 적응이 필요했다.

근본적으로는 적을 용서하는 것이 필요했지만, 그렇게 하기는 어려웠다. 가장 긴급한 측면은 인간적 삶에 들어가는 막대한 비용과 전쟁에서 입은 손실이 생계에 미치는 지속적인 영향을 산정하는 것이었다. 평신도와 성직자가 비탄에 잠긴 이들을 위로하기 위해 애쓰면서, 전쟁 직후 수년간 죽음과 불멸에 관한 가르침의 물결이 복음주의 지형에 밀려왔다.⁵ 당혹스런 순간에 하나님의 신실하심을 믿고 인내할 것을 요청하는 것은, 복음주의 전통이 전쟁 이후까지 확장되었음을 보여 주는 것이었다.⁶

이런 영적, 정서적 욕구는 복음주의자들이 뭔가를 기념하는 유행을 쉽게 받아들이게 된 한 가지 이유였다. 이런 유행은 이미 전후 수년 동안 확대되고 있었다. 전시에 죽은 사람들을 위해 기도했던 체험은 복음주의자들이 늘 경계하는 문제였다. 일반적으로 그들은 최고의 기념은 죽은 자의 희생에 합당한 삶이라고 가르쳤다. 그러나 공식적인 기념식에 참여하고 적당한 기념물을 세우는 것은 정당한 활동으로 받아들여졌다. 복음주의자들은 휴전기념일(Armistice Day, 11월 11일)을 성스러운 기념일로 즉각 인식했고, 런던의 무명용사의 무덤(Tomb of the Unknown Soldier)도 그들에게 승인을 받았다.⁷

1930년경에는 전쟁에 대한 태도가 더 상반되었지만, 그들은 그 이미지를 고결한 이상을 위한 영웅적 희생을 기념할 기회로 보존했다. 복음주의자 중에 호주 메소디스트 존 트렐로어(John Treloar)보다 이 독특한 에피소

4　예를 들어 'Letters of Quartus,' in *The Christian* in the first half of 1919; 'Talks with the Demobilized' in 1919 and 1920.
5　예를 들어 J. Edgar Park, 'The Triumph of Love Over Death,' *RCW* 38.1 (Apr. 1919), 223-225; Harris Kirk, 'The Resurrection Body,' ibid. 225-233.
6　예를 들어 '— To Your Faith, Patience,' *C* (22 May 1919), 9-10.
7　'The "Unknown Warrior",' *C* (4 Nov. 1920), 3.

드를 기억하는 데 더 관심을 기울인 사람은 없었다.

그는 20년간 끊임없이 노력해 1940년 캔버라에 호주전쟁기념관(Australian War Memorial)을 개관하고 설립이사가 되었다.[8] 트렐로어와 다른 복음주의자들에게 기념은 전사자의 희생을 기리고, 영적이며 도덕적으로 책임 있는 삶을 기르는 것이었다.

거짓 기념으로부터 지역 사회를 보호하는 것 그에 못지않게 중요했다. 따라서 복음주의자들은 전후 시대 초기에 급증하는 '심령주의'(spiritualism)를 비난했다. 다함께 슬퍼하고, 조직적으로 애도하는 것과 더불어, 죽을 때와 죽은 후에 일어나는 일에 대해 사람들을 위로하고 안심하게 해 주고 길잡이가 되어 주는 것은 이미 잘 확립되어 있던 현상의 호소력을 크게 증가시켜주었다.[9] 그 영향력은 그것을 대표해 폭넓게 다니며 발언한 아서 코넌 도일(Arthur Conan Doyle)과 올리버 롯지 경(Sir Oliver Lodge) 같은 유명인사에 의해 커졌다.

일부 그리스도인은 정신세계에 대한 자신들의 믿음을 생각하고 또 주변의 큰 슬픔에 마음이 움직여 어느 정도 심령주의에 공감했다. 그러나 복음주의자들은 대체로 심령주의에 반대했고, 그것을 가리켜 사기치는 기관들이 지껄이는 비난받아 마땅한 '강령술'(necromancy)이라고 공격했다.[10]

심령주의는 구속의 메시지가 없고 사후에 이어지는 삶에 대한 저급한 관점일 뿐이므로, 복음주의자들은 기독교의 대체 종교 노릇을 하려는 심령주의의 경향에 반대했다. 복음주의자들은 죽은 자를 위한 기도와 마찬가지로 거짓된 희망의 근거를 주는 심령주의가 기독교의 경쟁 상대로서의 가치가 없다고 주장했다.

---

8 Michael McKernan, *Here Is Their Spirit: A History of the Australian War Memorial 1917–1990* (St Lucia: University of Queensland Press, 1991).
9 Jennifer Hazelgrove, 'Spiritualism After the Great War,' *TCBH* 10.4 (1999), 404–430.
10 예를 들어 Jane T. Stoddart, *The Case Against Spiritualism* (London: Hodder & Stoughton, 1919).

대규모의 사별을 제외하고서라도, 전쟁 여파로 육체적, 정신적 고통이 지속하는 것은 현대 복음주의자들에게 더 큰 도전이었다. 호주 태생으로 영어권 세계 전역에서 대중 집회에 큰 군중을 몰고 다닌 국교회의 제임스 힉슨(James Hickson) 같은 믿음의 치유자들(faith healers)의 신적 치유에 많은 사람의 관심이 쏠렸다.[11]

그 운동의 좌우파 모두에서 유명한 복음주의자들이 치유를 주장했지만, 그것은 지속되지도 않았고 실제로 치료된 것도 아니었으며, 자기암시나 최면술의 결과일 뿐이었다. 그들은 치유가 회개를 외치는 설교를 무색하게 하고 거짓 희망에 실망하게 함으로써 신앙을 파괴한다고 염려했다. 이런 비판에도 복음주의자들은 광범위한 지역 사회를 미혹시킨 똑같은 요인들에 의해 자기들도 그 믿음 치유자들에게 빠져들었다. 부상을 입고 돌아온 군인들의 고통 당하는 몸과 마음의 필요에 그들도 똑같이 직면했던 것이다.

1918년 전염병이 유행하고 계속 진행되자 현대 지식과 기술의 한계가 노출되었고, 모든 사람이 의학적 치료 범위 밖에 있는 것처럼 보였다. 그러나 육체적 치유에 나타난 신적 능력은 하나님이 세상에서 활동하신다는 것과 복음이 실용적이라는 것을 보여 줌으로써 전후 복음주의 의제에 도움이 되었다.

또한, 전후의 환경에서 심리 치료의 필요성은 신앙생활에 '새로운 심리학'을 쉽게 받아들이게 했다.[12] 심리 요법으로 전쟁신경증과 여타 전쟁 관련 신경 상태를 치료한 것은 민간인이 겪는 정신 질환에 대한 새로운 치료책이 나타난 것을 의미했다.

동시에 복음주의자들은 조심스러워 했다. 인간의 행위를 설명하는 데 있어서 심리학의 환원적 경향은 죄를 무시하고 도덕적 책임을 경시한다는 의심

---

[11] A. Fay Farley, 'A Spiritual Healing Mission Remembered: James Moore Hickson's Christian Healing Mission at Palmerston North, New Zealand, 1923,' *JRH* 34.1 (2010), 1–19; James Opp, *The Lord for the Body: Religion, Medicine, and Protestant Faith Healing in Canada, 1880–1930* (Montreal-Kingston: McGill-Queen's University Press, 2005), chs. 6–7.

[12] Stephanie Muravchik, *American Protestantism in the Age of Psychology* (Cambridge: Cambridge: University Press, 2011), ch. 1.

을 받았고, 그 다양한 치료법들은 값싼 은혜를 제공한다는 의심을 받았다.[13]

진보적 복음주의 목회자들은 반대파에 아랑곳하지 않고 자신들의 목회적 관행에 어느 정도 정신 분석을 포함한 심리학적 관점과 기법을 도입하는 길을 모색했다.[14] 그 결과 개인에 대한 체계적 상담이 목회 사역의 중요한 기능이 되기 시작했다. 또한, 심리학은 이제 일종의 집단 상담으로 여겨질 수 있는 저술과 설교에도 새로운 관점을 제공했다. 새로운 접근의 초기 단계에서 불가피하게 훈련과 전문적 경험이 부족한 광신자들은 방해 되었다.

더 나은 효과에 필요한 훈련과 전문 지식을 습득한 사람으로는 영국 메소디스트 레슬리 웨더헤드(Leslie Weatherhead)가 단연 으뜸이었다.[15] 개인적인 상담과 설교와 가르침 그리고 『영혼을 섬기는 심리학』(Psychology in Service of the Soul, 1929)으로 시작하는 연작에서 그는 복음주의 신학을 심리학과 결합하는 법을 보여 주었다.

한편으로 그는 기독교적 확신을 제시했고, 다른 한편으로 인간의 근심과 신경증에 대한 설명과 치료법을 소개했다. 비록 많은 비판의 표적이 되었지만, 웨더헤드와 그의 추종자들에게는 심리학이 기독교를 당대의 사람들에게 실제적이고 효과적인 것이 되게 하는 새로운 수단을 제공했다는 것에 의심의 여지가 없었다.

---

13 예를 들어 J. C. M. Conn, *The Menace of the New Psychology* (London: Inter-Varsity Fellowship, 1939).
14 Dean R. Rapp, 'The Reception of Freudianism by British Methodists During the "Psychoanalytic Craze" of the 1920s,' *FH* 25.2 (1993), 23–46.
15 John Travell, *Doctor of Souls: A Biography of Leslie Dixon Weatherhead* (Cambridge: Lutterworth Press, 1999).

2. 전후 세계의 영성[16]

1919년에 복음주의자들은 전후 세계의 독특한 요구에 부응하는데 필요한 적응 말고는 신앙생활이 전쟁 전과 거의 같은 노선을 따라 계속되리라 기대했다. 새로운 출판과 마케팅 전략의 도움으로 복음주의 작가들은 당시의 영적 요구를 충족하기 위해 계속해서 많은 책을 쏟아냈다.[17]

그리스도에 대한 헌신과 충성스러운 섬김의 삶을 육성하려는 지속적인 열망이 그 운동 전반에 걸쳐 공유되었다. 그러나 신세계 질서를 위한 효과적인 영성의 필요성은 경험과 실천에 있어서 신학적 입장이 의미하는 바를 보여주기 위해 다른 접근법을 개발하도록 이끌었다.

현대 복음주의자들은 자신들이 주도하는 자유의 원칙을 적용하는 데 도움이 되는 더 깊은 영적 삶을 촉구했다. 해리 포스딕(Harry Fosdick)은 많은 복음주의자에게 점점 더 의심을 받긴 하지만, 그래도 아마 그 시대를 선도한 헌신적 작가로서 그 길을 보여 주었다고 할 수 있다. 그의 '담대한 신앙' 개념은 그리스도와의 개인적 관계에 기초한 모험적 삶과 그가 신앙과 행위의 완성된 체계의 대안으로 가르친 삶의 방식을 실험적으로 추구하는 것을 내포한다.[18]

포스딕과 같은 진보적 복음주의자들은 그런 개방적이고 조직화하지 않은 신앙만이 전후 시대에 떠오른 이상에 의해 알려진 새롭고 더 나은 세상을 건설하려는 사회에 효과적인 기독교를 제공할 것이라고 주장했다.[19] 양차대전

---

16 이 장의 나머지 부분은 다음에서 많이 가져왔다. Ian M. Randall, *Evangelical Experiences: A Study in the Spirituality of English Evangelicalism 1918–1939* (Carlisle: Paternoster Press, 1999).

17 Matthew S. Hedstrom, *The Rise of Liberal Religion: Book Culture and American Spirituality in the Twentieth Century* (New York: Oxford University Press, 2013). 제목이 제시하는 것보다 더 넓은 범위를 다룬다.

18 H. E. Fosdick, *Adventurous Religion and Other Essays* (London: SCM Press, 1926).

19 예를 들어 T. Guy Rogers (ed.), *The Inner Life: Essays in Liberal Evangelicalism Second Series by Members of the Church of England* (London: Hodder & Stoughton, 1925); E. Stanley

사이에 자주 들려지게 될 어조를 따라, 그들은 그것이 '얼어붙은 형태를 던져버리고 자발성과 창조성을 다시 회복하고, 그래서 정적인 엄숙이라는 죽음을 자유와 진보라는 생명으로 바꾸는 … 신앙적 자유와 운동'의 회복으로 받아들여지는 새로운 종교개혁으로 이어질 것이라고 기대했다.[20]

이런 접근에 반대해, 반현대적 복음주의자들은 물려받은 진리에 충실한 영성을 주장했다. 이 복음주의자들은 체험을 밝히고 규정하는 역할을 하는 지식과 신학의 우선성을 주장했다. 메이첸은 이 수단을 자신의 모더니즘 반박의 일환으로 갈고 다듬었다.[21] 그는 성경 기록의 계시에 의존할 것과 신학적 전제와 신앙고백적 기준을 고수할 것을 주장했다. 죄의 권세에서 자유로운 새로운 삶은 불변하는 객관적 진리의 사실에 순종할 때 따라온다.

이 계획의 변화와 진전은 성경에 대한 더 나은 이해와 그 교훈에 더 가까워지는 것 그리고 더 민감한 양심과 더 순종적인 의지 때문일 것이었다. 메이첸은 근본주의자들, 엄격한 침례교인들, 형제회에서부터 비슷한 진리관을 갖고 다양하게 활동하는 주류 복음주의 교회의 보수적 멤버에 이르는 주로 중도 우파 복음주의자들을 변호했다. 또한, 이 관점은 새로운 종교개혁을 기대했다. 그것은 16세기 때처럼 그리스도의 복음에 대한 역사적 교리적 사실들을 직시하는 데서 비롯될 것이다.

신앙생활에 대한 대안적 접근들이 출현하자 많은 복음주의자가 그것에 사로잡혔다. 현대적 논쟁에 당황한 그들은 과도한 주지주의를 경계했고, 그에 못지않게 살아있는 영적 경험을 갈망했다. 심지어 정통성과 안정성을 중시하는 우파 세력으로서 양차대전 사이 복음주의 영성에 큰 영향력을 미친 케직(Keswick)에서도 그들의 가르침은 주로 그래함 스크로지(Graham Scroggie)의 손에 의해 재편되었다.

Jones, *Victorious Living* (London: Hodder & Stoughton, 1936).
20 Fosdick, *Adventurous Religion*, 304.
21 예를 들어 J. Gresham Machen, *What Is Faith?* (London: Hodder & Stoughton, 1925).

스크로지는 과도한 근본주의로 전락하지 않고 성경 교훈의 통제 아래서 경건에 관한 더 주관적 관점을 가져왔다.²² 다른 복음주의자들은, 중도적인 입장을 체계화하는 대신, 그저 온건하고 평화적인 복음주의를 단순하게 모방했다. 호바트(Hobart)와 멜버른의 침례교인 프랭크 보어햄(Frank Boreham)은 해마다 존 브로드뱅크스(John Broadbanks)의 영적 경험과 그의 성품에 관한 설교들과 에세이들을 출판했는데, 그것은 당시 중도적 복음주의자들의 전형과도 같았다.²³

이와 유사한 접근이 뉴욕의 비블리컬신학교(Biblical Seminary)의 직접적인 가르침과 그 학교의 저널 「더 비블리칼 리뷰」(The Biblical Review)를 통해 전파되었다.²⁴ 양차대전 사이에 중도파들은 세상이 매력을 느끼고 다른 복음주의자들이 환영할 만한 기독교적 삶을 내보이기 위해 성경 본문을 직면하는 방식의 덜 신학적인 관점과 주관적인 접근을 개발했다.

신학적인 견해를 발전시키는 것 외에도, 신앙생활에 대한 접근 방식이 더 다양해지는 이면에는 그 당시 명백히 효과적인 영성의 필요성에 의해 두드러지게 된 복음주의 내의 지속적인 긴장이 있었다. '담대한 신앙'은 복음주의 전통의 경험적 요소가 새롭게 분출하는 표였다. 그것은 양차대전 사이 메소디스트 '왕국협회'(Fellowship of the Kingdom)가 '추구'(quest)라고 부른 것으로서, 전후 세계와 관련해 영적인 삶의 갱신을 추구하는 배후의 힘이었다.

그것은 메소디스트들이 더 일반적으로 그들의 유산에서 경험의 우위를 옹호하게 만들었다. 대공황의 경제적 사회적 어려움 속에서 그들은 이 유

---

22 Randall, Evangelical Experiences, ch. 2.
23 Frank W. Boreham, *My Pilgrimage: An Autobiography* (London: Epworth Press, 1940); T. Howard Crago, *The Story of F. W. Boreham* (London: Marshall, Morgan & Scott, 1961).
24 Steven M. Nolt, '"Avoid Provoking the Spirit of Controversy": The Irenic Legacy of the Biblical Seminary in New York,' in Douglas Jacobsen and William V. Trollinger (eds.), *Re-forming the Center: American Protestantism, 1900 to the Present* (Grand Rapids: Eerdmans, 1998), 318–340.

산을 세상 속에 더 나은 질서의 수단으로 제시했다.[25] 그러나 경험주의 경향의 대표로서 이목을 끌었던 것은 양차대전 사이에 일어난 프랭크 부크만의 옥스퍼드그룹 운동(Oxford Group Movement)이었다. 주로 확고한 회심주의자들이었기는 하지만(이 점은 제11장에서 상세히 다룬다), 그 운동 역시 신앙의 삶에 대한 독특한 접근 방법을 도입했다.

부크만주의(Buchmanism, 미국의 도덕 재무장 운동·역자주)는 명시적으로 교리보다 경험을 더 높였는데, 그것은 개인적 간증을 널리 활용함으로써 강조된 특징이었다. 비록 복음주의적 전략이긴 하지만, '삶의 변화'는 정직, 순결, 관용, 사랑의 네 가지 절대 원리를 특징으로 하는 삶의 방식을 요구했다. 일관되게 세상 및 많은 향락과 맞서 싸운 옥스퍼드그룹 운동은 만연된 사기 저하와 계속된 세계 위기의 해결책으로서 활력과 성취를 강조함으로써 전후 세계에서 현실성을 추구한 복음주의자들의 가장 두드러진 사례였다.

이와 대조적으로 합리적 영성은 확실성과 확신을 찾는 전후 생활의 측면을 반영하는 전통에 속한 교리주의적 충동의 표현이었다. 중도 우파가 선호했던 이 가치는 매일의 실천과 조직 속에서 신학적으로 종말론적 통일성을 강조하는 그룹에게 호소력이 있었다.

1920년대 뉴욕의 근본주의자 존 로치 스트라톤(John Roach Straton)같이 이 견해를 드러내 놓고 지지하는 사람들은 성경에 기초한 도덕성을 현대 문화의 쾌락주의와 그 기초를 이루는 인본주의와 대결하게 했다. 복음주의 내의 교리적 우선성은 그것의 부분적인 표현이었던 칼빈주의의 회복을 강화했다. 이것이 실제로 의미하는 바는 1930년대 일련의 회의에서, 특히 1938년 에든버러에서 네 번째로 열려 '개혁된 신앙과 그 윤리적 결과'에 전념한 회의에서 전개되었다.[26] 비슷한 시기에 신생 IVF는 신앙생활에 대

---

25 'Personal Religion'에 관한 강연들, *EMC 1931*, 81-106, 311-341.
26 J. H. S. Burleigh et al. (eds.), *The Fourth Calvinistic Congress Held in Edinburgh 6th to 11th July 1938* (Edinburgh: Congress Executive, 1938).

한 규범적 설명으로서 개혁주의 관점을 개진했다.[27]

다른 영향으로는 오랜 투쟁의 결과로 성화의 관점이 강화된 것과, 1938년 런던 웨스트민스터 채플에서 로이드 존스가 캠벨 모건(G. Campbell Morgan)과 동역하는 동안 강해 설교가 새로운 수준으로 고무된 것 등이었다. 1940년이 되자, 그리스도인의 삶에 대한 교리주의적 접근은 자유가 새로운 종교개혁의 길이라는 진보적 주장에 대한 대안으로 강력하게 재확인되었다.[28]

이 긴장에서 비롯된 차이가 1920년대 내내 나타났다. 조직적으로 그들은 양차대전 사이 복음주의 내에서 자신들의 중요한 자리를 차지했던 '더 높은 그리스도인의 삶'(the higher Christian life)을 촉진하기 위한 대회들에서 입장을 분명히 했다. 이 기간에 케직 운동은 호주의 업웨이(Upwey)와 토론토 부근의 나이아가라(Niagara)처럼 멀리 떨어진 곳에서 개최된 새로운 대회들과 함께 계속 확산했다.

게다가 중도 우파의 요구를 채워주는 케직 운동은 복음주의 내에서 전체적으로 복음주의 영성에 결정적인 영향을 미쳤다. 영국에서는 적어도 진보적 복음주의자들이, 1920년에 스완윅(Swanwick)에서 메소디스트들이 그리고 8년 후에는 크로머(Cromer)에서 국교회가 자신들만의 회의를 개최하는 반작용이 있었다. 소규모 연구 집단으로 모이는 일은 진보적 복음주의의 특징이기도 했다. 1928년부터 시작된 미국의 '신학토론그룹'(Theological Discussion Group)과 1930년대 후반부터 시작된 영국의 토론회(Moot) 같은 단체는(둘 다 T. S. 엘리엇[T. S. Eliot]과 라인홀드 니버[Reinhold Niebuhr] 처럼 다른 견해를 가진 사람들과 교류했다) 복음주의자들이 현대적 삶에 어떻게

---

27 W. S. Hooton, *Problems of Faith and Conduct* (London: Inter-Varsity Fellowship, 1937); Donald M. Maclean, *The Revival of the Reformed Faith* (London: Inter-Varsity Fellowship, 1938).

28 예를 들어 'Reformation Principles in their Modern Application'에 대한 강연들, in *RPC 1925*, 238-286; G. H. C. MacGregor, 'The Church: Its Nature, Authority and Evangel,' *RPC 1937*, 48-60; Stuart C. Parker, 'The Worship of the Reformed Church: The Word and Sacraments,' in ibid. 60-73.

접근해야 하는지를 숙고하는 중요한 장소가 되었다.²⁹

양차대전 사이 복음주의자들 사이에서 믿음과 실천의 차이는 특유의 속죄 교리와 관련되어 각별히 언급되었다. 대속은 확실하게 주류의 견해로 남았다. 진보적 복음주의자들은 십자가의 능력을 계속 인정했지만, 그리스도의 대속적 죽음보다는 그리스도의 모범적인 도덕적 영향을 구원과 삶의 토대로 해석함으로써 인정하는 것이었다. 다른 복음주의자들은 십자가를 자신들이 우선시하고 선호하는 것에 맞게 수정했다.

옥스퍼드그룹 운동 지지자들은 개인적인 경험을 강조했다. 그것은 그들이 믿는 십자가의 이론적 원리가 아니라 십자가의 체험이었다. 성결 운동 전통에서 그것은 칭의와 마찬가지로 성화의 수단이었다. 오순절주의 안에서 그것은 속죄로 인해 치유가 가능하다는 뜻을 담고 있었다. 중도 우파인 T. C. 해먼드(T. C. Hammond)는 1936년 복음주의 기독교에 대한 요약을 내놓을 즈음 대속을 복음주의 신앙과 헌신의 핵심으로 확고히 지지하는 한편, 속죄의 모범적이고 대표적인 측면을 허용하기도 했다.³⁰ 십자가를 어떻게 수용할 것인지는 복음주의자가 된다는 것이 무엇을 의미하는지 그리고 전후 세계에서 복음주의 기독교의 유효성을 어떻게 확보할 것인지에 관한 그 당시 토론의 중심 사안이었다.

그로 인해 경험주의와 교리주의가 고조되면서 분리주의와 에큐메니즘 사이의 복음주의 운동의 긴장을 초래한 것은 많은 사람에게 깊은 실망감을 안겨주었다. 복음주의 내의 분리주의 충동을 바로잡기 위해 영적인 삶에 대해 폭넓게 공유된 접근을 하려는 역사적 경향에 마음이 끌린 일부 복음주의자들은 신앙생활이 당시의 신학적 긴장과 갈등을 치료할 수 있다고

---

29 Mark Edwards, *The Right of the Protestant Left: God's Totalitarianism* (New York: Palgrave Macmillan, 2012); Keith Clements (ed.), *The Moot Papers: Faith, Freedom and Society 1938-1944* (London: T. & T. Clark, 2010).
30 Thomas C. Hammond, *'In Understanding Be Men': A Synopsis of Christian Doctrine for Non-Theological Students* (London: Inter-Varsity Fellowship, 1936), 148-162.

주장했다. 그들의 에큐메니즘은 진리의 중요성과 복음주의의 통일성이 우선이라고 반박하는 사람들을 압도하지 못했다. 그 결과는 신학적 차이들을 그 운동의 일생 생활로 끌어내려서 강화하는 것이었다.

에큐메니즘이 분리주의를 억누르지 못한 탓에, 신앙생활은 현대 복음주의 붕괴의 또 다른 현장이 되었다. 중도 우파가 분리주의를 선호하는 만큼, 그것은 양차대전 사이 복음주의에서 성경주의-십자가주의 축의 급증에 기여했다.

3. 성령, 오순절주의, 에미이 셈플 맥퍼슨

복음주의자들의 차이가 전후 의제에 영향을 미친 또 다른 믿음과 실천의 영역은 성령에 관한 교리였다. 그 당시 많은 사람이 그 교리를 전후 세계에서의 유효성을 위해 필요한 현실주의의 열쇠로 붙들고 있었다. 그러나 그 교리의 중요성에 대한 폭넓은 합의 안에서도 의미와 적용에 관한 논쟁이 있었다. 비록 복음주의 안에서 미미하기는 했지만, 오순절주의자들은 신자들에게 직접 미치는 성령의 초자연적 활동을 복음주의 운동 전체의 규범으로 삼아야 한다고 촉구했다.

또한, '그루퍼스'(Groupers)로 널리 알려진 부크먼주의자들(Buchmanites)도 성령이 계속해서 초자연적으로 활동하면서 일상생활에서 나타나 은사들(방언은 제외)을 준다고 주장했다. 보수적인 감리교회들과 홀리니스교회들도 성령 충만을 구원의 충분조건으로서 '두 번째 축복'이라고 주장했다. 그러나 성령의 직접적인 활동을 실제적인 기록과 영적인 효력의 원천으로 언급하는 것은 중도 우파에서 일관되지 않았다.

양차대전 사이에 케직은 그리스도의 주권에 복종함으로 얻는 지속적 충전 개념을 지지했기 때문에 절정에 이르는 성령 체험을 강조하지 않게 되었다. 자유주의자들 사이에서도 역시 성령은 중심에 있지 않았다. 그들은 성령의 고루 미치는 역사를 모든 차원에서 그리스도 안에 있는 삶의 전제로 해석하기를 좋아했다. 두 접근 모두 성령의 활동을 신앙생활에서 일상화하는 경향에 속해 있었다.[31]

이런 일상화 경향은 성령충만과 성령 세례를 어떻게 받는지에 관한 차이에서 더욱 뚜렷해졌다. 새뮤얼 채드윅(Samuel Chadwick) 같은 전통적 웨슬리파는 물려받은 가르침을 그대로 유지하여, 영적인 삶의 충만함과 심지어 회심 이후의 즉각적인 성화로 나아가는 길을 성령 세례(Spirit baptism)로 보았다. 반대로 케직은 성령 세례는 특별한 두 번째 축복이 아니라 회심할 때 믿음으로 받는다고 주장함으로써 19세기 성령론 경향에 역행했다.[32]

성령충만은 그리스도의 주권을 점점 더 받아들이므로 이루어지는 것이었다. 부크먼주의자들(Groupers)도 마찬가지로 특별한 체험은 필요하지 않으며 성령의 은사는 일상생활의 일부일 뿐이라고 주장함으로써 그 교리를 적당히 다듬었다. 또한, 일부 근본주의자들은 더 강경하게 성령의 신학을 비성경적이라고 반대했다.

오순절주의자들은 이 모든 입장으로부터 자신들을 차별화했다. 그들에게 성령 세례는 회심 이후에 따라오는 체험으로서 방언을 포함한 영적 은사를 받는 데 필요한 복음의 핵심 요소였다. 그러나 그들은 방언으로 말하는 것이 성령 세례의 최초의 핵심적 증거인지 그리고 그것이 능력뿐 아니라 성화를 위한 것인지에 관해 의견이 달랐다. 오순절주의자들도 성령 세례에 관해서는 그들 사이에서 의견의 일치를 볼 수 없었다.

이 논쟁의 지속된 점은 부분적으로 양차대전 사이 20년 동안 오순절주의가 수적으로 비록 놀라운 팽창은 아니더라도 얼마나 꾸준히 성장했는지

---

31 Rogers, 'Introduction,' *Inner Life*, viii–ix; Charles R. Erdman, *The Spirit of Christ: Devotional Studies in the Doctrine of the Holy Spirit* (Chicago: Moody Press, 1926).

32 예를 들어 Graham Scroggie, *Baptism with the Spirit: What Is It?* (London: Pickering & Inglis, n.d.).

를 보여 준다. 평화를 되찾으면서 교인수는 증가했고(특히 대공황 기간에), 새 지도자들이 등장했으며, 오순절주의자들이 헌법과 신앙 선언을 작성하고, 교회들을 설립하고, 성경 대학을 열고, 새로운 정기간행물을 내고, 연례 대회를 개최함에 따라, 다른 복음주의 교회들의 특징을 닮아갔다.

사회학자들에 따르면 이런 발전은 오순절주의가 2세대로 옮겨가면서 일어난 '카리스마의 일상화'(routinization of charisma)라는 더 큰 사회적 변화 과정의 일부였으며, 세상살이의 실재는 더 진지하게 받아들여졌다. 제도화되는 것이 카리스마적 은사를 의존하는 데서 떠나는 표시라는 우려에도, 새 교회들과 교파가 전국적으로 그리고 국제적으로 확산하는 동안 오순절 운동도 양차대전 사이 복음주의 내에서 일정한 형태를 갖추기 시작했다.[33]

이런 제도화는 단순히 정착의 문제가 아니었다. 특히 영국에서 오순절 지도자들은 복음주의 운동 전반에 걸쳐 수용을 모색했다. 하지만 그들의 노력은 대체로 성과가 없었다.

전 세계적으로 5-6백만 명의 오순절주의자들이 복음주의 교회에서 내쫓긴 것으로 생각되었다. 종종 '무례한 부흥 운동가'라는 소리를 들었던 아일랜드의 부흥사 W. P. 니콜슨(W. P. Nicholson)의 강력한 반(反)오순절주의 발언은 널리 퍼진 반감의 극단적 표현이었다. 오순절 운동이 방언에 한정된다는 것을 오순절주의 지도자들이 부인했지만, 결국 방언은 다른 복음주의자들에게 거슬리는 주된 이유가 되었다. 비평가들은 방언을 이교적 관습이고 마귀적 현현이라고 비난했고, 『신앙생활』(The Life of Faith)은 '열광적인 현상들'이 '참된 영성을 파괴한다'고 단언했다.[34]

---

[33] James Robinson, *Pentecostal Origins: Early Pentecostalism in Ireland in the Context of the British Isles* (Milton Keynes: Paternoster Press, 2005), chs. 7-8; Edith Blumhofer, *The Assemblies of God: A Chapter in the Story of American Pentecostalism*, 2 vols. (Springfield: Gospel Publishing House, 1989), vol. 1, esp. ch. 11.

[34] 다음 책을 인용했다. David W. Bebbington, 'Evangelism and Spirituality in Twentieth-Century Protestant Nonconformity,' in Alan P. F. Sell and Anthony R. Cross (eds.), *Protestant Nonconformity in the Twentieth Century* (Carlisle: Paternoster Press, 2003), 196.

더 일반적으로 오순절주의 가르침은 비성경적이라고 비난받았다. 성결 운동 전통 안에서는 과연 성화되지 않은 사람들이 성령 세례를 받을 수 있는지에 대한 의심이 일어났고, 오히려 능력에 사로잡히는 것은 영적 미성숙을 나타낸다고 알려졌다. 오순절주의자들은 다른 교회들의 무기력과 경직성을 지적하고 비상한 영적 능력의 자격을 주장함으로써 도발했다. 현대 세계가 큰 관심을 두었음에도, 양차대전 사이 복음주의는 오순절 운동의 열정과 실천을 흡수하지 못했다.

어떤 이들이 이렇게 지속해서 반대한 이유 중 하나는 에이미 셈플 맥퍼슨(Aimee Semple McPherson)의 화려하고 시끄러운 이력이었다. 감리교와 구세군의 요소를 결합한 성결 운동 배경에서 나온 그녀는 1907년 성령 세례를 받았다. 이듬해 그녀는 오순절주의 복음 전도자 로버트 셈플(Robert Semple)과 결혼해서, 그와 함께 중국에서 선교 사역을 할 목적으로 1910년 홍콩까지 건너갔다. 남편이 갑자기 죽자 그녀는 미국으로 돌아와 해럴드 맥퍼슨(Harold McPherson)과 결혼했다(그들은 1921년에 이혼했다). 그리고 동부의 여러 주에서 오순절주의 순회 설교자와 치유 사역자로 경력을 쌓았다.

그녀가 전국적으로 명성을 얻기 시작한 것은 로스앤젤레스(Los Angeles)를 근거지로 삼고 사역을 시작해 자동차로 전국을 돌며(아마 그렇게 한 첫 여성일 것이다) 서부 해안을 오르내리고 중서부에 이르는 설교 여행을 하면서부터다. 또한, 1918년에서 1923년 사이에 여덟 번이나 전국을 돌면서 많은 군중을 끌어모은 그녀의 능력은 '여성 빌리 선데이'(the female Billy Sunday)이라는 명성을 얻게 했다.

1923년 그녀는 야외극장 같은 넓은 곳에 앤젤러스 템플(Angelus Temple)을 세웠다. 그곳은 하루 종일(24시간) 운영되는 기도탑과 최신식 라디오 방송국과 성경 대학을 포함할 최초의 복합 단지였다. 4년 후 그녀는 교회와 선교 네트워크를 전 세계로 확산하는 '사중복음국제교회'(International Church of the Foursquare Gospel)를 설립했다. 이런 조직적인 기획으로 맥퍼슨은 죽을 때(1944년)까지 수년 동안 엄청난 추종자를 끌어들여 당대 최고의 성공적 오순절 운동 지도자가 되었다. 쇼 비지니스 유명인들의 첫 시대에 그녀도 명사의 지위를 원했고 또 얻었다.[35]

어떤 점에서 맥퍼슨의 등장은 전쟁 이후 부흥 설교자가 부족해진 상황에 힘입은 것이었다. 그러나 그녀가 성공한 밑바탕에는 진정한 카리스마와 기민함이 결합하여 있어서 새로운 문화적, 전략적 기회를 선점해 자연스러운 매력을 높일 수 있었다. 이런 자질은 오순절 운동의 신화적 발상지이자 관광 중심지이며 떠오르는 영화 산업의 중심지였던 로스앤젤레스로 옮기면서 분명하게 드러났다.

그녀는 큰 포부를 품었다. 즉 미국 사회에서 사회경제적 최하층에 속하는 오순절 운동의 전통적 지지층을 지속적으로 옹호하면서, 팽창하는 중산층으로 손을 뻗음으로써 의도적으로 "작은 물고기가 아니라 고래를 잡으려했다." 그녀는 늘 무엇이 통하는지에 대한 예리한 안목을 가진 실용주의자였고, 모금에 능숙했고, 미디어 노출에 노련했고, 자신과 자신의 메시지를 선전하기 위해 최신 통신 기술을 사용하는 데도 민첩했다. 구경거리 동원과 영적 활력에 대한 강조는 레저와 오락에 열광하는 전후의 문화적 욕구를 채워주었다.

맥퍼슨은 '하나님의성회'(Assemblies of God)에서 탈퇴해 자신의 교단을 설립함으로써 오순절파 내부의 갈등을 피하고 자기 교회를 계속 지배할 수 있었다. 예배에서 방언 말하는 것을 피하고, 자신의 교회를 '복음주의적' 그리고 '초교파적'이라고 부름으로써 '오순절파'라는 낙인을 지우고 다른 중도 우파 복음주의자들과의 연대를 수월하게 했다. 마찬가지로 자주 반복한 자기 이야기와 제한된 신학 저술은 부흥 운동가 전통과의 연속성을 끌어냈고, 그녀의 대의를 미국의 복지와 성공과 동일시하게 해 주었

---

[35] 가장 최근의 전기는 다음과 같다. Chas. H. Barfoot, *Aimee Semple McPherson and the Making of Modern Pentecostalism 1890-1926* (London: Equinox Publishing, 2011); Mathew Sutton, *Aimee Semple McPherson and the Resurrection of Christian America* (Cambridge, MA: Harvard University Press, 2007).

다.[36] 맥퍼슨의 혁신성은 '카리스마의 일상화'(routinization of charisma)에 의해 억제되지 않았다.

그러나 맥퍼슨은 항상 논란의 대상이었다. 어떤 비평가들에게는 그녀가 여성 설교자라는 이유만으로 충분했다. 그녀는 다른 여성들도 설교하도록 부추기는 바람에 더욱 반감을 샀다. 신학적으로 순진하고, 피상적이고, 건전하지 못한 근본주의자라고 비난받았다. 이혼한 싱글맘으로서 미혼모들을 돕자, 결혼을 파괴한다고 비난받았다. 당대의 성적 규범에 대한 도발은 그녀의 외모와 표현방식의 성적 특성으로 인해 더욱 가중되었다.

이런 측면에서 맥퍼슨은 저속한 쇼맨십, 외설적인 광고와 방탕함으로 비난받았다. 부끄러운 줄 모르는 자기 선전과 미디어 조작도 부패한 흠결 목록에 추가되었다. 또한, KKK(Ku Klux Klan)에 동조하는 것으로 의심도 받았으며, 그녀의 훌륭한 인품은 1926년 베니스 해변과 산타 모니카에서 잠시나마 미스터리하게 사라졌을 때 (납치로 알려진 사건) 촉발된 의심 때문에 완전히 회복되지 못했다. 가능한 한 많은 사람과 가족 같은 동질성을 갖기 위해 오랫동안 어떤 수고도 마다하지 않았지만, 에이미 맥퍼슨이 '만인의 자매'는 아니었다.[37]

비평으로부터 결코 자유롭지 않았던 맥퍼슨은 1944년 갑작스레 사망할 때쯤 자신의 명성을 되찾기 위해 많은 노력을 기울였다. 제2차 세계대전이 격렬해지자, 기독교 문명의 생존을 위해 '옛날 신앙'(old-time religion)의 중요성을 알리는 그녀의 주장은 절정에 이르렀다. 맥퍼슨이 죽은 후에도 계속 울렸던 이 메시지는 일반적으로 오순절 운동과 복음주의에 대한 그녀의 유산의 중요한 요소가 되었다.

---

36 예를 들어 Aimee Semple McPherson, *This Is That: Personal Experiences, Sermons and Writings of Aimee Semple McPherson, Evangelist* (Los Angeles: Bridal Call Publishing House, 1919).

37 Edith Blumhofer, *Aimee Semple McPherson: Everybody's Sister* (Grand Rapids: Eerdmans, 1993).

중요한 점은 그녀가 복음주의 내에서 오순절 운동의 자리를 확언했던 오순절주의자들 중 하나였으며, 그들의 열심과 성령의 은사에 대한 강조를 통해 더 큰 운동을 재개했다는 것이다. 영국 '하나님의성회'의 교사이자 작가인 도널드 기(Donald Gee) 같은 다른 중요한 오순절주의 지도자들이 양차대전 사이 동안에 등장했지만, 누구도 에이미 맥퍼슨처럼 그리스를 믿음으로 구원 얻는다는 전통적 복음주의 메시지를 가지고 오순절 운동의 공적 입지를 향상시킨 사람은 없었다.

그녀는 현대의 통신 기술과 오락물과 구경거리를 창조적으로 사용함으로써 이 보수적 형태의 기독교를 현대 세계의 문화와 맞추었다. 그녀는 회심주의 뿐 아니라 사회적 행동주의를 강하게 거듭 주장함으로써 기독교를 사회와 다시 연결할 수많은 방법을 발견했다. 또 한편으로 그녀는 대략 비슷한 생각을 가진 다른 복음주의자들과 싸우는 것을 반대함으로써 예상치 못한 지역에서 에큐메니즘이 주입으로 그 운동이 약해지고 분열되는 것을 저지했다. 아마도 그녀처럼 현실주의와 효율성을 보여 주면서 현대 사회에 기독교를 전한다는 전후의 복음주의 의제를 실현하기 위해 그렇게 많은 일을 한 사람은 프랭크 부크먼 뿐일 것이다.

4. 종말론

양차대전 사이 복음주의의 다양한 분열을 가중시킨 것은 서로 다른 생활 양식과 특정한 교리적 구성만이 아니었다. 전후 세계에서의 효율성 추구는 그 운동의 주요 부분을 실천하는 데 있어서 서로 다른 우선순위를 갖게 했다.

중도 우파가 강조한 것은 그리스도의 전천년주의적 재림이었는데, 영어권 복음주의에 틀림없이 최고로 영향력을 행사했을 것이다. 제8장에서 언급했듯이, 전쟁은 전천년주의의 입지를 변화시켰다. 전쟁 직후 수개월 간의 동요와 러시아 공산주의 정권의 존립은 종말이라는 인식을 굳혔다.

1920년까지 성경의 예언은 점점 더 많은 복음주의자에게 당대의 정치사회적 발전을 해석하는 렌즈로 자리를 잡았다. 그 영향으로 성경의 예언이 재림 직전에 성취될 것을 기대하는 미래주의자들과 달리 그 예언이 인간의 역사적 사건들 속에서 성취될 것을 기대했던 역사주의 전천년주의자들은 자신들의 메시지를 퍼뜨릴 동기를 가지고 확신에 차서 전후 시대에 돌입했다.

그 결과 새로운 재림주의 단체가 생겨나서 이런 발전의 의미에 관한 생각을 촉진했다. 1917년에 창설된 '영국재림준비및증언 운동'(English Advent Preparation and Testimony Movement)의 월간지 「어드벤트위트니스」(The Advent Witness)의 목표('주 예수 그리스도의 재림을 알리는 것과 성도에게 단번에 주신 믿음을 위해 힘써 싸우는 것')는 이 기관들의 열망을 반영했다.[38] 이런 취지를 수행하면서 이 중도 우파 복음주의자들은 현대적 사건들을 예언적 용어로 해석함으로써 복음주의의 타당성과 권위에 대해 자신들의 주장을 내세웠다.

1920년대와 1930년대 동안 몇몇 요인이 결합되어서 전천년주의적 메시지를 더욱더 설득력 있게 만들었다. 전쟁의 기억은 더 나은 미래를 만드는 인간의 능력과 진보 사상의 토대인 진화론에 대한 확신을 약화했다. 경제적, 사회적 상황은 후천년주의적 사고에 근거한 낙관론의 허구성을 드러냈다. 대중 문화의 요소들, 특히 영화와 현대의 춤 스타일은 노아와 소돔의 시대를 생각나게 하는 도덕적 타락의 표였다.

대공황 기간에 경제적 붕괴는 자본주의의 몰락을 예고했고, 한편 뉴딜의 국가주권주의는 프랭클린 루즈벨트 대통령을 적그리스도의 선구자로

---

[38] 그 월간지의 표지에서 가져옴. 선택되었을 많은 사람으로부터 복음주의의 이런 측면을 추적한 다른 정기간행물 여명(The Dawn: An Evangelical Magazine)은 영국 노리치(Norwich)에 있는 서레이 채플(Surrey Chapel)의 목사 데이비드 M. 패튼(David M. Panton)이 1924년에 처음 출간했다. 재림파 정기간행물에 대한 광범위한 연구에 기초한 책으로는 다음을 보라. Matthew Sutton, *American Apocalypse: A History of Modern Evangelicalism* (Cambridge, MA: Belknap Press, 2014), 특히, 5–8장.

나타냈다. 베니토 무솔리니 치하 새 로마 제국의 출현은 러시아 공산주의 유령과 결합해 종말에 예견된 정치 세력의 도열을 생각나게 했다.

전쟁의 조짐을 보이는 유럽에서 일어난 사건은 최후의 대충돌(Armageddon)이 더 임박한 것으로 보이게 했다. 재림의 희망으로 들뜬 재림파들은 자신들이 그날에 대한 진정한 낙관론자들이라고 주장했다. 그렇게 급박함의 증거들이 부상함에 따라, 복음주의자들에게 양차대전 사이 수십 년간 신앙생활은 대체로 재림을 준비하는 것이었다.

또한, 재림론(Adventism)은 그것을 추종하는 유명인사들에 의해 힘을 얻었다. 그중에 가장 유명한 사람은 크리스타벨 팽크허스트(Christabel Pankhurst)였다.[39] H. 그래탄 귀네스(H. Grattan Guinness)의 『역사와 예언과 과학의 빛으로 본 다가오는 종말』(*The Approaching End of the Age Viewed in the Light of History, Prophecy and Science*, 1878)을 읽고 회심한 그녀는 1918년에 여성 참정권 운동을 그만두고 재림파 사상을 전파하는 데 헌신했다.

이후 20년 넘게 그녀는 다른 사람들, 특히 영향력 있는 사람들에게 세계의 사건들이 그리스도가 곧 재림할 것과 그것으로 세상의 문제들이 해결될 것을 가리킨다고 설득하기 위해 글을 쓰고 캠페인을 벌였다. 팽크허스트는 현대주의를 시대에 뒤진 것이라고 비판하고, 구속과 성경 권위 같은 기본 교리들에 대한 신봉을 강조함으로써 자신의 견해를 더욱 칭송했다. 그녀의 정통 교리와 현대 사건들을 성경 예언의 성취로 이해하는 그녀의 해석은 그녀가 복음주의 기독교의 종말론 브랜드를 그 시대의 메시지로 전파하도록 삶의 방향을 변화시켰다.

재림파들은 비록 집단적으로는 떠오르는 세력이기는 했지만 단일 조직이 아니었다. 그들은 인류가 종말에 살고 있고 재림이 임박했다는데 동의했지만, 실제로 무슨 일이 일어날 것인가를 두고는 내부적으로 상당한 이

---

[39] Timothy Larsen, *Christabel Pankhurst: Fundamentalism and Feminism in Coalition* (Woodbridge: Boydell Press, 2002).

견이 있었다. 주된 불일치는 대환란을 두고 일어났다. 한쪽에서는 '휴거'가 선행할 것이라고 주장한데 반해, 다른 쪽에서는 교회가 환란의 때를 견뎌야 할 것이라고 주장했다.

한 작은 그룹은 특히 '깨어 있는' 신자들이 대환란 전에 구출되는 '부분적 휴거'가 있을 것이라고 믿었다. 이런 차이들은 성령 세례를 두고 일어난 것과 달랐다. 폭넓은 합의는 있었지만, 특히 은밀한 신앙과 관련해서는, 높은 기대와 흥분이 전천년주의적 복음주의자들을 세부적으로 차이나게 했다

재림파들은 영향력이 커질수록 전체 복음주의 운동을 자기 것으로 만들려고 했다. 전후 초부터 다른 복음주의자들은 전천년적 기대에 저항했다.[40] 이어지는 수년 내내, 전천년주의자들은 중도 좌파 복음주의자들의 비판과 조롱의 대상이었다.[41] 1930년대 중반에 해먼드가 복음주의 입장을 집대성하려고 애쓰던 때, 그는 종말론과 관련해 강한 경고를 했다.

> 성경은 전적으로 신뢰할 수 있는 유일한 지침이다. 심지어 여기서도, 하나님이 어떤 문제에 관해 간략한 진술만 주시는 것이 적합하다고 보셨기 때문에, 분리된 본문을 해석할 때 분명히 주의가 필요하다. 선의를 가진 그러나 조심성 없는 광신자들이 많은 해악을 끼쳤다. 자기 열심에 빠진 그들은 결코 독단이 허용되지 않는 지점에서 거칠고 독선적인 주장으로 소동을 일으켰다. 서로 떨어져 있는 어떤 본문들을 나머지 성경과 일치하지 않는 교리들로 엮어서 해석하는 사람들에 의해 여전히 더 많은 해악이 자행되었다.

---

40 예를 들어 James H. Snowden, *The Coming of the Lord: Will It Be Premillennial?* (New York: Macmillan, 1919).

41 예를 들어 'Comment and Outlook. Professor Peake on Millenarianism,' *HomR* 87.3 (Mar. 1924), 202; C. H. Titterton, 'The Second Advent,' in J. Russell Howden (ed.), *Evangelicalism: By Members of the Fellowship of Evangelical Churchmen* (London: Thynne, n.d. [1925]), 306–325.

표준적인 복음주의 입장은, 재림의 시간과 추이에 관한 억측을 반대하고 '거룩한 생활과 성실한 봉사의 가장 주된 동기 중 하나'인 종말론적 소망을 가지고 현재에 전념하기 원하는 것이었다.[42]

5. 에큐메니즘과 종말론

양차대전 사이 동안 중도 우파가 종말론을 점유했다면 에큐메니즘은 중도 좌파 복음주의자들의 안에서 같은 자리를 차지하게 되었다. 그러나 처음으로 교회 간 연합은 그 운동 전반에 걸쳐 전후 효율성의 조건으로 간주했다. 그 이유 중 하나는, 만일 그들이 군대에서 동지애를 경험하고 돌아와 해묵은 교파적 차이를 극복하는데 표면적으로 아무 진전도 없었다는 것을 보게 된다면 병사들이 크게 실망할 것이라는 예상이었다.

더 일반적으로 복음주의자들은 현대 세계가 분열된 교회에 귀 기울이지 않을 것이라는 사실을 거의 의심하지 않았다. 그들의 분열이 극복되지 않는다면 교회는 진정한 평화의 회복에 나설 희망을 품을 수 없었다. 사실 이런 복음주의자들에게 전쟁은 하나의 비유였다. 그것은 공동의 대의 안에서 한 지도자 아래서 협력하는 것만이 승리로 이어진다는 것을 보여주었기 때문이다. 너무 많은 것이 위태로웠지만, 복음주의자들은 신속하게 기꺼이 하나로 뭉치는 길을 찾는 태도를 보여 주었다.

1919년에 영국 국교도들은 감독제도의 수정된 형태를 검토하기 위해 준비된 마음을 내보인 자유교회 사람들과 만났다. 같은 해 미국 복음주의자들은 와해되기 직전의 '초교파세계교회 운동'(Interchurch World Movement)에 동참했다. 1920년 국교회의 '램버스대회'(Lambeth Conference)에서 발표한 연합 요청도 광범위하게 환영받았다. 전쟁 때문에 그런 요청이 떠오르

---

[42] Hammond, *'In Understanding Be Men,'* 231, 232.

면서 복음주의 내에는 신뢰와 더 큰 사회적 영향을 위해 노력하는 교회들 사이에서 연합을 촉진하기 위한 강력한 추진력이 있었다.[43]

그러나 1920년대 동안 연합 추진은 중도 좌파의 특징이 되었다. 이것은 부분적으로 근본주의가 더 잘 조직되고 점점 더 강한 소리를 냄과 동시에 더 편협해졌기 때문이었다. 국교도들이 주교서품(episcopal ordination)을 강조하며 자신들의 기대를 분명히 했기 때문에 다른 중도 좌파 복음주의자들은 신중했다. 심지어 당시의 이상주의를 반영하는 태도로 다수의 많은 중도 좌파 복음주의자들은 양차대전 사이 수년 동안 광범위하게 논의되던 '세계교회주의'(ecumenicalism)에 기울어져 있었다.[44]

일반적으로 그들은 자신들의 포부에 있어서 온건했다. 모든 그리스도인의 유기적 연합은 비현실적이며 반드시 바람직한 것도 아니라고 여겨졌다. 그러나 교파간 친교, 강단 교류, 공동 관심사에 대한 개방적 협력은 달성할 수 있고 어쩌면 충분히 가능하다고 여겨졌다.

이런 견해에 기초해 에큐메니컬 마인드를 가진 복음주의자들은 실현 가능한 곳에서 더 큰 제도적 연합을 위해 일할 준비가 되어 있었다. 교파적 차원에서 영국의 스코틀랜드 장로교도들은 1929년 스코틀랜드교회(Church of Scotland)를 재구성하기 위해 모였고, 3년 후 연합 메소디스트와 원시 메소디스트가 웨슬리안 메소디스트와 합치면서 메소디스트 연합이 이루어졌다.

초교파적으로 이런 에큐메니컬 복음주의자들은 교회병행단체와 '미국연방교회협의회'(American Federal Council of Churches) 같은 교회 내 단체에 참여했다. 그 단체의 중도파 선교사 정치인이었던 로버트 스피어(Robert

---

43 *Towards Reunion: Being Contributions to Mutual Understanding by Church of England and Free Church Writers* (London: Macmillan, 1919); Charles E. Harvey, 'John D. Rockefeller, Jr., and the Interchurch World Movement of 1919–1920: A Different Angle on the Ecumenical Movement,' *CH* 51.2 (1982), 198–209.

44 현대 복음주의 내에서 에큐메니컬리즘의 발전은 복음주의연맹(Evangelical Alliance)의 정기간행물 *Evangelical Christendom*, 특히 정기적인 'Reunion Notes' 섹션에서 양차대전 사이 내내 계속될 수 있었다.

Speer)는 1920년 회장으로 선출되었고, 그 해에 부상하던 진보 성향의 복음주의자 새뮤얼 맥크래 카버트(Samuel McCrae Cavert)가 총무로 임명되었다.⁴⁵ 그러나 그 시대의 가장 위대한 에큐메니컬 성취는 1925년 대부분이 중도파 복음주의자들인 장로교도, 감리교인, 회중교도들이 연합해서 만든 캐나다연합 교회(United Church of Canada)의 창설이었다.

물론 많은 사람, 특히 스코틀랜드 신앙고백과 웨스트민스터 신앙고백의 전통을 따르는 주요 소수파 장로교도들이 그것을 완강하게 반대했다. 그러나 연합 교회의 많은 복음주의 지지자들에게 연합 추진은 신앙의 장애물을 제거하고 효과적으로 활동함으로써 달성되는 진정한 기독교 사회의 희망으로 지속했다.⁴⁶

또한, 소수의 극좌파 복음주의자들도 초기의 에큐메니컬 운동 안에서 서구 문명의 도덕적 영적 삶에서 기독교가 위상을 회복하는 희망을 달성하는 수단들을 인식했다. 영국에는 국교회의 진보적 복음주의자 에드워드 S. 우즈(Edward S. Woods), 학생 리더 티싱톤 태틀로(Tissington Tatlow), 스코틀랜드인 도날드 베일리와 존 베일리(Donald and John Baillie)가 있었다.

미국에는 중도 좌파 복음주의자 윌리엄 애덤스 브라운(William Adams Brown)과 J. 로스 스티븐슨(J. Ross Stevenson) 그리고 YMCA, SVM, WSCF 등에서 자란 헨리 반 두센(Henry Van Dusen), 프랜시스 밀러(Francis Miller) 같은 몇몇 그룹의 떠오르는 지도자들이 비슷한 견해를 갖고 있었다.⁴⁷

이 사람들은 교회 간의 차이점과 일치점을 검토하기 위해 그리고 기독교 원리들을 사회적, 국제적 문제에 적용하려는 공동의 노력을 보장하기

---

45 John F. Piper, Jr., *Robert E. Speer: Prophet of the American Church* (Louisville, KY: Geneva Press, 2000), chs. 9–10; William J. Schmidt, *Architect of Unity: A Biography of Samuel McCrae Cavert* (New York: Friendship Press, 1978), chs. 3–4.
46 Phyllis D. Airhart, *A Church with the Soul of a Nation: Making and Remaking the United Church of Canada* (Montreal: McGill-Queen's University Press, 2014), chs. 1–4.
47 Mark T. Edwards, 'Can Christianity Save Civilisation? Liberal Protestant Anti-Secularism in Interwar America,' *JRH* 39.1 (Mar. 2015), 51–67.

위해 나섰던 1920년대에 서둘러 '신앙, 직제, 생활, 노동 운동'(Faith and Order and Life and Work Movements)에 동조했다.[48] 두 단체 모두 복음주의보다 폭이 넓었지만, 중도 좌파 복음주의자들이 주로 참여했던 것은 그 단체들이 세상을 다시 신성화 하는 재건 프로젝트를 가장 큰 규모로 추구할 수 있는 구조를 제공했기 때문이었다.

그 후 10년 동안 '국제선교협의회'(International Missionary Council, IMC)의 지도자들이 참여하게 되면서 에큐메니컬 운동에 대한 복음주의적 중도 좌파의 지지가 강화되었다. 조셉 올햄(Joseph Oldham)은 1937년 옥스퍼드에서 열린 중요한 '생활과노동회의'(Life and Work Conference)를 조직하는 데 앞장섰는데, 이 회의는 독재와 붕괴하는 민주주의 세계에서 기독교적 메시지를 확인하는 데 착수했다.

그는 차례로 존 모트(John Mott)를 끌어들였는데, 그는 옥스퍼드 회의에서 지도적인 역할을 했으며, 그해 말 에든버러에서는 세계교회협의회(WCC)를 구성 직전까지 끌고 갔다.[49] 복음주의자들은 일반적으로 세계 기독교의 이런 주요 발전에 중요한 영향을 미친 것으로 인정받지 못했다. 그러나 그들은 기독교 세계에 대한 복음주의자들의 희망을 성취하는 데 근본적인 장애물이 걷잡을 수 없는 세속화이기는 하지만 그 문제가 세상만큼이나 교회 안에도 많다는 현실을 깨달음으로써 동기부여를 받아 분명히 중요한 역할을 했다.

기독교 연합을 새롭게 강조함으로써 얻은 한 가지 효과는 복음주의자들의 관심이 교회론에 모인 것이었다.[50] 많은 복음주의자가 복음주의적 교

---

48 Tissington Tatlow, 'The World Conference on Faith and Order,' and Nils Karlström, 'Movements for International Friendship and Life and Work, 1925–1948,' in Ruth Rouse and Stephen C. Neill (eds.), *A History of the Ecumenical Movement 1517–1948*, 3rd ed. (Geneva: World Council of Churches, 1986), 405–441, 545–596.
49 Keith Clements, *Faith on the Frontier: A Life of J. H. Oldham* (Edinburgh: T. & T. Clark, 1999), pt. 4.
50 예를 들어 P. Carnegie Simpson, *The Evangelical Church Catholic* (London: Hodder & Stoughton, 1934).

회론의 유익을 인식하게 되었고, 그것이 모든 교회를 하나로 모으는 현실적이고 신학적으로 건전한 토대를 제공한다고 생각했다.

역설적으로 복음주의 내부의 갈등은 교파적 정서를 환기하는 동시에 교회의 본질에 관심을 집중시켰다. 정통파 비국교도(orthodox dissent)의 전통에서, 칼빈주의의 부활은 더 높은 교회론으로 기울게 했는데, 이것은 교회를 향한 복음의 의미에 대해 부흥 사상을 지지하는 것이었다. 유럽 교회들이 겪는 고통은 1920년대 평화 협정이 기울면서 그리고 전체주의 정권의 등장 때문에 교회 간의 연결과 그들 상호 간의 의무 문제를 더욱 재촉했다. 적어도 그 운동의 일부에서는 전후의 환경이 복음주의 사상 안에 협력하는 경향을 강화했다.

6. 반가톨릭주의와 종교개혁 기념

예나 지금이나 복음주의 에큐메니즘의 한계는 가톨릭주의에 의해 정해졌다. 몇 가지 이유로, 제3장에서 복음주의 전통의 특징으로 언급된 반가톨릭 정서는 실제로 양차대전 사이에 강화되었다. 참호 속 가톨릭 신자들의 용맹이 가톨릭에 대한 반감을 누그러뜨린 것은 사실이었지만, 평화 협상에서 바티칸의 야심이 의심받으면서 그마저 상쇄되고 말았다. 앵글로-가톨릭주의(Anglo-Catholicism) 및 잉글랜드 국교회와 로마 가톨릭의 재결합 가능성을 탐색했던 말린회담(Malines Conversations, 1921-1925)의 성공으로 1920년대 내내 새로운 반가톨릭주의 물결이 일어났다.

복음주의자들은 호전적인 '개신교진리회'(Protestant Truth Society)와 더 존경받는 '복음주의연맹'(Evangelical Alliance) 같은 압력 단체들의 촉구를 받아 영어권 사회의 중요한 특징이 된 종파주의에 참여했다. 근본주의와 교황을 적그리스도와 동일시하는 재림론자들의 경향은 가톨릭에 대한 반감을 북돋았다. 로마 가톨릭 신자 알 스미스(Al Smith)가 민주당 대통령 후보로 출마한 1928년 대통령 선거는 개신교 신자들에게 미국의 개신교적 감각을 일깨웠다. 정치적, 문화적, 신학적 영향력의 교차점은 마치 양차대전 사이 복음주의자들이 동의할 수 있었던 유일한 한 가지가 로마교회에 반대하는 것처럼 보이게 했다.[51]

반가톨릭적 감정이 폭발해서 뜻밖에 널리 퍼진 사건은 1927년-1928년 사이 영국에서 벌어진 '기도서논쟁'(Prayer Book controversy)이었다.[52] 1920년대 중반까지 영국계 가톨릭 신자들은 자신들의 열망과 관행을 수용하는 기도서 개혁 조치를 보증해 줄 수 있는 충분한 세력을 얻었다.

주교들이 대안기도서를 만들기 위해 제의서를 의회에 제출했을 때, 다양한 개신교 그룹의 반대에 직면했는데, 거기에는 그 개정이 가톨릭 쪽으로 너무 나갔다고 느끼는 맨체스터의 존경받는 은퇴 주교 E. A. 녹스(E. A. Knox)가 이끄는 복음주의 국교회파도 포함되어 있었다. 그들은 국교회파 복음주의자들뿐만 아니라 '영연방' 곳곳의 다른 복음주의자들에게서도 지지를 받았다. 왜냐하면, 잉글랜드 국교회의 가톨릭화가 영어권 유산의 일부인 종교개혁과 개신교주의를 약화할 것이라고 느꼈기 때문이다.

의회가 대안기도서 제안서를 거부했을 때 안도감이 찾아오긴 했지만, 반가톨릭주의는 수그러들지 않았다. 반가톨릭주의는 1933년 영어권 세계 전역에서 앵글로-가톨릭의 축하 행사와 복음주의자들의 저항으로 얼룩졌던 '옥스퍼드 운동'(Oxford Movement) 100주년을 맞아 다시 일어나게 되었다.[53] 7월에 런던 화이트 시티(White City) 대미사(high mass)에 약 5만 명이 운집한 것은 깊은 반감과 경고의 원인이 되었다. 국교회파 복음주의자들은 1833년 이전 교회 상황에 대한 앵글로-가톨릭의 비방에 특히 분개했

---

51   John Wolffe, 'A Comparative Historical Categorisation of Anti-Catholicism,' *JRH* 39.2 (2015), 182-202.
52   John Maiden, *National Religion and the Prayer Book Controversy, 1927-1928* (Woodbridge: Boydell Press, 2009).
53   Andrew Atherstone, 'Evangelicals and the Oxford Movement Centenary,' *JRH* 37.1 (2013), 98-117.

고, 옥스퍼드 운동 지지자들(Tractarians)이 복음주의 부흥을 완결했다는 주장을 거부했다. 그들은 옥스퍼드 운동 역사에 대한 자신들의 해석과 교회 생활의 주요 측면에 대한 대안적 해설을 내놓음으로써 대응했다.[54]

이 언쟁에서 대표적으로 해먼드는 옥스퍼드 운동이 퇴보할 때 복음주의적 부흥이 새로운 종교적 활력을 가져왔다고 주장했다.[55] 또한, 국교회파가 아닌 복음주의자들은 앵글로-가톨릭의 축제에 기분이 상했다. 그들은 옥스퍼드 운동을 비영국적이고 불법적이고 반개신교적이라고 비난했다. 일부 진보적 복음주의자들은 부드럽게 달래는 듯했지만, 대부분은 옥스퍼드 운동의 명백한 로마화에 완강한 입장이었다.

가톨릭에 대한 근본적인 신학적 반대는 종교개혁기념제가 이어지면서 양차대전 사이 내내 계속해서 표면화되었다. 필그림 파더스(Pilgrim Fathers)의 아메리카 정착 100주년을 포함해 1917년 루터가 내건 95개조의 400주년을 시작으로 복음주의자들은 '길었던 16세기'(the long sixteenth century)의 역사적 사건들을 기억하면서 자신들의 뿌리를 회고했다.[56]

이것은 로마에서 독립한 영어권 세계 전체가 축하하는 영국 종교개혁 400주년이 되는 1930년대 중반에 절정에 달했다. 그 정점은 1937-1938년에 영어성경(the English Bible) 출판과 그 번역자 윌리엄 틴데일(William Tyndale)의 순교를 기념하는 것이었다. 그들의 개신교주의와 성경주의가 교차해 문명에 기여한 것을 축하하는 일은 1930년대 말까지 복음주의 운동 내의 다른 데서 나타난 움직임들과 일치했다. 과거의 위대한 사건들이 복음

---

54 예를 들어 E. A. Knox, *The Tractarian Movement, 1833–1845* (London:Putnam, 1933); Charles S. Carter and G. E. A. Weeks (eds.), *The Protestant Dictionary: Containing Articles on the History, Doctrines and Practices of the Christian Church*, new ed. (London: Harrison Trust, 1933).
55 Thomas C. Hammond, *The Evangelical Revival and the Oxford Movement* (London: Church Book Room, n.d. [1933]) [= Ch 47.2 (Apr. 1933), 79–86]).
56 역사학자들은 이 용어를 선행하는 1501년 이전 16세기의 주요 발전과 1600년 이후 즉각적인 결과를 통합한 기간의 약기로 사용한다.

주의자들에게 그들이 누구였고 그들이 세상에 무엇을 주었는지를 생각나게 하자 사기가 회복되었다.

복음주의 안에 반가톨릭주의가 만연했지만, 더 화려한 예배에 대한 입맛을 꺾지는 못했다. 영어권 세계 곳곳에서 복음주의자들은 한때 분명히 '로마 가톨릭'의 것으로 여겨졌을 관행들을 받아들였다. 국교도들은 성직을 높이는 것을 자신들의 전통적 예전 안에서 쉽게 받아들였다. 진보주의자들의 자유의 이상은 갱신의 필요성을 수용함과 동시에 음악, 예복, 십자가, 현대어의 사용에 혁신의 길을 열어 예배에 색채와 품위와 현실감을 가져왔다.

그러나 가톨릭 사상과 관행의 영향은 국교회 복음주의 좌파에만 국한되지 않았다. 다양한 유형과 교파에 속한 중도파도 예전과 예복과 상징과 촛불과 성가대에 열광했다. 심지어 전통적으로 자발성과 조직으로부터의 자유를 선호하는 사람들 사이에서도 성경 읽기와 기도와 찬송은 예배의 더 중요한 본질에 관한 관심과 전체 기독교 전통에 대한 개방성 안에서 발판을 마련했다. 혁신과 실험은 불가피하게 반대를 일으켰다. 다시 한번 정반대의 의견이 등장한 것이다. 그에 대한 대응으로 '번지르르한 가짜 로마교'와 '무미건조하고 불쾌한 개신교' 사이에서 새로운 예배의 길이 생겼다는 주장이 나왔다. 더 광범위한 교회학적 퇴적층에서 사상과 관행이 도출됨에 따라 복음주의자들이 복음주의자로 남아 있으면서 더 가톨릭적인 예배 양식을 만들 수 있는지는 이 운동 안에 긴장이 더 커지게 했다.

그 딜레마는 성찬 예식과 관련해 가장 심했다. 전형적으로 복음주의자들은 성례에 대해 상징적 이해를 갖고 있었지만, 가톨릭과 청교도 자료들은 모두 더 높은 성례주의를 지향했다. 국교회 신자들 안에는 확실히 예비된 성찬식 앞에 공적인 봉헌과 같은 제한이 있었지만, 앵글로-가톨릭의 영향은 확실히 성찬예배(Eucharistic worship)에 대해 더 진보된 생각과 관행을 촉진했고, 일부 국교회파 복음주의자들은 심지어 더 사제적인 동방의

입장을 채택하기도 했다.⁵⁷

비슷하게 메소디스트의 사상도 '스완위크대회'(Swanwick Convention, 1920)와 '메소디스트성찬협회'(Methodist Sacramental Fellowship, 1935)에 의해 성례주의를 더 강화하는 쪽으로 움직였다. 국교회 전통과 무관한 사람들은 국교회 양식을 절대 따르지 않았다. 또한, 개혁파와 청교도 영향도 그들에게 더 높은 성찬관을 제시했다. 주님의 실제적인 임재가 무엇을 의미하는지에 관해서는 약간의 차이가 있었지만, 더 성례전적 삶을 살고자 하는 갈망과 더불어 모든 면에서 '성찬에서 주님의 실제적 임재'에 대한 인식이 점점 커지고 있었다.⁵⁸ 1940년 무렵에는 종교개혁에 대한 기억이 복음주의 안에서 더 많은 추종자를 얻고 있던 더 높은 성찬관을 막지 못했다.

6. 결론

복음주의자들은 자신들의 임무가 신세계 질서를 향해 신앙의 삶을 제시하고 자신들의 행위로 그 삶의 가치와 효과를 입증하는 것이라 믿으며 전후 시대에 뛰어들었다. 복음주의 기독교의 현실성과 효용성을 보여주려는 그들의 노력에는 신앙생활이 4년간의 전쟁에서 회복 중인 세계의 특수한 영적, 정서적 필요를 수용했다는 보증이 필요했다.

또한, 복음주의자들은 보다 광범위하게 전후 세계의 경향과 필요에 맞춘 영성을 개발하는 방법들을 찾고자 노력했다. 그들은 16세기 종교개혁을 주요한 참조점으로 삼았다. 종교개혁은 그 중요한 사건들을 기념하던

---

57 Randall, *Evangelical Experiences*. 이 책 외에도 다음을 보라. Christopher J. Cocksworth, *Evangelical Eucharistic Thought in the Church of England* (Cambridge: Cambridge University Press, 1993), ch. 6.
58 영국 메소디스트 고든 제임스(Gordon James)의 표현은 다음 책을 인용했다. Randall, *Evangelical Experiences*, 131.

양차대전 사이에 매우 중요한 의미가 있었다.

특히, 두드러진 '새로운 종교개혁'의 희망은, 복음주의 원리를 훼손하거나 가톨릭에 대한 반대를 약화하지만 않는다면 현대에 급부상하는 가톨릭으로부터 가치 있는 것을 받아들이는 것을 가로막지 않았다. 신앙생활을 촉진하는 공통 과제의 다른 변형에는 오순절주의, 재림론, 세계교회주의에 대한 특색 있는 접근들이 포함되었다. 종합하면 양차대전 사이에 자신들이 속한 세계에 신앙의 길을 제시하려는 복음주의자들의 노력은, 주요 역사가들이 판단하는 것처럼, 현대 복음주의적 경험에 대해 영성이 고조된 시대를 일으켰다.[59]

이런 성취에도 전후 세계에서 신앙생활의 충격은 그 다양성으로 인해 제한적이었다. 같은 열망을 가진 넓은 틀 안에서 양차대전 사이 복음주의자들은 자신들이 강조하고 우선하는 것들을 적용하고 다른 동시대인들과 공유한 태도를 반영하는 영성을 발전시켰다. 그들의 견해는 현대 사회의 영적 필요를 다루는 가장 좋은 방법으로 교리의 요구에 기꺼이 순응하려고 하는 복음주의 통합체 내에 있는 성경주의자들의 십자가주의 축에 의해 주로 형성되었다.

반면에 그 시대의 이상주의에 더 많은 영향을 받은 사람들은 오히려 경험의 가능성을 보는 경향이 있었다. 경험주의와 교리주의 사이의 이런 긴장은 결과적으로 복음주의 다양화를 심화할 뿐만 아니라 기독교 문명을 회복하고 제1차 세계대전을 '전쟁을 끝내는 전쟁'(the war to end war)이 되게 하려는 삶의 방식의 전형으로서 복음주의자들의 신뢰성도 망가뜨리고 말았다. 또한, 모더니스트와 공격적인 영국계 가톨릭을 고려해야 했던 시기에, 그들의 분열은 영어권 사회는 물론 개신교 전반에 걸쳐 자신들의 영향력을 이전 수준으로 회복하는 것을 가로막았다.

---

[59] Ibid. 269.

제11장

현대 세계에서 복음주의와 선교
Evangelism and Mission in the Modern World

전후 재건이라는 위대한 과업은 복음주의 내에서 회심주의자들의 충동에 도전을 주었다. 1919년 복음주의자들이 꾀했던 기독교 문명의 재확립을 위해서는 기독교에 대한 폭넓은 지지가 필요했다. 전쟁이 끝날 무렵 원로 정치인 더럼의 주교 핸들리 모울(Handley Moule)은 연례 '이즐링턴성직자회의'(Islington Clerical Meeting)에서 잘 알려진 회심주의의 이론적 근거를 재확인했다.

사회의 건강과 희망은 새로운 출생과 은혜의 실재 안에서 하나님께 진실한 영혼과 생명이 사회 전반에 확산하는 것에 절대적이고 막대하게 의존한다.[1]

그다음 이즐링턴 성직자회의에서 모울은 이렇게 말했다.

---

1 Handley Moule, 'The Means of Renewal,' in *ICM 1918. After the War – Renewal* (London: 'Record' Newspaper Office, 1918), 29–30.

우리는 복음주의적인 열정을 추구해야 하는데, 그것은 다름 아닌 분명한 회심을 추구하는 것이다. 회심은 세상을 뒤집은 초대교회의 영향력에 버금가는 강한 힘이다.²

복음주의자들은, 여전히 군사적인 용어로 사고하여, 그리스도를 위해 고국을 설득하여 선교지에 '막강한 원정군'을 파병하는데 착수했다.³ 그들이 기대한 것은 본국에서의 새로운 각성과 선교지에서의 기독교의 확장으로 기독교적 세계 질서의 출현에 필요한 것들을 만들어 내는 것이었다.

이 점에서도 복음주의가 갈림길에 서 있다는 의식이 뚜렷했다. 복음 전도는 교회의 지속적인 과업이기 때문에 전쟁 이후의 시간은 복음주의가 신약 기독교의 표현으로서 그 진정성을 보여 줄 기회였다.

"우리는 신앙적인 일들에 관해 큰 확신을 해야 한다. … 교회는 권위를 가지고 말할 때 그의 주님과 가장 비슷하다."⁴

평화가 기대했던 유익들을 가져다주지 않았기 때문에 그 필요성은 더 커졌다.

실망이 컸다는 것은 곧 모든 악이 뿌리내린 곳이 인간의 마음이라는 더 깊은 확신을 의미했다. 하나님에 대한 뿌리 깊은 반항으로부터 인간을 구원하기 위해 복음이 작용하는 곳이 인간의 마음이다. 이것은 개인의 중생에 관한 교리다. 오늘날 우리가 어떤 사회적 기획이나 정치적 계획이나 힘의 균형으로는 인류를 괴롭히는 현재의 혼란과 비참한 상황을 종결할 수 없다는 것이 널리 인식되고 있다.⁵

---

2   C. J. Procter, 'Introductory,' in *ICM 1919. Evangelicals and the Reports of the Archbishops' Committees* (London: 'Record' Newspaper Office, 1919), 11.
3   Robert E. Speer, 'Why We Must Enlarge Our Missionary Obedience,' *RCW* 38.8 (Aug. 1919), 548–554.
4   Oliver Russell, 'The Evangelical Programme,' *RPC 1921*, 260–265 (quotation on 265).
5   Ibid. 261.

토론토 녹스대학(Knox College)의 T. B. 킬패트릭(T. B. Kilpatrick)은 복음을 선포하지 않는 교회가 치러야 할 대가에 대해 말했다.

> 이 열정이 시들고 복음주의적 어조가 사라지면 교회는 그 자리와 힘을 잃을 것이다. 교회의 도덕적 영향력은 심각하게 약화될 것이고, 뚜렷한 복음주의적 특성을 포기했기 때문에 사회 활동과 자선활동에서마저 실패할 것이다.[6]

교회의 회심주의는 복음주의적 재건 사업을 실현하고 복음주의의 정당성을 입증하는 또 하나의 조건이 될 것이다.

1. 재건 시대의 복음주의[7]

복음주의자들은 전후 세계의 특수한 필요로 고무된 복음 전도 사명감과 함께 그 시대를 희망차게 시작했다. 휴전과 평화 협정이 타결되면서 교회 출석자가 불어나고 정상적인 생활로 돌아가려는 열망으로 인해 기독교에 대한 수용성이 높아짐에 따라 처음에는 그들의 확신이 옳았던 것처럼 보였다.

대중 문화의 변화도 복음주의자들의 전망에 유리하게 보였다. 당연히 진보할 것이라고 믿는 순진함 그리고 구속받지 못한 인간의 행위가 침몰할 수 있는 저속함이 전쟁으로 폭로됨으로써, 오직 '거듭남'만이 인간의 심성을 문명에 필요한 자기 희생과 봉사의 삶으로 돌이킬 수 있다고 주장

---

6 T. B. Kilpatrick, 'The Church of the Twentieth Century,' *ConsQ* 7.27 (Sept. 1919), 400-432 (quotation on 415-416).

7 이 부분은 다음 책을 통해 알 수 있다. David W. Bebbington, 'Evangelism and Spirituality in Twentieth-Century Protestant Nonconformity,' in Alan P. F. Sell and Anthony R. Cross (eds.), *Protestant Nonconformity in the Twentieth Century* (Carlisle: Paternoster Press, 2003), 184-215.

하기에 유리한 환경이 조성되었다.⁸

그러나 이 초기의 낙관론은 전후 세계의 현실이 명확해지자 곧 수그러들었다.⁹ 정치적, 산업적으로 광범위하게 불안한 배경에서 군대 내의 저조한 신앙 상태에 관한 보고들은 충격을 주었으며, 전선에서 돌아온 사람들도 신앙적인 열심을 분출하지 않았다. 정상 상태로 돌아가려는 사람들의 영향 역시 급속히 사라져 신앙에 대한 현저한 무관심으로 대체되었다. 전쟁 이전에 이미 확연했던 충성심도 심각하게 하락한 듯해지자 당장에 복음주의적 과업은 1919년 초보다 더 어렵고 시급해 보였다. 전쟁과 그 직접적인 여파로 복음주의자들은 지역 사회에서 복음 전도의 중요성을 재확인하게 되었다.

재건 사업에서 복음 전도의 중요성은 전통적 복음 전도 방법의 재활성화를 불러일으켰다.¹⁰ 토레이와 알렉산더가 주창한 '개인적 노력'이 토대가 되었고, 개인적 회심 운동을 육성하기 위해 영국에서는 '개인복음 전도 연맹'(League for Personal Evangelism)이 설립되었다.¹¹ 공적인 설교도 가장 중요한 것이었다.

1935년 후반 호주에서 생긴 '야외전도 운동'(Open Air Campaigners)의 휴 페이튼(Hugh Paton)은 공공장소에서 효과적으로 전도하기 위해 확성기 사용을 촉구했다. 기독교 문서의 광범위한 배포도 촉구되었다. 왜냐하면, 사람들이 교회에 오지 않으므로 사람들에게 가서 복음을 전하는 것이 전후 복음주의의 우선 사항으로 떠올랐다.

수용적이지 않은 문화도 새로운 방법론을 실험하도록 자극했다. 영국에서는 영화 매체의 큰 인기를 기회로 삼으려는 '영화선교 운동'(Cinema Mis-

---

8   'The Witness of the Church,' *C* (3 Mar. 1921), 1–3; 'Notes and Comments. The Moral Element,' *C* (12 May 1921), 3.
9   예를 들어 'Looking Back. An Eventful Year,' *C* (25 Dec. 1919), 1–3.
10 G. B. F. Hallock, *The Evangelistic Cyclopedia: A New Century Handbook of Evangelism* (New York: George H. Doran, 1922).
11 'Questing Discipleship. An Urgent Call to Duty,' *C* (7 July 1921), 1–3.

sion movement)이 설립되었다.¹² 또한, 영국에서는 전통적인 교회 건물 안에서 금했던 레저와 오락 활동을 허용했기 때문에 종종 새로운 종교 부지에 교회 대신 다목적 홀이 지어졌다.¹³

당시 근본주의 사업 성공의 기본 조건은 그들이 만든 독립된 '장막같은 교회'(tarbernacle-like churches)였다. 이것을 유행시킨 사람들은 1922년 시카고 가스펠 터버너클(Chicago Gospel Tabernacle)과 코스모폴리탄 터버너클(Cosmopolitan Tabernacle, 후에 the People's Church로 개명됨)을 설립한 폴 레이더(Paul Rader)와 오스왈드 스미스(Oswald Smith)였다.¹⁴

교단의 통제권 밖에서 그들은 자유롭게 청중을 최대한 끌어모으기 위해 홍보하고, 현대적 흥행물의 이점을 활용하기 위해 슬라이드 쇼, 영화, 무료 콘서트 같은 수단들을 사용했다. 일부 비판에도 그들의 방법은 멀리 또 널리 모방했다.¹⁵ 이전 시대처럼, 회심주의 전통은 사람들이 복음을 들을 수 있도록 수정되었다.

그러나 당시에 가장 중요한 혁신은 라디오의 활용이었다. 종교 방송은 1921년 1월에 시작된 이후 비록 '세속성'에 대한 의구심과 그의 영향력이 교회 출석자들에게 마칠 수 있기는 했지만, 말씀을 전하는 강력한 새 매체가 등장했다는 인식이 더 컸으므로, 복음주의자들 사이에서 급속히 주목을 받았다. 영국에서는 BBC가 종교 방송은 국가적으로 사기를 드높이고 편파적이지 않아야 한다고 요구했기 때문에 좀처럼 종교방송의 기회를 잡

---

12 'Work and Workers. The Cinema and the Church,' *C* (22 Apr. 1920), 10; 'Work and Workers. Can the Cinema Help the Church?,' *C* (24 June 1920), 10.

13 Callum G. Brown, *Religion and Society in Twentieth-Century Britain* (Harlow: Pearson Education, 2006), 141.

14 Kevin Kee, *Revivalists: Marketing the Gospel in English Canada, 1884–1957* (Montreal: McGill-Queen's University Press, 2006), ch. 2.

15 Jane Simpson, 'Joseph W. Kemp: Prime Interpreter of American Fundamentalism in New Zealand in the 1920s,' in Douglas Pratt (ed.), *'Rescue the Perishing': Comparative Perspectives on Evangelism and Revivalism* (Auckland: College Communications, 1989), 23–41.

기 어려웠다.¹⁶

다른 곳에서는 정부의 규제가 늘어나 공영방송과 상업방송이 나란히 운영되는 방송 환경이 조성되었다. 무료 공중 방송 시간에 접근하기 어려웠기에, 선명한 복음주의 메시지를 가진 방송에 출연하려는 사람들 대부분 상업 방송국의 방송 시간을 사야 했다. 상업적으로 적합한 청취자층을 만들기 위해 방송 형식을 개선하라고 그들에게 강요할 수 있었으므로, 상업적인 의무장치들은 일종의 숨은 혜택이었다.

'루터란의 시간'(The Lutheran Hour, 당시에 세계 최대의 라디오 방송이 되어가고 있었음)의 월터 메이어(Walter Maier) 같은 복음주의 사업가들은 구애받지 않았다.¹⁷ 복음주의자들이 라디오에 열광하자 '전자교회'(the electronic church)가 등장했고, 반드시 정기적인 교회 출석으로 이어지지 않는 많은 사람에게 찾아가는 수단을 만들어냈다.¹⁸

복음주의 역사에서 늘 그랬듯이, 새롭게 시도되는 것에 대한 의구심과 아직 충분히 이루어지지 않은 것에 대한 통례적 비판이 전후 초기에 표출되었다. 그와 동시에 성취된 것에 대한 만족도 나타났다. "그 분야의 방대함, 다양성 및 최고의 중요성에 대한 견해들"을 제공하려고 했던 현대의 한 조사에 따르면 "전후 시기는 매우 다른 노선을 따라 사랑과 봉사의 정신이 나타난 보기 드문 복음주의 활동 기간이 되었다."¹⁹

그 넓은 활동에 '구세군과처치아미'(Salvation and Church Armies), '세틀먼트 운동과브라더후드 운동'(Settlement and Brotherhood Movements), '어린이특

---

16 Kenneth M. Wolfe, *The Churches and the British Broadcasting Corporation 1922-1956: The Politics of Broadcast Religion* (London: SCM Press, 1984), pt. 1.
17 L. Eskridge, 'Maier, Walter Arthur,' in *BDE*, 405-407.
18 Tona J. Hangen, *Redeeming the Dial: Radio, Religion, and Popular Culture in America* (Chapel Hill: University of North Carolina Press, 2002); Quentin J. Schultze, 'Evangelical Radio and the Rise of the Electronic Church,' *JBEM* 32.3 (1988), 289-306.
19 [David P. Thomson and Hubert L. Simpson], *Modern Evangelistic Movements. Edited by Two University Men* (New York: George H. Doran, 1924), quotation on 18.

별봉사선교회'(Children's Special Service Mission), YMCA 그리고 '기독교소책자협회'(Religious Tract Society)가 포함되었다.

이런 단체들은 목적과 성격과 방법이 현저히 달랐지만 "본질적으로 동일한 기독교적 이상을 구현하려는 의식, 목적에 맞는 동일한 봉사 정신의 표명, 인류 갱신의 동일한 궁극적 목표 수립, 하나님과의 실질적인 조화와 사람들 간의 행복한 교제 안에서의 삶"에 있어서는 하나가 된 것처럼 보였다.[20]

다른 비평가들도 복음주의에 대한 헌신을 문명의 희망으로 간주했다.[21] 많은 역사적 기관들이 여전히 복음주의 질서의 일부가 되어 효과적으로 활동했으며, 새로운 인물과 기술이 현장에 등장함에 따라, 전후 세계에서 복음의 능력에 대한 확신과 그 유효성에 대한 희망이 1920년대 초에 일반적이었다.

2. '신앙 침체기'의 복음주의

1920년대 중반에 이르러 이런 낙관론이 쇠퇴했다. 분명한 것은 전쟁의 직접적인 여파로 다시 기독교로 돌아오리라고 기대했던 대중이 실제로는 돌아오지 않았기 때문이다. 또한, 양차대전 사이 초에 평화와 번영과 진보로 돌아가는 데 필요한 조건으로 간주했던 위대한 부흥이 일어나지도 않았다.[22] 수포로 돌아간 기대와 더불어 현대 사회의 분위기가 실제로 호의적이지 않다는 인식이 있었다.

20　Ibid. 19.
21　예를 들어 William Younger, 'The Recent Emphasis on Evangelism,' *EMC 1921*, 29–31; A. Douglas Brown, 'Evangelism,' *WBC 1923*, 206–210.
22　예를 들어 'Revival and Reconstruction,' *C* (7 July 1921), 3; '1921 – A Review,' *C* (29 Dec. 1921), 1–3.

복음주의자들은 하나님에 대한 신앙이 쾌락과 오락에 팔린 물질주의적 견해로 대체되고 있는 것을 알게 되었다. 그들은 또한 죄와 구원에 대한 자신들의 말이 더 받아들여지지 않는다는 것을 안타까워했다. 복음주의자들이 스스로 영향력을 잃었다고 느끼게 되자, 신앙과 교회로부터의 표류에 관한 이야기가 그들 사이에서 흔해졌다.[23]

복음주의자들은 시대를 평가함과 동시에 자신들의 단점도 분석했다. 어떤 이들은 교회가 차갑고 생명력이 없다고 말했다. 이것이 다소 극단적인 판단이었다고 하면, 이보다 더 합리적인 분석은 자신의 사명과 복음 메시지에 있어서 믿음이 부족했다는 공통된 비판이었다. 이른바 교회들은 사람들에게 다가가기보다 자신들의 조직과 활동에 더 관심을 기울였다. 혹은 진지한 복음 전도에 관여하기보다 사회적 프로그램을 주최하기에 바쁘다고 비난받았다. 거기에 주목할 만한 예외들이 있었지만, 1919년 킬패트릭이 우려했던 복음주의적 활력의 상실은 전쟁 직후 수년 내에 일어난 것처럼 보였다.[24]

회심주의에 대한 헌신이 사라진 또 다른 징후는 수년간의 전쟁이 중단된 후에 대중 부흥주의가 되살아나지 않은 것이었다. 집시 스미스(Gipsy Smith)와 빌리 선데이(Billy Sunday)는 전쟁 전에는 열렬히 활동하던 선도적인 복음 전도자였지만, 둘 다 황혼을 맞고 있었다. 북아일랜드의 W. P. 니콜슨(W. P. Nicholson), 영국의 잭 트룹(Jack Troup), 호주의 존 리들리(John Ridley) 같은 새로운 복음 전도자들이 또 일어났다. 그러나 그들의 숫자는 적었고, 그 누구도 이전 세대를 이끌었던 인물들에 필적할 만큼 명성을 얻지 못했다.[25] 대규모 국제부흥 운동도 사라졌다.

---

23 예를 들어 'Practical Atheism,' *C* (25 July 1935), 3-4; L. Fletcher, 'Shall Revival Come Again?,' *EC* (Jan.-Feb. 1938), 1-2.
24 Kilpatrick, 'Church of the Twentieth Century,' 415-416.
25 *The Christian*에 실린 '활동 중인 복음주의자들'(*Evangelists at Work*) 목록은 10년이 지나면서 더 짧아졌다.

채프먼은 1918년에 죽었고, 알렉산더는 1920년에 그 뒤를 따라 떠났고, 근본주의 대의에 몰두했던 토레이는 1928년에 죽었다. 전후 10년간 아무도 일어나 자기 자리를 잡지 못했다. 대중 부흥 운동에 반대하는 주장이 힘을 얻으면서 실제로 그런 집회의 수요는 훨씬 적었다. 부흥이 아니라 부흥 운동가가 늘어나고 풍요해진 것에 관해 더 많은 말이 돌았다. 어쨌든 비용 편익 분석에 따르면 부흥 집회는 돈이 드는 만큼의 가치가 없었다. 비록 그 기법들이 오순절주의자들에 의해 채택되긴 했지만, 1920년대에 부흥주의는 더 이상 1914년 이전에 복음주의 지형에서 두드러졌던 운동이 아니었다.

대중 부흥주의의 소생 실패는 세기말 복음주의의 대사업을 떠받쳤던 복음주의적 에큐메니즘의 쇠퇴를 의미했다. 또한, 그 운동의 이런 측면에서 복음주의자들은 아이러니에 직면했다. 즉 전후의 기회를 붙잡으려는 그들의 공통된 열망이 서로 다른 접근법을 낳게 되자 복음주의의 영향력을 약화했을 뿐 아니라 교회의 신뢰성도 떨어뜨리고 만 것이었다.[26]

진보적 복음주의자들은 '새로운 복음주의'의 부름에 응했다. 그들은 역사적 복음주의와의 연속성을 주장하면서도 이전 시대의 교리와 전통을 배제하고 '실질적 기독교'(vital Christianity)를 주창했다. 그들이 말하는 실질적 기독교란, '진짜 예수'(the real Jesus)가 학문적으로 밝혀질 수 있고, 당대의 필요와 환경과 관련해서 제시되는 기독교였다.

> 우리 시대의 복음 전도는 마음뿐 아니라 머리에도 호소해야 한다. 복음 전도는, 그리스도의 모든 존재와 그분이 뜻하시는 바를 싸구려로 만들거나 적당히 양보하는 어떤 방식도 거부하면서, 온전한 정신과 성의를 가지고 오늘의 삶의 실황에 사실적이고 더할 나위 없이 적실하게 그분의 의미와 그분의 주장을 제시할 수 있고 또 제시해야 한다.[27]

---

26 이런 다양성이 다음 책에 뚜렷이 나타나 있다. D. P. Thomson (ed.), *The Modern Evangelistic Address* (New York: George H. Doran, 1925).
27 E. S. Woods, 'The Presentation of the Gospel at Home,' in T. Guy Rogers (ed.), *Liberal*

진보적 복음주의의 우선순위는 양차대전 사이 종교교육 운동의 증진에 기여했으며, 인간 본성을 낮게 평가하는 신정통주의(Neo-orthodoxy)와 기독교 현실주의(Christian Realism)에 맞섰다. 그리스도와의 개인적 관계의 필요성을 계속 주장하긴 했지만, 그들의 메시지는(회심에 대한 호소보다 변증의 성격이 더 많은) 개인적 구원에 대한 관심을 넘어 모든 공동체의 구원에 대한 열망으로 넓어졌다.[28]

'반현대적' 복음주의자들은 문화에 비추어 '오래된 복음 전도'를 변경하거나 수정할 필요를 느끼지 않았다.[29] 그들에게 복음 전도는 여전히 인간의 부족함과 실패를 구원하기 위한 하나님의 열망과 공급에 관한 성경의 메시지를 선포하는 책임을 수행하는 문제였다. 복음 전도의 토대는 죄와 그 결과들을 폐하는 십자가에 있었다. 이 복음주의자들은 복음이 사회적 진보의 조건이라고 주장했다.

> 사회주의가 하나님과 인간의 거듭남을 고려하지 않을 때, 바로 그 지점에서 무너진다. 인간 편에서 새로운 영을 찾는 것 말고는 어떤 국가 연합도 이런 세계에서 질서를 유지할 수 없다.[30]

그러므로 복음이 사회에 도움이 되는 한, 그것은 개인적이고 개별적이어야 한다. 전쟁 기간 중에 문명화가 실패하고 다른 대안들이 효과를 보지

Evangelicalism: An Interpretation by Members of the Church of England (London: Hodder & Stoughton, 1923), 251–271 (267 for the quotation).

28 예를 들어 [D. P. Thomson and Hubert L. Simpson (eds.)], *Evangelism in the Modern World. Edited by Two University Men* (Glasgow: Thomson & Cowan, 1923), esp. Essays I, II, IX and X.

29 예를 들어 George Campbell Morgan, 'The Biblical Authority for Evangelism'; George Eayrs, 'Secrets of Whitefield and the Wesleys in the Evangelism of the Eighteenth Century,' in E. Aldom French (ed.), *Evangelism: A Reinterpretation* (London: Epworth Press, 1921), 29–45, 120–152.

30 Campbell Morgan, 'Biblical Authority for Evangelism,' in Ibid. 41.

못한 것은 복음이 여전히 개인과 사회와 인류에 궁극적으로 필요하다는 것을 의미했다.

복음 전도에 대한 대안적 접근 방식의 발전은 다시 양차대전 사이 중도파 복음주의자들을 사로잡았다. 그들의 딜레마는 장로교인 R. C. 길리(R. C. Gillie)가 런던에서 직면한 상황으로 설명된다.

> 나는 … 많은 보수적 복음주의자들을 알고 있고, 또 … 많은 진보적 사상가들도 알고 있다. 나는 종종 이 두 그룹 사이에서 어떻게 처신해야 하느냐는 질문을 받는다. 내 대답은 항상 "인간이 경험하는 근본적 사실에서 출발해, 현대적 개념을 도입하되, 옛것을 전복하지 말고, 옛 경험을 새롭게 해석함으로써 하라"라는 것이다. 내 목적은 조정하거나 중재하는 것이다. 나는 '관대한' 사람들이 '편협한' 형제들을 품어줄 만큼 충분히 넓어지고, '편협한' 사람들은 '관대한' 사람들의 어떤 영적 경험을 믿을 만큼 충분히 넓어질 수 있게 노력하고 싶고, 또한 꼭 그렇게 되게 하고 싶다.[31]

길리의 전략은 전형적인 중도파의 접근법을 보여 주었다. 그는 새로운 사상과 방법이 '복음의 현대적 개념의 옛 진리들을 대체할 것들'을 주장하지 않는 한 그것들을 환영했다.[32]

이런 발전은 1930년대의 분위기를 형성했다. '대공황'의 배경에서, 복음 전도 활동은 다양한 수준에서 계속되었지만, 아래에 고려해야 할 중요한 예외를 제외하고는, 큰 기대도 없고 효과도 거의 없었다.[33] 대공황

---

31 E. Herman, 'Is the Church Holding Her Own. Interview with Rev. R. C. Gillie … President-Elect of the National Free Church Council,' *HomR* 81.1 (1921), 9-14 (인용에 대해서는 12-13을 보라).
32 'Books Worth Reading. *Evangelism in the Modern World*. By various writers,' *EC* (Nov.-Dec. 1923), 180.
33 Rev. Herbert Lockyer, 'The Church and Its Mission,' *C* (23 Mar. 1933), 22; 'A Year of Evangelization,' *C* (3 Jan. 1935), 3-4.

은 물질적 쇠락에 대한 보상으로 큰 영적 부흥을 희망하도록 부추겼지만 (분명히 과거처럼), 먼 동아프리카의 경우를 제외하고는 아무 것도 일어나지 않았다.³⁴ 비평가들이 볼 때 교회는 전후의 기회를 '기독교적 대의를 추진'하는데 이용하지 않았으며, 일부 논평자들은 재건 사업의 실패를 인정했다.³⁵

어떤 면에서 양차대전 사이 복음주의자들의 낙담이 부적절한 부분도 있었다. 그들의 낙담에도, 유용한 통계에 따르면 양차대전 사이 동안 신앙적인 충성이 꾸준히 유지되었다. 영국에서는 개신교회 회원이 전후에 회복되어 1920년대 중반에 새로운 정점에 도달했다. 1930년대 후반에만 소폭 하락이 있었다.³⁶ 마찬가지로 미국에서도 1920년대 신앙적인 충성이 강력하게 유지되었다.³⁷

대공황 10년 동안, 비록 주로 백인들의 전통적 교단들은 성장이 멎었지만, 마지막에 약간 감소한 것 말고는 교인 수에 큰 변화가 없었다.³⁸ 광범위한 기독교 사회 구조가 여전히 당연시되던 호주, 뉴질랜드, 캐나다 같은 '새로운 영국'(neo-Britains)에서도 비슷한 패턴이 뚜렷이 나타났다.³⁹ 그리고 일부 복음주의 교회들은 양차대전 사이에 실제로 확장되었다. 영국 형제교회가 그런 경우였다.

---

34 Richard McMaster, A Gentle Wind of God: The Influence of the East African Revival (Scottdale, PA: Herald Press, 2006).
35 예를 들어 'Needs of the Hour. Statement by Parliamentary Lay Preachers,' C (1 Jan. 1931), 29; Henry W. Tiffey, 'The Church and the Cataclysm,' C (22 June 1933), 19.
36 Robert Currie, Alan Gilbert and Lee Horsley, Churches and Churchgoers: Patterns of Church Growth in the British Isles Since 1700 (Oxford: Clarendon Press, 1977), 25, 30.
37 H. C. Weber, Evangelism: A Graphic Survey (New York: Macmillan, 1929).
38 Samuel Kincheloe, Research Memorandum on Religion in the Depression. Bulletin 33 (New York: Social Science Research Council, 1937).
39 Ian Breward, A History of the Churches in Australasia (Oxford: Clarendon Press, 2001), 247-250; Nancy Christie and Michael Gauvreau, Christian Churches and Their Peoples, 1840-1965: A Social History of Religion in Canada (Toronto: University of Toronto Press, 2010), ch. 4.

미국에서는 남침례교와 소수파(더 분파적인)와 이민자 교회들이 성장세를 보였다. 반면에 교회 회원과 교회 출석은 동일하지 않았다. 게다가 충성도가 지역적으로 고르지 않았다. 예를 들어 이 기간에 영국은 웨일스와 스코틀랜드보다 덜 '신앙적'이었다.[40] 수치와 그 의미가 어떠했든지 간에, 1919년-1920년에 사회에 대한 기독교의 영향력은 예상한 것보다 크게 못한 것 처럼 느껴졌다.

복음주의자들에게 일반적으로 확산된 '문화개신교'(culture Protestantism)는 진정한 기독교가 아니었다. 단지 그들 자신의 것을 수적으로 유지하는 것만으로는 충분하지 않았다. 앞으로 나아가지 않으면 실패하는 것이었다. 전반적으로 전쟁 이전의 열정과 활동 수준보다 쇠락한 환경에서, 일부 복음주의자들은 회심주의 전통을 회복하기 위한 발걸음을 내디뎠다.

3. 프랭크 부크먼과 옥스퍼드그룹 운동

옥스퍼드그룹 운동을 설립하고 이끌었던 프랭크 부크먼은 이전 수준의 복음주의적 유효성을 회복하려고 노력했던 복음주의자였다.[41] 미국 루터교도였던 그는 1901년 노스필드 회의(Northfield Conference)에서 그리스도를 위해 사람들을 얻는 것을 자기 평생의 과업으로 삼았다. 7년 후 케직에서 제시 펜 루이스(Jessie Penn-Lewis)와의 만남은 교리적 정확성을 넘어 그리스도인의 삶의 우선성을 인정하고 '기독교의 중심적 경험'인 십자가에 의해 살아갈 것을 결정하는 데로 이어졌다.[42]

---

40 S. J. D. Green, *The Passing of Protestant England: Secularisation and Social Change c. 1920–1960* (Cambridge: Cambridge University Press, 2011), 32–34.

41 Garth Lean, *Frank Buchman: A Life* (London: Constable, 1985); Daniel Sack, *Moral Re-Armament: The Reinventions of an American Religious Movement* (New York: Palgrave Macmillan, 2009).

42 Lean, *Frank Buchman*, 32.

F. B. 마이어(F. B. Meyer)에게서 '개인적 사역'과 매일 아침 하나님의 인도를 받기 위해 시간을 갖는 것의 중요성을 배웠다. 이런 열망을 한데 모으고 지휘한 것은 성별된 개인의 능력에 대한 무디의 믿음과 '이 세대 안에 세계 복음화'라는 존 모트의 이상이었다.[43]

펜실베이니아 주립대학교과 아시아 선교지에서 YMCA와 함께 일하면서 부크먼은 하트포드신학교(Hartford Seminary)에 짧게 있으면서 가르쳤던 개인 복음 전도에 관한 자기 생각을 개진했다. 20세기 중반 수십 년 동안 부흥 활동을 추진한 그는 세기말 복음주의에 깊게 뿌리내리고 있었다.

그러나 부크먼은 변화도 가져왔다. 진정한 회심 경험을 일으키기 위해 그와 그의 동료들은 기존의 부흥주의 패턴에서부터 점차 자신들의 방법과 메시지를 어느 정도 차별화했다. 그들은 지렛대 효과를 기대하면서 지도자들을 겨냥했는데, 우선 사회의 '솟아오른 곳'에 전반적으로 집중하는 것에 우선순위를 둔 것이었다. 부크먼은 덜 조직적이고 더 관계적인 것이 필요하다고 확신하면서 사람들의 근본 동기와 갈망에 닿을 수 있게 하는 개인적 복음 전도에 찬성했고 큰 집회를 거부했다. 바람직한 집단 경험은 주말에 개인 주택이나 시골 별장에서 비공식적으로 모이는 하우스 파티였다. 이야기하고 대화하는 것이 설교를 대신해 메시지를 전달하는 수단이 되었다. 현실성과 흥분을 갈망하던 전후 시대의 요구를 충족하기 위해, 부크먼은 개인적인 하나님 경험을 통해 대담하고 '삶을 변화시키는' 기독교적 삶을 증진했다. 지지자들은 생생한 교제와 친밀한 공동체를 제공하는 셀 조직망의 지원을 받았다. 그 요소들은 결코 새로운 것이 아니었지만, 1928년 옥스퍼드그룹 운동으로 알려지게 될 때까지 부크먼의 통합은 복음주의 전도 활동에 새로운 길을 열었다.[44]

---

[43] Ibid. 81-82.
[44] 그의 사상은 다음 책에 들어 있다. Frank N. D. Buchman, *Remaking the World: Selections from the Speeches of Dr Frank N. D. Buchman* (London: Heinemann, 1942).

처음부터 운동의 비전은 세계적이었다. 모트에게 영감을 받은 부크먼은 하나님의 사람들의 세력을 일으켜 세상을 변화시키는 일에 착수하는 것이 자신의 소명이라고 느꼈다. 개인 못지않게 나라들도 하나님의 인도를 받을 수 있다고 믿었던 그는 사람들에게 나라와 대륙에 대해서도 생각하라고 촉구했다.

1930년대 그의 초점이 학생들에게서 성인들과 그들의 관심사로 옮겨 감에 따라 이 열망은 성취될 수 있을 것 같았다. 그의 전략은 여전히 지도자들에게 집중하고, 그들을 통해 지역 사회와 전체 사회에 영향을 주는 것이었다. 그 목표가 확장되면서 운동의 양식도 변화했다. 하우스 파티는 확대되었고, 전통적 복음주의 집회가 개최되었고, 도시 전역 캠페인과 전국 집회도 실행되었다.

통신 기술은 대중 운동 기술이 되어, 자체적으로 문서를 생산했고 신문, 라디오, 영화를 활용했다. 이런 변화는 1937년과 1938년 '새로운 모병 캠프'(New Enlistment Camps)에서 절정에 달했다. 부크먼과 그의 동료들은 세계 변혁의 토대로서 '삶의 변화'라는 구실로 회심을 촉구하며 세계를 돌아다녔다.

어쩔 수 없이 부크먼은 방법론에서 대립적인 사람들로부터 비판을 받았고 반대에 부딪혔다. 어느 정도 맞는 부분이 있기도 하고 그렇지 않은 부분도 있기는 하지만, 그는 잘난 체하고, 도가 지나치고, 엘리트주의적이고, 도덕주의적이고, 지나치게 단순화하는 경향이 있고, 다른 사람들의 관점과 노력을 무시한다는 소리를 들었다.[45]

그의 방법론이 나치(Nazis)와 비슷했다는 이유로, 부크먼은 파시스트라는 비난까지 받았다. 이런 평가는 부당했지만, 이보다 더 심각한 비판은 교리적 요소가 부족하다는 것이었다. 사실 교리적 최소주의는 부크먼이

---

[45] 예를 들어 Marjorie Harrison, *Saints Run Mad: A Criticism of the 'Oxford' Group Movement* (London: John Lane, 1934).

성공한 한 가지 이유였다. 그것은 교리적 재검토가 필요하다고 주장하던 좌파 복음주의자들에게 호소력이 있었다. 실용적 강조점들과 변화된 삶의 실재는 더 폭넓은 매력이 있었다.

부크먼의 낙관론과 영적 모험에 대한 강조는 전쟁이 남기고 대공황이 야기한 혼란스러움에 대안을 제시했다. 격식에 얽매이지 않는 그의 자유로움과 기존 체제로부터의 탈피는 교회가 생명력을 잃고 관습에 얽매여 있다고 생각하는 사람들에게 영적인 믿음을 하나의 선택사항으로 유지할 수 있게 해 주었다.

1930년대 전체 기독교에 대한 부크먼의 비전은 우파에게는 파시즘의 호소에 대한, 좌파에게는 공산주의의 호소에 대한 해답이었다. 그것은 현대적 운동의 대안으로 신중하게 제기되었지만, 돌이켜보면 이런 문제들에 있어서 옥스퍼드그룹 운동이 시대에 발맞추어 복음주의의 표현을 제공했다는 것은 분명하다.[46]

양차대전 사이 기간이 끝나갈 무렵, 이 운동은 '도덕재무장 운동'(Moral Rearmament)으로 변모하기 시작했다. 그렇게 함에 따라, 비록 많은 특징이 유지되었지만, 그것은 더 이상 뚜렷하게 복음주의적이지는 않았다. 그러나 소규모 대중 운동이 되어 가면서 그것은 유명해졌다. 개인이 주요 대상으로 남아 있는 동안 1930년대에 수백 명이, 때로는 수천 명이 하우스 파티에 그리고 (이따금) 또 다른 집회에 참석했다.

옥스퍼드퀸스대학(Queen's College) 학장 B. H. 스트리터(B. H. Streeter) 같은 쟁쟁한 사람들이 지지자 사이에서 나타났다. 그 운동은 또한 그토록 열망하던 사회적이고 정치적인 영향력 같은 것을 얻게 되었다. 이 점에서 그 성취들 가운데는 제2차 세계대전에서 노르웨이 저항 운동의 도덕적 토대가 된 것들이 있었다고 한다.[47]

---

[46] David W. Bebbington, 'The Oxford Group Movement,' *SCH* 23 (1986), 495–507.
[47] Anders Jarlert (1995), *The Oxford Group, Group Revivalism, and the Churches of Northern Europe, 1930–1945, with Special Reference to Scandinavia and Germany* (Lund: Lund

어떤 한계를 가지고 있었든지 간에, 옥스퍼드그룹 운동은 양차대전 사이 복음주의에서 가장 성공적인 회심주의 세력이었으며, 부크먼은 걸출한 국제적 복음 전도자였다. 어떤 복음주의자도 전후 세계를 향한 이 운동의 포부를 실현하기 위해 부크먼보다 더 많은 기여를 하지 못했다.

4. 청년 학생 운동: SCM, IVF

복음주의 악화에 대한 또 다른 반응은 복음주의적 우선순위를 바꾸는 것이었다. 전후에 관심의 초점은 남성, 특별히 노동자 계층의 남성에서 청년으로 옮겨갔다. 물론 젊은이들에 대한 관심은 새로운 것이 아니었다. 그러나 전쟁은 젊은 사람들의 능력과 유망한 사회적 영향력에 대해 새로운 의식을 가져다주었다.

전시의 손실과 기독교에 대한 불만으로 그들의 수가 줄었다는 것은 교회가 청년들의 특징인 '빛나는 열정과 희생의 능력'과, 전쟁 세대의 '더 큰 삶의 비전'을 거의 갖지 못하다는 것을 의미했다.[48] 1930년대가 되자, 인생의 전성기에 있어야 할 사람들의 부재에 대한 각성이 그들의 중요성에 대한 인식을 떠받쳤다.

기독교의 여성화와 교회에서 남성의 상대적 부재는 양차대전 사이에 우려로 남았지만, 미래를 내다보며 젊은이들을 모집하는 것은 복음주의를 이끄는 목표가 되었다.

이 우선성은 복음주의 세계 전역의 다양한 곳에서 헌신적인 개인들의 사역에서 뚜렷이 드러났다. 1930년부터 1947년 사이에 윌리엄 오렌지 (William Orange)목사는 뉴질랜드 크라이스트처치에 있는 '캔터베리남자고

University Press, 1995).
[48] 'Notes. The Oncoming Generation,' *EC* (May–June 1923), 82.

등학교'(Canterbury Boys' High School)의 '십자군연맹'(Crusaders Union) 회원들과 캔터베리대학교(Canterbury University College) 학생들에게 성경을 가르치고 영적인 증언을 하는 영향력 있는 사역을 수행했다. 헨리에타 미어즈(Henrietta Mears)는 헐리웃 장로교회(Hollywood Presbyterian Church)의 기독교 교육 디렉터이자 복음의빛출판사(Gospel Light Publications)의 공동설립자로서 1928년부터 주일 학교에서 방대한 사역을 전개했다. '바쉬'(Bash)로 더 잘 알려진 에릭 내쉬(Eric Nash)는 1932년부터 '어린이특별봉사선교회'(Children's Special Service Mission)의 순회 총무 겸 선교사로서 영국 공립학교 아이들에게 복음을 전하기 위해 캠프 사역을 운영했다.[49] 그런 노력은 수많은 회심자를 낳았고, 기독교 사역과 복음을 전하는 일을 시작하려는 많은 이에게 영감을 주었다. 그렇게 영향을 받은 이들 중에는 훗날 유명한 복음주의자가 된 존 스토트(John Stott), CCC(Campus Crusade for Christ)의 창설자 빌 브라이트(Bill Bright), 호주의 초기 기독교 세계 역사가 에드윈 저지(Edwin Judge)가 있었다.

가장 크고 특별한 관심을 끈 그룹은 대학생들이었다. 그들이 이미 이룬 것은 이제 25년째가 된 '세계기독학생연맹'(World's Student Christian Federation)의 운영에서 분명히 드러났다.[50] 그러나 새로운 세계 질서가 형성됨에 따라 복음주의자들은 기독교에 강한 의문을 품고 있는 다음 세대 학생들을 복음화해야 할 필요뿐만 아니라 전후(post-war) 집단으로서 그들의 독특한 요구와 관심도 인식하게 되었다. 이런 목회적 동기와 함께 그들의 깊은 전략적 중요성에 대한 의식도 있었다. 학생들은 미래에 사역자, 지도자,

---

[49] Stuart Lange, *A Rising Tide: Evangelical Christianity in New Zealand 1930–65* (Dunedin: Otago University Press, 2013), ch. 3; Ethel M. Baldwin and David V. Benson, *Henrietta Mears and How She Did It!* (Glendale: Regal Books, 1967); John Eddison (ed.), *'Bash': A Study in Spiritual Power* (Basingstoke: Marshalls, 1983).

[50] Philip Potter and Thomas Wieser, *Seeking and Serving the Truth: The First Hundred Years of the World Student Christian Federation* (Geneva: WCC Publications, 1997), esp. chs. 4–5.

학자로서 기독교 문명의 전달자가 될 것이었다.[51]

이런 발전 속에서 '학생기독교 운동'(Student Christian Movement, SCM)은 영국과 영연방의 기독교 학생 사역의 주축으로 남았다. 그 시기의 평가에서, SCM는 복음주의 우파에 의해 마치 용납할 수 없는 모더니즘으로 급속히 빠져든 것처럼 치부되는 경향이 있었다. 사실, 티싱턴 타틀로(Tissington Tatlow)와 로버트 맥키(Robert Mackie)의 지도 아래 있던 양차대전 사이 SCM은 진보적 복음주의 의제를 따랐다.[52]

SCM은, 성경에 충실하려고 노력했지만, 성서학을 더 깊은 영적 이해로 통하는 길로 받아들였다. 국내외적으로 모두 복음의 사회적 적용이 SCM 사고방식에 크게 나타나기 시작했다. SCM은 또한 현대 세계교회주의가 가져온 교파 간 협력의 전망을 환영했다.

1929년에 SCM은 회원 자격의 유일한 조건이 "기독교 신앙을 이해하고 기독교적 삶을 살려는 갈망"이라고 선언했다.[53] 이런 관점은 보수적인 복음주의자들을 불안하게 하기에 충분했다. 그들은 SCM에 대해 교리적인 느슨함을 지적했고, 심지어 배교라고 의심하기까지 했다. 긴장이 고조되자 SCM은 "학생들을 이끌어 기독교 신앙을 받아들이게 하고 … 성경에 따라, 예수 그리스도의 참 제자로 살게 하는 것"을 목표로 하는 WSCF와의 관계를 재확인함으로써 자기 입장을 명확히 하려고 했다.

SCM이 재확신을 주려고 모든 시도를 했음에도, 그 시대에 학생들 차원에서의 더 폭넓은 분열이 어떠했는지는 1928년 영국 IVF(Inter-Varsity Fel-

---

51　예를 들어 William F. Quillian, 'How May Christ Be Brought to the Student World,' *EMC* 1931, 383–386; R. P. Wilder, 'College and University Work as a Preparation for Christian Leadership,' *RPC* 1925, 377–381.

52　Robin Boyd, *The Witness of the Student Christian Movement: 'Church Ahead of the Church'* (Geneva: WCC Publications, 2007).

53　From the 'Aims and Basis' of 1919. See Tissington Tatlow, *The Story of the Student Christian Movement of Great Britain and Ireland* (London: SCM Press, 1933), 628.

lowship) 설립에서 찾을 수 있었다.⁵⁴ SCM은 1910년 이후 보수적 복음주의자들에게 받아들여지지 않았다. 그 대응으로 그들은 전쟁 직후 영국 대학에서 대안적 복음주의 연합을 설립했다.

1919년부터 매년 개최되는 이 연합들의 회의에서 제기된 바와 같이, SCM의 경쟁 단체로서 IVF가 결성된 것은 부분적으로 자신들의 정체성을 뚜렷이 복음주의적인 연합체라고 주장한 설립자들의 추진력 때문이었다. IVF의 정관이 주장하듯이, 그 밑바탕에는 "개인적 신앙을 독려하고 학생들 사이에서 복음주의적 사역을 더 한다"는 약속이 들어 있었다. IVF로 대표되는 중도 우파 복음주의자들의 흡인력은 양차대전 사이 10년 동안 꾸준히 성장하고 발전했다. 1940년까지 IVF는 그 범위를 영국에서 한 개 대학을 제외한 모든 대학으로 확대했고, 기술 대학과 교사대학 내에도 조직이 있었다.

시작부터 IVF는 [SCM처럼] 국제적으로 성장했다. 첫 접촉에서 캐나다의 요청으로 하워드 기네스(Howard Guinness)가 파송되어 캐나다 대학들 안에 복음주의 단체를 세웠다. 1928년 9월 캐나다 IVF가 결성된 후, 기네스는 호주와 뉴질랜드의 새로운 사역지로 이동해 1930년-1931년에 그리고 1933년-1934년에 다시 비슷한 결과를 얻었다.⁵⁵

IVF는 기네스의 영향을 받은 이들 중 한 사람에 의해 미국으로 건너갔다. 1930년대 중반에 활력 있고 유능한 학생 대표였던 스테이시 우즈(Stacey Woods)는 캐나다 IVF의 대표(General Secretary)로 명성을 쌓았다.⁵⁶ 1932년부터 미국 학생 단체들의 교섭 제안에 기꺼이 응답해 미국대학 캠퍼스

---

54 The standard accounts are Donald Coggan (ed.), *Christ and the Colleges: A History of the Inter-Varsity Fellowship of Evangelical Unions* (London: Inter-Varsity Fellowship, 1934); Douglas Johnson, *Contending for the Faith: A History of the Evangelical Movement in the Universities and Colleges* (Leicester: Inter-Varsity Press, 1979).

55 Howard Guinness, *Journey Among Students* (Sydney: Anglican Information Office, 1978).

56 A. Donald MacLeod, *C. Stacey Woods and the Evangelical Rediscovery of the University* (Downers Grove: IVP Academic, 2007).

에서 풀뿌리 학생 운동을 전개했다. 처음에는 캐나다 위원회의 지도를 받았지만 1941년부터는 미국 위원회의 지도를 받았다.[57]

IVF가 성장한 이유 중 하나는 다양한 교파적 배경의 학생들과 노동자들을 환영한 데서 복음주의의 초교파적 특성이 분명히 재확인되었기 때문이다. IVF는 또한 학생들에게 성경 권위에 대한 높은 관점과 대속 교리 같은 전통적인 영적 목표를 강조함으로써 SCM에 비해 훨씬 보수적인 대안을 제공했다. 이것은 대학들에게 익숙한 가르침과 경건을 찾고 있던 캐나다의 멜빌 도널드(Melvin Donald) 같은 학생들의 마음을 끌었다.[58] 그러나 두 학생 단체 중에 SCM이 여전히 더 강했다. 미래의 복음 전도자이자 에큐메니스트인 레슬리 뉴비긴(Lesslie Newbigin, 1909년-1998년) 같은 학생들은 SCM을 더 선호했다. 어쨌든, 가끔 충돌은 있었지만 IVF와 SCM의 관계가 일부 당파적 비판이 제기하는 것 같이 항상 긴장된 것은 아니었다.[59] 어떤 지점에서 두 단체 사이에는 개방적이고 진심 어린 협력이 있었다. 그들 사이의 틈도 좁히지 못할 것은 아니었다.

청년 F. F. 브루스(F. F. Bruce)는 두 단체 모두에 가입했는데, 이것이 드문 일은 아니었다. 더 넓은 복음주의 운동에서처럼, 두 단체가 공존하면서 학생 사역에는 중간 입장이 존재했다. 그러나 확장과 전망 모두에서 신생 IVF가 복음주의 우파를 만족시켰다.

이것은 우즈와 영국인 더글라스 존슨(Douglas Johnson) 같은 강력한 지도자들이 복음주의 세계 전역의 캠퍼스에서 일하는 전임 사역자와 더 많은 자원 봉사자의 네트워크를 구축하도록 격려했기 때문이다. 아마도 그들의 가장 큰 업적은, 한때 학생 사역의 황금기가 있었고 점점 더 세속 대학

---

57 C. Stacey Woods, *The Growth of a Work of God: The Story of the Early Days of the InterVarsity Christian Fellowship of the United States of America As Told by Its First General Secretary* (Downers Grove: InterVarsity Press, 1978).

58 John G. Stackhouse, Jr., *Canadian Evangelicalism in the Twentieth Century: An Introduction to Its Character* (Toronto: University of Toronto Press, 1993), 89.

59 예를 들어 Lange, *Rising Tide*, pt. 1, esp. ch. 4.

들이 더 이상 복음을 위한 모집 영역이 되지 못한다고 생각하던 1930년대 복음주의자들의 의식에 대항하는 것이었다.

5. 부흥주의의 부활

제1차 세계대전 후 복음주의의 침체 상태에 대한 세 번째 반응은 새로운 문헌을 통해 복음주의적 유산으로 불러들이는 것이었다. 1930년경부터 서적과 새로운 정기간행물이 꾸준히 나와 복음주의 대의를 다시 말하기 시작했다.[60] 다양한 위기감을 표시하기 위해 저자들은 몇 가지 중요한 주제를 꺼냈다. 모두 현대교회가 복음 전도에 태만하다고 항의했다.

또한, 물질주의와 인본주의 문화의 감언이설에 경악한 그들은 그 시대를 가장 궁핍한 시대 중 하나라고 단언했다. 그들이 찾아낸 장애물들에 대해 익숙한 비판과 충고를 되풀이했다. 교회는 자기도취적이며, 낡고 비생산적인 방식은 피해야 하며, 결단을 요구하고 확실한 메시지를 전할 유능하고 열정적이고 헌신적인 설교자들이 필요하다는 것이었다. 관점이 어떻든지 간에, 방법에 관한 폭넓은 합의가 있었다,

그리스도의 십자가는 다시 사회의 중심에 들어 올려질 필요가 있었다. 희생의 본이 교회에 동기를 부여할 것이고, 구속의 메시지는 인간의 필요를 채울 것이었다. 그와 동시에 틀림 없이 시야가 좁아지고 있었다. 동기부여는 대개 그리스도의 명령에 복종하라는 경건한 취지이거나 교단을 구하라는 열렬한 호소였다. 회심의 확산을 통한 기독교 문명 건설에 대한 희망은, 비록

---

60 Lionel B. Fletcher, *Effective Evangelism* (London: Religious Tract Society, 1932); *Conquering Evangelism* (London: Marshall, Morgan & Scott, 1946); J. Ernest Rattenbury, *Evangelism: Its Shame and Glory* (London: Epworth Press, 1932); F. C. White, *Evangelism Today* (London: Marshall, Morgan & Scott, n.d.). The periodical was *Evangelism: A Monthly Bulletin of Evangelistic Work in the Church of England*, begun in 1935.

완전히 사라지지는 않았다 해도, 10년 전보다 훨씬 덜 두드러졌다.

그 문헌들은 대중 복음 전도를 국제적 규모로 되살리기 위한 전조였다. 이런 발전의 최전선에는 1932년에 호주 메소디스트 라이오넬 플레처(Lionel Fletcher)를 '제국의 복음 전도자'(Empire Evangelist)로 임명한 '세계복음화협회'(World Evangelisation Trust)가 있었다.[61] 1909년 호주 애들레이드(Adelaide) 채프먼-알렉산더선교회 출신의 노장으로서, 그는 웨일스(1916년-1922년)와 뉴질랜드(1924년-1932년)에서 연이어 성공적인 목사직을 지냈다.

복음주의에 대한 현대의 혐오감을 극복하기로 마음먹은 그는 그 일에 열정적으로 헌신했다.

> 우리는 담대하게 캠페인을 전개해야 한다. 우리는 단지 기독교 세계를 공격해야 하며, 우리의 질문에 해답을 요구해야 한다. … 예수를 어떻게 할 것인가?[62]

플레처는 런던에 본부를 두고 1930년대에 영국, 남아프리카, 호주, 뉴질랜드까지 육해공으로 30만 마일(약 48만 킬로미터) 이상을 다니며 복음주의 캠페인을 이끌었다. 그는 저술과 광범위한 개인 서신 교환으로 복음주의를 설명하고 권함으로써 공적인 운동에 힘을 보탰다.

1941년까지 그 역할을 계속하면서 죄 고백과 회개를 회심의 토대로 설교한 플레처는 전쟁 전 국제 복음주의에서 성취한 것을 생각나게 하는 사람이었다. 부흥과 부흥주의를 연구하는 역사가 J. 에드윈 오르(J. Edwin Orr)는 플레처가 양차대전 사이에 25만 명의 회심을 일으킨 걸출한 복음 전도

---

61 C. W. Malcolm, *Twelve Hours in the Day: The Life and Work of Rev. Lionel B. Fletcher* (London: Marshall, Morgan & Scott, 1956).
62 Ibid. 118.

자라고 평가한다.[63]

부흥만이 기독교가 사회에서 제자리를 회복하게 할 수 있다는 견해를 전 세계적으로 퍼뜨린 사람은 단연코 에드윈 오르였다.[64] 벨파스트(Belfast)에서 성장한 그는 부흥 운동가들이 교회와 국가의 갱신에 있어서 담당했던 것이 무엇이었는지 잘 알고 있었으며, 20세가 되었을 때는 많은 사람이 교회로 들어오지 않고 기독교가 사회를 좋게 만들지 않는다는 사실에 놀랐다. 그것에 대해 뭔가 조치를 취하기로 마음먹고 새 걸음을 내디뎠다.

첫째, 체계적인 토대에서 부흥 사역을 추진하기 위해 부흥 협회(Revival Fellowship)를 설립했다.

둘째, 1933년에 그는 개인적으로 전세계교회들에 부흥을 기대하고 기도하라고 촉구했으며, 하나님이 인도하시고 공급하시기를 의지함으로써 실제로 하나님이 역사하시는 그의 능력을 나타내라고 강권했다.

오르는 영국 전역에서 이 사역을 추진한 후에, 1935년 초부터 2년 동안 세계를 돌며 유럽, 중동, 남아메리카, 뉴질랜드, 호주, 남아프리카 등 40개 나라와 지역을 방문했다.

셋째, 오르는 세상 속에서 행하시는 하나님의 구속 활동을 증명하고 부흥을 갈망하도록 북돋우려고 다녔던 사역 이야기들을 출간했다.[65]

에드윈 오르의 활동은 전 세계의 다른 부흥 운동가 조직들과 연결되었다. 그중 가장 중요한 것은 부동산 사업가 J. 엘윈 라이트(J. Elwin Wright)가

---

63 J. Edwin Orr, 'A Call for the Re-Study of Revival and Revivalism,' 51, at www.jedwinorr.com/resources/pdf/Orr_Revival_and_Revivalism.pdf.

64 A. J. Appasamy, *Write the Vision: Edwin Orr's Thirty Years of Adventurous Service* (London: Marshall, Morgan & Scott, 1964).

65 다음 책에 요약되어 있다. J. Edwin Orr, *Such Things Happen: 100,000 Miles Around the Globe* (London: Marshall, Morgan & Scott, n.d. [1937]).

1931년에 창설한 '신영국협회'(New England Fellowship, NEF)였다.⁶⁶ 모든 유형의 복음주의자들에게 열려 있던 라이트의 사업은 최악의 상태에 놓인 미국에 희망을 주었고 곧 뉴잉글랜드 지역에서 폭넓게 지지자를 얻었다.

1930년대 말 NEF가 이루었던 전국적 규모의 협력을 회복하려는 그의 노력은 1942년 '전미복음주의협회'(National Association of Evangelicals, NAE)의 설립으로 이어졌다. 설립된 기관들 가운데는 미국과 세계를 휩쓸 부흥을 일으키려는 희망으로 '복음주의적 협력을 조성하는 계획을 세우기 위해' 만들어진 '복음 전도사무국'(Secretariat for Evangelism)이 있었다.⁶⁷

NAE가 형태를 갖추어 가던 시기에, 라디오는 복음주의 기관으로서의 잠재력을 발휘하기 시작했다. 1932년까지 라디오는 국내의 주된 레저 활동으로 자리를 잡았다. 미국에서는 80개의 서로 다른 기지국에서 400개의 복음주의적 라디오 프로그램을 청취할 수 있었다. 근본주의 복음주의자들의 라디오 활용은 찰스 E. 풀러(Charles E. Fuller)의 '옛날식 부흥의 시간'(Old Fashioned Revival Hour)으로 절정에 달했다.⁶⁸

이 프로그램은 전국적으로 방송되었고, 1940년쯤에는 고정 청취자가 2천만 명에 달했다. 이것은 1920년대의 좌절을 맛본 미국인들이 보기에 부흥주의 기독교의 정당성을 상당히 회복한 업적이었다. 그런 프로그램들의 회심주의 영향을 정확히 측정할 수는 없지만, 그 덕분에 회심한 사람이 약 50만 명이나 된다. 심지어 복음주의 라디오는 서구 문명을 복음주의자들이 위대한 것으로 믿어 온 기독교 메시지로 되돌릴 수 있다는 희망을 주는

---

66 Elizabeth Evans, *The Wright Vision: The Story of the New England Fellowship* (Lanham, Md.: Fellowship Press, 1991); Joel Carpenter, *Revive Us Again: The Reawakening of American Fundamentalism* (New York: Oxford University Press, 1997), ch. 8.
67 James D. Murch, *Cooperation Without Compromise: A History of the National Association of Evangelicals* (Grand Rapids: Eerdmans, 1956), ch. 9, with the quotation (the words of Harold J. Ockenga) on 112.
68 Phillip Goff, '"We Have Heard the Joyful Sound": Charles E. Fuller's Radio Broadcast and the Rise of Modern Evangelicalism,' *RAC* 9.1 (1999), 67–95.

것처럼 보였다.

1930년대 후반 격변하는 신학적 환경과 위태로운 신학적 풍조가 교차하면서 복음 전도에 대한 전망도 확고해졌다. 스스로 공적인 신학이라고 자부하던 신정통주의의 대담성은 전쟁 가능성이 커지면서 세계정세의 절박함을 말하는 것 같았다. 한 전문가가 진술했듯이, "그것은 개인의 영혼에 생명을 가져다주고, 지친 설교자에게 불타는 복음주의적 메시지를 제공한다."[69] 동시에 세계 무대의 발전은 결정적으로 1938년 9월 런던에서 개최된 '신 없는 회의'(Godless Conference)로 알려진 '세계자유사상가연합회'(World Union of Freethinkers Conference)에 의해 문자 그대로 통절히 느낄 수 있었다.[70]

개혁주의 신앙을 고수하는 장로교회들에 의해 1938년 작성된 아래의 성명은 그들이 직면한 무신론적 전체주의 유령에 대한 당대 복음주의자들의 전형적인 반응이었다.

> 우리는 은혜로운 하나님의 목적이 전 세계에 퍼지는 것과 교회는 모든 사람에게 복음을 전하는 하나님의 기관임을 믿는다. 전 세계를 변형하려는 목적을 가진 다른 신조가 공공연히 나타나고 있다. 무신론은 호전적이고 선교적이 되었고, 민족주의는 신앙과 삶의 최고의 법칙이라고 주장한다. … 사람들에게 가장 필요한 것은 삶이 새롭게 되고 거룩해지는 것이다. 세상의 고통이 클수록, 그리스도의 이름으로 그분을 따르는 자들이 세상에 들어가서 복음을 전해야 한다는 선교 명령의 절박함이 강화된다.[71]

---

69 Allan J. MacDonald, 'Professor Karl Barth and the Theology of Crisis,' *Ch* 46.3 (1932), 201.
70 Ben Edwards, 'The Godless Congress of 1938: Christian Fears About Communism in Great Britain,' *JRH* 37.1 (2013), 1–19.
71 'Pronouncement on Matters of Faith and Life,' *RPC* 1937, 221. 참고. 다음 제하의 논문들, 'Civil and Religious Freedom, World Peace (and related topics),' *WBC* 1939, 186–225; 1938년 옥스퍼드 복음주의 성직자 회의(Oxford Conference of Evangelical Churchmen)

이런 정서는 1919년 초 재건이라는 과제에 직면하면서 복음주의자들의 관점을 다시 불러들였다. 20년 후에 적개심이 되살아날 것이라는 전망은 초기의 실패를 상기시켰고, 그것은 또한 문명을 향한 자신들의 메시지의 탁월한 가치에 대한 복음주의자들의 믿음을 고무했다. 낙담의 시간이 지난 후, 상황은 다시 한번 목표와 방법의 차이에도 회심 설교로 복음주의자들의 문화적 권위 상실을 반전하려는 전망을 제공하는 것 같았다.

6. 양차대전 사이 선교

국내에서 복음 전도가 그러했듯이, 선교 열광주의도 복음주의 재건 계획의 일환이었다. 이 관점에서 보면 신세계 질서 안에서 복음의 피할 수 없는 변혁적 효과는 사회 봉사의 기준과 이상 그리고 선교지가 된 나라들에서의 국제적 화합을 일으킬 것이었다. 남침례교인 J. F. 러브(J. F. Love)는 선교적 마인드를 가지고 1920년에 다음과 같이 주장했다.

> 사람들의 도덕적 충동과 능력에 의로운 힘을 불어넣을 수 있다면 이제 세계는 새로운 출발을 하게 될 것이다.[72]

이런 강렬한 소원을 가진 사람들은 전후 영국계 미국인들의 활동이 계속되리라 기대했고, 전쟁으로 인해 떠나야만 했던 곳에서 선교가 다시 시작되리라는 순진한 희망을 드러냈다. 식견이 있는 사람들은 곧 이 기대가 비현실적이며 신세계 질서 속에서 선교지를 재고할 필요가 있다는 것을

에서 '영적 재무장'(spiritual rearmament)이라는 일반적 주제에 관련해 발표된 논문들, *Ch* 4.2, ns (Apr.–June 1939).
[72] J. F. Love, 'Baptist Missions in the New World Order,' *RE* 17.3 (1920), 251–266 (quotation on 265).

알아차렸다. 결과적으로 선교 즉 그들의 선교적 동기, 메시지, 방법, 목적은 양차대전 사이 동안 복음주의 내에서 활발한 논쟁거리가 되었다.⁷³

1920년대가 지나는 동안 적어도 세 세력이 상호 작용하면서 전쟁 전 복음주의 선교 개념을 흔들어 놓았다.

첫째, 기독교의 새로운 국제주의적 비전이었다.

그 비전 속에서 선교는 떠오르는 세계 질서의 핵심 요소로서 평화를 구축하기 위해 국가와 민족의 경계를 넘나드는 이해와 교류와 협력의 증진에 주도적 역할을 했다.⁷⁴ 이렇게 선교를 전쟁의 표면적 목표를 달성하는 것으로 보는 사고방식은 전통적 선교 개념과 일치하면서도 또한 그것을 확장했다.

둘째, 전쟁이 선교 활동을 수행하는 환경을 변화시켰다.

선교지에서는 '기독교 세계의 전쟁'(War of Christendom)으로 서구의 선교사 파송국들의 신뢰가 땅에 떨어졌고, 윌슨의 민족자결주의 원칙은 기독교를 서양 종교로 단죄하는 민족주의를 조장했다. 파송국 사회의 관심은 '국외'에서 '세계' 선교로 바뀌었다. 이 변화는 학생자원 운동(Student Volunteer Movement, SVM)이 사실상 붕괴하였을 뿐 아니라 전쟁 전 표어('이 세대 내에 세계 복음화')도 재건 시대의 열광과 열중에 더 부합하는 구호('세계 기독교화')로 대체되었음을 알렸다.⁷⁵

---

73 이 부분은 다음 책에 기초한다. Robert Wright, *A World Mission: Canadian Protestantism and the Quest for a New International Order, 1918-1939* (Montreal: McGill-Queen's University Press, 1991).

74 Dana Robert, 'The First Globalization: The Internationalization of the Protestant Missionary Movement Between the World Wars,' *IBMR* 26.2 (2002), 50-66.

75 Michael Parker, *The Kingdom of Character: The Student Volunteer Movement for Foreign Missions (1886-1926)* (Lanham, MD: American Society of Missiology and University Press of America, 1998), chs. 8-9.

셋째, 1910년 에든버러 결정의 이행, 즉 구체적으로 '국제선교협의회'(International Missionary Council, IMC)의 설립은 새로운 개신교회일치 운동이 선교의 짐을 지게 했다.

그렇게 조성된 패러다임은 서구의 기존 교회들과 아프리카와 아시아의 신생 교회들의 관계, 타종교에 대한 태도, 선교의 문화적 영향을 다시 생각하게 했다. 이 이슈들은 1928년 IMC의 '예루살렘대회'(Jerusalem Council)에서 정면으로 다루어졌다. 이 대회는 선교에서 다원화된 새 시대가 도래했다는 것을 인정하면서, 선교 지역교회들의 토착화를 지지하고, 물질주의와 세속화에 저항하기 위해 동양의 유서 깊은 종교와 협력을 모색했다. 이런 결정에 복음주의자들이 참여한 것은 선교에 대한 복음주의적 합의가 무너지고 있음을 드러냈다.

선교 현대화에 대한 요구는 이런 발전에 따라 구체화했다. 전쟁이 끝나기도 전에 시작하여,[76] 1920년대를 거치며 선교적 호소를 현실적으로 재진술하고, 선교 지원자에 맞게 최신 문화와 과학 지식에 바탕을 둔 전문적 훈련을 하고, 서구 선교사들은 문화적 자만심을 버리고, 선교적 메시지를 하나님의 최고의 계시인 그리스도께 집중하는 메시지로 재구성하라는 요구가 계속되었다. 현대화의 압력은 '평신도해외선교조사위원회'(Laymen's Foreign Missions Inquiry)에서 최고조에 달했다.

이 위원회는 산업계 거물 J. D. 록펠러(J. D. Rockefeller)가 개시하고 지원했으며, 하버드의 철학 교수 W. E. 호킹(W. E. Hocking)이 2년간(1930년-1932년) 의장을 맡았다. 보고서에 나타난 결과는 기독교의 규범성과 명시적 복음화 필요성의 포기였다. 그런 견지에서, 위원회는 세속주의에 맞서 보편적 종교를 발전시킬 목적으로 타종교와의 협력을 주장했다.

---

[76] 예를 들어 J. Lovell Murray, *The Call of a World Task in War Time*, rev. ed. (New York: Association Press, 1918).

널리 회람된 호킹 보고서(Hocking Report)와 선교에 대한 해석은 종교적 보편주의와 사회적, 정치적 방조를 돕는 것이므로 '다른 복음'이고 "신약성경이나 복음주의 신앙에서 나오지 않은 것"이라고 거의 무시되었다.[77] 새로운 '구원' 개념에 직면한 복음주의자들은 일반적으로 이 점에서 선교 동기부여에 대한 재고가 너무 멀리 나갔다고 생각했다.

이런 선교 사상의 발전에 대한 복음주의자들의 반응은 당대의 다른 운동에서 보인 반응과 같은 노선으로 진행되었다.[78] 좌파 복음주의자들은 다양한 수준으로 새 관점에 순응할 수 있었다. 국내에서는 스코틀랜드 장로교의 J. H. 올햄(J. H. Oldham)이 뛰어난 적응력을 보여 주었다. 평신도였던 그는 양차대전 사이에 개신교 선교의 핵심 리더로 등장했다. 선교 현장에서는 미국 감리교의 E. 스탠리 존스(E. Stanley Jones)가 주로 인디언 지역에서 서구 문화와 그리스도를 떼어놓고 기독교를 설명하는 방법을 찾으려고 노력했다.[79]

늘 그렇듯이 진보적 사고와 복음주의적 전통을 조화하려는 시도는 그들이 급진적 모더니스트 이론가들과 얼마나 거리를 둘 수 있는지 결정하는 것이었다. 진보적 복음주의자들은 비서구인들을 기독교로 개종하게 하는 것을 최고 가치로 여기고 있었다.

대조적으로 우파 복음주의자들은 그들의 선교적 노력을 현대화하라는 압력에 저항했다. 처음부터 오순절주의자들은 선교지를 자신들의 주요 활동 영역으로 삼아 그리스도의 재림이 임박했다고 보고 개인의 구원, 육체

---

77 Alexander McLeish, 'Re-Thinking Missions,' *WD* 11.2 (Apr. 1933), 164–166.
78 James A. Patterson, 'The Loss of a Protestant Missionary Consensus: Foreign Missions and the Fundamentalist–Modernist Conflict,' in Joel A. Carpenter and Wilbert Shenk (eds.), *Earthen Vessels: American Evangelicals and Foreign Missions, 1880–1980* (Grand Rapids: Eerdmans, 1990), 73–91.
79 Keith W. Clements, *Faith on the Frontier: A Life of J. H. Oldham* (Edinburgh: T. & T. Clark, 1999); Paul A. J. Martin, *Missionary of the Indian Road: The Theology of Stanley Jones* (Bangalore: Theological Book Trust, 1996).

적 치유, 개인의 성결 그리고 성령 세례라는 '순복음'(full gospel)을 매우 긴박하게 전했으며, 1945년 이후 아시아, 아프리카, 라틴 아메리카에서 눈부신 성과를 거두었다.[80]

마찬가지로 '믿음 선교' 단체들과 그 밖의 매우 보수적인 선교회들은 성경의 명령에서 벗어난 어떤 선교적 과업의 확장도 경멸했다.[81] 성경 전체의 선교적 메시지와 특정 구절들에 응답하려는 복음주의자들은 양차대전 사이 동안에 타협 없는 복음주의 선교에 충심 어린 헌신을 고수했고, 타종교에는 중요한 의미에서의 신적 계시가 없다고 주장했다.

중도파 복음주의자들도 마찬가지로 복음주의 기독교의 전통적인 주장을 지지했지만, IMC의 리더십을 따르고 새로운 선교학적 통찰에 비추어 조정하려는 의지를 분명히 나타냈다.[82] 이 부분적 선교 현대화는 복음주의와 사회 봉사 사이의 그릇된 대립을 반성하고, 선교지 교회의 토착화를 수용하는 것과 지역의 문화적 전통이 비서구 기독교에 편입하는 것을 허용했다. 선교 현대화는 반종교와 물질주의에 맞서 타종교와 협력을 모색하는 데까지 나갈 수 있었다.

그런 반(半) 진보적 견해가 호소력이 있었던 이유는 복음주의의 전통적 선교 개념과 일치했을 뿐 아니라, 문화적 장벽을 제거함으로써 복음 메시지를 더 잘 수용될 수 있게 했기 때문이다. 단연코 이 운동의 가장 큰 부분을 차지하던 중도파들은 복음주의의 선교적 우선성에 대한 확신을 그것을 효과 있게 만드는 것에 대한 깊은 관심과 결합했다.

비록 1930년대 중반 무렵 복음주의자들 사이에서 선교적 합의가 깨지긴 했지만, 기독교의 우선성에 대한 공동의 헌신 때문에 그들은 대체로 양

---

80 Allan Anderson, *Spreading Fires: The Missionary Nature of Early Pentecostalism* (London: SCM Press, 2007).
81 Joel A. Carpenter, 'Propagating the Faith Once Delivered: The Fundamentalist Missionary Enterprise, 1920-1945,' in Carpenter and Shenk, *Earthen Vessels*, 92-132.
82 예를 들어 Kenneth S. Latourette, *Missions Tomorrow* (New York: Harper & Brothers, 1936).

차대전 사이 끝을 향하던 시기에 더 공격적인 복음주의적 선교 비전을 회복할 수 있었던 것에 만족했다. 호킹 보고서에 대한 반발에 더해, 이런 회복은 진정한 선교 목적에 관심을 집중시킨 대공황으로 인한 재정 긴축으로 야기되었다.

또한, 유럽뿐 아니라 아시아의 호전적 민족주의와 공산주의는 세계에 기독교의 회복력과 통합력이 필요하다가 강조했다. 복음주의자들은 화란 선교학자 헨드릭 크래머(Hendrik Kraemer)가 1938년 말 마드라스(Madras)에서 열린 IMC 회의를 준비하며 저술한 『비기독교 세계에서 기독교적 메시지』(The Christian Message in a Non-Christian World)로부터 더 많은 지지를 받았다.[83] 그의 신정통주의의 성찰, 곧 '성경적 현실주의' 개념은 당시의 상대주의에 대해 그리스도 안에 나타난 하나님 계시의 독특성을 확언하고, 타 종교가 직면하고 전향해야 할 필연적 결과를 단언함으로써 응답했다.

마드라스에서 진정한 보편적 형제애를 확립할 수 있는 유일한 세력으로 세워진 선교회들은 전체주의에 맞서 강력한 기독교 증언의 일환으로 인식되었다. 이 증언이 새로운 전쟁 발발을 막기에는 역부족이었다는 사실이 일 년도 채 안 되어 명백해졌다. 그러나 복음주의의 다른 영역과 마찬가지로 선교에 있어서 양차대전 사이가 복음주의적 목표와 희망의 부활과 함께 끝났다는 것을 의미했다.[84]

선교에서 이런 발전은 존 모트(John Mott)의 후반기 사역 대부분에 배경이 되었다.[85] 모트는 IMC의 첫 20년 동안 의장이었으므로, 선교가 그의 삶과 사역의 중심이 되었다. 그는 특유의 조직적 안목을 가지고 지역교회의 토착화와 권한 이양, 서로 다른 교파와 견해를 가진 그리스도인들의 협

---

83 H. Kraemer, *The Christian Message in a Non-Christian World* (London: IMC, 1938).
84 예를 들어 W. O. Carver, 'Madras,' *RE* 36.2 (1939), 214–218.
85 John R. Mott, *Five Decades and a Forward View* (London: Harper & Brothers, 1939), chs. 3–6; William R. Hogg, *Ecumenical Foundations: A History of the International Missionary Council and Its Nineteenth-Century Background* (New York: Harper & Brothers, 1952), chs. 6–7, with quotations on 244, 301.

력, 부정한 식민지주의에 대한 반대라는 에큐메니컬 의제를 수행했다.

이 사업의 일환으로 모트는 "긴 교회 역사에서 실제로 대표적인 첫 세계적 기독교 회의"로 예루살렘회의(1928년)를 주최했고, 물질주의, 민족주의, 범(凡)이슬람주의, 공산주의에 맞서 세계 기독교 세력이 강력히 약진하는 운동을 추진했다.[86] 10년 후에 모트는 탐바람 '선교 대회'(Tambaram Missionary Conference)를 조직하고, 그가 참여한 세 차례 세계 선교 대회 중 최대라고 자평했다.

이 대회는 국제적 긴장이 고조되는 가운데 일어난 '전체 교회의 삶을 통합하는 한 사건'이었다.[87] 모트의 확장적 복음주의는 비판을 피하지 못했으며, 1930년대 후반에 결성 중이던 세계교회협의회(WCC)에 그의 영향력이 미칠 수 있게 했다. 그로 인해 그는 1948년에 WCC의 명예회장이 되었으며, 1946년에는 노벨평화상을 수상했다.[88] 비록 중도 좌파 활동 덕분에 그가 다른 복음주의자들이 인정하지 않는 방향으로 가게 되었지만, 모트는 복음주의가 그의 소명이라고 마지막까지 주장했다. 이 모든 것을 생각할 때, 존 모트는 당대의 가장 중요한 복음주의 지도자였다.

7. 결론

1919년에 복음주의자들은 전후 세계를 다루면서 국내외의 재건 사업에서 복음주의의 중요성을 인정했다. 전후 복음주의자들은 초기에 회심주의를 재확인하면서 전통적 복음 전도 방법을 고수함과 동시에 혁신을 장려했다. 그러나 전쟁의 영향은 불리한 문화적, 구조적 변화와 결합해 영어권 사회에서

---

86 Ibid. 244.
87 Ibid. 301.
88 C. Howard Hopkins, *John R. Mott 1865-1955: A Biography* (Grand Rapids: Eerdmans, 1979), 685-689, 695-698.

사역을 예상보다 훨씬 어렵게 만들었다.

이것은 초기의 복음 전도 열정을 꺾었으며, 당대 복음주의자들이 20세기 초 복음주의 운동의 동인과 조직을 회복하지 못한 이유를 부분적으로 설명해 준다. 선교에서도 전후 초기의 기대는 예상과 어긋났고, 해외 사역에 대한 열정이 약해지면서 새로운 상황에 적응해야 했다.

그러나 세계에 영향력을 확장하려는 수단으로서 복음 전도에 대한 복음주의자들의 헌신 결의는 1930년경에 바닥난 것으로 보였다. 그 시점에서 이미 반작용이 시작되었다. 옥스퍼드그룹 운동을 통해 프랭크 부크먼은 1914년 이전 회심주의를 새롭고 신선한 방식으로 발전시켰다.

IVF는 학생 동원에 새로이 초점을 두고 기독교 리더십과 선교적 열심을 새롭게 하는 길을 열었다. 1930년대를 지나면서, 리오넬 플레처와 찰스 풀러 같은 부흥 운동가의 활동과, 크게 동기부여를 받았으나 공적으로는 덜 나섰던 개인들의 활동에 의해, 복음 전도의 약점에 대한 반응이 일어났다. 이런 일은 유럽의 전체주의 배경에 맞서 복음주의 기독교의 메시지가 그 물음에 답하고 양차대전 사이 세대의 희망을 만족시켰다는 새로운 인식에 의해 지지를 받았다.

마찬가지로, 선교 운동에서도 기독교 메시지에 대한 확신과 그것을 세상에 전할 필요성이 1930년대 후반에 되살아났다. 복음주의자들은 전쟁의 유령이 다시 세계에 그림자를 드리우면서 당시 사람들처럼 불안했지만, 세상을 위한 자신들의 전통적인 회심주의 차원의 중요성을 새롭게 인식하면서 양차대전 사이의 기간을 끝냈다.

1940년경에는 복음주의적인 메시지에 대한 확신이 회복되었지만, 양차대전 사이를 지나면서 이전 시대와 같은 에너지와 구속력을 갖지는 못했다. 복음주의 통합에서 회심주의-행동주의 축(conversionist-activist axis)은 약해졌고, 국내외에서 복음 전도의 열정은 쇠퇴했으며, 사기 진작을 두고 일어난 주요 분파들 사이의 불일치는 이미 일어난 복음 전도의 열정을 약화했다.

또한, 그 시대의 긴장은 프랭크 부크먼에 대한 반응에서 그리고 학생 운동 내의 경쟁에서 분명히 드러났다. 또한, 선교의 목적과 방법에 관한 차이는 전쟁 전 선교적 합의를 무너뜨렸다. 다시 말하지만, 그런 차이가 복음주의에 대한 신뢰를 떨어뜨렸고 대규모로 회심자들을 확보하려는 복음주의자들의 노력을 방해했다. '큰 전쟁'(Great War)이 끝난 후 수년이 복음주의적 회심주의 역사에서 위대한 시대 중 하나가 되지 못하고, 복음주의의 결합과 부흥과 왕성한 선교 활동이 기독교 문명을 가능하게 하는 데 필요한 수준의 충성심을 달성할 것이라는 희망을 실현하지 못한 주된 이유 중 하나는 다양성의 차이였다.

제12장

대반전?
A Great Reversal?

복음주의자들 사이에서는 일반적으로 전후 재건 활동이 사회적, 정치적 참여도 포함한다는 데 이견이 없었다. 그들은 당시의 큰 정치적, 사회적 이슈들이 주로 정부의 책임이라는 점을 당연히 인정했지만, 또한 진정한 기독교 시민사회를 이룩하고 움직이는 문제에 관해 기독교가 목소리를 내야 한다고 강조했다. 이런 현대 복음주의자들의 자신감이 스코틀랜드 연합자유교회의 아치볼드 제이미슨(Archibald Jamieson)의 발언에 잘 나타나 있다.

> 당신이 '그리스도인'(Christian)이라는 말을 쓸 때마다 당신은 사회적이거나 민족적인 경계가 없는 그리고 보편적으로 적용되는 진리를 인정하는 것이다. 따라서 새로운 사고의 방향을 제시하는 데에 기독 교회만큼 더 적합한 것은 인간 사회에 없다.[1]

---

1 Archibald Jamieson, 'The Individual and Society,' *CWP* (23 Apr. 1919), 108–110 (quotation on 109).

이 말은 복음주의자들이 사회 재건 프로그램을 제공해야 한다고 말하려던 것은 아니었다. 그러나 그것은 인격을 고치고 세우는 일을 통해 세계가 필요로 하는 도덕적 원칙과 능력을 제공하는 책임을 수반했다. 토론토의 킬패트릭은 다시 한번 뛰어난 분석으로 세상에서 교회의 위상이 위기에 처했다고 지적했다.

> 교회는 하나님의 의로운 왕적 역할을 대표하는 기구 역할을 포기할 수 없고, 인간이 사회에서 직면하는 여러 상황과 문제에 대해 그분의 의로운 주권의 원칙들을 해석하고 적용하는 일을 중단할 수도 없다. 그렇게 한다면 하나님을 믿지 않고 그분의 뜻에 복종하지 않는 사람들에게서도 경멸을 받게 될 것이다.[2]

신앙생활과 마찬가지로, 복음주의자들의 영적이고 기독교적인 사회 질서의 상을 제시하는 능력은 성공의 요건이었을 것이었다. 이 질서를 숙고한 복음주의자들은 당시 전후 세계의 정치, 사회적 문제들에 대해 영적이고 도덕적인 리더십을 제공할 준비를 했고, 그들의 고유한 활동과 공동생활로 칭송을 받았다.

복음주의자들이 전후 세계의 재건 과정에서 스스로 주장했던 역할은 복음주의 역사기술의 '특징'(shibboleths) 중 하나에 역행한다. 양차대전 사이 동안 자기중심적 교회의 관심과 활동에 기운 복음주의자들 사이에서 사회 봉사와 정치 개혁에 대한 관심이 분명히 상실된 '대반전'(great reversal)이 있었다고 한다.[3]

---

2 T. B. Kilpatrick, 'The Church of the Twentieth Century,' *ConsQ* 7.27 (Sept. 1919), 407–408, 419–425.

3 David Moberg, *The Great Reversal: Evangelism and Social Concern*, rev. ed. (Philadelphia: J. B. Lippincott, 1977).

이런 해석은 제2차 세계대전 직후 미국의 '새' 근본주의자들이 '옛' 근본주의자들을 밀어내고 그들과 자신들을 구별하려던 데서 유래했다. 그들의 견해에 정당한 근거가 없지는 않았다. 복음 전도와 목회 사역과 나란히 진행하는 사회 봉사에 신학적 반대를 표했던 빌리 선데이와 영국 국교회의 E. L. 랭스턴(E. L. Langston) 같은 복음주의자들이 양차대전 사이에 분명히 있었다.[4]

하지만 그 말이 맞으려면 사회 봉사에 대한 노골적 거부와 현저히 줄어든 사회 참여가 양차대전 사이에 복음주의 운동 전체의 특징적 국면이었어야 한다. 양차대전 사이에 사회 사역을 중시한 것에 대한 당연한 반발에 대해서는 다소간의 고려가 있어야 한다. 게다가, 그 해석은 전후 복음주의자들이 열망했던 문화적 권위를 터무니없이 포기했다는 말이 된다.

이미 제5장에서 보았듯이, 사회 참여에서 후퇴하는 경향이 이 운동 내에 존재했지만, 전쟁 이전에는 그렇게 심하지 않았다.

1918년 이후 이런 변화가 일어났는가?

양차대전 사이에 실제로 '대반전'이 있었는가?[5]

---

4   다음을 보라. David W. Bebbington, 'The Decline and Resurgence of Evangelical Social Concern 1918-1980,' in John Wolffe (ed.), *Evangelical Faith and Public Zeal: Evangelicals and Society in Britain 1780-1980* (London: SPCK, 1995), 175-197, esp. 177-179; Matthew A. Sutton, *American Apocalypse: A History of Modern Evangelicalism* (Cambridge, MA: Belknap Press, 2014), 33-34, 39-42, 293-295.
5   또한 양차대전 사이 복음주의 사회 행동주의에 관해 더 광범위하고 자세하게 설명할 필요성은 'The Decline and Resurgence of Evangelical Social Concern'에서 영국의 징후를 살핀 데이비드 베빙턴(David Bebbington)의 단서들에 의해 그리고 수톤(Sutton)이 *American Apocalypse*, 특히 34-39에서, '급진적 복음주의'에 대한 수정주의 해석에서 지적한 전천년주의 입장의 불확실성에 의해 제기되었다. 침례교도 사례 연구에 대해서는 다음을 보라. Geoffrey R. Treloar, 'Baptists and the World 1900-1940: A "Great Reversal"?,' in David Bebbington and Martin Sutherland (eds.), *Interfaces: Baptists and Others* (Milton Keynes: Paternoster Press, 2013), 177-198.

1. 평화, 국제연맹, 군비축소[6]

1918년 직후 수년간 복음주의자들은 신세계 질서 형성에 뚜렷한 관심을 가졌다.[7] 그들은 자신들의 최근 경험을 계속 돌아보면서 기독교화 의제를 실현하기 위해 평화를 회복할 결심을 확고히 했다. 그 어느 유명한 복음주의자도 참전의 정당성과 필요성에 대해 의심을 품지 않았다.

마찬가지로 모두가 승리의 사실과 기독교 사회를 건설할 기회를 반겼다. 원칙 있고 가치 있는 평화로 전환하려면 전쟁을 위한 복음주의의 주장을 반복하는 한편, 성공적인 결과를 얻기 위해서는 전쟁 목표, 즉 승리의 열매를 거두고 신적 목적을 실현할 책임이 요구되었다. 전쟁을 최대한 활용하는 것은 그 후 수년 동안 세상에 대한 복음주의자들의 태도에 깔린 도도한 흐름이었다.

세상일에 대한 복음주의자들의 이런 관심을 구성하는 것은 전후 여러 해 동안 발전된 기독교 국제주의에 대한 그들만의 견해였다.[8] 일반적으로 이해하기에는 국제 관계를 기독교적 원리 적용을 위한 영역으로 의식하는 것이었는데, 그 직접적인 목표는 국가 간의 선의와 이해였다.

또한, 기독교 국제주의는 오직 기독교만 영구적인 평화의 토대를 제공한다고 주장했다. 왜냐하면, 기독교만이 이기적인 민족주의를 추방하지 않을 수 없게 하는 충분히 큰 전망을 갖추고 있기 때문이었다. 제11장에

---

6 이 부분은 다음 책에서 큰 도움을 받았다. Robert Wright, *A World Mission: Canadian Protestantism and the Quest for a New International Order, 1918-1939* (Montreal: McGill-Queen's University Press, 1991).

7 다음을 보라. 예를 들어 다음의 회의 'Christ and the Peace of the World,' *EMC 1921*, 208-229; 다음의 보고서 'Congregationalism and International Relations,' *ICC 1920*, 354-373; W. A. Curtis, 'Christianity a Force in National Life and International Relations,' *RPC 1921*, 104-110; and Arthur J. Brown, 'The World Message of the Church,' ibid. 315-320.

8 예를 들어 Basil Mathews, 'Introduction,' in Basil Mathews (ed.), *World Brotherhood* (London: Hodder & Stoughton, 1919); Sherwood Eddy, *Everybody's World* (New York: Association Press, 1920).

서 언급한 국내외 복음 전도 외에도, 그 특별한 책임에는 국가 간 평화와 협력 증진과 국제 관계의 기독교화가 포함되어 있었다.

회심주의 활동과 사회적 행동 모두에 박차를 가하는 것은 복음주의 스펙트럼에서 상당히 우파적 견지에서 글을 쓰는 한 현대 논설가에 의해 다음과 같이 설명되었다.

> 민감한 그리스도인은 세상의 모든 운동에 깊은 관심을 가지고 가장 높은 목적을 위해 그것을 활용하는 법을 발견할 수 있을 것이다.[9]

물론 기독교 국제주의는 양차대전 사이 복음주의 내에서 보편적으로 받아들여지지 않았다. 복음주의 중도 우파의 많은 사람은 명백한 사회적, 정치적 행동으로 세상사에 얽히는 것을 반대했다. 그러나 중도 좌파의 다른 사람들은 국제 관계의 구조에 기독교 원리를 적용함으로써 실제로 이루어질 수 있는 것을 찾고 싶어 했고, 더 나은 국제 관계를 조성해 기독교적 목표로 향하게 하는 기관을 폭넓게 지원했다.[10]

목전의 관심은 공식적으로 전쟁을 끝내는 평화 정착이었다. 독일에 책임을 묻는 것에는 이견이 거의 없었지만, 1919년 초반에 복음주의자들은 공정하고 정당하지만 보복하지 않는 협정을 기대했다. 6월에 베르사유 조약(Treaty of Versailles)이 공포되자, 그들은 대체로 가혹하지만, 기독교적 기준과 일치하는 것으로 판단되는 조건에 만족했다.[11] 동시에 그들은 독일이

---

9 'Editorial. World Movements of Moment,' *WD* 6.4 (Oct. 1928), 319-327 (quotation on 327).

10 데오도르 우즈(Theodore Woods), 알프레드 가비(Alfred Garvie), 조셉 올햄(Joseph Oldham)의 참여에 대해서는 다음을 보라. Kenneth C. Barnes, *Nazism, Liberalism and Christianity: Protestant Social Thought in Germany and Great Britain 1925-1937* (Lexington: University Press of Kentucky, 1991), 41-42, 52-55, 104-106.

11 G. H. Morrison, 'Peace,' *C* (10 July 1919), 7-8; 'Notes and Comments. The Peace Treaty. The Vindication,' ibid. 8.

'전쟁 책임'의 원칙을 받아들이지 않았다는 우려도 있었다.

그런데도, 그들은 조만간 그 합의로 화해와 조화의 토대가 마련되기를 바라고 있었다. 연말 즈음에 그들은 군국주의에 재갈을 물리지 않는 바람에 제1차 세계대전이 '모든 전쟁을 끝내는 전쟁'이 되지 못했다는 것을 깨달았다.[12] 이런 상황에서 복음주의자들은 그 조약이 단지 시작이라는 것을 알게 되었고, 자신들의 역할은 평화를 실현하는데 필요한 영적인 힘을 제공하는 것이라는 것을 인식했다.[13]

그런 인식의 결과로 복음주의자들은 '국제연맹'(League of Nations)을 지지했다. 그들은 대체로 국제연맹을 신세계 질서에 필요한 평화의 도구로 환영했다. 설령 그들이 미국의 '연방교회협의회'(Federal Council of Churches)까지 가서 국제연맹을 '세상에 임한 하나님 나라의 정치적 표현'으로 선언하지 않았더라도,[14] 그들의 입장에서 그것은 하나님의 평화 목적의 도구로, 심지어는 예언의 성취로 열렬한 지지를 받았다.

미국의 많은 복음주의자는 국제연맹을 성립시킨 베르사유조약의 비준을 위한 캠페인에 동참했다. 그리고 복음주의 우파(주로 근본주의자들)의 지지를 받는 반대파가 미국이 그 연맹에 가입하는 것을 막자 폭넓은 실망감을 표출했다.[15] 이 몹쓸 결함과는 별도로 복음주의자들은 그런 기관(과 그 근본이 되는 이상)을 효과적으로 만들기가 어렵다는 것을 인정했다. 그들은 공적 신념을 지지하는 그리스도인만이 그것을 가능하게 할 수 있다고 인정하면서 (베르사유 조약과 마찬가지로) 그 유효성을 위한 도덕적 조건을 조성하는 데 착수했다.[16]

---

12 'Looking Back. An Eventful Year,' *C* (25 Dec. 1919), 1–3.
13 'Peace and Its Issues,' *EC* (July–Aug. 1919), 85.
14 Martin E. Marty, *Modern American Religion*. Vol. 2: *The Noise of Conflict 1919–1941* (Chicago: University of Chicago Press, 1991), 230.
15 Markku Ruotsila, *The Origins of Christian Anti-Internationalism: Conservative Evangelicals and the League of Nations* (Washington, DC: Georgetown University Press, 2008).
16 예를 들어 'Report of Commission No. 1. Nationalism,' *WBC 1934*, 34–35, 38.

복음화하고 기독교적 견해를 옹호하는 책임에는 국제연맹을 위해 기도하고 그 연맹이 성공을 위해 로비하고 종사하는 책임이 따랐다. 이후 15년 넘게 국제연맹이 점점 더 압박을 받게 되었지만, 복음주의자들은 그 연맹이 구현한 이상에 대한 자신들의 신념을 유지했고 성공을 희망했다.

1920년대를 지나 1930년대까지 평화 유지가 점점 더 어려워지자, 복음주의자들은 평화 운동에 대한 관심도 표명했다. 많은 사람이 평화 유지를 그 시대의 위대한 도덕적 요구로 인정하고, 그에 상응해 보편적 형제애와 국제적 합의를 증진하는 의무를 받아들였다.[17] 그들은 자국민과 정부가 평화를 최우선 목표로 삼고 전쟁으로 이어질 수 있는 모든 것에 반대하도록 촉구하는 결의안을 통과시킬 준비도 되어 있었다.[18]

복음주의자들은 또한 군비축소를 지지했다. 비록 자국의 경제적이고 전략적인 이기심으로라도 국가들이 무기 생산을 제한하는 데 동의하는 과정이기 때문이었다. '다음 전쟁'이 일어날 것을 두려워한 복음주의자들은 그 기간 내내 군축 회의를 주시했다.[19] 동시에 복음주의자들은 그런 회의들이 이룰 수 있는 것의 한계를 알고 있었다.[20] 그리스도에 의한 마음의 변화만이 항구적인 평화에 대한 어떤 희망, 즉 전후의 상황을 향해 발언할 책임감을 유지하게 하는 확신을 제공했다.

교회가 여전히 상당한 영향력을 갖고 있다는 신념은 (1923년에 죽기 전, 영국의 회중주의자 존 헨리 조웻 [John Henry Jowett] 같은) 일부 복음주의자들을

---

17 예를 들어 'Findings of the Council. International Peace,' *RPC 1929*, 297–298; J. Y. Simpson, 'International Peace,' ibid. 302–306; Henry Alford Porter and J. H. MacDonald, 'Militarism,' *WBC 1928*, 244–249, 266–269; 'Wider Human Relationships,' *EMC 1931*, 219–251, 401–429.
18 예를 들어 'Minutes,' *WBC 1923*, xxx; 'A Plea for Peace,' ibid. 212–213; 'Public Meeting on International Peace and Resolution,' *RPC 1925*, 314–330.
19 예를 들어 'Editorial Comment. The Washington Conference,' *HomR* 83.2 (Feb. 1922), 113–114; 'The Naval Conference,' *EC* (Jan.-Feb. 1930), 43–44.
20 'Editorial. An Uneasy Disarmament,' *WD* 5.1 (Dec. 1926), 3–5; 'Notes and Comments. Navies,' *C* (17 Feb. 1927), 3.

분발하게 하여 더 많은 일을 해야 한다고 생각하게 했다.[21]

또한, 일부 복음주의자들은 항상 존재해 왔지만 1920년대에 되살아나던 평화 운동에 동조했다. 그들은 그것을 '평화주의'(pacificism)라 불렀는데, 그것은 전쟁에 호소하는 것이 때로는 필요하다는 것을 용인하는 반전(反戰)견해였다.[22] 호주의 감리교인 노만 마킨(Norman Makin) 같은 기존의 반대자들은 대부분 자신의 입장을 유지했다. 영국의 비국교도들도 전후 시대의 평화 운동에 계속 참여했다.[23]

자신의 입장을 유지한 사람들은 전쟁에 대한 보편적인 기독교의 지지를 숙고하면서 셔우드 에디(Sherwood Eddy)와 해리 포스딕(Harry Fosdick) 같은 새로운 지지자들과 손을 잡았다. 1920년대 말, 전쟁에 대한 반발이 약해지면서 평화주의 대열에 참여한 국교회 성직자로는 진보적 복음주의인 케임브리지 신학부(Cambridge Divinity) 교수 찰스 레이븐(Charles Raven)이 있고, 1930년대 초에는 헨리 카터(Henry Carter)와 도날드 소퍼(Donald Soper) 같은 감리교인들도 지지하고 나섰다.

하지만 전쟁에 대한 반대는 복음주의 좌파에 국한되지 않았다. 그것은 또한 YMCA와 '기독교면려회'(Christian Endeavour) 같은 전통적으로 복음주의적 학생 청년 단체들의 문화의 일부가 되었다. 그들은 전후 세계를 재건하는 데 젊은이들이 역할을 할 수 있는 부분을 가지고 노력했다.[24] 평화주의가 그 자체로 복음주의적 대의는 아니었지만, 양차대전 사이 수십 년 동안 전쟁에 대해 광범위한 복음주의적 반대의 한 양상이었다.

---

21 'Outlook and Comment. Dr Jowett On Peace Through the Churches,' *HomR* 84.5 (Nov. 1922), 370. Cf. D. M. Panton, 'The Outlawry of War,' *EC* (Sept.–Oct. 1928), 148–150.
22 Martin Ceadel, *Pacifism in Britain 1914–1945: The Defining of a Faith* (Oxford: Clarendon Press, 1980).
23 Keith Robbins, 'Protestant Nonconformists and the Peace Question,' in Alan P. F. Sell and Anthony R. Cross (eds.), *Protestant Nonconformity in the Twentieth Century* (Carlisle: Paternoster Press, 2003), 216–239.
24 Patricia Appelbaum, *Kingdom to Commune: Protestant Pacifist Culture Between World War I and the Vietnam Era* (Chapel Hill: University of North Carolina Press, 2009), ch. 1.

양차대전 사이에 복음주의자들이 세계 상황의 중요성을 더 크게 인식하게 된 원인과 결과는 모두 1917년 혁명의 결과로 러시아라는 반기독교 국가가 출현한 것에 대한 우려였다. 처음부터 레닌과 볼셰비키 정권을 기독교에 대한 직접적인 위협으로 간주했다. 이런 반감은 1920년대를 거치면서 소련 정부의 반종교적 정책에 대한 반응으로 더욱 심해졌고, 공산주의 확산 시도의 일환인 중국 내 선교회에 대한 비난으로 이어졌다.

북아메리카 여기저기 '붉은 공포'(red scares) 같은 지역 공산주의 운동과 자본주의의 전 세계적 전복 이상을 떠받치는 공산주의 이념의 확산주의는 위협감을 더했다. 한편에서 복음주의자들은 굶주리고 억압받는 러시아 사람들을 돕기 위한 구호기금을 준비하고 복음주의적인 러시아 선교회를 지원했다. 다른 한편에서는, 러시아 정교회의 장악력이 약화되고 있다는 안도감과 별개로, 러시아와 공산주의를 기독교가 직면한 가장 심각한 도전으로 여기는 비판을 지속했다.[25] 그 밖에 다른 것을 거의 할 수 없는 때에, 복음주의자들은 러시아 형제자매를 위해 기도했다.

또한, 복음주의자들은 서유럽의 사건들에 주목했다. 예언하는 사람들을 제외하고는, 1922년 파시스트당의 권력 장악에 이은 베니토 무솔리니 정부에 큰 관심을 기울인 사람이 없었다.[26] 이런 무관심은 1929년 라테란협정(Lateran Agreement)이 교회와 이탈리아 정부 사이의 역사적 교착 상태를 끝내고 교황을 '바티칸의죄수'(the prisoner of the Vatican)라는 지위에서 풀어줌으로써 바뀌었다.[27] 복음주의자들의 우려는 '교회의 볼셰비즘'(ecclesiastical Bolshevism)으로 불리는 교황의 세계 정치력 강화 때문이었다.

---

25 예를 들어 A. W. Gough, 'Bolshevism and Christianity,' *EC* (Jan.–Feb. 1920), 16–17; 'Bolshevism and the Church in Russia,' *HomR* 84.5 (Nov. 1922), 370–371; Nicholas Arseniew, 'Bolshevism and Christianity,' *WD* 7.3 (July 1929), 274–282.
26 'Notes and Comments. The Fascisti,' *C* (9 Nov. 1922), 3.
27 예를 들어 'The Pope, Mussolini and Great Britain,' *EC* (Mar.–Apr. 1929), 41–42; J. W. Poynter, 'The Vatican-and-Italy Arrangement,' ibid. 51–53; 'Reunion Notes,' ibid. 57–58.

또한, 1920년대 초에 복음주의자들은 베르사유조약 이행에 대한 독일의 저항을 우려했다.[28] 10년 후 도덕적이고 신앙적인 회복의 징후는 '완전한 마음의 변화'의 증거로 환영받았다.[29] 1920년대 말 무렵, 경계심이 지속하는 동안 독일은 사실상 전쟁에 대해 사실상 용서를 받았다.

2. 금주, 인종, 여가

1919년 재건 사업에 참여한 복음주의자들의 결심은 전후 초기에 자신들이 속한 사회의 삶에 영향력을 미치려는 계속된 열망을 보여 주었다.[30] 또한, 그 결심은 그렇게 하는 것이 타당한지에 대한 논쟁에 다시 불을 붙이고 그 시대의 긴장을 고조시켰다. 비록 사회 문제에 대한 분석과 우선순위의 차이에 따라 다양한 사회 봉사와 정치 투쟁에 참여했지만, 영국의 보수적인 복음주의 국교회는 더 진보적 사상을 가진 복음주의자들이 참된 복음을 버렸다고 비난했고, 근본주의자들은 사회 복음을 피하려고 했다.[31]

반면에 미국인 셔우드 에디(Sherwood Eddy)와 영국인 가이 로저스(Guy Rogers) 같이 복음의 사회적 적용을 매우 중요하게 생각했던 특히 좌파 사람들도 있었다. 캐나다에서는 '사회적 복음 전도'(social evangelism)라는 이상 안에서 복음 전도와 사회 봉사를 통합하는 것이 전후의 특징적 관점이

---

28 'The War Criminals. Justice Not Revenge,' *C* (12 Feb. 1920), 3.
29 'Comment and Outlook. The Change in Spiritual Values in Germany,' *HomR* 87.4 (Apr. 1924), 283.
30 이런 열망은 복음주의 운동 내부의 다양한 관점으로부터 나왔다. David J. Davies, *The Church and the Plain Man* (Sydney: Angus & Robertson, 1919); Robert Speer, *The New Opportunity of the Church* (New York: Macmillan, 1919).
31 Bebbington, 'Decline and Resurgence,' 177; Daryl G. Hart, *That Old-Time Religion in Modern America: Evangelical Protestantism in the Twentieth Century* (Chicago: Ivan R. Dee, 2002), chs. 2–3.

었다.³² 여전히 대다수 복음주의자는 현대 사회의 필요와 복음의 연관성을 강조하면서 다양한 수준에서 복음의 우선성을 계속 주장했다. 사회 복음의 주장에 대해 이중적 감정이 빈번하게 표현되긴 했지만, 사회적 기독교에 대한 노골적 거부는 이례적이었다.³³

사회 복음에 호의적인 이유는 복합적이었다. 예수의 가르침에는 분명히 사회적 적용이 들어 있고, 사회적 적용은 사람들이 복음을 쉽게 들을 수 있게 하고, 사회적 관련성은 복음을 신뢰하게 한다는 것이었다. 실제로 갑자기 바른 균형을 잡는 것은 어려웠을지 모르지만, 복음주의자들은 대개 윌버포스(Wilberforce)와 샤프츠베리(Shaftesbury)의 전통을 인용해 정당화하며 사회적 기독교에 대한 참여를 원칙적으로 지속했다.³⁴

그 기간은 큰 승리로 드러났다. 1919년 세계 복음주의 공동체가 크게 기뻐하도록, 미국 의회가 수정 헌법 제18조(Eighteenth Amendment)와 볼스테드 금주법(Volstead Act)을 승인해 전국에서 주류 제조 및 판매를 금지했다.³⁵ 대변인들은 즉시 금주법 제정이 개인의 자기 결정을 제한하는 것으로서 성급하고 효과가 없으며 인기도 없다고 반박했다. 그 후 몇 년 동안 그들은 거의 한 세기 동안의 캠페인이 얼마나 중요한 업적을 이루게 되는지 목격했다.

---

32 Rick L. Nutt, *The Whole Gospel for the Whole World: Sherwood Eddy and American Protestant Mission* (Macon, GA: Mercer University Press, 1997), ch. 5; T. Guy Rogers, *A Rebel at Heart: The Autobiography of a Nonconforming Churchman* (London: Longmans, Green, 1956), esp. chs. 9, 12; Daryl Baswick, 'Social Evangelism, the Canadian Churches, and the Forward Movement, 1919-1920,' *OH* 89.4 (1997), 303-319.

33 그 논쟁은 다음 책에서 검토되었다. Robert M. Kerr, 'The Gospel: Individual or Social?,' *BS* 83.331 (1926), 257-297.

34 이어지는 개관은 다음에서 가져왔다. Nancy Christie and Michael Gauvreau, *A Full-orbed Christianity: The Protestant Churches and Social Welfare in Canada 1900-1940* (Montreal: McGill-Queen's University Press, 1996); Paul T. Phillips, *A Kingdom on Earth: Anglo-American Social Christianity, 1880-1940* (University Park, PA: Pennsylvania State University Press, 1996).

35 Barry Hankins, *Jesus and Gin: Evangelicalism, the Roaring Twenties and Today's Culture Wars* (New York: Palgrave Macmillan, 2010), ch. 2.

술과 관련된 범죄와 죽음이 극적으로 감소했고, 증류장과 양조장은 더 많은 사람을 고용하는 더 생산적인 용도로 쓰였고, 빈곤으로부터 수천 명의 여성과 아이들을 구출했고, 몇몇 지역에서는 등록 교인이 늘었다. 복음주의 교회들은 공적 이익 편에 서는 것을 정당하게 여기면서 금주법이 문명에 주는 유익들을 주장했다.

미국에서의 성공은 다른 나라에서도 같은 유익을 추구해야 한다는 책임감을 불러일으켰다.[36] 1919년 대체로 복음주의적인 '알코올중독반대세계연맹'(World League Against Alcoholism)이 결성되었다. 이 연맹은 거의 15년 동안 그들이 이끄는 어느 곳에서나 금주법 캠페인을 지지했다.

뉴질랜드에서도 1919년 국민투표에서 필요한 투표율 60퍼센트에 단 3,000표만 모자랐을 만큼 거의 성공을 거두었다. 뉴질랜드와 호주 그리고 영국에서 금주법에 대한 압력은 전시에 영업시간을 제한하던 것을 영구화하는 것 정도만의 성과를 거두었다. 전시 금주법이 1920년대에 국가적 통제로 대체되었던 캐나다에서는 다른 결과가 나타났다. 전시 통제는 복음주의자들의 두드러진 노력에 대한 보상이 될 정도로 주류 거래를 상당히 제한하는 것이었지만, 다른 어디서도 미국의 국가적 금주법(National Prohibition Act)이 이룬 성과는 재현되지 않았다.

어쨌든 미국에서 금주법은 지속될 수 없었다. 금주법을 반대하는 캠페인이 즉시 시작되어 1920년대 내내 지속되었다. 금주법은 거의 강제력이 없는 것으로 판명되었고, 조직적인 범죄가 법을 무시하며 만연했다. 술에 대한 태도가 바뀌면서 지역 사회의 지지도 약해졌고, 금지법 제정의 불공정성이 분명히 드러났다.

알코올 산업의 경제적 이득은 1930년대 초 대공황이 시작되면서 분명해졌다. 금주법에 대한 반대는 몇몇 압력 단체들, 특히 '국가적금주법개

---

36 다양한 국가적 참여에 대해서는 다음을 보라. Jack S. Blocker, Jr., et al. (eds.), *Alcohol and Temperance in Modern History: An International Encyclopedia*, 2 vols. (Santa Barbara: ABC-CLIO, 2003).

혁을 위한여성단체'(Women's Organization for National Prohibition Reform)에 의해 주도되었다. 이 단체는 알코올 금지법을 지지하는 '기독교여자절제회'(Woman's Christian Temperance Union)가 가르쳐 널리 퍼진 개념에 대항하기 위해 1929년에 조직되었다. 1932년 대통령 선거에서 금주법에 반대하는 민주당이 승리하면서 이듬해 수정 헌법 제18조는 폐기되었다.

금주법의 실패는 미국과 그 너머에서 대의에 적극적이었던 복음주의자들에게 중요한 패배였다. 금주법은 어쨌든 조직화한 기독교를 기쁨 없는 도덕주의적 율법주의로 인식하도록 조장했고, 그럼으로써 복음주의자들이 제어하려고 했던 공적 영향력의 상실을 촉진했다는 점에서 다소 역효과를 낳았다. 복음주의자들은 패배에 대해 태연한 체하면서, 이 시점부터 음주 악과 싸우는 주요 수단을 도덕적 설득으로 바꾸었다. 양차대전 사이 기간이 시작될 때만 해도 큰 승리를 거두었지만, 결국 복음주의적 사회 개량주의가 현저히 후퇴하고 문화적 권위를 주장해야 하는 상황으로 끝나고 말았다.

금주가 양차대전 사이 복음주의자들에게 주요한 사회적 이슈이긴 했지만, 우려가 높아진 문제는 인종이었다. 이 문제가 새로운 것은 아니었지만, 전쟁이 세계와 사람들의 상호 의존을 드러냈고 백인의 인종적 자만심을 불신하게 했기 때문에, 인종은 1918년 이후 '가장 중요한 문제'로 부각되었다.[37] 일부 민족 집단의 독립 투쟁과 다른 민족과 동등한 권리를 위한 투쟁은 인종 문제의 해결 역시 세계 평화를 유지하는 데 근본적이라는 것을 분명히 해 주었다. 이런 여론의 분위기 속에서 국가 자결주의와 신탁 통치의 이상은 복음주의자들이 그들의 신조가 함의하는 것들과 직면하게 했다.

그 반응으로 몇몇 저명한 복음주의자들은 이 문제에 대해 주목할 만한 진술을 했다.[38] 인종에 관한 기독교 사상과 신학이 거의 없던 시절에, 그

---

[37] F. C. Spurr, 'Racialism,' *BWC 1928*, 270–272 (quotation on 270).
[38] Basil Mathews, *The Clash of Colour: A Study in the Problem of Race* (London; Edinburgh House Press, 1924); J. H. Oldham, *Christianity and the Race Problem* (London: SCM Press, 1924).

들은 인종 평등과 조화 사상을 분명히 공표했고, 거기에는 그 이상과 부합하지 않는 인종적 관계에 있는 모든 것을 끝내야 할 의무가 따랐다. 또한, 그들은 섭리적 질서 안에서 생명을 풍성하게 하는 다양성의 수단으로서의 인종적 차이와 지위의 실재를 인정했다. 인종적 선입견과 불평등은 선천적인 것이 아니라 후천적인 것으로 드러났다.

따라서 사회조직과 도덕성의 문제로 수정될 수 있었다. 실행할 수 있는 실천적 조치로는 개인적인 영향력을 행사하고, 인종 문제에 관한 조사와 연구를 지원하고, 인종 간 협력을 장려하고, 인종 문제에 관한 올바른 여론을 증진하고, 변함없이 복음을 선포하는 것이 있었다. 교회는 그 모든 약점과 분열에도, '그리스도의 영에 의해 창조된 세계 공동체'로서 인종, 부, 문화, 신분의 차이를 초월하는 '인류 국가'(the commonwealth of man)의 모델로서 높여졌다.[39] 양차대전 사이 복음주의자들은 이 이상을 향하는 과정이 얼마나 성취 가능한지를 보여 줌으로써 인종 문제에 있어서 사회를 이끌기 원했다.

복음주의자들이 전 세계적으로 장려했던 훌륭한 이상들은 종종 그 시대의 인종적 가정이 깨지기 어려웠던 국가적, 지역적 차원에서 허물어졌다. 호주와 뉴질랜드에서는 백인 우월주의에 대한 신념이 원주민(Aborigines)과 마오리족(the Maoris)을 무시하는 인종차별을 지속했다. '백호주의'(White Australia Policy)같은 협정이 영국인을 보호한다는 명분으로 (T. C. Hammond 같은 사람들에 의해) 합리화되었으므로, 그리스도인은 태평양 지역에서 복음주의적 증언을 지키는 신의 선민이었다.[40] 미국에서 복음주의자들은 1924년 일본인 입국을 반대하는 이민법에 항의하는 시위에 동참했지만, 대체로 미국 흑인 그리스도인을 광범위하게 제한하는 인종차별적 교회들에 대해서는 침묵했다.

---

39 Mathews, *Clash of Colour*, 170.
40 Ian Breward, *A History of the Churches in Australasia* (Oxford: Clarendon Press, 2001), 320–322.

1920년대에 '100퍼센트 미국주의'라는 명분으로 되살아난 KKK(Ku Klux Klan)가 흑인들에게 가한 폭력과 계속된 린치는 불관용 및 불평등과 싸우는 노력에도 인종 문제의 민낯을 적나라하게 드러냈다. 1920년대와 1930년대에 남아프리카의 영어권 교회들은 제2차 세계대전 이후 '인종격리정책'(apartheid)으로 이어진 인종차별을 점점 더 옹호하면서 네덜란드 개혁교회와 아프리카 민족주의를 편드는 경향이 있었다.

선교지 교회에서 흑인의 교인자격이 중요했음에도, 교회들은 1909년 남아프리카의 인종차별적 헌법을 지지했다.[41] 세계 인종 문제의 해결책으로 그리스도를 계속 주장하고 강조하긴 했지만, 양차대전 사이 복음주의자들은 자신들의 윤리 기준에 따라 사는 데에서만 제한적으로 진전을 이루었고, 사회가 생각과 관행을 바꾸도록 설득하는 데는 거의 성과가 없었다.[42]

복음주의자들은 현대의 성 관습에도 거의 도전하려고 하지 않았다. 많은 비판의 대상이었지만 에이미 맥퍼슨과 크리스타벨 팬크허스트(Christabel Pankhurst)의 이력은 양차대전 사이 복음주의 내에서 여성이 이룰 수 있는 리더십 역할을 보여 주었다. 여러 역할에 많은 여성이 있었다. 루스 팩슨(Ruth Paxson)은 세 권짜리 조직 신학을 저술했다. 캐나다인 아그네스 스콧 켄트(Agnes Scott Kent)와 영국인 제인 스토다트(Jane Stoddart)는 각각 「복음주의 성도」(*Evangelical Christian*)와 「브리티쉬 위클리」(*British Weekly*)의 저널리스트였다. 영국과 호주에서 모니카 파렐(Monica Farrell)은 로마 가톨릭의 가르침에 대항하는 설교 사역을 지속했다.

---

41 J. R. Cochrane, 'Christianity During a Period of "National Consolidation",' in J. W. Hofmeyr and G. J. Pillay (eds.), *A History of Christianity in South Africa Volume I* (Pretoria: HAUM Tertiary, 1994), 200-245.
42 J. Raymond Henderson, 'Negro Baptist History,' *WBC 1939*, 266-268, and Gordon B. Hancock, 'The Colour Challenge,' ibid. 266-272; J. Pius Barber, 'The Colour Bar in the Light of the New Testament,' *WBC 1947*, 62-64.

루스 루즈(Ruth Rouse)와 다른 여성들은 학생 운동의 지도자로 등장했다. 그들이 탁월해지는 것만큼 페미니스트 의제는 이런 모든 여성의 경력 속에 잠재해 있었다. 그러나 그것은 받아들여지지 않았다. 성은 양차대전 사이 복음주의자들에게 긴급한 사회적 이슈가 아니었다.

이렇게 관심이 부족했던 이유 중의 하나는, 복음 사역에 있어서 여성의 일이 남성의 일을 보충하는 것이라는 인식이었다. 대다수 복음주의 여성들이 오로지 가족을 돌보는데 종사했지만, 자발적인 교회 사역은 광범위하고 다양했으며, 그것은 여성들이 사적인 영역과 공적인 영역의 경계를 넘나들 수 있게 했다. 게다가 그 시대에는 나쁜 영화, 이혼율 증가, 음란한 행위, 성교육 등 가정과 가족을 지켜야 할 새로운 이유가 있었다.

사실 여성들의 사역은 그 시대 교회 회의들에게 큰 관심사였고, 그것은 계속 넓어지는 범위의 활동들을 포괄했다. 비록 남성이 지배하는 역할에 대한 종속감을 피하기는 어려웠다 해도, 이런 논의들은 여성들의 사역 범위와 긴요성 그리고 남성들의 사역에 대한 상호보완성 모두를 이끌어냈다.[43]

복음주의는 그 시대를 쾌락과 오락에 사로잡힌 시대라고 분석하면서, 복음주의 사회 참여에서 세 번째 중요한 가닥으로 대중적인 여가에 지속적인 관심을 가졌다. 새로운 여가에는 영화와 라디오, 조직적이고 전문적인 스포츠, 자동차, 새로운 형태의 경주, 그것과 함께하는 도박 등 여러 차원이 있었다.[44]

이런 문제에 대응하는 동안, 복음주의자들은 그들이 자주 비난받던 반계몽주의, 반동, 둔감함 등의 오명을 쓰기 쉬웠다. 사실 종종 그들은 레저 마인드(leisure-mindedness)가 현실적으로 실업, 실질 임금 상승, 유급 휴

---

[43] Anne O'Brien, *God's Willing Workers: Women and Religion in Australia* (Sydney: University of New South Wales Press, 2005), pts. 2, 3.
[44] 예를 들어 Wilfrid R. Wilkinson, 'Gambling, Amusements in General, and Sunday Recreation,' *EMC 1921*, 374-378; addresses on 'The Christian Social Order,' *EMC 1931*, 375-400.

일 때문이라고 이해했다. 그들은 더 나아가 휴양과 오락의 정당성을 인식했고, 그 유익도 일부 인정했다. 비록 새로운 여가에 대한 복음주의자들의 태도가 고르지는 않았지만, 그것의 도덕적이고 영적인 영향에 대한 우려는 고루 퍼져 있었다. 더 계몽된 사람들은 단순한 금기들이 결코 도움되지 않을 것을 알았다.

분별 있는 행동 원칙을 가르치면서 지도하는 것이 최선의 접근이었으며, 교회들은 결의와 선언을 통해 레저 시설에 대한 적절한 규제를 계속 요구했다.[45] 그리스도의 도덕적 원칙을 재확인하고 가르치는 것이 무엇보다 중요했다. 복음주의자들은 그것이 없으면 인간 사회의 지속적인 진보가 위태로워질 것이라고 주장했다. 보수파들 사이에서도 이런 점에서 아예 사회를 포기할 생각은 없었다.

새로운 여가의 충격을 우려하는 주된 관심사는 안식일 준수에 미치는 영향이었다. 복음주의자들은 대체로 안식일에 대한 높은 관점을 유지했다. 그들에게 안식일은 교회와 더 넓은 사회 모두의 도덕적이고 영적인 힘의 원천인 육체적, 영적 회복을 위해 구별된 날이었다.[46] 청교도 시대와 지나치게 엄한 빅토리아 시대의 일요일의 정죄로부터 해방될 필요가 다양한 범위에서 인정되었다. 하지만 전쟁 기간 중 기준이 완화되고 그에 따라 '휴양과 오락에 대한 열정'이 생겨난 점은 통탄의 대상이었다.

일요일을 점점 더 스포츠, 자동차, 사회적 향락을 위한 날로 보는 경향에 반대해, 양차대전 사이에 복음주의자들은 일요일을 지키기 위해 일어났다. 에릭 리델(Eric Liddell)이 1924년 올림픽에서 일요일 시합에 출전을 거부한 것은 이 문제를 부각했다.

---

45 예를 들어 'Manifesto and Appeal on Public Questions in Religion and Morals,' *RPC 1933*, 236–240.
46 예를 들어 *RPC 1921*, 350–355; *EMC 1921*, 374–378; [Newman Watts], *Why Sunday? By a London Journalist* (London: Lutterworth Press, 1932).

예상대로 어떻게 해야 할지에 관해서는 견해차가 있었다. 어떤 지역에서는 안식일 옹호가 교회들만의 문제로 간주했다. 그들은 개인적 헌신과 공적 예배와 '봉사' 활동의 기회를 강조함으로써 일요일을 기쁨과 개인적 충전의 원천으로 제시할 필요가 있었다. 다른 지역에서는 안식일 옹호가 공적 행위의 문제였다.

교회들은 무엇이 필요한지에 관해 합의하지 않은 채 주일을 무시하는 데 반대하는 결의안을 가결하는 한편, '주일성수회'(the Lord's Day Observance Society) 같은 조직에 가입해 주일에 대한 법적 보호를 요구하며 다른 차원에서 당국에 압력을 가했다. 영화 개봉, 일요일 상거래, 오락 활동을 위한 공공장소 이용에 대한 제한은 어느 정도 성공을 가져다주었다. 하지만 사람들의 태도 변화에 직면해서는 그 입장을 유지하는 것이 점점 더 어려워졌다. 금주와 마찬가지로 안식일 옹호는 복음주의자들이 일부 전투에서는 이겼지만, 전체 전투에서는 계속해서 수세에 몰린 사안이었다.

3. 산업 자본주의, 경제학, 대공황

당대의 행동 양식에 대한 우려에는 사회의 기본 구조에 대한 반성도 뒤따랐다. 전후 첫 10년간의 물질적, 산업적 조건은 경제 시스템에 대한 많은 비평을 야기했다. 소수의 사람이 사회주의를 옹호했지만, 복음주의자들은 대체로 산업 자본주의를 받아들였다. 그러나 그 시스템의 일부로 보이는 불평등한 부의 분배, 만성적 실업 그리고 계급 분열에 우려를 표했다.[47]

---

47 예를 들어 'The Church and Modern Industrial Problems,' *EMC 1921*, 386–404; R. J. Drummond, 'The Principles of Christ As Applied to Industrial and Social Problems,' *RPC 1921*, 167–173; J. C. Carlile, 'Christianity and Industrial Relations,' *WBC 1923*, 61–66; J. Morgan Jones, 'The New Social Outlook,' *RPC 1925*, 381–390.

이 주제들에 관한 논평은 안일하고 천편일률적이었지만, 이 문제들은 사람이 생각하는 것처럼 그렇게 단순하지 않았다. 복음주의 대변인들은 종종 산업 자본주의의 역사, 복잡성, 전망에 대해 훌륭한 이해력을 보여 주었다. 하지만 그들의 분석과 해법은 주로 도덕적인 성격을 띠었다. 그들은 제도의 기독교화를 강력히 주장했다. 그 처방은 모호한 감상주의에서부터 실용적인 적용점을 찾기 위한 냉철한 사고와 실험을 요구하는 이상에 대한 현실적인 옹호에 이르기까지 다양했다. 복음주의자들은 그들이 실업계의 복잡성과 힘든 현실을 모른다는 비판에 대해 기독교화만이 유일하게 효과적인 치료법이라고 답했다.

1920년대에 영국에서 발전한 '기독교산업협회'(Industrial Christian Fellowship)와 '정치경제시민권협의회'(Conference on Politics, Economics and Citizenship, COPEC) 등은, 비록 복음주의자들에 의해 시작된 것은 아니지만 그럼에도 기독교화된 시스템에 대한 희망을 준 것들로서, 어느 정도 지지를 얻었다.[48] 그들의 주된 개선안은 받아들여지지 않았지만, 양차대전 사이 복음주의자들은 무관심하지 않게 현대의 경제 시스템에 대한 논평과 비평을 지속했다.[49]

산업 자본주의에 대한 도덕적 인식은 복음주의자들이 전통적으로 경제학에 대해 취했던 태도와 일치했다.[50] 그러나 런던, 미드랜드, 스코틀랜드 철도의 회장이었고 그 후에는 영국은행 총재가 되었던 온건한 웨슬리안 조시아 스탬프 경(Sir Josiah Stamp) 덕분에, 양차대전 사이 복음주의자들은 기독교와 경제학의 관계에 관해 저술할 수 있는 탁월하고 실제적인 경제학자를 자

---

48 'Labour and Religion. Industrial Christian Fellowship,' *C* (9 Dec. 1920), 44; Edward Shillito, *Christian Citizenship: The Story of C.O.P.E.C.* (London: Longmans, Green, 1925).
49 James N. Britton, 'Industrialism,' *WBC 1928*, 236-244; U. M. McGuire, 'Industrialism,' *WBC 1928*, 261-266; E. E. Kresge, 'The Social Mission of the Church,' *RPC 1929*, 123-132.
50 Boyd Hilton, *The Age of Atonement: The Influence of Evangelicalism on Social and Economic Thought, 1795-1865* (Oxford: Clarendon Press, 1988); Malcolm Anderson, 'Economic Science in Evangelical Social Thought: A Missing Dimension of the English Christian Social Movement,' *L* 15 (1993), 21-43.

량할 수 있었다.

스탬프는 교회 사람들이 내놓는 경제적 견해의 비전문성을 날카롭게 비판하고, 교회 안에서 경제적 사고의 기준을 높이는 것에 관심을 가지는 한편, 교회가 소중하게 지켜온 복음주의 사상을 종종 반박했다. 『경제적 요소로서의 기독교 윤리』(Christian Ethics as an Economic Factor, 1926)에서 그는 빈곤과 불운한 경제 상황의 많은 부분이 도덕적 요인에 의한 것이 아니라고 주장했다. 스탬프는 일부 복음주의 지역에서 지지를 얻은 사회적 신용 이론에 대해 특히 엄격했다. 은행의 관행이 화폐의 진정한 구매력을 빼앗았다는 그들의 주장은 미치광이 소리로 취급되었다.

스탬프는 자본주의도 사회주의도 편들지 않고, 이 모든 현대 사상 대신에 '경건한 실용주의'(godly pragmatism)를 내세웠다. 이것은 사용 가능한 옵션 중에서 유효하게 작용하는 것을 합리적으로 결정하는 것이었다. 이처럼 경제학은 교회에 '과학적 방법으로 망상을 씻어낸 더 나은 사고' 수단으로 제시되어, 그들이 회심과 가르침과 목회 사역을 통해 인격을 기름으로써 추진하려던 사회 개선 노력을 보완하게 해 주었다.[51]

양차대전 사이 수년 동안 복음주의 계층에도 지배적인 경제 시스템을 최대한 활용할 준비가 된 사업가들이 포함되어 있었다. 다소 놀랍게도 세상과의 분리를 강조하는 형제회 사람들이 사업에 뛰어들어 특별한 성공을 누렸다. 이 시기에 저명한 영국 형제회 사업가들로는 존 라잉 경(Sir John Laing)과 A. H. 보울턴(A. H. Boulton) 그리고 가솔린 엔진 제작자 퍼시벌 W. 페터(Percival W. Petter)가 있다. 그런 사람들은 사업이 삶의 다른 모든 측면과 마찬가지로 그리스도의 주권 아래 있고, 자신들의 신앙을 증언할 장을 제공했으며, 어떻든지 간에 다양한 사역을 지원할 자원을 창출했다고 주장했다.[52]

---

51 예를 들어 Josiah Stamp, *Motive and Method in a Christian Order* (London: Epworth Press, 1936), 189; *Christianity and Economics* (London: Macmillan, 1939).

52 Tim Grass, *Gathering to His Name: The Story of Open Brethren in Britain and Ireland* (Milton Keynes: Paternoster Press, 2006), ch. 15. 현대의 비국교도 사업가들의 사고방식은 이런

1920년대와 1930년대에 사업적으로 성장하고 번창했던 미국의 기업가 R. G. 르 토누(R. G. Le Torneau)도 형제회 출신이었다.[53] 하나님을 사업 '파트너'로 삼은 그는 자신의 급여와 회사 수익의 90퍼센트를 복음주의 대의에 바쳤다. 양차대전 사이에 멜버른의 C. H. 내쉬(C. H. Nash)를 중심으로 형성된 사업가 그룹도 마찬가지로 자신들이 그렇게 성공적으로 활동하는 경제 질서를 문제삼지 않았다. 그들은 하나님이 그분의 목적을 지원하라고 자신들에게 수입과 조직화 기술을 주셨다고 받아들였고, '멜버른복음십자군'(Melbourne Gospel Crusade), '업웨이협의회'(Upwey Convention), '멜버른성경학교'(Melbourne Bible Institute), '그리스도를위한 운동가'(Campaigners for Christ)의 설립을 도왔다.[54]

이런 복음주의자들에게 사업과 복음 전도는 동일한 소명의 다른 측면이었다. 그들은 기독교적 가치와 표준을 사업 세계에 적용했고, 사업 전략과 관행을 기독교적 직무에 들여왔다. 그들에게 일반적인 경향은 시스템이 구원을 받는 것이 아니라 개인이 구원을 받는다고 믿는 것이었다.

자본주의가 야기한 불평등과 불공정 외에도 양차대전 사이 복음주의자들이 가장 심각하게 고민했던 구조적 문제는 산업 관계였다. 1919년과 1920년의 산업 불안의 물결이 시대의 분위기를 조성했다.[55] 자본과 노동이 서로 구덩이에 빠뜨리는 것은 산업 현장에서 고쳐져야 할 부분으로 널리 인식되었다. 그 갈등은 더 큰 이념적 영향으로 위급해졌다: 노동 운동은 볼셰비즘

태도와 일치했다. 다음을 보라. David Jeremy, 'Twentieth-Century Protestant Nonconformists in the World of Business,' in Alan P. F. Sell and Anthony R. Cross (eds.), *Protestant Nonconformity in the Twentieth Century* (Carlisle: Paternoster Press, 2003), 264–312.

53 Sarah R. Hammond, '"God Is My Partner": An Evangelical Business Man Confronts Depression and War,' *CH* 80.3 (2011), 498–519.

54 Darrell Paproth, *Failure Is Not Final: A Life of C. H. Nash* (Sydney: Centre for the Study of Australian Christianity, 1997), 9–10장.

55 Robert M. Miller, *American Protestantism and Social Issues 1919–1939* (Chapel Hill: University of North Carolina Press, 1958), pt. 3은 이 시기 파업에 대한 충분한 설명을 제공한다.

(Bolshevism)이나 가톨릭주의(Catholicism)로 확실히 구별되었다.

복음주의자들의 진단은 역시 대체로 도덕적이었다. 산업 분열의 양편에 너무 많은 자기중심주의가 있었다. 그 상황은 국가 공동체의 봉사에 있어서 협력에 바탕을 둔 윤리가 필요했다. 이 이상은 자주 표현되었지만 1920년대 내내 파업이 되풀이되었기 때문에 거의 영향을 미치지 못했다.

공정한 임금과 안전한 근로 조건에 대한 노동자들의 요구에 공감하지 못한 것은 아니었지만, 복음주의자들은 자본과 제도를 지지하는 편이었다. 그들은 파업 활동 기저의 폭력 사용과 민주주의 전복을 통렬히 비판했다. 그것은 분쟁하는 양측 대표가 속해 있는 지자체장들에게도 곤란한 일이었다. 예를 들어 복음주의자들은 당시 최악의 파업이었던 1926년 영국의 총파업 실패를 다행으로 여겼지만, 노동자들의 곤경에 대해 (확실히 여러 수준에서) 염려했다.[56] 복음주의자들은 당시의 절박한 산업 문제에 대한 해답을 찾는 데 다른 이들 못지않게 성공했지만, 1920년대 내내 공동체의 평화와 안정을 위협하는 문제에 대해서는 불안감을 감추지 못했다.

1930년대 '대공황'은 20세기 전반에 복음주의에 충격을 준 두 번째 지정학적 재앙이었다. 대공황이 엄습하자 영어권 세계 사람들에게 10년간 높은 실업률과 그에 따른 빈곤이 찾아왔다. 비록 일차적으로 사회적 재앙이었지만, 복음주의자들은 당연히 그것을 단순히 경제적인 현상으로만 보지 않았다.

그들의 이해는 대개 1920년대 경제적 사고의 연장이었다. 대공황의 원인과 기본 개선책은 주로 도덕적이었고, 이제 산업 자본주의 고유의 윤리적 결함 목록에 '무모한 추측'(reckless speculation)이 추가되었다. 이것이 그들 편에서는 큰 실패가 아니었다. 금융가들과 정치가들이 당황하는 사이에, 종교 사상가들이라고 해서 더 나을 것 같지 않았다.

---

[56] Stewart J. Brown, '"A Victory for God": The Scottish Presbyterian Churches and the General Strike of 1926,' *JEH* 42.4 (1991), 596–617.

경제 분석에 과감히 뛰어든 소수의 사람은 놀라울 만큼 신랄하게 비평할 수 있었다. 이윤 동기를 인정하더라도 아무 검증도 하지 않은 채 사람들을 생산 과정의 한 요소로만 취급하는 경향은 그리스도의 가르침과 양립할 수 없었다. 더 전통적인 교훈을 보완하는 예수의 사회적 교훈을 더 충분히 반영하기 위해 사회 계획과 사회 통제의 적절한 수단을 가지고 경제 질서의 일부 재건을 옹호하는 것은 내부의 영적이고 도덕적인 개혁을 필요로 한다.[57]

대량 실업과 그 결과에 대응해, 복음주의자들은 대체로 더 확실한 기반 위에 있었다.[58] 그들의 대공황 경험은 매우 다양했지만, 반응은 크게 둘로 나뉘었다. 많은 사람이 정부의 개입을 지지했다. 고통당하는 이들을 구제하는 일과 원인을 바로잡거나 최소한 결과를 개선하기 위해 사회 구조를 개혁하는 일을 동시에 해야 한다는 것이었다. 복음주의자들의 지원을 끌어내는 조치로는 실업 구제, 새로운 산업 제안, 실업자 재교육, 공공사업 등이 있었다.

그런 조치는 물론 미국의 뉴딜(New Deal) 정책의 원천이었는데, 일부 사람들은 그것을 국가 사회주의 요소라며 강력히 반대했다. 국가의 적극적 개입에 반대한 보수주의자들은 자율적으로 돌아가는 시장에서 개별적인 결정의 효과를 내야 한다고 주장했다.[59] 대공황이 이제까지 복음주의자들에게서 독특하게 다양화된 반응을 이끌어내는 동안, 사회 경제적 주요 이슈에 무관심한 사람은 거의 없었다. 다만 그들은 대공황을 신앙적, 윤리적인 관점에서 규정하려고 했다.

---

57 예를 들어 Gilbert Jackson, *An Economist's Confession of Faith* (Toronto: Macmillan, 1935); 'The Christian Social Order'에 관한 논문들, *EMC 1931*, 191-203, 389-400; Rolvix Harlen, 'Economics and the Mind of Christ. Report of Commission No. 5,' *WBC 1934*, 57-62, 또한 68-70에 있는 논의들.

58 예를 들어 교회와 실업자에 관한 특별 논문은 다음에 들어 있다. C (26 Jan. 1933), 3, 17, 19, 23, 26; S. E. Keeble, 'What the Churches Are Doing: Social Activities,' in Percy Dearmer (ed.), *Christianity and the Crisis* (London: Victor Gollancz, 1933), 286-305.

59 Sarah R. Hammond, '"God's Business Men": Entrepreneurial Evangelicals in Depression and War,' PhD thesis, Yale University, 2010.

그러나 국가의 역할에 대한 그들의 견해가 어떻든 간에, 복음주의자들 자신은 고통받는 사람들을 구제하기 위해 직접 기여하는 데에는 대체로 하나가 되었다. 복음주의 세계 각지에서 개인과 교회는 가난한 사람에게 음식과 옷과 쉴 곳을 제공했고, 구세군과 처치 아미(Church Armies) 같은 단체들의 자원은 전례 없는 수준으로 물질적 원조를 제공하면서 그 한계점까지 늘어났다. 보다 앞을 내다보는 계획들은 실업자들이 고용 부적격자가 되지 않도록 애쓰면서 만성 실업의 심리적 손상을 줄이려는 노력이었다.

여기에는 휴양 시설, 교육 센터, 노동 교류가 포함되었다. 대공황이 사람들에게도 영향을 미쳐 몇몇 뛰어난 기여를 하는 사람들이 생겨났는데, 그중에서 시드니 국교회 복음주의자 R. B. S. 해먼드(R. B. S. Hammond)가 단연 돋보였다. 그가 실업자를 돕기 위한 그의 많은 계획은, 자기 주머니를 털어 땅을 구입하고, 거기에 극빈 가정을 위한 임대 수익 기반의 주택을 제공하기 위해 개척자마을(Pioneer Village, 그 후 시드니 외각 해먼드빌[Hammondville] 교외 지역)을 설립한 데서 절정을 이루었다.[60]

복음주의자들은 자신들이 다루는 일이 무엇인지 완전히 이해하지 못하기도 하고 종종 한정된 자원 있었지만, 위기의식을 공유했으며 대공황으로 인한 곤경을 해결하기 위해 행동에 나섰다.

4. 정치학

영어권 사회가 직면한 재건, 새로운 기독교적 국제주의, 국내 문제들은 양차대전 사이 복음주의자들의 정치적 관심과 참여의 무대를 제공했다. 윌슨 대통령의 재임 기간은 복음주의 기독교가 국제적인 문제와 미국 내

---

60 Meredith Lake, *Faith in Action: Hammondcare* (Sydney: University of New South Wales Press, 2013).

부의 문제에 직접 영향을 미친 전성기였다. 윌슨을 이은 하딩(Harding, 침례교도), 쿨리지(Coolidge, 회중주의자), 후버(Hoover, 퀘이커) 등의 대통령들도 모두 성격상 분명한 기독교적 요소를 가지고 있었지만 공공연하게 복음주의적이지는 않았다.

루즈벨트(Roosevelt) 대통령 재임 기간에는 개신교주의에서 다원주의로의 더 큰 전환이 있었다. 그는 모두를 위해 종교의 자유를 옹호하고 신앙을 지지했지만 특별한 신앙은 없었다. 영국 수상들의 입장도 미국 대통령들처럼 기독교적 경향을 띠었지만, '저교회파와 복음주의적 사상과 친숙한', '민주주의적 개신교주의'[61]를 표방했던 스탠리 볼드윈(Stanley Baldwin)을 제외하고는, 복음주의적 성격을 띠지 않았다.

또한, 정치 상황의 변화와 새로운 이슈의 등장도 1900년대 초 비국교도 신앙이 최고 수준으로 정부에 영향을 미쳤던 것만큼의 힘을 갖지 못했다. 1920년대 초부터 복음주의적 견해가 세계 권력의 중심에 미치는 영향력은 세기 초 수십 년 동안에 가졌던 것보다 확실히 적었다.

물론 이것은 복음주의자들이 정치에 관심을 잃었다는 것을 의미하지는 않는다. 확인된 자료들에 의하면 여전히 그들이 정치적 활동을 기독교적 봉사의 정당한 수단으로 여겼다는 것이 분명하다. 비록 의원 숫자는 1920년대를 정점으로 전반적으로 점차 감소하는 추세였지만, 의원으로 활동하는 침례교도들은 양차대전 사이 영국 의회 내에서 중요한 존재였다.[62]

1929년 감리교인 노동당 사무차관(Secretary) 아서 헨더슨(Arthur Henderson)에 따르면, 영국 의회 노동당은 여전히 급진적 비국교도 신앙으로부터 많은 에너지를 얻었고, 이런 현상은 지방 정부에 대해서도 사실이었다. 이것은 주

61　Stuart Ball, 'Baldwin, Stanley,' in *ODNB*, (온라인 접속일: 2012.9.13), 10.
62　David W. Bebbington, 'Baptist Members of Parliament in the Twentieth Century,' *BQ* 31.6 (1986), 252-287; 'Baptist Members of Parliament: A Supplementary Note,' *BQ* 42.2, pt. 2 (2007), 148-161; 'Baptists and Politics Since 1914,' in K. W. Clements (ed.), *Baptists in the Twentieth Century* (London: Baptist Historical Society, 1983), 76-95.

로 그동안 교회와 예배당에서 결성되어 온 개인들이 공적 생활에 참여함으로써 자신들의 신앙을 표현함으로써 이루어졌다.

A. V. 알렉산더(A. V. Alexander)는 1931년 자유교회 사람들을 다음과 같이 설명하며 옹호했다.

> 우리가 왜 정치인인가에 관한 기본적인 이유는 이것이다. 우리는 그리스도께서 대신 죽으신 이들의 상황을 개선하기 위해 진심으로 노력하려고 한다.[63]

이와 똑같은 정서가 저 멀리 대영제국에서도 나왔다. 뉴질랜드의 기독교 사회주의자 J. K. 아처(J. K. Archer, 1865-1949)는 지도적인 침례교 목사였고, 또한 다른 시기에는 크라이스트처치(Christchurch)의 시장, 노동당의 의장과 부의장을 역임했다.[64] 캐나다 앨버타(Alberta)에서 '바이블 빌'(Bible Bill)로 알려진 윌리엄 에버하트(William Aberhart)는 정당(Social Credit Party, 사회신용당)을 결성해 1935년 지방 선권에서 압승하여 집권했다.[65]

신학적으로 아처가 확실한 좌파 복음주의자였다면 에버하트는 확실히 우파 출신이었다. 두 사람 모두 재임 기간을 이용해 자신의 선거구 사람들의 물질적 생활을 개선했다. 서로 다른 신학적 입장을 불문하고 양차대전 사이 모든 복음주의자는 자신의 신앙과 교회생활로 길러진 도덕적 관심을 추구하는 수단을 계속해서 정치에서도 찾았다.

양차대전 사이 복음주의자들을 가장 많이 단련시킨 특별한 정치 이슈는 증대되는 국가 권력의 본질이었다. 도덕적으로 자신들에게 선한 것은 사회

---

[63] Peter Catterall, 'Morality and Politics: The Free Churches and the Labour Party Between the Wars,' *HJ* 36.3 (1993), 667–685. 681.
[64] M. P. Sutherland, 'Pulpit or Podium? J. K. Archer and the Dilemma of Christian Politics in New Zealand,' *NZJBR* 1 (1996), 26–46.
[65] George Rawlyk, 'Politics, Religion, and the Canadian Experience: A Preliminary Probe,' in Mark A. Noll (ed.), *Religion and American Politics: From the Colonial Period to the 1980s* (New York: Oxford University Press, 1990), 269–270.

에도 선하다는 기본적인 확신 때문에 그들은 자신들의 이상을 국가 정책으로 실현하기 위해 국가에 눈을 돌렸다. 동시에(다음 섹션이 보여주듯이) 그들은 그들의 삶에 대한 국가의 간섭이 유럽의 전체주의 정권에 의해 어느 정도까지 취해질 수 있는지 예리하게 인식했다.

정부가 대공황 문제에 대응하기 위해 행동하면서 위험이 더 임박한 것처럼 보였다. 복음주의자들은 평소처럼 다양한 방식으로 반응했다. 영어권 사회가 사회주의 문제에 직면하자 일부 사람들은 이것이 해답이라는 주장에 설득되었다. 민주주의를 섭리의 수단으로 여기던 다른 사람들은 사회주의 전망에 경악했다. 여전히 어떤 사람들은 어느 특정 형태의 정부에 매이지 않았다. 그들은 단지 정부가 기독교적 원칙에 의해 잘 통제되기를 원했다.

이렇게 국가의 성격과 역할에 관한 서로 다른 견해 중에는 신앙적 자율을 완성할 수 있는 개인의 권리에 대한 폭넓은 합의가 있었다.[66] 복음주의자들은 우려할 소지가 있던 시기에 자신들의 종교적 지위를 유지하는데 필요한 정치적 조건을 강력히 주장했다.

분명히 양차대전 사이 복음주의자들은 지역 사회의 사회적이고 도덕적인 경향에 관심을 유지했고, 그들이 가진 이상의 구체적 실현을 재촉했다. 여전히 무시될 수 없는 영향력을 가졌던 복음주의 교회와 공동체는 이전 시대의 사회적 승리와 비교하면 양차대전 사이에 큰 성공을 거두지 못했다. 그들이 스스로 제시한 이유는 현대 사회의 방종과 증대되는 세속화였다. 이 노선을 취하면서 복음주의자들은 그 시대의 새로운 개인주의와 그들이 나타내는 공산주의적 기준 사이의 긴장을 알게 되었다.

그러나 다른 요인들도 작용하고 있었다. 복음주의자들이 한때 자신들의 것으로 삼았던 문제들은 이제는 국가의 일이 되었다. 점점 더 다원적인 유권자들을 하나로 묶을 수밖에 없는 국가는 그들의 요구를 쉽게 들어줄 수 없었다. 그러나 개신교 내부에서조차 복음주의자들은 더 이상 지배적인 발언

---

[66] *EC* (May-June 1938), 101-102; (Sept.-Oct. 1938), 164-165.

권이 없었다. 특히 가장 유명한 영국의 윌리엄 템플(William Temple)과 미국의 라인홀드 니버(Reinhold Niebuhr)라는 새로운 예언자들이 복음주의 대열 바깥에서 등장해 더 호소력 있는 기독교적 해석을 사회에 내놓았다.

복음주의자들이 다른 사람들에게 가려졌다고 해서 그들의 행동주의가 사라졌다고 받아들여서는 안 된다. 사실 양차대전 사이에 그들은 사회가 어떠해야 하는지에 대한 폭넓은 이해를 놓지 않았고, 미래의 비전을 성취하기 위해 계속 노력했다. 그러는 동안, 1930년대 초부터 국제 무대는 새로운 불확실성과 새로운 문제들을 만들어 냈다.

5. 공산주의, 나치즘, 유대인, 전쟁의 재발

1930년대 중반 대공황의 절박한 필요에도 복음주의자들의 관심은 아주 놀랍게도 세계정세로 향했다.[67] 국제 무대에 대한 이 새로운 관심의 첫 초점은 이번에도 소련이었다. 이것은 대공황이 서구 자본주의의 몰락을 크게 부각하던 때에, 소련에서는 스탈린의 첫 번째 5개년 계획이 예상치 못한 눈부신 성공을 거두었기 때문이다.

1930년대에 들어서자 소련의 입지는 서유럽의 파시스트 정권과 비교되면서 더욱 향상되었다. 복음주의 우파는 공산주의에 완강하게 반대하고 있었지만, 좌파에서는 공산주의의 사회적, 경제적 열망이 기독교의 것과 비슷하다고 인정하는 재평가가 있었다.

이렇게 적으로서 소련을 악마화하는 일은 조금 누그렸지만, 공산주의의 위상은 모든 복음주의자에게 기독교의 주된 이념적 경쟁 상대로 명확해졌다. 개인과 사회의 전적인 충성을 요구하는 선교 운동과 마찬가지로, 공산

---

67 복음주의자들의 국제적 우려는 중도 우파인 복음주의연맹(Evangelical Alliance)의 저널 *Evangelical Christendom*에서 쉽게 확인할 수 있다.

주의는 기독교 선교회가 활동 중이던 중국과 인도 같은 나라에서 주로 전진하고 있었다. 기독교와 공산주의 간의 싸움은 세계의 미래를 아주 위태롭게 보이게 했다.[68]

그러나 더 넓은 세계에 대한 복음주의자들의 관심은 곧 독일로 옮겨졌다. 1933년 독일에서는 히틀러 정부가 등장해 독일의 삶 전체를 '나치화'하려는 '혁명'을 개시했다. 처음부터 복음주의자들 사이에서는 이것이 의미하는 바에 대한 의심이 있었다. 그러나 공산주의에 매우 강하게 반대하는 운동을 동정하는 소수 의견도 있었다. 이런 입장은 히틀러 독재정권의 위협이 명백해지면서 소멸했다.

획일화(글라이히살퉁[Gleichschaltung])가 교회에까지 확대된 것은 개신교 세계를 단단히 죄는 광경이었다. 그것은 특히나 종교개혁의 본고장에서 벌어지고 있었다.[69] 복음주의자들은 교회의 나치화에 저항하기 위해 1934년 결성된 고백교회(Confessing Church)가 사나운 정치적 억압에 맞서 기독교의 자유를 영웅적으로 수호한다고 보았다. 더 깊은 차원에서 그들은 정부의 권위가 교회 위에 있다는 주장에 대해 경악했다.

그런 전개는 다른 곳에서의 종교적 자유의 상실과 교회와 국가 간 직접 충돌의 전조였다. 복음주의자들은 정권에 대한 솔직한 비판이 반드시 최선의 대응은 아니라는 점을 일깨워 준 칼 바르트(Karl Barth)와 함께 독일 그리스도인의 곤경에 반응했다. 그들은 더 나은 대안으로 나치즘에 대항하기 위해 자신들의 지역 사회에서 기독교적 갱신을 요구했다.

또한, 복음주의자들은 민주적 제도를 보전하기 위한 결의를 강화했다. 자유로운 사회에서만 참된 종교적 자유가 있을 수 있기 때문이었다. 복음주의자들은 독특한 신념에 따라서 자신들이 독일 그리스도인들뿐 아니라

---

68 고전적 진술은 E. Stanley Jones, *Christ and Communism* (London: Hodder & Stoughton, 1935)이다.

69 Tom Lawson, 'The Anglican Understanding of Nazism 1933–1945: Placing the Church of England's Response to the Holocaust in Context,' *TCBH* 14.2 (2003), 112–137.

기독교 문명 전체를 위해 행동하고 있다고 믿었다.[70]

나치의 반유대주의(Anti-semitic) 정책도 복음주의자들에게 유대인 문제를 불러일으켰다. 유대인에 대한 그들의 확고한 관심은 최근 인종에 대한 일반적 관심 때문에 증가했으며, 또한 전천년주의자들에게는 종말론적인 중요성 때문에 증가했다.[71] 그러나 이렇게 커지던 관심도 복음주의 운동의 일부 지역의 깊은 반유대주의를 극복하기에는 충분하지 않았고, 다른 곳에서는 더 일반적인 이중 감정이 느껴졌다.

유대인 박해 소식이 전해지자, 일부 복음주의자들은 현재 일어나고 있는 일에 대해 매우 비판적이었다. 한편 다른 사람들은 나치의 부정이 폭로될 때까지 최소한 그들의 정책을 합리화하려고 했다. 또한, 대공황과 공산주의가 모두 유대인의 국제적 음모의 결과라는 의혹이 좀처럼 사라지지 않았다. 1930년대 말경에는 소수의 복음주의 성직자들이 서구 민주주의 국가에서 유대인 난민 수용을 늘리기 위해 캠페인을 벌였다. 이 노력은 극히 제한적인 성공에 그쳤다. 높은 실업률과 함께 영어권 사회의 앵글로-색슨 특성을 보존해야 한다는 인식이 그 캠페인의 영향력에 제동을 걸었다. 어쨌든 복음주의 공동체 내부의 지지는 일치되지 않았다. 유대인은 복음주의자들을 북돋우는 명분이 아니었다.

복음주의자들은 1930년대 후반의 세계를 숙고하면서 전후 질서에 대한 자신들의 희망과 달리 많은 문명 세계가 새로운 전체주의 이념에 사로잡혀 있다는 것을 인식했다. 비록 정권의 본질은 달랐지만 독일, 이탈리아, 러시아는 국가의 권위가 최고의 충성을 요구할 정도로 격상된 국가들이었다.

본질적으로 복음주의자들은 무신론의 후원자로서든지 또는 어떤 준(準)종교적 대안으로서든지 전체주의 정권의 반기독교적 태도를 비난했다. 그러

---

70 T. C. Hammond, *Fading Light: The Tragedy of Spiritual Decline in Germany* (London: Marshall, Morgan & Scott, n.d. [1940]).
71 William R. Glass, 'Fundamentalism's Prophetic Vision of the Jews: The 1930s,' *JSS* 47.1 (1985), 63-76.

나 이런 정권에 대한 그들의 기본적 비판은, 삶과 도덕에 관해 개인 각자가 자신만의 견해를 형성할 수 있는 시민의 자유를 국가가 부정한다는 것이었다. 왜냐하면, 그 자유가 없이는 그리스도를 향한 전적인 충성이 불가능했기 때문이다.⁷² 위대한 종교개혁을 기념하는 것 중에서 단연코, 전체주의에 대한 이 반대는 복음주의자들이 기독교적 신념과 원칙에 대한 전적인 충성의 의무를 재확인함으로써 그들과 국가의 관계를 명확히 해 주었다.

역설적이게도 몇몇 복음주의 대변인들이 지적했듯이, 전체주의의 포괄적인 요구는 이제 복음주의 기독교가 요구하는 헌신의 수준을 벤치마킹하고 있었다. 또한, 전체주의 정권이 자랑하는 경제적, 물질적 성공은 민주주의가 반드시 슬럼을 없애고, 실업을 극복하고, 양극화를 차단하고, 더 나아가 사회 개혁에 필요한 모든 동기부여를 해야 할 필요성을 높였다. 복음주의자들은 1930년대 후반 유럽의 상황이 악화하면서 전쟁이 재개될 수 있다는 전망에 매우 놀랐다.

그들은 파시스트 독재자들의 침략을 규탄하고, 평화 유지를 위해 대중적 여론 호소를 주도하고, 평화를 지키기 위한 네빌 체임벌린(Neville Chamberlain)의 노력을 지지하면서 [현재 일어나고 있는] 사건들을 면밀히 추적했다. 1938년 9월 '뮌헨협정'(Munich Agreement) 이후 그들은 다시 전쟁으로부터의 확실히 구원해 달라는 대중적인 감사기도를 이끌었고 평화 유지를 위한 기독교 방책을 내놓았다.⁷³ 전운이 감돌자 평화 유지를 위해 무엇을 할 수 있을지가 주요 관심사가 되었다.⁷⁴

---

72 예를 들어 R. C. Gillie, 'The Church's Witness for Freedom: In Relation to the State,' *RPC 1937*, 104–113; A. G. Pite, 'The Responsibility of the Church to the World: Anti-Christian,' *Ch* 2.3, ns (July 1937), 149–153; M. E. Aubrey, 'Christianity and the Totalitarian State,' *WBC 1939*, 198–202.
73 예를 들어 *EC* (Sept.–Oct. 1938), 149; (Nov.–Dec. 1938), 179, 182–185.
74 'Report of Commission No. 1. What Baptists Can Do to Avert War and Promote Peace,' *WBC 1939*, 96–114.

이 목적을 이루기 위해 내놓은 행동 목록에는 전쟁 유발 조건의 근절, 군비 축소 지지, 여론에 대한 영향력 행사, 교회 간 협력 증진, 평화 정신의 촉진 등이 포함되었다. 그것들을 반복해서 외쳤음에도, 이미 때는 늦어버렸다. 1939년 내내 평화가 계속 깨지자 복음주의자들은 대체로 정의에 입각한 참된 평화를 만들어 내려는 생각에서 전쟁의 필요성을 받아들이게 되었다.

그들은 마지막 순간까지 전쟁을 막을 수 있을지도 모른다고 계속 믿었지만, 충분한 전쟁 가능성은 양차대전 사이 복음주의자들의 국제주의적 열망에 깊은 실망감을 안겨주었다. 제1차 세계대전의 기억이 여전히 생생했기 때문에 그들은 전쟁이 몰고 올 유린과 파괴를 당연히 두려워했다. 그것은 또한 1919년에 주장했던 재건 비전의 결정적 실패로 기록될 것이다. 놀랍게도, 그들은 여전히 대담하게 기독교와 교회들이 국가의 삶에서 변혁 세력이 되어야 한다는 책임과 능력을 주장했다.

국제 관계에서 오직 복음의 영향력으로만 가져올 수 있는 이타적 정신은 전쟁의 원인을 제거할 수 있었다. 결과적으로 이런 관점은 여전히 복음주의자들을 세계정세의 중심에 두었다. 그러나 그들은 비현실적으로 1939년의 위기가 그들에게 세계 복지와 미래에 심원한 영향을 행사할 기회를 제공해 주기를 바랐다.[75]

1919년 그들이 기독교 문명을 재건하려고 했을 때, 복음주의자들은 여전히 사회의 폭넓은 수용을 예상할 수 있었다. 20년 후 그들이 사회를 파괴로부터 지키고자 했을 때, 그들은 광범위한 거부를 감수해야 했다. 그렇다 하더라도 그들은 개인뿐 아니라 세계와 사회의 유익을 위한 모든 함의를 복음에 담으려는 일에 전념했다.

---

75 예를 들어 S. W. Hughes, 'World Peace,' *WBC 1939*, 221–225.

6. 결론

1919년 평화가 돌아오자 복음주의자들은 공동체의 사회적 정치적 타협에 영향을 미쳐 기독교 문명을 회복하려는 큰 희망을 품고 새 시대로 진입했지만, 그 희망은 전쟁으로 인해 확연히 극적으로 쇠락하고 말았다. 비록 그 희망에 수반되는 것은 상황에 맞춰 조정되었지만, 그 희망 자체는 이후 20년 동안 결코 버림받지 않았다. 틀림없이 이 운동 전반에 걸쳐 이 기간의 복음주의자들은 서로 달랐음에도, 일반적으로 사회 봉사와 더 넓은 정치적, 사회적 활동에 상당히 헌신적으로 발언하고 실천하고 있었다.

그들은 세상일에 두루 관심을 나타냈는데, 무엇보다 평화와 그것을 가능케 할 도덕적 질서를 유지하려고 했다. 국내적으로 그들은 금주, 쾌락과 오락에 대한 선입견, 안식일 준수와 인종 관계 같은 도덕적이고 영적인 차원을 가지고 다양한 사회적 이슈에 관여했다. 또한, 복음주의자들은 사회 경제적 기본 구조를 줄곧 염려했고, 정치에서 복음주의적 확신을 가지고 고유한 도덕적 헌신을 밀고 나갈 길을 계속 모색했다.

특정한 사회 봉사들은 유지되었다. 대공황이 닥쳤을 때 복음주의자들은 최선을 다해 역경에 대응했다. 늘 그랬듯이 그들은 사회를 계속 지지했지만, 복지 정책이 시행되면서 국가의 힘이 커지는 것을 우려했다. 이 우려는 유럽에서 일어난 사건들에 의해 증폭되었다. 러시아와 독일에서 독재자가 등장해 폭정의 가능성이 극명한 현실이 되었기 때문이다.

전체주의에 대한 복음주의자들의 저항은 1930년대 후반에 다시 전쟁의 기미가 보이자 전쟁의 필요성을 수용하는 것으로 이어졌다. 만약 양차 대전 사이에 복음주의자들의 사회적 관심이 쇠퇴했다면 그것은 세기말 무렵에 이르렀던 절정의 관심과 제1차 세계대전 기간의 비상한 헌신 때문에 그렇게 느껴지는 것일 뿐, 복음주의 운동의 일반적 경험은 아니었다.

복음주의 저변의 원동력이 변하지 않았기 때문에 사회 봉사에 뛰어드는 일은 계속되었다. 일반적으로 현대 복음주의자들은 기독교 신앙과 가치가 그 지역 공동체의 사회적 태도와 행위를 형성해야 한다고 줄곧 생각했다. 그러나 양차대전 사이는 복음주의자들이 정치 사회적으로 크게 이룬 것이 없는 시기였다. 그들의 모든 헌신과 수고에도 이 시기 복음주의자들은 중요한 개혁을 지속하지 못했고, 당시의 불온한 문화적 흐름을 뒤집지 못했다.

1939년 전쟁 발발과 더불어, 복음주의자들은 자신들의 전통적 기대에 따라 기존의 정치 사회적 규범을 확보하지 못했기 때문에 1919년에 꾀했던 영어권 사회를 향한 역사적 영향력을 회복하는 데 실패하고 말았다. 사회 봉사의 우선순위와 역할에 대한 이견(당대 복음주의의 다른 측면과 마찬가지로)은 세상이 보는 데서 그 현실성과 유효성을 입증하려는 이 운동의 시도를 더 무력하게 만들었다.

또한, 분열은 프로테스탄티즘(Protestantism) 내에서 다른 어조를 가진 예언자들이 기독교 사회에 대한 더 긴밀하고 적절한 비전을 제시하는 것처럼 보이는 한 가지 이유였다. 그러나 영향력의 부족은 관심의 부재와 다르다. 양차대전 사이 복음주의자들은 당시의 매우 어려운 정치 사회적 이슈들과 직면했고, 그렇게 함으로써 비록 그것이 논쟁 사안이긴 했지만, 복음주의자들의 사회 참여 전통을 유지했다. 양차대전 사이 복음주의에 '대반전'(great reversal)은 없었다.

저자 후기

1939년 9월 3일 영국은 폴란드를 침공한 독일에 전쟁을 선포했다. 1914년과 마찬가지로, 영국의 선전 포고로 대영 제국 전체는 전쟁에 돌입했다. 이번에도 미국은 참전을 꺼렸지만, 1941년 12월 7일 일본이 진주만을 공격하자 전쟁에 뛰어들었다. 대규모 전쟁이 유럽과 북아프리카와 중동에 이어 동남아시아와 태평양에서도 발발했다.

무력 충돌의 범위는 이전의 전쟁보다 더 넓었다. 가장 위험했던 기간, 특히 1940년부터 1942년 사이에는 계속 적의 공격을 받았던 영국 후방의 훨씬 더 많은 지역이 전쟁에 말려들었다. 게다가 이 전쟁은 더 격렬해서 사상자가 세 배나 많았고, 그 중 다수는 시민이었다. 영어권 복음주의자들은 한 세기 동안 두 번에 걸쳐 세계대전에 휘말렸고 그 파괴적인 영향에 시달렸다.[1]

제2차 세계대전에 대한 복음주의자들의 반응은 제1차 세계대전에 대한 반응보다 덜 연구되었다.[2] 그러나 그 증거들을 대강 훑어보면 매우 다른 부류의 전쟁이었지만 그 반응은 대체로 비슷하게 진행되었음을 알 수 있다. 복

---

1 전쟁의 종교적 역사에 관해서는 다음을 보라. Andrew Chandler, 'Catholicism and Protestantism in the Second Word War in Europe,' in *CHC9*, 262–284.
2 유용한 자료들이 다음 책에 들어 있다. Stephen Parker, *Faith on the Home Front: Aspects of Church Life and Popular Religion in Birmingham 1939–1945* (Oxford: Peter Lang, 2005); Michael Snape, *God and the British Soldier: Religion and the British Army in the First and Second World Wars* (London: Routledge, 2005); Matthew Sutton, *American Apocalypse: A History of Modern Evangelicalism* (Cambridge, MA: Belknap Press, 2014), ch. 9.

음주의자들은 양차대전 사이에 기독교 문명에 대한 헌신을 유지함으로써 전쟁 발발에 대한 공동체 전체의 폭넓은 반응에 다시 발맞출 수 있었다.[3]

마찬가지로 1930년대 전체주의 정부에 대한 그들의 태도는 그 전쟁을 세계의 미래가 달린 선악 간의 직접적인 충돌로 표현하게 했다. 그러나 제1차 세계대전 때처럼 복음주의자들은 보편적인 시민 기독교를 넘어서서 국가적 대의와 그리스도의 대의를 쉽게 동일시했다. 그들의 대변인들은 전쟁의 다른 목적들, 즉 히틀러주의(Hitlerism)를 파괴하고, 민주주의를 구하고, 억압받는 사람들을 위해 정의를 회복하고, 미래의 안전을 확보하는 것이 중요하다고 인식했다.

이런 목적들은 연합군의 대의가 '정사들과 권세들'에 대항하는 것이라는 우주적 위기 사상과 잘 들어맞았다. 특별히 그 전쟁은 '불경건한 물질주의'와 '그리스도의 복음' 사이에서 '복음의 자유로운 진로'를 결정짓는 싸움이었다.[4] 그 싸움에 휘말리면서 복음주의자들은 이것이 자신들의 문화적 권위가 걸려 있는 새로운 종교 전쟁이라는 것을 확신했다.

복음주의자들의 전쟁 이해는 그들 대부분에게 참전이 다시 문제가 되지 않는다는 것을 의미했다. 평화주의 교회들은 고유의 역사적 입장을 유지했지만, 교인들은 대개 공동체 봉사의 형태로 참전할 준비가 되어 있었다. 또한, 양심적 병역 거부자들도 대체로 존중받았지만, 나치즘과 일본 제국주의의 악행에 직면해서는 평화주의에 반대하는 움직임이 있었다. 거의 모든 복음주의자가 침략자들에 맞설 필요성을 받아들였다. 복음주의자들이 제1차 세계대전의 실수를 되풀이하지 않기로 했다는 것은 그들의 애국심이 충분히 신중했지만 그만큼 확고하다는 것을 의미했다.[5]

---

3 Keith Robbins, 'Britain, 1940 and "Christian Civilization",' in his *History, Religion and Identity in Modern Britain* (London: Hambledon Press, 1993), 195–213.
4 예를 들어 'The War and Anti-Christ,' *EC* (Mar.–Apr. 1940), 55.
5 Gerald L. Sittser, *A Cautious Patriotism: The American Churches and the Second World War* (Chapel Hill: University of North Carolina Press, 1997).

복음주의자들은 다시 한번 기꺼이 입대했다. 목사들도 군목으로 복무하기 위해 나섰는데, 이 전쟁에서 그들의 역할에 대한 이해와 지지는 더 높았다. 또한, 복음주의자들은 비전투 요원으로도 중요한 역할 담당했다. 그들의 교회는 다른 교회들과 손을 잡았고, 구세군과 YMCA(아마도 제1차 세계대전 때만큼 철저하게 복음적이지는 않았을 것이다) 같은 기존 조직에 합류해 봉사 요원뿐 아니라 방위 산업 종사자들에게도 광범위한 봉사 활동을 제공했다. 제1차 세계대전 때처럼 복음주의자들은 그 위험한 시기에 사회와 자신들을 진심으로 동일시했다.

복음주의자들은 물질적 수단을 제공했을 뿐만 아니라, 다시 한번 연합군의 대의를 지지하며 신앙생활의 영적 자원을 동원했다. 그들은 혼란과 당혹 속에서 사람들을 지도하고 구조하기 위해 성경을 다시 읽었고, 원자폭탄의 출현과 같은 종말론적 정세 속에서 예언적 추론을 통해 새로운 격려를 찾았다. 이전 전쟁에서 기도로 얻은 것처럼 보이는 것들을 힘써 알림으로써 기도의 사기를 북돋웠다.

그리스도의 십자가 희생은 만연한 고통의 의미를 알게 했고 인내할 힘을 제공했다. 모든 봉사 요원은 캠페인 전반에서 다양한 역할을 수행하면서 복음주의 신앙에 따라 생각하고 행동했다. 그러나 신앙생활의 힘은 남서부 태평양 지역의 일본군 전쟁포로수용소의 비통한 절망 속에서 가장 큰 효력을 나타냈다.[6] 그곳에서 성경 읽기, 예배, 찬송, 교제, 봉사, 지원은 복음주의적 확신을 지키게 했고 또 생존할 수 있게 했다. 제1차 세계대전 기간에 참호 속에서 생기와 용기를 낳았던 복음주의 헌신의 능력은 가장 힘든 상황에서 다시 증명되었다.

제2차 세계대전 당시 복음주의자들이 벌인 영적 전투는 그런 싸움이 다른 '내부의 전쟁'도 수반한다는 것을 잘 일깨워주었다. 당시 복음주의자

---

6 Robert D. Linder, 'The Fourth Tribe: Spiritual Mateship in the Japanese POW Camps in World War II, 1939–1945,' *L* 2.7 (June 2014), 61–85.

들은 자국민들이 참된 그리스도인이 아님에도 기독교 문명을 위해 싸우는 역설적인 상황을 자각했다. 이상과 현실의 괴리는 단순한 당혹감을 넘어서는 것이었다. 그들은 자기 사회의 도덕적, 영적 상황을 보면 연합군이 승리할 수도 없고 그렇게 할 가치도 없는 지경이라고 우려를 나타냈다.

그들은 술, 도박, 쾌락 추구 그리고 [무엇보다] 주일 모독 같은 불신의 징후가 악화하고 있다는 것을 더욱더 인정했다. 전시의 요구에 민감했지만, 그들은 사회에 대한 비평을 강화했고, 공동체가 돌아와 신적인 행동 기준을 준수할 것을 요구했다. 또한, 복음주의자들은 최악의 남용을 저지하기 위해 정부에 로비했다. 군대의 사기가 물질적 우위를 증대하는 것에 달린 것이라면 전쟁은 복음의 영적, 윤리적 요구를 쉽게 받아들일 틈이 없을 것이었다.

늘 그렇듯이 이런 요구들이 이행되게 하기 위해서는 복음 자체를 선포하는 것이 수반되어야 했다. 수천 명이 전방과 후방에서 죽음을 맞고 있는 상황에서 은혜로 말미암아 믿음으로 얻는 구원의 메시지를 지속해서 전하는 것이 시급했다. 그러나 세계가 직면한 영적 위기는 수많은 남녀노소가 하나님께 돌아오도록 그리고 그들을 통해 사회가 그 도전을 충족하고 전쟁이 승리로 끝나도록 돕는 영적 자원을 가지도록 요구했다.

물론 부흥주의 전통에 있는 사람들은 당시에 가장 큰 필요가 부흥에 의한 대규모 회심으로 채워지기를 기대했다. 어떤 감화가 있었든지 간에, 그 결과는 복음주의의 급증이었다. 사실 남침례교 군목 L. G. 가틀린(L. G. Gatlin)은 복음주의에 대한 지나친 열정 때문에 미 육군에서 제대했다.[7] 떠오르는 부흥 운동가 오르는 지난 십 년간 회심주의 정신에 기초해 남녀 군인들을 섬길 기회를 잡았고, 그리스도를 위해 그들에게 영향을 미쳤다.

'군인성경읽기회'(Army Scripture Readers)와 '육군및공군협회'(Soldiers' and Airmen's Association, 새로운 군 편성에 맞추어 개명됨) 같은 기성 단체는 영국 육군과 공군의 병사들에게 "회개하고 하나님께 돌아오라"라고 거듭 외쳤

---

7 Sittser, *Cautious Patriotism*, 165.

다.⁸ 후방에서는 공습 대피소 같은 뜻밖의 복음주의 활동 장소가 환영을 받았고, 중요한 전후 역사를 갖게 될 YFC(Youth for Christ) 같은 새로운 기관들도 생겨났다.⁹ 회심주의는 20세기 초 동안에 더 넓은 사회적 역할을 수행했다. 제1차 세계대전 때처럼, 1939년에서 1945년 사이에도 회심주의는 전쟁에서 이기기 위한 노력의 일부였다.

복음주의자들은 복음주의 기독교를 위해 사람을 얻으려고 애쓰는 동시에, 또한 그들의 지역 사회에 영적 지도력을 제공하려고 노력하면서, 전쟁으로 야기된 윤리적 이슈에 다시 관여할 수밖에 없었다. "왜 하나님이 그런 싸움을 허용하셨는가"라는 난제에 대해 새로운 목소리들이 해답을 제시했다.¹⁰ 적군의 만행은 쉽게 비난 받았지만, 영어권 복음주의자들도 자신의 전쟁 수행과 관련해 도덕적 딜레마에 직면해야 한다는 점에서 이번 전쟁은 달랐다. 특히 중도 좌파는 연합군이 무조건적 항복을 요구하면서 사용했던 폭력적이고 파괴적인 방법들, 특히 독일의 도시들을 향한 무차별 폭격에 대해 우려했다.

20년간의 공산주의 악마화 이후, 소련과의 동맹도 곤혹스러운 문제를 야기했다. 결국 나가사키와 히로시마에 투하된 원자폭탄의 융단폭격은 큰 불안을 일으켰다. 이 모든 이슈에 대해 다른 복음주의자들, 특히 우파들은 의로운 승리를 얻기 위한 조치였다고 실용적인 입장을 취했다. 특별한 이슈에 대해서 예측 가능한 다양성이 있었던 것이 사실이지만, 복음주의자들은 대체로 그리스도에 대한 믿음만이 전쟁에 대안을 제공한다고 주장함으로써 자신들의 신념을 세계에 제시했다.

---

8   다음을 보라. *WD* 19.3 (May–June 1941), n.p. (199쪽 이하).
9   Joel A. Carpenter, *Revive Us Again: The Reawakening of American Fundamentalism* (New York: Oxford University Press, 1997), ch. 9.
10 예를 들어 D. M. Lloyd-Jones, *Why Does God Allow War? A General Justification of the Ways of God* (London: Hodder & Stoughton, 1939).

전쟁이 전개되면서 복음주의자들은 일종의 실현 가능한 평화에 대해 더욱 관심을 나타냈다. 그들은 점점 더 자신들의 관점에서 해석된 완전한 승리의 이상을 흔쾌히 받아들였다. 복음주의 신앙이 번성하는 데 필요한 신앙의 자유가 위험하다고 보았기 때문에 무엇보다도 독일과 일본 같은 적을 물리치는 것이 급선무였다.

바티칸이 유럽에서 그 입지를 높이기 위해 전쟁 상황을 이용하는 것이 분명해 보이는 가운데, 똑같은 관심이 양차대전 사이에 집요한 반가톨릭주의를 떠받쳤다. 신앙의 자유를 연합군의 전쟁 목표로 명시하도록 여론에 호소하는 것은 종전에 따른 새로운 재건 기간 준비의 일환이었다. 1945년에 종전이 되자, 복음주의자들은 미래에 대한 신중한 불안감과 함께 엄숙한 감사와 찬송으로 사회 기쁨에 참여했다. 핵전쟁의 망령과 소련의 팽창주의 무신론 같은 새로운 불안 요소들은 기독교 문명을 회복할 또 하나의 절박한 기회인 것처럼 볼 수 있게 해 주었다.[11] 심지어 종전에 대한 반응조차도 제1차 세계대전에 대한 반응과 비슷했다.

생생히 기억되는 두 번째 재건기를 마치면서, 복음주의 역사는 거의 비슷한 길이로 구분되는 두 국면의 기간을 통과하여 반세기를 마무리하는 것이 되었다. 여러 각도에서 볼 때, 첫 번째 국면인 세기 전환기는 그 운동의 역사에서 가장 위대한 시대 중 하나였다. 현대 복음주의자들이 이 세대 내에 세계를 복음화하기 위해 결성하고 노력함에 따라 행동주의가 지배하게 되었다.

그들은 또한 사회 복음에 왕성하게 기여했는데, 정치를 통해 위에서 아래로 그리고 봉사와 구호를 통해 아래에서 위로 사회를 구하기 위해 노력했다. 동시에 복음주의 운동의 지도자들과 학자들은 당대의 지적 흐름에 대응해 복음주의 신념과 행동의 의미를 다듬고 그 근거를 지지하기 위해

---

11 예를 들어 'Thanksgiving for Victory,' *EC* (Apr.-June 1945), 40-42; 'Notes and Comments. End of the War. Atomic Bombs,' *C* (16 Aug. 1945), 5; W. H. Tribble, 'Repentance the Need of the Hour,' *RE* 43.1 (Jan. 1946), 30-39.

수준 높은 신학적 저술을 전례 없이 많이 쏟아냈다. 모든 남녀가 전적인 성별의 삶 속에서 회심 사역을 완성하기 위해 하나님과의 친밀한 교제를 계속 유지해야 한다는 강력한 헌신 윤리가 복음주의들을 사로잡았다.

 게다가 복음주의자들은 복음주의적 원조와 신학적 설명과 지역 사회 봉사에서 문화적 권위를 주장하고 옹호하고 행사하기 위한 역사적 수준의 협력을 이루었다. 그런 합리적 조직화와 공동의 노력이 필요했기 때문에, 복음주의 운동 내에 에큐메니스트 성향이 계속 확인되고 개신교 전반에 제안되었다. 회심주의-행동주의 축이 우세한 가운데, 복음주의적 통합에 있어서 요소 간의 균형은 세기말 복음주의자들 사이에서 세계에 대한 그들의 역사적 수준의 열망과 참여를 이룰 수 있을 정도였다.

 표면적으로 보이는 힘과 활력 이면에는 취약성도 있었다. 복음주의자들은 현대 세계의 불리한 지적, 사회적 상황에 적응해야 했고, 지역 사회에서 그들의 영향력이 쇠퇴하는 전환기를 맞고 있었다. 그들의 다양한 반응은 이미 매우 다변화된 운동의 다양화를 가속했으며, 지지자들을 각각 근본주의 성향과 진보적 성향으로 끌어들이는 상반된 힘을 만들어냈다. 그 결과 이런 다양성은 전도, 경건 훈련, 성경의 권위, 핵심 신조의 내용과 우선순위, 사회적 사역의 적법성 같은 문제들을 두고 논쟁과 긴장을 불러일으켰고, 그것은 복음주의 운동의 통일성을 약화했다.

 또한, 실험적 기독교에 내재한 신앙생활의 불안정성은 공통된 교회론에서 자라난 연대성을 계속 약화했다. 복음주의적 연합이 작용하고 있었다 해도, 1914년까지 근본적인 합의는 점점 더 압박을 받았고, 가장자리에서 싸움의 징후가 보였다.

 양차대전 사이는 무척 달랐다. 전후 시대에 복음주의자들은 세상이 전쟁에 이은 혼란에 대한 대답과 영적, 도덕적 필요에 대한 대답으로 기꺼이 받아들일 만한 삶의 체계와 방식을 자신들이 제공했다고 확신하기 시작했다. 아마도 항상 비현실적이겠지만, 기독교 문명 회복에 대한 이 희망은 곧 부당하다는 것이 증명되었으나 아주 단념되지는 않았다.

교회에 대한 지지가 있었던 것처럼 보이지만, 영어권 세계 사람들은 복음주의 기독교로 몰려가지 않았고 위대한 부흥도 일어나지 않았다. 정치적 결정과 대중 문화에 미치는 영향력으로 판단할 때, 복음주의의 사회적 영향력은 특히 금주법이 좌절된 후 급격히 추락했다. 복음주의자들이 사회문화적 영향력 상실을 되돌리려고 노력하면서 사고와 행동의 세 가지 주요한 패턴이 명확했다.

그들은 성공하기는커녕 복음주의 다양화를 심화함으로써 그리고 근본주의자들이 다소 소외되고 복음주의 모두가 서로 경계하는 어떤 면에서 공개적인 갈등과 분열로 이어진 긴장을 일으킴으로써 복음주의 운동을 더욱 약화했다. 또한, 이런 전개는 복음주의 통합 요소들의 균형을 변화시켰고, 결과적으로 성경주의-십자가주의 축이 더 결정적인 것이 되자 전반적으로 복음주의 운동은 더 내향적으로 되었다.

그 영향으로 복음주의 전통 안에 분리주의 경향이 강화되었고, '새로운 종교개혁'으로 지역 사회를 교화하고 돌이키고 이끌려는 시도는 저지되었다. 양차대전 사이 복음주의자들은 기독교 문명을 회복하지 못했다. 그들은 지역 사회에 자기 종교의 현실성과 유효성을 납득시키지 못했다. 그리고 그들의 운동은 더 분열되고, 일관성과 신뢰성이 떨어졌다. 이런 전개가 문화적 권위 상실을 분명히 드러내고 복음주의자들의 희망과 기대와 전략에 중요한 변화를 일으켰다는 점에서, 이 시기는 복음주의 분열의 시대였다.

이 운동의 운명에서 최저점은 복음주의자들이 전쟁 직후 세계의 가혹한 현실에 부딪쳤던 1920년대였던 것으로 보인다. 1930년대 초 그들은 자신들이 처한 곤경에 대한 이해와 자신들의 운명을 개선하기 위해 해야 할 것을 반영해 단계들을 밟기 시작했다. 중도 우파 복음주의자들은 자신들의 영향력이 반계몽주의 인식으로 인해 제한적이라는 것을 인정하고, 지적인 지위 향상을 위한 대책을 고안했다.

중도 좌파들이 이미 진행 중이던 신학 재건 작업과 함께 그리고 신학적인 환경과 세계적인 환경에 부응하여, 이런 수단들은 복음주의의 지적인 회복을 시작했다. 혼돈과 결점의 시기를 지나 복음 전도의 본질과 필요성이 국내와 선교지에서 뚜렷해지면서 회심주의 충동은 다시 한번 새로운 흥분을 일으켰다. 중요한 것은 매우 복음주의적인 사람들이 에큐메니컬 운동에 주도적인 역할을 했다는 것이다.

복음주의보다 더 넓은 에큐메니컬 운동은 복음주의자들에게 연합과 협력의 유익뿐 아니라 자신들의 고유한 교회론의 가치를 일깨우는 반성의 영향을 주었다. 사회 사역은 '대반전' 해석이 요구하는 정도까지 추락한 적이 없지만, 1930년대 국가 권력의 부상과 징병은 복음주의자들에게 신앙의 자유와 공동체 복지의 대의에 자신들의 중요성을 일깨우는 계기들이었다.

이런 발전은 복음주의적 통합 안에서 회심주의-행동주의 축에 활기를 어느 정도 되찾게 해 주었다. 그것들은 제2차 세계대전의 발발로 많이 발전하지 못하고, 모두가 경쟁했다. 그러나 그것들은 복음주의 분열의 다른 면이 이 운동을 열망과 공동체 참여를 돕는 복음주의적 합의를 이루는 쪽으로 끌어내는 정상적인 흐름의 작용이었음을 확실히 보여 준다. 세기말과 양차대전 사이를 별개로 볼 수 있겠지만, 두 시기는 또한 복음주의 역사에서 반세기에 걸쳐 연속된 시기로서 함께 엮여 있다.

두 시기를 이런 방식으로 보면 1900년과 1945년경 사이의 복음주의 운동의 기복이 잘 드러난다. 결과적으로 그 명백한 변화는 제1차 세계대전의 영향이 당대 복음주의자들의 삶을 뒤흔든 세 가지 중요한 세계적 사건 중 처음이자 가장 중요한 문제였음을 부각해 준다. 일반적인 견해는 1914년 이전부터 그 연속성이 너무 현저해서 복음주의의 진로를 크게 바꾸지 않았다는 것이다. 이런 연속성의 중요성은 부인할 수 없지만, 두 시기 사이의 경향과 성취의 차이는 전쟁을 유력한 원인으로 평가할 필요가 있을 만큼 두드러진다.

물론 기본적으로 고려해야 할 것은 복음주의자들의 막대한 손실이다. 복음주의자들이 동원 명령에 응하는 과정에서 발생한 많은 사상자 수는 예를 들어 존 모트, 프랭크 부크먼, T. C. 해먼드처럼 세기말 복음주의 배경에서 성장하여 1920년대와 1930년대의 힘든 시기에 복음주의 운동을 지지하고 이끌었던 사람들을 많이 잃었음을 보여 준다.

그러나 또한 중요한 것은 전후 복음주의자들이 서로 다른—종종 경쟁적이고 양립할 수 없는—전망과 전략을 고안해 낸 것에 대해 대응하여 문화적 권위를 회복할 확실한 기회였다. 그것들이 대개 효과적이지 않다는 것이 밝혀지자, 일부 복음주의자들에게는 전쟁으로 인해 자극된 사회적 행동주의가 그들이 저항해야 할 약점의 원인처럼 보였다. 전쟁이 고결한 문화적 목표들을 위해 싸울 가치가 있다는 의식을 강요했다는 점을 고려할 때, 전쟁이 낳은 전투적 사고방식은 서로 다른 목적과 방법들로 분열과 갈등을 낳게 될 긴장도 가져왔다.

이런 차이 속에는 '내부의 전쟁'을 치러야 할 필요성에 대한 인식도 뒤섞여 있었다. 내부의 전쟁은 중도 우파 복음주의자들 사이에서의 교리적 진실성, 신앙과 행위의 경계선에 대한 더 엄격한 감시활동에 새롭게 초점을 맞추는 것이었다. 이런 뒤섞인 영향들이 복음주의 통합에 있어서 성경주의-십자가주의 축을 두드러지게 하고, 복음주의 운동에 내재한 에큐메니즘을 약화하자, 복음주의 운동은 똑같이 내재적인 분열주의 경향을 억누를 수 없었다.

제1차 세계대전이 복음주의 운동의 성격과 역학을 변화시키고, 그럼으로써 문화적 권위를 재건할 역량을 제한했으므로, 전쟁은 복음주의 분열의 유일한 원인은 아니더라도 적어도 상당한 책임이 있다.

1946년 초 복음주의자들은 세계가 다시 시작할 수 있는 또 다른 전환점에 와 있다는 인식을 폭넓게 공유하는 것 같았다. 이런 정서에 자극받은 휴 고프(Hugh Gough)는 전쟁 후 이즐링턴 '성직자회의'(Islington Clerical Meeting)에서 영국 국교회 복음주의자들에게 절실한 '새로운 복음주의적 부흥'의 필수 조건 중 하나로 수식어가 붙은 복음주의자들 노릇을 그만두고 '순수하고 순전한 복음주의자들'로 공전 전선을 펼치라고 강력히 권했다. 칼 헨리(Carl Henry)의 전후 초기 저작들과 미국과 세계를 되찾기 위해 복음주의자들을 단결시키려는 '미국복음주의협회'(National Association of Evangelicals)의 노력 뒤에는 그 시대의 요구에 대한 비슷한 평가가 있었다.[12]

새로운 재건기의 전략과 과정에 대한 이런 처방은, 현대 세계의 요구에 대응하여 그리고 복음주의가 '지배했던' 빅토리아 중기의 문화적 권위를 계속 유지하기 위해, 과거 50년 이상 지탱해 온 복음주의 전통을 다양화할 것을 전제로 했다. 팽창하는 중도파(주로 대개 보수적 복음주의자/신복음주의자 그룹) 양쪽 끝에 자리 잡은 진보적 복음주의자들과 근본주의자들이 그 당시 부상하고 있던 세계 질서 속에서 복음주의 운동의 유효성에 장애가 된다는 우려는 복음주의자들이 1900년에 새로운 세기를 맞이하면서 가졌던 확신과는 완전히 대조적이었다. 이런 전망의 변화는, 제2차 세계대전 이후 복음주의 세대에게 20세기 초가 물려 준 가장 주요한 유산이 곧 복음주의의 분열임을 보여 준다.[13]

---

12 Ian Baruma, *Year Zero: The History of 1945* (New York: Penguin, 2013); Hugh Gough, 'President's Address,' *ICM 1947: Evangelical Essentials* (London: Church Book Room, n.d. [1947]), 13-14; Carpenter, *Revive Us Again*, 8-11장.
13 다음을 보라. Brian Stanley, *The Global Diffusion of Evangelicalism: The Age of Billy Graham and John Stott* (Nottingham: Inter-Varsity Press, 2013), 특히, 2장. 27-28.